建筑工程资料管理与表格填写系列丛书

建筑结构工程资料管理与表格填写范例

北京土木建筑学会　主编

中国计划出版社

图书在版编目（CIP）数据

建筑结构工程资料管理与表格填写范例 / 北京土木建筑学会主编. -- 北京 : 中国计划出版社, 2017.3
（建筑工程资料管理与表格填写系列丛书）
ISBN 978-7-5182-0580-6

Ⅰ. ①建… Ⅱ. ①北… Ⅲ. ①建筑结构－技术档案－档案管理②建筑工程－工程施工－资料－表格－范例
Ⅳ. ①G275.3②TU71

中国版本图书馆CIP数据核字(2017)第034740号

建筑工程资料管理与表格填写系列丛书
建筑结构工程资料管理与表格填写范例
北京土木建筑学会　主编

中国计划出版社出版发行
网址：www.jhpress.com
地址：北京市西城区木樨地北里甲11号国宏大厦C座3层
邮政编码：100038　电话：(010)63906433(发行部)
北京市科星印刷有限责任公司印刷

787mm×1092mm　1/16　27.25印张　636千字
2017年3月第1版　2017年3月第1次印刷
印数1—2000册

ISBN 978-7-5182-0580-6
定价：77.00元

建筑工程资料管理与表格填写系列丛书

《建筑结构工程资料管理与表格填写范例》

编 委 会 名 单

前　言

建筑工程资料是在工程建设过程中形成的各种形式的信息记录。它既是反映工程质量的客观见证，又是对工程建设项目进行过程检查、竣工验收、质量评定、维修管理的依据，是城市建设档案的重要组成部分。工程资料实现规范化、标准化管理，可以体现企业的技术水平和管理水平，进而提升企业的市场竞争能力，是适应我国工程建设质量管理改革形势的需要。鉴于此，北京土木建筑学会组织有丰富施工经验的技术人员及专家组成了编写组和审编组，编写了建筑工程资料管理与表格填写系列丛书。

丛书依据工程质量验收标准《建筑工程施工质量验收统一标准》GB 50300—2013、资料管理标准《建筑工程资料管理规程》JGJ/T 185—2009、文件归档标准《建设工程文件归档规范》GB/T 50328—2014 及《建筑地基基础工程施工规范》GB 51004—2015、《混凝土结构工程施工质量验收规范》GB 50204—2015、《砌体结构工程施工规范》GB 50924—2014、《屋面工程质量验收规范》GB 50207—2012、《通风与空调工程施工规范》GB 50738—2011、《建设工程监理规范》GB/T 50319—2013 等最新专业工程的施工及验收规范，参考了大量相关专业的书籍，并结合建筑工程专业特点，根据资料类型对资料进行了整理与编制，以方便读者的使用。

建筑工程资料管理与表格填写系列丛书共分为九个分册，分别为：《地基与基础工程资料管理与表格填写范例》、《建筑结构工程资料管理与表格填写范例》、《钢结构工程资料管理与表格填写范例》、《建筑装饰装修工程资料管理与表格填写范例》、《建筑设备安装工程资料管理与表格填写范例》、《电气、智能建筑工程资料管理与表格填写范例》、《隐蔽工程验收资料管理与表格填写范例》、《建筑工程监理资料管理与表格填写范例》、《建筑施工安全资料管理与表格填写范例》。

本书为第二分册，共分为九章，主要包括：工程资料管理要求、施工管理资料（C1）、施工技术资料（C2）、进度造价资料（C3）、施工物资资料（C4）、施工记录（C5）、施工试验记录及检测报告资料（C6）、施工质量验收记录（C7）、竣工验收资料（C8）。本书主要对混凝土结构工程、模板工程、钢筋工程、砌体工程和屋面工程的资料进行了分类与整理。读者在阅读本书时，可参考本书的附录"工程资料类别、来源及保存"，以核查在资料收集工作中是否有疏漏。

本书的表格范例样式主要参考了北京、河北、吉林的地方标准，适用于工程施工、建设、监理、设计等广大技术人员，可供其在编制工程资料时以有益的借鉴、学习、参考和指导。本书资料全面，贴近现场，并将新规范的内容融会贯通，做到通俗易懂，具有较强的指导作用和使用价值，可视为规范实施的技术性工具书。

由于时间关系以及编者水平所限，书中难免存在错误与疏漏，恳请广大读者批评指正。

编　者

2017 年 3 月

目　录

第一章　工程资料管理要求

第二章　建筑结构工程施工管理资料(C1)

第四章 建筑结构工程进度造价资料(C3)

第五章 建筑结构工程施工物资资料(C4)

第八章 建筑结构工程施工质量验收记录(C7)

第一章

工程资料管理要求

本章内容包括下列资料：

- 工程资料的分类及编号
- 工程准备阶段文件管理
- 监理资料管理
- 施工资料管理
- 主体结构分部(子分部)工程资料管理
- 工程资料组卷及归档管理

第一节　工程资料的分类及编号

一、工程资料的分类

建筑工程资料是在建筑工程建设过程中形成的各种形式信息记录的统称，简称为工程资料。工程资料分为工程准备阶段文件、监理资料、施工资料、竣工图和工程竣工文件5类，其分类是按照不同收集单位、不同资料类别进行分类，同时兼顾了工程的专业不同。

1.工程准备阶段文件

工程准备阶段文件由建设单位负责形成。建设单位应当按照基本建设程序进行工作，重视工程资料管理，配备专职或兼职的工程资料管理人员。建设单位的资料管理人员应负责及时收集基本建设程序各个环节所形成的文件资料，并按类别、形成时间进行登记、立卷、保管。工程竣工后，建设单位应按规定进行移交。涉及需要向政府行政主管部门申报的工程准备阶段文件，应按政府行政主管部门的有关规定执行。工程准备阶段文件经归纳可以分为6种，具体名称如下：

(1)决策立项文件。

(2)建设用地文件。

(3)勘察设计文件。

(4)招投标及合同文件。

(5)开工文件。

(6)商务文件。

2.监理资料

监理资料由工程建设监理单位负责形成。监理单位应当按照监理规程的要求，重视资料管理工作，配备专职或兼职的监理资料管理人员，及时收集各个环节所形成的文件资料，并按类别、形成时间进行登记、立卷、保管。工程竣工后，监理单位应按规定将监理资料移交给建设单位。监理资料可以分为6种，具体名称如下：

(1)监理管理资料。

(2)进度控制资料。

(3)质量控制资料。

(4)造价控制资料。

(5)合同管理资料。

(6)竣工验收资料。

3.施工资料

施工资料内容与种类繁多，应由施工单位负责形成，其中部分资料需要监理、设计、勘察等单位签认。施工单位应当按照法律法规和标准规范的要求，高度重视资料管理工作，配备专职的资料管理人员，及时收集各个环节所形成的文件资料，并按类别、形成时间进行登记、立卷、保管。施工中，应按照规定接受有关单位的检查。工程竣工后，施工单位应按规定将施工资料移交给建设单位。施工资料可以分为8种，具体名称如下：

(1)施工管理资料。

(2)施工技术资料。

(3)施工进度及造价资料。

(4)施工物资资料。

(5)施工记录。

(6)施工试验记录。

(7)施工质量验收记录。

(8)竣工验收资料。

施工资料一般应为2套,工程竣工后移交建设单位1套,施工单位自留1套。施工资料的保存期限应符合有关规定。

4.竣工图

竣工图是建筑工程竣工档案的重要组成部分,是工程建设完成后一种凭证性材料。竣工图是建设过程的真实记录,也是工程竣工验收的必备条件。建筑工程日后的维修、管理、改建、扩建,都需要竣工图。因此所有新建、改建、扩建的工程项目在竣工时必须绘制竣工图。竣工图绘制工作应由建设单位负责,也可由建设单位委托施工单位、监理单位或设计单位。编制费用应由建设单位负责。

绘制竣工图的主要规定有:

(1)工程竣工后,凡按施工图施工没有变动的,可在施工图图签附近空白处加盖并签署竣工图章。一般性图纸变更,编制单位可根据设计变更依据,在施工图上直接改绘,并加盖及签署竣工图章。

工程竣工后,凡结构形式、工艺、平面布置、项目等重大改变及图面变更超过40%的,应重新绘制竣工图。重新绘制的图纸必须有图名和图号,图号可按原图编号。

(2)竣工图应专业齐全,并应有图纸目录。绘制的竣工图必须准确、清楚、完整、规范,修改必须符合工程的真实情况,即应真实反映项目竣工验收时的客观情况。

(3)用于改绘竣工图的图纸必须是新蓝图或使用绘图仪绘制的白图,不得使用复印的图纸。竣工图编制单位应按照国家建筑制图标准的要求绘制竣工图,使用绘图笔或签字笔及不褪色的绘图墨水。竣工图应采用仿宋字,字体的大小要与原图采用字体的大小相协调,不应出现错别字。竣工图应使用绘图工具或计算机绘制,不得徒手绘制。

(4)竣工图应加盖竣工图印章。竣工图印章应具有明显的"竣工图"字样,并包括编制单位名称、制图人、审核人和编制日期等内容。编制单位、制图人、审核人、技术负责人要对竣工图负责。

(5)竣工图的主要组成内容如下:

1)工艺布置图,包括工艺平面、立面、轴侧图等竣工图。

2)建筑竣工图,包括幕墙竣工图。

3)结构竣工图,包括混凝土、砌体、钢结构等竣工图。

4)建筑给水、排水与采暖竣工图。

5)燃气竣工图。

6)建筑电气竣工图。

7)智能建筑竣工图,包括综合布线、监控、电视天线、火灾报警等竣工图。

8)通风空调竣工图。

9)地面的道路、绿化、庭院照明、喷泉、喷灌等竣工图。

10)地下部分的各种市政、电力、电信管线等竣工图。

5.工程竣工文件

工程竣工文件是建筑工程竣工验收、备案和移交等活动中形成的文件。主要包括《建设工程文件归档管理规范》GB/T 50328—2014 中提出的"竣工验收文件",以及工程竣工决算文件、竣工交档文件和竣工总结文件等内容。

工程竣工文件主要包括"单位(子单位)工程质量竣工验收记录"、"工程竣工验收报告"等;工程竣工决算文件主要包括"竣工决算资料"等;竣工交档文件主要包括"施工资料移交书"、"城市建设档案移交书"等;竣工总结文件包括"工程竣工总结"等。

(1)《单位(子单位)工程质量竣工验收记录》。

它是一个建筑工程项目的最后一份验收资料,应由施工单位填写。

1)单位工程完工,施工单位组织自检合格后,应报请监理单位进行工程预验收,通过后向建设单位提交工程竣工报告并填报《单位(子单位)工程质量竣工验收记录》。建设单位应组织设计单位、监理单位、施工单位等进行工程质量竣工验收并记录,验收记录上各单位必须签字并加盖公章。

2)进行单位(子单位)工程质量竣工验收时,施工单位应同时填报《单位(子单位)工程质量控制资料检查记录》、《单位(子单位)工程安全和功能检验资料核查及主要功能抽查记录》、《单位(子单位)工程观感质量检查记录》,作为《单位(子单位)工程质量竣工验收记录》的附表。

3)"分部工程"栏根据各《分部(子分部)工程质量验收记录》填写。应对所含各分部工程,由竣工验收组成员共同逐项核查。对表中内容如有异议,应对工程实体进行检查或测试。核查并确认合格后,由监理单位在"验收记录"栏注明共验收了几个分部,符合标准及设计要求的有几个分部,并在右侧的"验收结论"栏内,填入具体的验收结论。

4)"质量控制资料核查"栏根据《单位(子单位)工程质量控制资料核查记录》的核查结论填写。建设单位组织由各方代表组成的验收组成员,或委托总监理工程师,按照《单位(子单位)工程质量控制资料核查记录》的内容,对资料进行逐项核查。确认符合要求后,在《单位(子单位)工程质量竣工验收记录》右侧的"验收结论"栏内,填写具体验收结论。

5)"安全和主要使用功能核查及抽查结果"栏根据《单位(子单位)工程安全和功能检验资料核查及主要功能抽查记录》的核查结论填写。

对于分部工程验收时已经进行了安全和功能检测的项目,单位工程验收时不再重复检测。但要核查以下内容:①单位工程验收时按规定、约定或设计要求,需要进行的安全功能抽测项目是否都进行了检测;具体检测项目有无遗漏。②抽测的程序、方法是否符合规定。③抽测结论是否达到设计及规范规定。

经核查认为符合要求的,在《单位(子单位)工程质量竣工验收记录》中的"验收结论"栏填入符合要求的结论。如果发现某些抽测项目不全,或抽测结果达不到设计要求,可进行返工处理,使之达到要求。

6)“观感质量验收”栏根据《单位(子单位)工程观感质量检查记录》的检查结论填写。参加验收的各方代表,在建设单位主持下,对观感质量抽查,共同做出评价。如确认没有影响结构安全和使用功能的项目,符合或基本符合规范要求,应评价为“好”或“一般”。如果某项观感质量被评价为“差”,应进行修理。如果确难修理时,只要不影响结构安全和使用功能的,可采用协商解决的方法进行验收,并在验收表上注明。

7)“综合验收结论”栏应由参加验收各方共同商定,并由建设单位填写,主要对工程质量是否符合设计和规范要求及总体质量水平做出评价。

(2)《工程竣工报告》。

1)工程概况。写明工程名称、工程地址、工程结构类型、建筑面积、占地面积、地下及地上层数、基础类型、建筑物檐高、主要工程量、开工和完工日期。建设、勘察、设计、监理、总包及分包施工单位名称。

2)施工主要依据。说明施工主要依据,标明合同名称及备案编号、设计图工程号及主要设计变更编号,施工执行的主要标准。

3)工程施工情况。

①人员组织情况:总包单位项目部项目经理、技术负责人、专业负责人、施工现场管理负责人等姓名、执业证书及编号。特殊工种人员持证上岗情况。

②项目专业分包情况:专业分包情况,分包单位名称、资质证书号码和技术负责人姓名、执业证书及编号。

③工程施工过程:施工工期定额规定的施工天数,实际施工天数,工程总用工工日。按照《建筑工程施工质量验收统一标准》GB 50300—2013 中分部工程的划分,简介各分部主要施工方法,重点描述地基基础、主体结构施工过程,包括建筑地基种类(天然或人工)、深度(槽底标高)、承载力数值、允许变形要求。地基处理情况,地基土质和地下水对基础有无侵蚀性。混凝土的制作及浇筑方法,砌体结构的砌筑方法,模板制作方法,钢筋接头方法等。说明主要建筑材料使用情况,用于主体结构建筑材料、门窗、防水、保温材料、混凝土外加剂、特种设备等产品是否符合相关规定,生产厂家是否具有生产许可证品牌和生产厂家名称。建筑材料、构配件设备是否按规定进行了报验,是否按规定进行了复试、有见证取样与送检,有见证取样与送样见证人姓名和见证试验机构名称,是否有合格证明文件,是否符合国家及地方标准。

④工程施工技术措施及质量验收情况:简介各工序采用了哪些技术、质量控制措施及新技术、新工艺和特殊工序。评定工程质量采用的标准,执行《工程建设标准强制性条文》和国家工程施工质量验收规范及安全与功能性检测、原材料试验、施工试验、主要建筑设备、系统调试的情况,说明地基基础与主体结构及分部验收质量达标、企业竣工自检、施工资料管理等情况。

⑤工程完成情况:是否依法完成了合同约定的各项内容,有无甩项,有无质量遗留问题,需要说明的其他事项。

4)工程质量总体评价:工程是否达到设计要求,是否符合《工程建设标准强制性条文》和国家工程施工质量验收规范,是否达到了施工合同的质量目标,是否具备竣工验收条件。《单位工程竣工报告》同时应有总监理工程师签字。

(3)施工总结。

1)编制责任和时限要求。施工总结是在施工过程中和工程完工后，根据工程特点、性质，进行的阶段性、综合性或专题性总结材料。应由项目经理统筹协调项目有关部门和管理人员共同完成。

2)施工总结包括以下方面的内容：

①工程概况：工程名称、建筑用途、基础结构类型、建筑面积、主要建筑材料、主要分部、分项工程、设计特点等。

②管理方面总结要点：对施工过程中所采用的质量管理措施、消除质量通病措施、降低成本措施、安全技术措施、环境管理措施、文明施工措施、合同管理措施、QC质量管理活动等。

③技术方面总结要点：主要针对工程施工中采用的新技术、新产品、新工艺、新材料进行总结；施工组织设计(施工方案)编制的合理性以及实施情况等。

④经验与教训方面总结：施工过程中出现的质量、安全事故的分析，事故的处理情况，如何杜绝类似事件发生等。

3)施工总结应由项目经理和项目技术负责人签字。

二、工程资料的编号

(1)工程准备阶段文件：可按文件形成时间的先后顺序和类别，由建设单位确定编号原则。

(2)监理资料：可按资料形成时间的先后顺序编号。

(3)施工资料：应按以下形式编号。

××－××－××－×××
①　②　③　④

注：①为分部工程代号(2位)，按《建筑工程施工质量验收统一标准》GB 50300—2013规定的代号填写。
②为子分部工程代号(2位)，按《建筑工程施工质量验收统一标准》GB 50300—2013规定的代号填写。
③为资料的类别编号(2位)，按《建筑工程资料管理规程》JGJ/T 185—2009规定的类别编号填写。
④为顺序号，按资料形成时间的先后顺序从001开始逐张编号。

(4)分部工程中每个子分部工程，应根据资料属性不同按资料形成的先后顺序分别编号；使用表格相同但检查项目不同时应按资料形成的先后顺序分别编号。

(5)对按单位工程管理，不属于某个分部、子分部工程的施工资料，其编号中分部、子分部工程代号用“00”代替。

(6)同一批物资用在两个以上分部、子分部工程中时，其资料编号中的分部、子分部工程代号按主要使用部位的分部、子分部工程代号填写。

(7)资料编号应填写在资料专用表格右上角的资料编号栏中；无专用表格的资料，应在资料右上角的适当位置注明资料编号。

(8)由施工单位形成的资料，其编号应与资料的形成同步编写；由施工单位收集的资料，其编号应在收集的同时进行编写。

(9)类别及属性相同的施工资料，数量较多时宜建立资料管理目录。管理目录分为通用管理目录和专项管理目录。

(10)资料管理目录的填写要求：

1)工程名称：单位或子单位(单体)工程名称；

2)资料类别：资料项目名称，如工程洽商记录、钢筋连接技术交底等；

3)序号：按时间形成的先后顺序用阿拉伯数字从1开始依次编写；

4)内容摘要：用精练语言提示资料内容；

5)编制单位：资料形成单位名称；

6)日期：资料形成的时间；

7)资料编号：施工资料右上角资料编号中的顺序号；

8)备注：填写需要说明的其他问题。

(11)建筑工程资料管理使用的各种表格应符合资料管理规程的要求，规程没有提供表样的可自行设计，本书提供了各资料表格相应的填写范例。

第二节　工程准备阶段文件管理

工程准备阶段文件是建设单位从立项申请并依法进行项目申报、审批、开工、竣工及备案全过程所形成的全部资料。按其性质可分为：立项决策、建设用地、勘察设计、招投标及合同、开工、商务文件。

一、工程准备阶段文件的基本要求

(1)立项决策文件包括：项目建议书(代可行性研究报告)及其批复、有关立项的会议纪要及相关批示、项目评估研究资料及专家建议等。根据项目大小、投资主体的不同，项目建议书的批复文件分别由国家、行业或地方相关政府管理部门审批。

(2)建设用地文件包括：征占用地的批准文件、国有土地使用证、国有土地使用权出让交易文件、规划意见书、建设用地规划许可证等。建设用地文件分别由国有土地管理部门和规划部门审批形成。

(3)勘察设计文件包括：工程地质勘查报告、土壤氡浓度检测报告、建筑用地钉桩通知单、验线合格文件、设计审查意见、设计图纸及设计计算书、施工图设计文件审查通知书等。建筑用地钉桩通知单、验线合格文件、审定设计方案通知书由规划部门审批形成。

(4)招投标及合同文件包括：工程建设招标文件、投标文件、中标通知书及相关合同文件。

(5)开工文件包括：建设工程规划许可证、建设工程施工许可证等。工程开工文件分别由规划部门和建设行政管理部门审批形成。

(6)商务文件包括：工程投资估算、工程设计概算、施工图预算、施工预算、工程结算等。

二、工程准备阶段文件的形成流程

工程准备阶段文件可按下列流程形成(见图1-1)。

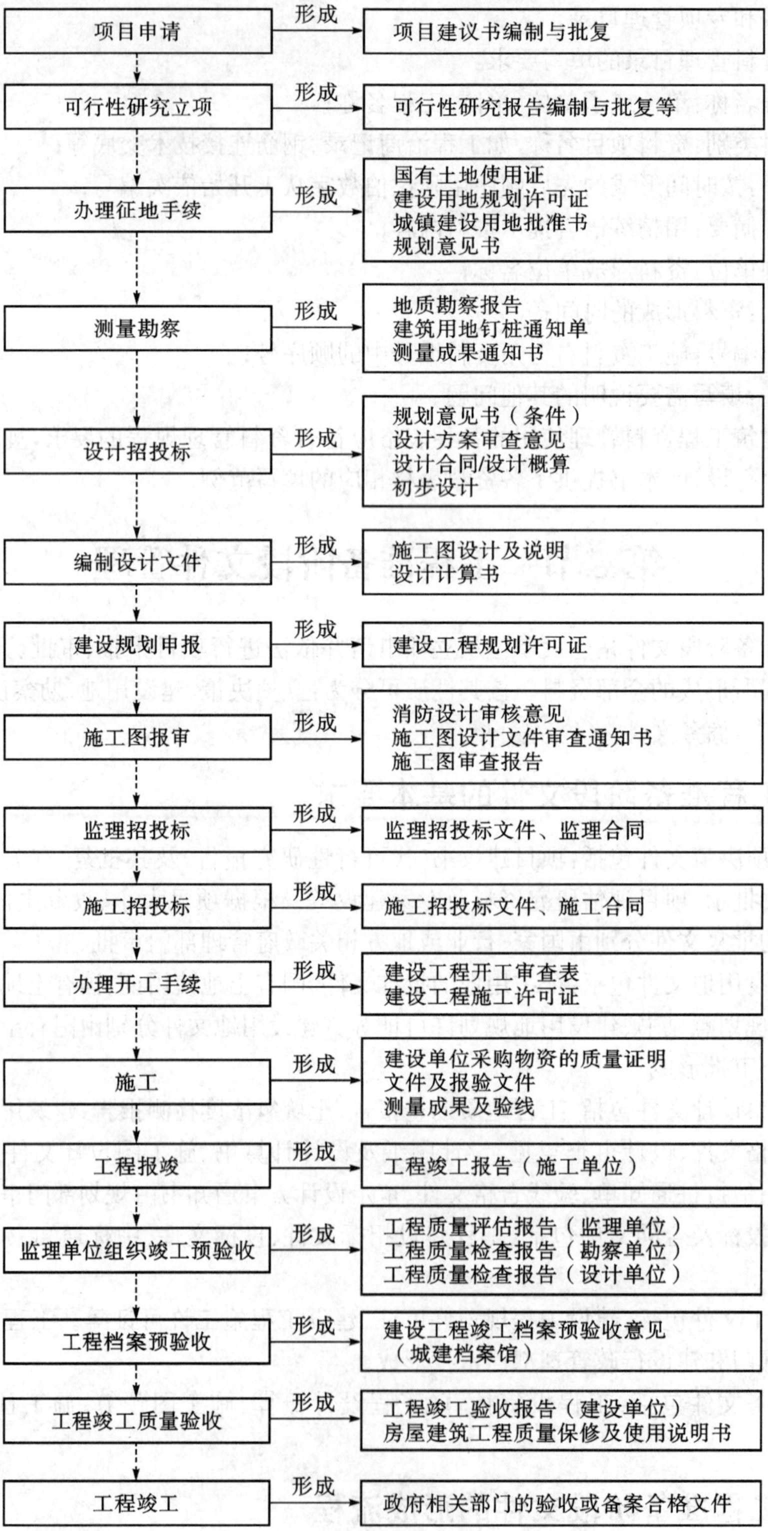

图 1-1　工程准备阶段文件形成流程图

第三节 监理资料管理

监理资料是监理单位在工程建设监理活动过程中所形成的全部资料。

一、监理资料的形成流程

监理资料可按下列流程形成(见图 1-2)。

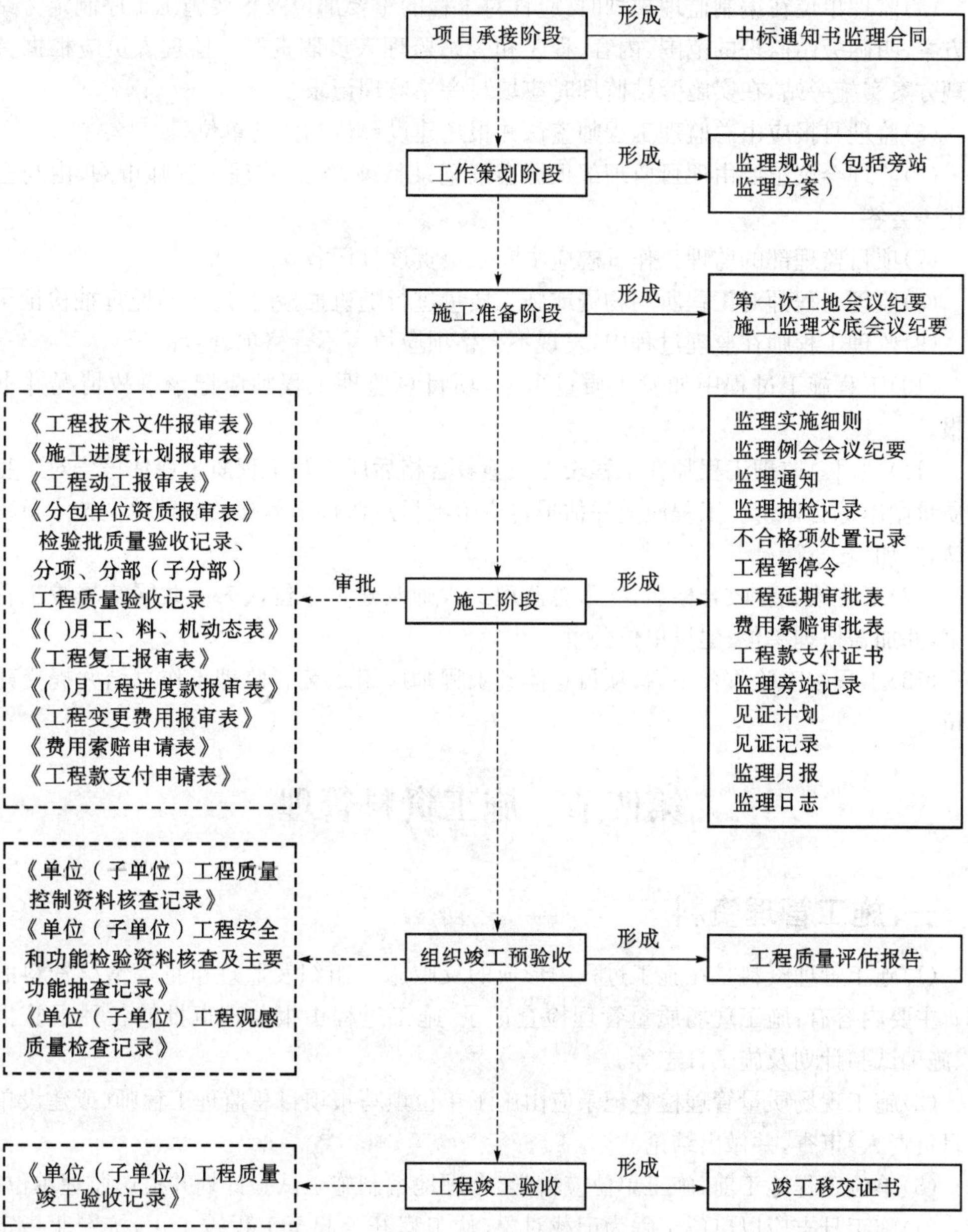

图 1-2 监理资料形成流程图

二、监理资料的基本要求

(1)监理(建设)单位应在工程开工前按相关规定确定本工程的见证人员。见证人应履行见证职责,填写见证记录。

(2)监理规划应由总监理工程师审核签字,并经监理单位技术负责人批准。

(3)监理实施细则应由监理工程师根据专业工程特点编制,经总监理工程师审核批准。

(4)监理单位在编制监理规划时,应针对工程的重要部位及重要施工工序制定旁站监理方案,明确旁站监理的范围、内容、程序和旁站监理人员职责等。监理人员应根据旁站监理方案实施旁站,在实施旁站监理时应填写旁站监理记录。

(5)监理月报应由总监理工程师签认并报送建设单位和监理单位。

(6)监理会议纪要由项目监理部根据会议记录整理,经总监理工程师审阅,由与会各方代表会签。

(7)项目监理部的监理工作日志应由专人负责逐日记载。

(8)监理工程师对工程所用物资或施工质量进行随机抽检时,应填写监理抽检记录。

(9)监理工程师在监理过程中,发现不合格项应填写不合格项处置记录。

(10)工程施工过程中如发生质量事故,项目总监理工程师应记录事故情况并书面上报。

(11)项目总监理工程师在工程竣工预验收合格后应撰写工程质量评估报告对工程建设质量做出综合评价。工程质量评估报告应由项目总监理工程师及监理单位技术负责人签认,并加盖公章。

(12)工程竣工验收合格后,项目总监理工程师及建设单位代表应共同签署竣工移交证书,并加盖监理单位、建设单位公章。

(13)工程竣工验收合格后,项目总监理工程师应组织编写监理工作总结并提交建设单位。

第四节　施工资料管理

一、施工管理资料

(1)施工管理资料是在施工过程中形成的反映施工组织及监理审批等情况资料的统称。主要内容有:施工现场质量管理检查记录、施工过程中报监理审批的各种报验报审表、施工试验计划及施工日志等。

(2)施工现场质量管理检查记录应由施工单位填写报项目总监理工程师(或建设单位项目负责人)审查,并做出结论。

(3)单位工程施工前,施工单位应科学、合理地编制施工试验计划并报送监理单位。

(4)施工日志应以单位工程为记载对象,从工程开工起至工程竣工止,按专业指定专人负责逐日记载,其内容应真实。

二、施工技术资料

(1)施工技术资料是在施工过程中形成的,用以指导正确、规范、科学施工的技术文件及反映工程变更情况的各种资料的总称。主要内容有:施工组织设计及施工方案、技术交底记录、图纸会审记录、设计变更通知单、工程变更洽商记录等。

(2) 施工技术资料可按下列流程形成(见图 1-3)。

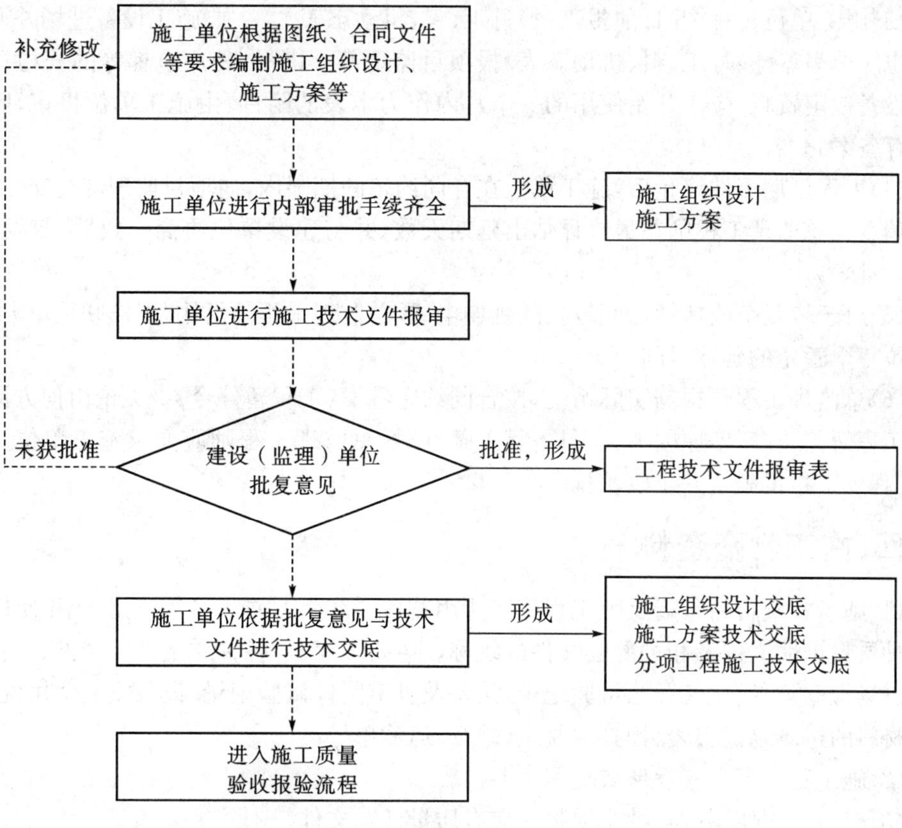

图 1-3　施工技术资料形成流程图

(3)施工组织设计由施工单位编制完成,经企业技术负责人审批并填写工程技术文件报审表报监理单位批准实施。

(4)施工方案编制内容应齐全有针对性,可根据工程规模大小、技术复杂程度、施工重点部位及施工季节变化等情况分别编制。施工方案应经项目部技术负责人或公司技术部门负责人审批,并填写工程技术文件报审表报请监理单位批准实施。

(5)施工组织设计应由施工单位的技术负责人组织交底,“四新”(新材料、新产品、新技术、新工艺)技术应用及专项施工方案应由项目技术负责人组织交底;分项工程施工方案应由专业工长组织交底。各项交底应有文字记录并有交底双方人员的签字。

(6)图纸会审应由建设单位组织,设计、监理和施工单位技术负责人及有关人员参加。设计单位对各专业问题进行交底,施工单位负责将设计交底内容按专业汇总、整理形成图纸会审记录,有关各方签字确认。

三、施工进度及造价资料

(1)施工单位根据现场实际情况达到开工条件时,应向项目监理部申报《工程动工报审表》。由监理工程师审核,总监理工程师签署审批结论,并报建设单位。

(2)施工单位应根据建设工程施工合同的约定,按时编制施工总进度计划、季度进度计划、月进度计划,并按时填写《施工进度计划报审表》报项目监理部审批。

(3)施工单位每月 25 日前报《( )月工、料、机动态表》。主要施工设备进场并调试合格后也应填写《( )月工、料、机动态表》报项目监理部。塔吊、外用电梯等的安检资料及计量设备检定资料,应于开始使用的一个月内作为本表的附件,由施工单位报审,监理单位留存备案。

(4)工程延期事件终止后,施工单位在合同约定的期限内,向项目监理部提交《工程延期申请表》,总监理工程师在最终评估出延期天数,并与建设单位协商一致后,签发《工程延期审批表》。

(5)对于较复杂或持续时间较长的延期申请,总监理工程师可用《工作联系单》给予施工单位一个暂定的延期时间。

(6)总监理工程师根据实际情况,按合同约定签发《工程暂停令》。无论由何方原因造成的工程暂停,在暂停原因消失,具备复工条件时,总监理工程师应要求施工单位及时填写《工程复工报审表》,并予以签批。

四、施工物资资料

(1)施工物资资料是指反映工程施工所用物资质量和性能是否满足设计和使用要求的各种质量证明文件及相关配套文件的统称。主要内容有:各种质量证明文件、材料及构配件进场检验记录、设备开箱检验记录、设备及管道附件试验记录、设备安装使用说明书、各种材料的进场复试报告、预拌混凝土(砂浆)运输单等。

(2)施工物资资料流程形成见图 1-4。

(3)建筑工程使用的各种主要物资应有质量证明文件。

(4)产品质量合格证、型式检验报告、性能检测报告、生产许可证、商检证明、中国强制认证(CCC)证书、计量设备检定证书等均属质量证明文件。

(5)涉及消防、电力、卫生、环保等有关物资,须经行政管理部门认可的,应有相应的认可文件。

(6)进口材料和设备应有中文安装使用说明书及性能检测报告。

(7)国家规定须经强制认证的产品应有认证标志(CCC),生产厂家应提供认证证书复印件,认证证书应在有效期内。

(8)预拌混凝土供应单位应向施工单位提供以下资料:

1)预拌混凝土运输单;

2)预拌混凝土出厂合格证(32 天内提供);

3)混凝土氯化物和碱总量计算书(工程结构有要求时);

4)砂石碱活性试验报告(工程结构有要求时)。

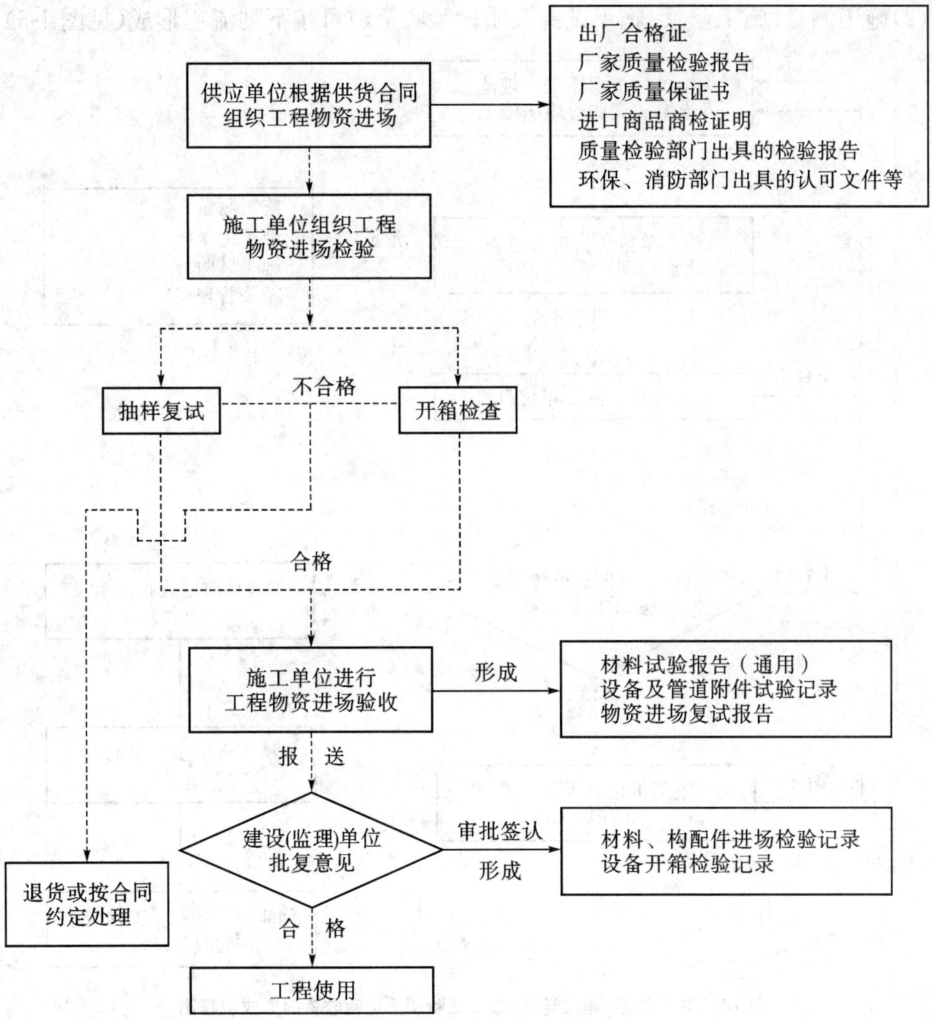

图 1-4 施工物资资料形成流程图

(9)施工物资进场后施工单位应对进场物资数量、型号和外观等进行检查，并填写材料及构配件进场检验记录或设备开箱检验记录。

(10)施工单位应按国家有关规范、标准的规定对进场物资进行复试或试验，没有专用试验表格的可用本书提供的材料通用试验表格；规范、标准要求实行见证时，应按规定进行有见证取样和送检。

(11)施工物资进场后施工单位应报监理单位查验并签字。

五、施工记录

(1)施工记录是施工单位在施工过程中形成的，为保证工程质量和安全的各种内部检查记录的统称。主要内容有：隐蔽工程验收记录、交接检查记录、地基验槽记录、地基处理记录、桩施工记录、混凝土浇灌申请书、混凝土养护测温记录、构件吊装记录、预应力筋张拉记录等。

(2)施工测量、施工记录、施工试验及质量验收资料可按下列流程形成(见图 1-5)。

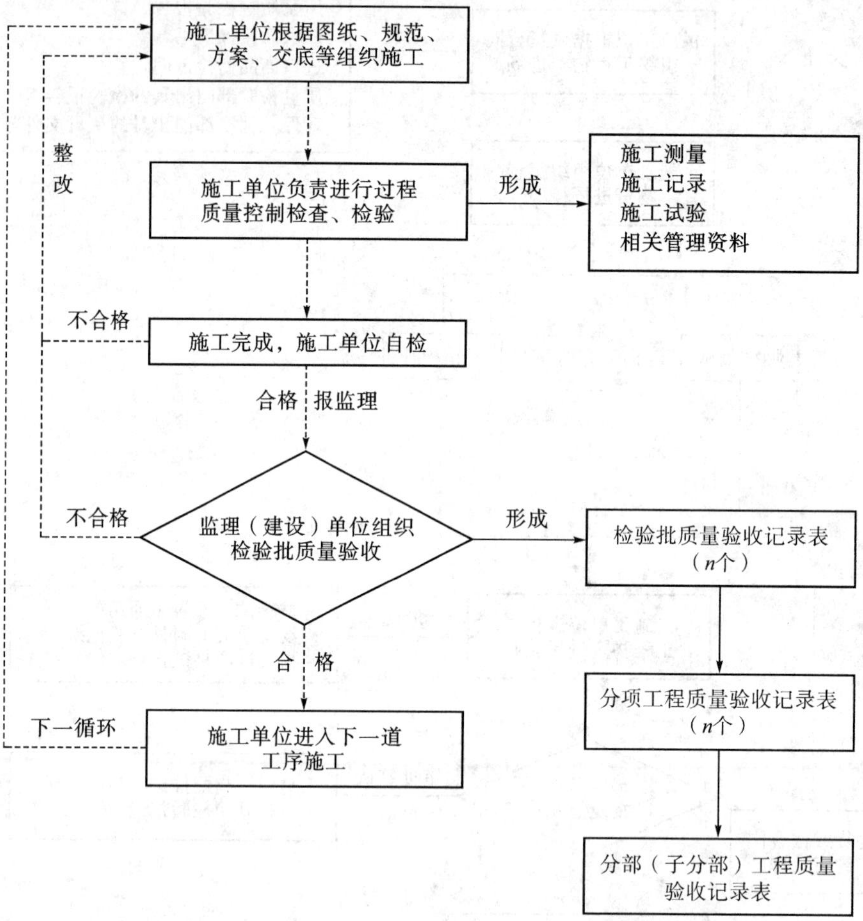

图 1-5　施工测量、施工记录、施工试验及质量验收资料形成流程图

(3)凡国家规范标准规定隐蔽工程检查项目的,应做隐蔽工程检查验收并填写隐蔽工程验收记录,涉及结构安全的重要部位应留置隐蔽前的影像资料。

(4)同一单位(子单位)工程,不同专业施工单位之间应进行工程交接检查并填写交接检查记录。移交单位、接收单位共同对移交工程进行验收,并对质量情况、遗留问题、工序要求、注意事项、成品保护等进行记录。

(5)单位(子单位)工程的土方开挖分项工程完工后应进行地基验槽,地基验槽应由建设、勘察、设计、监理和施工单位共同进行,并填写地基验槽检查记录表。检查内容包括基坑位置、平面尺寸、持力层核查、基底绝对高程和相对标高、基坑土质及地下水位等,有桩支护、桩基的工程还应进行桩的检查。地基需处理时,应由勘察、设计单位提出处理意见。

(6)勘察设计单位要求对地基进行处理的,地基处理完后应填写地基处理记录表,报请勘察、设计、监理单位复查。

(7)勘察设计要求对基槽浅层土质的均匀性和承载力进行钎探的,钎探前应绘制钎探点平面布置图,确定钎探点布置及顺序编号,按照钎探图及有关规定进行钎探并填写地基钎探记录表。

(8)混凝土正式浇筑前,应检查各项准备工作(如钢筋、模板、水电预埋、设备材料准备情况等),自检合格填写混凝土浇灌申请书,并告知监理单位。

(9)采用钢筋机械连接的工程应有钢筋机械连接质量的检查记录。

(10)拆除现浇混凝土结构板、梁、悬臂构件等底模及冬季施工的柱、墙侧模前,应填写混凝土拆模申请单,报项目专业技术负责人审批,通过后方可拆模。

(11)冬季混凝土施工时应进行温度测定并填写测温记录表。冬施混凝土养护测温应绘制测温点布置图,确定测温点的部位和深度等。

(12)大体积混凝土施工时应进行测温记录,填写大体积混凝土测温记录表并附温度测点布置图。

(13)地下工程验收时,应对地下工程有无渗漏现象进行检查,填写地下工程防水效果检查记录表,检查内容包括:裂缝、渗漏部位、大小、渗漏情况和处理意见等。

(14)有防水要求的房间和屋面工程完工后应按标准规定进行蓄水或淋水防水性能试验,填写防水工程试水检查记录表。淋水试验持续时间不得少于2h;蓄水试验时间不得少于24h。屋面工程应对细部构造(屋面天沟、檐沟、檐口、泛水、水落口、变形缝、伸出屋面管道等)重点检查。

(15)建筑通风道(烟道)应全数做通(抽)风和漏风、串风试验,并填写通风(烟)道检查记录表。

(16)桩基施工应按规定做桩施工记录,检查内容包括孔位、孔径、孔深、桩体垂直度、桩顶标高、桩位偏差、桩顶完整性和接桩质量等。

(17)预应力工程施加预应力时应填写预应力筋张拉记录表;孔道灌浆时应填写预应力结构灌浆记录表。

(18)钢结构(网架结构)在主体结构形成空间刚度单元并连接固定后,应检查整体垂直度、挠度值变形值及安装偏差,并做施工记录。

(19)大型混凝土构件、钢构件安装时应填写构件吊装记录表。

(20)按照规范和工艺文件等规定须烘焙的焊接材料应进行烘焙,并填写焊接材料烘焙记录表。

(21)幕墙工程施工应有幕墙注胶检查记录和幕墙淋水检查记录。幕墙注胶应记录内容包括宽度、厚度、连续性、均匀性、密实度和饱满度等;淋水检查应在易渗漏部位进行并填写《防水工程试水检查记录》。

(22)智能建筑工程应对设备安装工程质量及观感质量进行检查,并做智能建筑工程安装质量检查记录。

(23)国家规范标准要求或施工需要对施工过程进行记录时应留有施工记录,没有专用记录表格的可使用施工检查通用记录表。

六、施工试验资料

(1)施工试验资料是指按照设计及国家规范标准的要求,在施工过程中所进行的各种检测及测试资料的统称。主要内容有:土工、基桩性能、钢筋连接、埋件(植筋)拉拔、混凝土(砂浆)性能、施工工艺参数、饰面砖拉拔、钢结构焊缝质量检测及水暖、机电系统运转测试报告或测试记录。

(2)土方回填工程应进行土工击实试验,测定回填土质的最大干密度和最佳含水量,按规范要求分段、分层(步)回填,并取样对回填质量进行检验。

(3)钢筋连接应有满足钢筋焊接、机械连接相关技术规程要求的力学性能试验报告。机械连接工程开始前及施工过程中,应对每批进场钢筋,在现场条件下进行工艺检验,工艺检验合格后方可进行机械连接的施工。每台班钢筋焊接前宜先制作班前焊试件,确定焊接工艺参数。

(4)砌筑砂浆应有配合比申请单和试验室签发的配合比通知单(现场搅拌时);并有按规定留置的龄期为28d标养试块的抗压强度试验报告。单位工程应有砌筑砂浆试块抗压强度统计、评定记录。

(5)混凝土应有配合比申请单和试验室签发的配合比通知单(现场搅拌时);有按规定留的28d标养、同条件养护、拆模强度、受冻临界强度、预应力张拉强度等试件的抗压强度试验报告及抗渗、抗冻性能试验报告。单位工程应有混凝土试块抗压强度统计、评定记录。

(6)混凝土(砌筑砂浆)未按规定留置试块的或试件强度不满足设计及规范标准要求时,应委托有资质的检测机构出具相应的结构检测报告,由设计人员提出处理方案。

(7)建筑物外墙采用饰面砖装饰工程,应有饰面砖黏结强度检验报告。

(8)用于承重结构的后置埋件、化学植筋、膨胀螺栓等应有满足设计要求的承载力拉拔试验报告;设计没有要求时应满足《混凝土结构后锚固技术规程》JGJ 145—2013的要求。

(9)采用锚杆、土钉墙技术的基坑支护工程应有满足支护设计要求的锚杆、土钉抗拔力试验报告。

(10)地基应有满足设计要求的地基承载力检测报告;桩基应有满足设计和相关规范、标准要求的承载力和桩身完整性检测报告。

(11)后张法有黏结预应力工程应有灌浆用水泥浆性能试验报告。

(12)钢结构子分部工程中设计要求一、二级焊缝的应有超声波或射线探伤检验报告。

(13)建筑安全等级为一级、跨度40m及以上的公共建筑钢网架结构及设计有要求的,应有焊(螺栓)球节点承载力试验报告。

(14)钢结构子分部工程所使用的防腐、防火涂料应有涂层厚度检测报告。

(15)混凝土子分部工程应有结构实体检验的混凝土强度试件报告。

(16)门窗子分部工程应有外门窗气密、水密性能试验报告。

(17)节能工程外墙保温板材与基层采用黏结或连接时应有保温板材与基层的现场黏结强度试验报告;墙体保温砂浆应有强度试验报告。外墙采用保温浆料做保温层时,应在施工中制作同条件养护试件,检测其导热系数、干密度和压缩强度。

(18)幕墙面积大于3000m^{2}或超过建筑外墙面积50%时,应现场抽取材料和配件,在试验室安装制作试件进行气密性能检测。

(19)给排水采暖工程、通风空调工程中的各类水泵、风机、冷水机组、冷却塔、空调机组、新风机组等设备应有单机试运转记录。

(20)采暖系统、消防系统、通风空调系统等应有系统试运转及调试记录。

(21)非承压管道、设备,包括开式水箱、卫生洁具、安装在室内的雨水管道等,以及暗装、埋地、有绝热层的排水管道应有灌(满)水试验记录。

(22)承压管道、设备应有强度试验记录,自动喷水灭火系统、气体灭火系统管道应有严密性试验记录。

(23)给排水系统及游泳池水系统应有通水试验记录。

(24)给水系统、自动喷水灭火系统、固定消防炮灭火系统、空调水系统等及设计有要求的管道应有冲洗试验记录,介质为气体的管道系统应有吹洗试验记录。

(25)排水水平干管、主立管应有通球试验记录。

(26)补偿器安装应有补偿器安装记录。

(27)室内消火栓系统应有消火栓试射试验记录。

(28)锅炉安装应有按相关规范和职能管理部门要求的安装记录。

(29)自动喷水灭火系统应有验收缺陷项目划分记录。

(30)建筑工程中的主要设备、系统的防雷接地、保护接地、工作接地、防静电接地以及设计有要求的接地电阻应有电阻测试记录,并应附《电气防雷接地装置隐检与平面示意图》说明。

(31)建筑工程中的主要电气设备和动力、照明线路及其他必须摇测绝缘电阻,配管及管内穿线分项质量验收前和单位工程质量竣工验收前,应分别按系统回路进行测试,不得遗漏。

(32)电气器具安装完成后,按层、按部位(户)进行的通电检查,并进行记录,内容包括接线情况、电气器具开关情况等。电气器具应全数进行通电安全检查。

(33)电气设备应有空载试运行记录,空载试运行应符合安装工艺、产品技术条件及相关规范标准的要求。

(34)建筑物照明应有通电试运行记录。公用建筑照明系统通电连续试运行时间为24h,民用住宅照明系统通电连续试运行时间为8h。所有照明灯具均应开启,且每2h记录运行状态1次,连续试运行时间内无故障。

(35)漏电开关应有模拟试验记录,动力和照明工程的漏电保护装置应全数做模拟动作试验,并符合设计要求的额定值。

(36)大容量(630A及以上)导线、母线连接处或开关,在设计计算负荷运行情况下应做温度抽测记录,温升值稳定且不大于设计值。

(37)避雷带的每个支持件应做垂直拉力试验,支持件的承受垂直拉力应大于49N(5kg)。

(38)逆变应急电源安装完毕后应全数做测试试验,并应符合设计要求的额定值和《逆变应急电源》GB/T 21225—2007的规定。

(39)柴油发电机安装完毕后应全数做测试试验,并应符合设计要求的额定值和国家相应的规范标准的规定。

(40)电气工程施工完毕后应对低压配电系统进行调试,调试合格后应对低压配电电源质量进行检测，并应符合设计要求的额定值和《建筑节能工程施工质量验收规范》GB 50411—2007 的规定。

(41)建筑安装工程施工完毕后各系统进行联合调试时，应全数检查监测与控制节能工程的设备是否齐全，使用功能是否达到设计要求和《建筑节能工程施工质量验收规范》GB 50411—2007 的规定。

(42)建筑物照明系统通电试运行中，应测试并记录照明系统的照度和功率密度值，并应符合设计要求的额定值和《建筑节能工程施工质量验收规范》GB 50411—2007 的规定。

(43)智能建筑各系统在安装调试完成后，应对设备及系统逐项进行自检，填写自检测记录。

(44)智能建筑各系统，应按规范要求进行不中断试运行，填写试运行记录并提供试运行报告。

(45)风管系统应有风管漏光或漏风测试记录。

(46)现场组装的除尘器壳体、组合式空气调节机组应有漏风量检测记录。

(47)通风与空调工程无生产负荷联合试运转应有管网风量平衡记录、空调系统试运转调试记录、空调水系统试运转调试记录及各房间室内风量温度测量记录。

(48)组装式的制冷机组和现场充注制冷剂的机组应有制冷系统气密性试验记录。

(49)净化空调系统无生产负荷试运转应有净化空调系统测试记录。

(50)防排烟系统联合试运行和调试应有防排烟系统联合试运行记录。

(51)国家规范标准中要求进行的各种施工试验应有施工试验报告，没有专用试验报告表格的可使用通用试验表格。

七、施工质量验收资料

(1)施工质量验收资料是参与工程建设的有关单位根据相关标准、规范对工程质量是否达到合格做出确认的各种文件的统称。主要内容有：检验批质量验收记录、分项工程质量验收记录、分部(子分部)工程质量验收记录、结构实体检验等。

(2)施工单位在完成分项工程检验批施工，自检合格后，由项目专业质量检查员填写检验批质量验收记录表，报请项目专业监理工程师组织质量检查员等进行验收确认。

(3)分项工程所包含的检验批全部完工并验收合格后，由施工单位技术负责人填写分项工程质量验收记录表，报请项目专业监理工程师组织有关人员验收确认。

(4)分部(子分部)工程所包含的全部分项工程完工并验收合格后，由施工单位技术负责人填写分部(子分部)工程质量验收记录表，报请项目总监理工程师组织有关人员验收确认。

(5)地基与基础、主体结构分部工程完工，由建设、监理、勘察、设计和施工单位进行分部工程验收并加盖公章。

(6)涉及混凝土结构安全的重要部位应进行结构实体检验，并实行有见证取样和送检。结构实体混凝土应有同条件混凝土强度验收记录；结构实体重要部位的钢筋应有钢筋保护层厚度验收记录。

八、工程竣工质量验收资料

(1)工程竣工质量验收资料是指工程竣工时必须具备的各种质量验收资料。主要内容有:单位工程竣工预验收报验表、单位(子单位)工程质量竣工验收记录、单位(子单位)工程质量控制资料核查记录、单位(子单位)工程安全和功能检查资料核查及主要功能抽查记录、单位(子单位)工程观感质量检查记录、室内环境检测报告、建筑节能工程现场实体检验报告、工程竣工质量报告、工程概况表等。

(2)工程竣工质量验收资料可按下列流程形成(见图 1-6)。

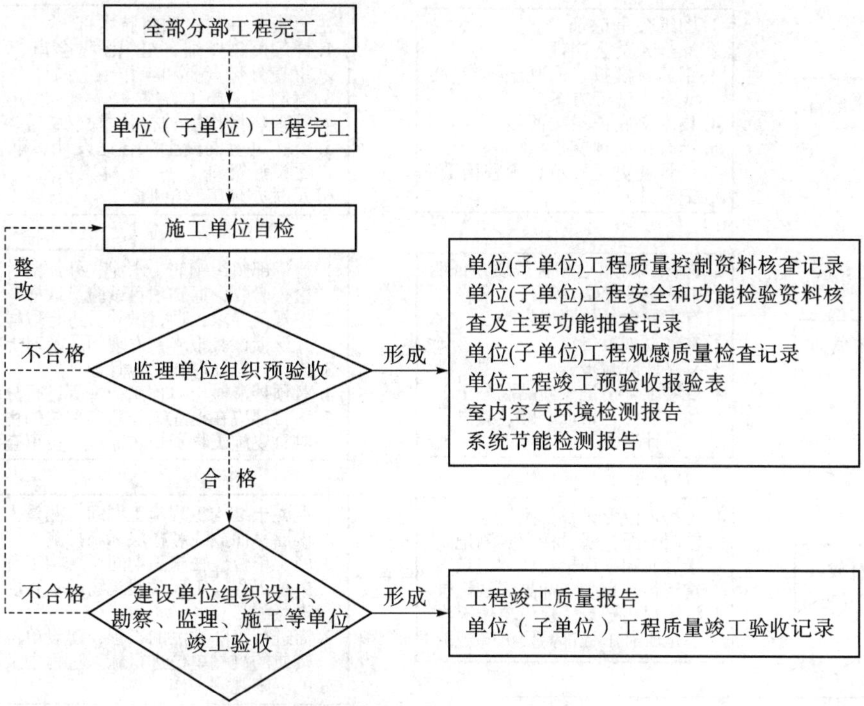

图 1-6 工程竣工质量验收资料形成流程图

(3)单位(子单位)工程的室内环境、建筑工程节能性能应检测合格并有检测报告。

(4)单位工程完工后施工单位应编写工程竣工报告,内容包括:工程概况及实际完成情况、工程实体质量、施工资料、主要建筑设备、系统调试、安全和功能检测、主要功能抽查等。

(5)单位(子单位)工程完工后,由施工单位填写单位工程竣工预验收报验表报项目监理部,申请工程竣工预验收。总监理工程师组织项目监理部人员与施工单位进行检查预验收,合格后总监理工程师签署单位工程竣工预验收报验表、单位(子单位)工程质量控制资料核查记录、单位(子单位)工程安全和功能检查资料核查及主要功能抽查记录和单位(子单位)工程观感质量检查记录等并报建设单位,申请竣工验收。

(6)建设单位应组织设计、监理、施工等单位对工程进行竣工验收,各单位应在单位(子单位)工程质量竣工验收记录上签字并加盖公章。

第五节　主体结构分部(子分部)工程资料管理

一、混凝土结构工程资料管理

混凝土结构工程应形成的资料及流程见图1-7。

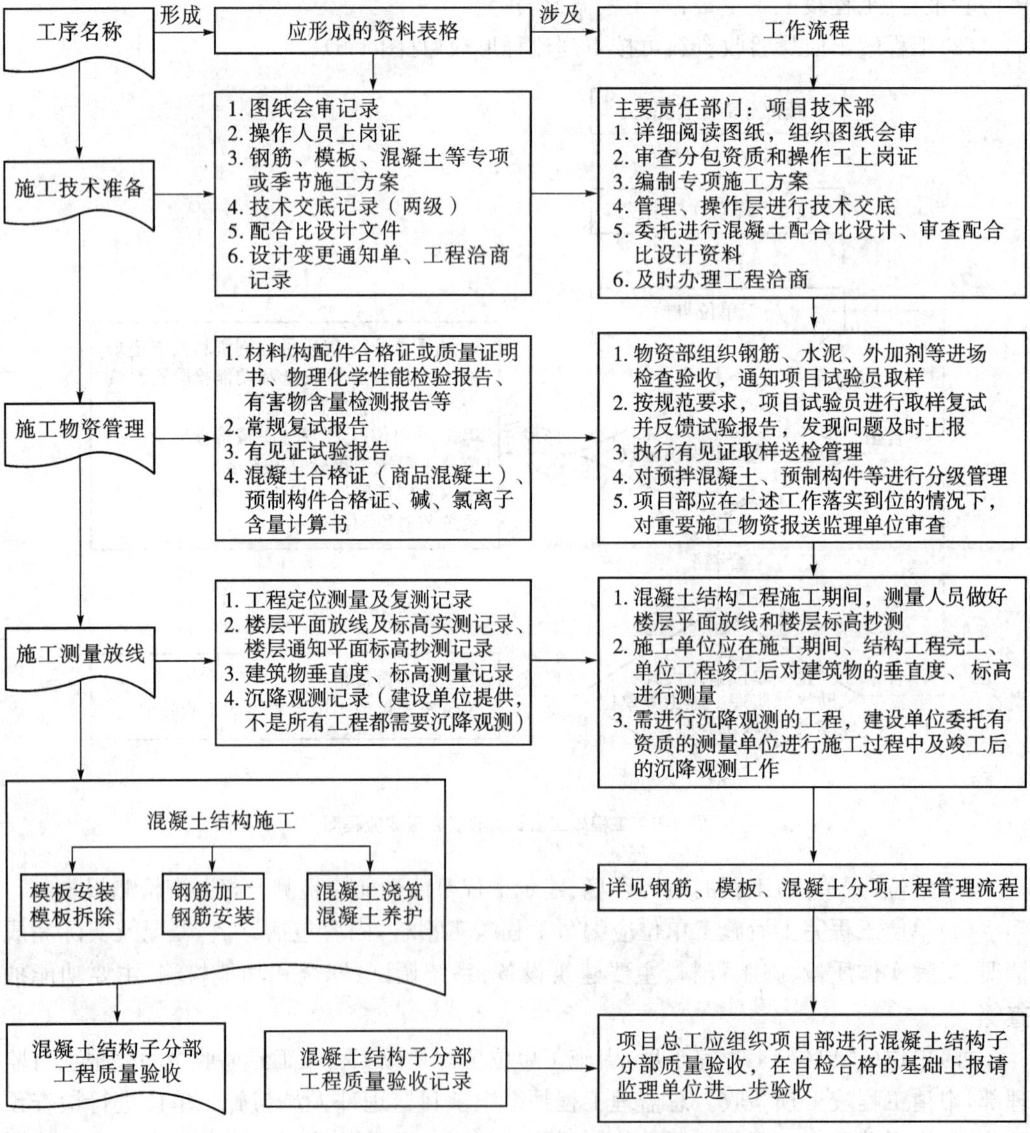

图1-7　混凝土结构工程应形成的资料及流程

二、模板分项工程资料管理

模板分项工程应形成的资料及流程见图1-8。

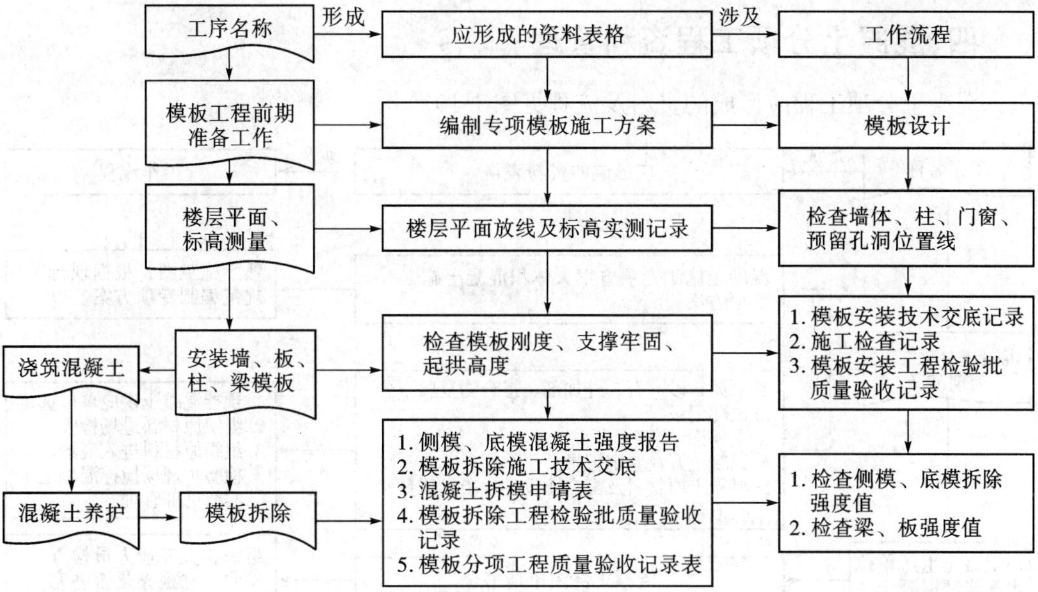

图 1-8 模板分项工程应形成的资料及流程

三、钢筋分项工程资料管理

钢筋分项工程应形成的资料及流程见图 1-9。

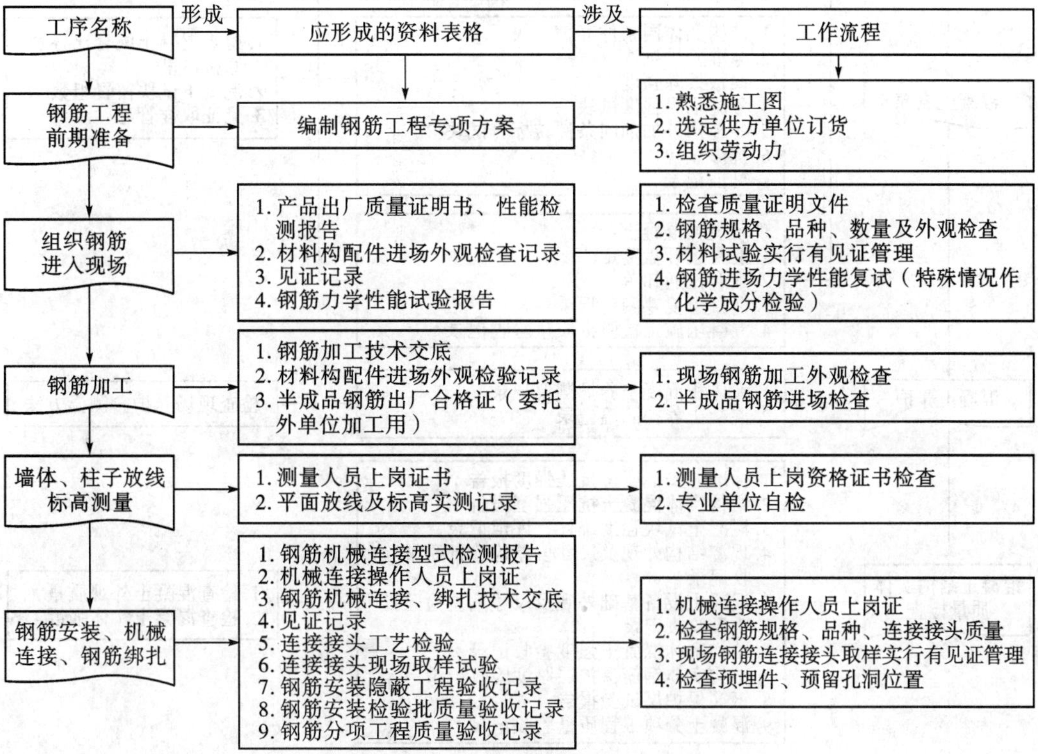

图 1-9 钢筋分项工程应形成的资料及流程

四、混凝土分项工程资料管理

混凝土分项工程应形成的资料及流程见图 1-10。

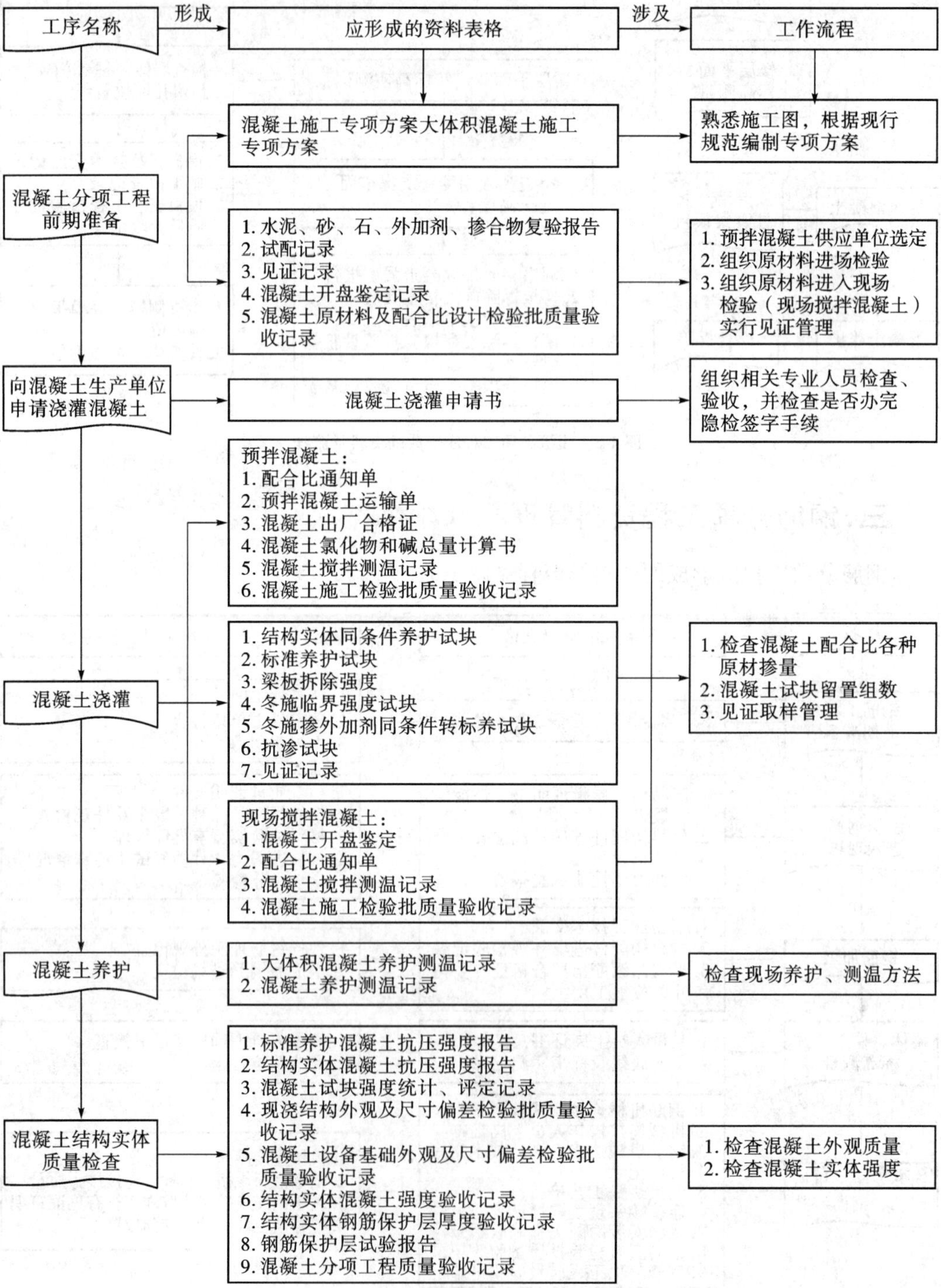

图 1-10　混凝土分项工程应形成的资料及流程

五、砌体结构工程资料管理

砌体结构工程应形成的资料及流程见图 1-11。

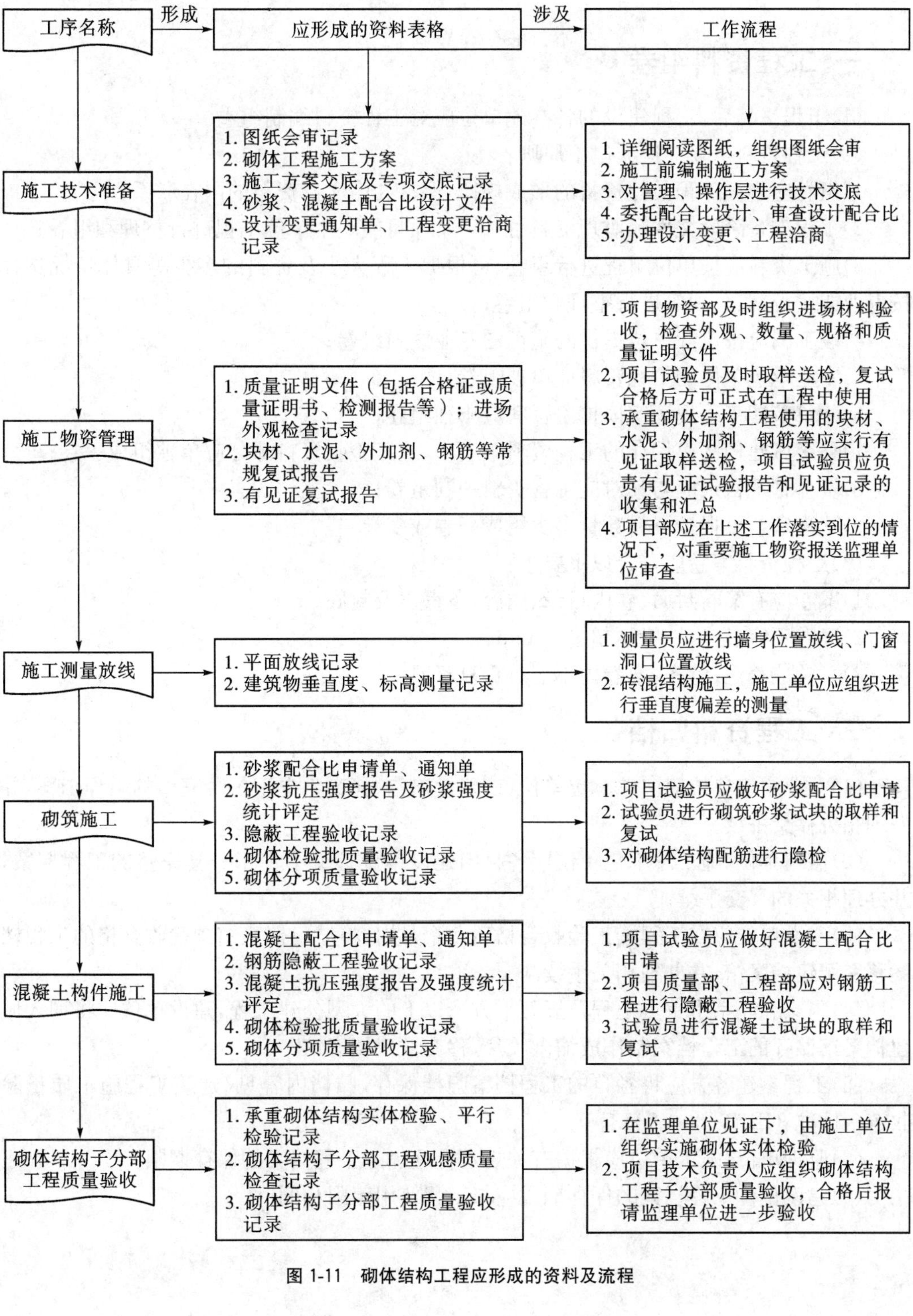

图 1-11　砌体结构工程应形成的资料及流程

第六节　工程资料组卷及归档管理

一、工程资料组卷

(1)工程竣工后,工程建设的各参建单位应对工程资料编制组卷。

(2)工程资料组卷应遵循以下原则:

1)组卷应遵循工程文件资料的形成规律,保持卷内文件资料的内在联系;

2)工程准备阶段文件和监理资料可按一个项目或一个单位工程进行整理和组卷;

3)施工资料应按单位工程进行组卷,可根据工程大小及资料的多少等具体情况选择按专业或按分部、分项等进行整理和组卷;

4)竣工图应按设计单位提供的施工图专业序列组卷;

5)专业承包单位的工程资料应单独组卷;

6)建筑节能工程现场实体检验资料应单独组卷;

7)移交城建档案馆保存的工程资料案卷中,施工验收资料部分应单独组成一卷;

8)资料管理目录应与其对应工程资料一同组卷;

9)工程资料可根据资料数量多少组成一卷或多卷。

(3)工程资料案卷应符合以下要求:

1)案卷应有案卷封面、卷内目录、内容、备考表及封底。

2)案卷不宜过厚,一般不超过 40mm。

3)案卷应美观、整齐,案卷内不应有重复资料。

二、工程资料归档

(1)专业承包单位应向总承包单位(或建设单位)移交不少于一套完整的工程档案,并办理相关移交手续。

(2)监理单位、施工总承包单位应各自向建设单位移交不少于一套完整的工程档案,并办理相关的移交手续。

(3)建设单位应在工程竣工验收合格后六个月内,将城建档案馆预验收合格的工程档案移交城建档案馆,并办理相关手续。

(4)国家和北京市重点工程及五万平方米以上的大型公建工程,建设单位应将列入城建档案馆保存的工程档案制作成缩微胶片,移交城建档案馆。

(5)工程参建各方应将各自的工程档案归档保存,归档内容见《建筑工程施工质量验收统一标准》GB 50300—2013。

(6)监理单位、施工单位应根据有关规定合理确定工程档案的保存期限。

(7)建设单位工程档案的保存期限应与工程使用年限相同。

第二章

建筑结构工程施工管理资料（C1）

本章内容包括下列资料：

- 施工现场质量管理检查记录
- 分包单位资质报审表
- 建设工程质量事故调(勘)查记录
- 建设工程质量事故报告书
- 见证记录
- 施工日志
- 监理工程师通知回复单

第一节　施工现场质量管理检查记录

一、《施工现场质量管理检查记录》填写范例

施工现场质量管理检查记录

开工日期：201×年××月××日

<table>
<tr><td>工程名称</td><td colspan="3">××住宅楼工程</td><td>施工许可证</td><td colspan="2">施××－××××</td></tr>
<tr><td>建设单位</td><td colspan="3">××集团开发有限公司</td><td>项目负责人</td><td colspan="2">×××</td></tr>
<tr><td>设计单位</td><td colspan="3">××设计研究院</td><td>项目负责人</td><td colspan="2">×××</td></tr>
<tr><td>监理单位</td><td colspan="3">××工程建设监理有限公司</td><td>项目负责人</td><td colspan="2">×××</td></tr>
<tr><td>施工单位</td><td>××建设集团有限公司</td><td>项目负责人</td><td>×××</td><td>项目技术负责人</td><td colspan="2">×××</td></tr>
<tr><td>序号</td><td>项　目</td><td colspan="5">主 要 内 容</td></tr>
<tr><td>1</td><td>项目部质量管理体系</td><td colspan="5">质量例会制度、月评比及奖罚制度、三检及交接检制度、质量与经济挂钩制度，有健全的生产控制和合格控制的质量管理体系</td></tr>
<tr><td>2</td><td>现场质量责任制</td><td colspan="5">岗位责任制，设计交底会制度，技术交底制度，挂牌制度，责任明确，手续齐全</td></tr>
<tr><td>3</td><td>主要专业工种操作岗位证书</td><td colspan="5">测量工、钢筋工、木工、混凝土工、电工、焊工、起重工、架子工等主要专业工种操作上岗证书齐全</td></tr>
<tr><td>4</td><td>分包单位管理制度</td><td colspan="5">有分包管理制度，具体要求清晰，管理责任明确</td></tr>
<tr><td>5</td><td>图纸会审记录</td><td colspan="5">审查设计交底、图纸会审工作已完成，资料齐全，已四方确认</td></tr>
<tr><td>6</td><td>地质勘查资料</td><td colspan="5">资料齐全，各方已确认</td></tr>
<tr><td>7</td><td>施工技术标准</td><td colspan="5">标准选用正确，满足工程使用</td></tr>
<tr><td>8</td><td>施工组织设计、施工方案编制及审批</td><td colspan="5">施工组织设计、主要施工方案编制、审批齐全，文件管理制度完备</td></tr>
<tr><td>9</td><td>物资采购管理制度</td><td colspan="5">制度合理可行，物资供应方符合工程对物资质量、供货能力的要求</td></tr>
<tr><td>10</td><td>施工设施和机械设备管理制度</td><td colspan="5">已建立严格全面的设施设备管理制度，各项要求已落实到人到具体工作</td></tr>
<tr><td>11</td><td>计量设备配备</td><td colspan="5">设备先进可靠，计量准确</td></tr>
<tr><td>12</td><td>检测试验管理制度</td><td colspan="5">制度符合相关标准规定，检测试验计划已经审核批准</td></tr>
<tr><td>13</td><td>工程质量检查验收制度</td><td colspan="5">已建立严格全面的质量检查验收制度，制度符合法规、标准的规定，各项要求已落实到人到各环节</td></tr>
<tr><td>14</td><td></td><td colspan="5"></td></tr>
<tr><td colspan="3">自检结果：
各项质量管理制度齐全，具体工作已落实

施工单位项目负责人：×××
××年××月××日</td><td colspan="4">检查结论：
齐全，符合要求

总监理工程师：×××
××年××月××日</td></tr>
</table>

注：本表摘自《建筑工程施工质量验收统一标准》GB 50300—2013。

二、《施工现场质量管理检查记录》填写说明

1.表格解析

(1)责任部门:项目质量部。

(2)提交时限:正式施工前完成并提交审核。

(3)填写要点。

1)“工程名称”栏:填写工程全称,多个单位工程的小区或群体填写到单位工程。

2)“施工许可证号”栏:填写当地建设行政主管部门批准发给的施工许可证(开工证)编号。

3)“开工日期”栏:填写工程正式开工日期。

4)“建设单位”栏:填写合同文件中的甲方,单位名称要与合同签章上的单位相一致。建设单位“项目负责人”栏,要填写合同书上签字人或签字人以文字形式委托的代表。

5)“设计单位”栏:填写设计合同中签章单位的名称,全称应与印章上的名称一致。设计单位“项目负责人”栏,应是设计合同签字人或签字人以文字形式委托的该项目负责人。

6)“监理单位”栏:填写单位全称,应与合同或协议书中的名称一致。“总监理工程师”栏应是合同或协议书中明确的项目监理负责人。

7)“施工单位”栏:填写施工合同中签章单位的全称,与签章上的名称一致。“项目负责人”栏、“项目技术负责人”栏与合同中明确的项目负责人、项目技术负责人一致。

2.相关规定及要求

(1)项目部质量管理体系检查项目。

1)质量管理体系是否建立,是否持续有效;

2)核查现场质量管理制度内容是否健全、有针对性、时效性等;

3)各级专职质量检查人员的配备是否符合相关规定。

(2)现场质量责任制检查项目。

1)质量责任制是否健全、有针对性、时效性等;

2)检查质量责任制的落实到位情况。

(3)主要专业工种操作岗位证书检查项目。

核查主要专业工种操作上岗证书是否齐全、有效及符合相关规定。

(4)分包单位管理制度检查项目。

1)审查分包方资质是否满足施工要求;

2)分包单位的管理制度是否健全;

3)总包单位填写“分包单位资质报审表”,报项目监理部审查;

4)审查分包单位的营业执照、企业资质等级证书、专业许可证、人员岗位证书;

5)审查分包单位的业绩情况;

6)经审查合格后,施工单位签发“分包单位资质报审表”。

(5)图纸会审记录检查项目。

1)审查设计交底是否已完成;

2)审查图纸会审工作是否已完成。

(6)地质勘查资料检查项目。

地质勘查资料是否齐全。

(7)施工技术标准检查项目。

施工技术标准是否能满足本工程施工要求。

(8)施工组织设计、施工方案编制及审批。

1)施工组织设计、施工方案编制、审核、批准,必须符合有关规范的规定;

2)主要分部(分项)工程施工前,施工单位应编写专项施工方案,填写“工程技术文件报审表”报项目监理部审核;

3)在施工过程中,当施工单位对已批准的施工组织设计进行调整、补充或变动时,应经专业监理工程师审查,并应由总监理工程师签认;

4)专业监理工程师应要求施工单位报送重点部位、关键工序的施工工艺和确保工程质量的措施,审核同意后予以签认;

5)当施工单位采用新材料、新工艺、新设备时,专业监理工程师应要求施工单位报送相应的施工工艺措施和证明材料,组织专题论证,经审定后予以签认;

6)上述方案经专业监理工程师审查,由总监理工程师签认。

(9)物资采购管理制度检查项目。

物资采购管理制度应合理可行,供应方应能够满足工程对物资质量、供货能力的要求。

(10)施工设施和机械设备管理制度检查项目。

应建立施工设施的设计、建造、验收、使用、拆除和机械设备的使用、运输、维修、保养的管理制度,项目经理部应落实过程控制与管理。

(11)计量设备配备检查项目。

检查计量设备配备是否先进可靠,计量是否准确。

(12)检测试验管理制度检查项目。

工程质量检测试验制度应符合相关标准规定,并应按工程实际编制检测试验计划,监理审核批准后,按计划实施。

(13)工程质量检查验收制度检查项目。

施工现场必须建立工程质量检查验收制度,制度必须符合法规、标准的规定,并应严格贯彻落实,以确保工程质量符合设计要求和标准规定。

根据检查情况,将检查结果填到相对应的栏目中。可直接将有关制度的名称写上,具体工作应说明是否落实,资料是否齐全。

(14)自检结果由施工单位项目负责人负责建立、健全和落实施工现场各项质量管理制度,施工单位项目部自检符合开工条件后,填写“施工现场质量管理检查记录”向总监理工程师申报。

(15)检查结论由总监理工程师填写。总监理工程师对施工单位报送的各项资料进行验收核查,合格后,签署认可意见。“检查结论” 要明确,是符合要求还是不符合要求。

第二节　分包单位资质报审表

一、《分包单位资质报审表》填写范例

分包单位资质报审表		资料编号	×××
工程名称	××商住楼工程	日　　期	××年×月×日

致：××建设监理公司（监理单位）

经考察，我方认为拟选择的××装饰工程公司（分包单位）具有承担下列工程的施工资质和施工能力，可以保证本工程项目按合同的约定进行施工。分包后，我方仍然承担总承包单位的责任。请予以审查和批准。

附：

1. ☑分包单位资质材料
2. ☑分包单位业绩材料
3. □中标通知书

分包工程名称（部位）	单位	工程数量	其他说明
建筑装饰装修工程	m^2	6000	劳务承包

施工单位名称：××建设集团有限公司　　　　项目经理（签字）：×××

监理工程师审查意见：

经审查，分包单位资质、业绩材料齐全、真实有效，具有承担分包工程的施工资质和施工能力

监理工程师（签字）：×××　　　日期：××年×月×日

总监理工程师审批意见：

同意资格审查

监理单位名称：××建设监理公司　　总监理工程师（签字）：×××　　日期：××年×月×日

注：本表由施工单位填报，监理单位签署审批意见。

二、《分包单位资质报审表》填写说明

1.表格解析

(1)责任部门:建设单位、监理单位、项目监理机构。

(2)审核时限:项目监理机构对承包单位报审的《分包单位资质报审表》的审批,不应超过3天。

(3)填写要点。

1)承包单位填写。

① 根据工程分包的具体情况,可在"附"栏中的"分包单位资质材料、分包单位业绩材料、中标通知书"相应的选择框处划"√",并将所附资料随本表一同报验。

②在"分包工程名称(部位)"栏中填写分包单位所承担的工程名称(部位)及计量单位、工程数量、其他说明。

2)监理单位填写。

① 监理工程师应审查分包单位的营业执照、企业资质等级证书、施工许可证、管理人员、技术人员资格(岗位)证书以及所获得的业绩材料的真实性、有效性。审查合格后,在"监理工程师审查意见"栏中填写审查意见,并予以签认。

②总监理工程师审核后在"总监理工程师审批意见"栏中填写具体的审批意见,并予以签认。

2.相关规定及要求

(1)分包单位资格报审程序。

1)承包单位应在工程项目开工前或拟分包的分项、分部工程开工前,填写《分包单位资格报审表》,附上经其自审认可的分包单位的有关资料,报项目监理机构审核。

2)项目监理机构应在施工合同规定的期限内完成或提出进一步补充有关资料的审批工作。

3)项目监理机构和建设单位认为必要时,可会同承包单位对分包单位进行实地考察,以验证分包单位有关资料的真实性。

4)分包单位的资格符合有关规定并满足工程需要,由总监理工程师签发《分包单位资格报审表》予以确认。

5)分包合同签订后,承包单位将分包合同报项目监理机构备案。

(2)分包单位资格报审内容。

1)承包单位对部分分项、分部工程(主体结构工程除外)实行分包必须符合施工合同的规定。

2)分包单位的营业执照、企业资质等级证书、特种行业施工许可证、国外(境外)企业在国内承包工程许可证。

3)分包单位的业绩。

4)分包工程内容和范围。

5)专职管理人员和特种作业人员的资格证、上岗证。

(3)《建设工程监理规范》GB/T 50319—2013 中第 5.2.7 条规定,专业监理工程师应

从以下四个方面对承包单位的试验室进行考核：

1)试验室的资质等级及其试验范围；

2)法定计量部门对试验设备出具的计量检定证明；

3)试验室管理制度；

4)试验人员资格证书。

(4)总监理工程师应安排专业监理工程师对报审表及其附件进行审查，其审查重点是审查分包单位的专业能力是否胜任分包工程。审查后，在相应栏目签注审查意见并签字。

(5)项目监理机构对承包单位报审的《分包单位资质报审表》的审批，不应超过3天。

(6)分包单位的资格符合有关规定并满足工程需要时，由总监理工程师签发《分包单位资质报审表》，予以确认。

(7)分包合同签订后，承包单位填写《分包合同报验申请表》，并附分包单位合同报送项目监理机构备案。

(8)项目监理机构发现承包单位存在转包、肢解分包、层层分包等情况时，应签发《监理通知》即时予以制止，同时报告建设单位及有关部门。

第三节　建设工程质量事故调(勘)查记录

一、《建设工程质量事故调(勘)查记录》填写范例

建设工程质量事故调(勘)查记录			资料编号	×××
工程名称	××住宅楼工程		日　期	××年×月×日
调(勘)查时间	××年×月×日×时×分　至　×时×分			
调(勘)查地点	××市××区××路××号(施工现场)			
参加人员	单　　位	姓名	职务	电话
被调查人	××建设集团有限公司	×××	项目经理	××××
陪同调(勘)查人员	××建筑设计研究院	×××	×××	×××
	××工程建设监理有限公司	×××	×××	×××
调(勘)查笔录	本工程为一幢十层框架-剪力墙结构的教学楼,在第五层结构完成后发现,四、五层柱少配了39%～66%的钢筋。 (示例的质量事故为现浇柱配筋不足)			
现场证物照片	☑有　□无　　共 6 张		共 3 页	
事故证据资料	☑有　□无　　共 10 张		共 5 页	
被调查人签字	×××	调(勘)查人		×××

注:本表由调查人填写。

二、《建设工程质量事故调(勘)查记录》填写说明

1. 表格解析

(1)责任部门:项目质量部。

(2)提交时限:事故发生后48小时内提交。

(3)填写要点。

1)填写该表时应写明工程名称、时间、地点、参加人员及所在单位、姓名、职务、联系电话。

2)"调(勘)查笔录"栏应填写工程质量事故发生的时间、具体部位,造成质量事故的原因,以及现场观察的现象,并初步估计造成的经济损失。

3)当工程质量事故发生后,应采用影像的形式真实记录现场的情况,以作为事故原因分析的依据,当留有现场证物照片或事故证据资料时,应在"有"、"无"选择框处划"√"并标注数量。

2. 相关规定及要求

(1)建设工程发生质量事故,有关单位应在24小时内向当地建设行政主管部门和其他有关部门报告。对重大质量事故,事故发生地的建设行政主管部门和其他有关部门应当按照事故类别和等级向当地人民政府和上级建设主管部门和其他有关部门报告,告别重大质量事故的调查程序按照国务院有关规定办理。

(2)任何单位和个人对建设工程的质量事故、质量缺陷都有权检举、控告、投诉。

(3)发生重大工程质量事故隐瞒不报、谎报或拖延报告期限的,对直接负责的主管人员和其他责任人员依法给予行政处分。

(4)工程质量事故的分类。

1)按事故造成的后果可分为未遂事故和已遂事故。

2)按事故产生的原因可分为指导责任事故和操作责任事故。

3)按事故的性质可分为一般事故、严重事故和重大事故。

4)依据建设部令规定,工程质量事故按其性质分为三大类六个等级。

第四节 建设工程质量事故报告书

一、《建设工程质量事故报告书》填写范例

设工程质量事故报告书		资料编号	×××
工程名称	××住宅楼工程	建设地点	××市××区××路
建设单位	××集团开发有限公司	设计单位	××建筑设计研究院
施工单位	××建设集团有限公司	建筑面积(m^2) 工作量(元)	8560m^2 ××元
结构类型	框架剪力墙	事故发生时间	××年×月×日
上报时间	××年×月×日	经济损失(元)	××

事故经过、后果与原因分析：

事故经过、后果：教学楼主体结构在第五层结构完成后经检查发现四、五层柱少配了39%～66%的钢筋。由于现浇柱在框剪结构中属主要受力构件，配筋严重不足，影响结构安全，必须加固处理。

原因分析：误将六层柱截面用于四、五两层，施工及质量检查中未能及时发现和纠正这些错误

事故发生后采取的措施：

加固方案：

凿去四、五层柱的保护层，露出柱四角的主筋和全部箍筋，用通长钢筋加固，钢筋截面为：内跨柱8Φ28+4Φ14，外跨柱4Φ22+4Φ14，Φ14为构造筋，与梁交叉时可切断。加固箍筋φ8@200，安装后将接口焊牢。

加固钢筋从四层柱脚起伸入六层1m处锚固。新加主筋与原柱四角凿出的主筋牢固焊接，使两者能共同工作。焊接间距600mm，每段焊缝长约190mm(箍筋净距)。加固主筋焊好后，绑扎加固箍筋，箍筋的接口采用单面搭接焊，形成焊接封闭箍。加固主筋在通过梁边时，设开口箍筋，并将加固主筋与原柱主筋的焊接间距减为300mm。钢箍工程完成并经检查合格后，支模浇灌比原设计强度高两级的细石混凝土

事故责任单位、责任人及处理意见：

事故责任单位：××钢筋班组

责任人：×××(项目技术负责人)、×××(土建施工员)、×××(土建质检员)

处理意见：(略)

负责人	×××	报告人	×××	日　期	××年×月×日

注：本表由报告人填写。

二、《建设工程质量事故报告书》填写说明

1.表格解析

(1)责任部门:项目质量部。

(2)提交时限:事故发生后48小时内提交。

2.相关规定及要求

(1)工程质量问题的分类。

工程质量问题的分类方法较多,依据住房和城乡建设部《关于做好房屋建筑和市政基础设施工程质量问题报告和调查处理工作的通知》(建质〔2010〕111号),根据工程质量问题造成的人员伤亡或者直接经济损失将工程质量问题分为四个等级:一般事故、较大事故、重大事故、特别重大事故,具体如下:

1)特别重大事故。是指造成30人以上死亡,或者100人以上重伤,或者1亿元以上直接经济损失的事故。

2)重大事故,是指造成10人以上30人以下死亡,或者50人以上100人以下重伤,或者5000万元以上1亿元以下直接经济损失的事故。

3)较大事故,是指造成3人以上10人以下死亡,或者10人以上50人以下重伤,或者1000万元以上5000万元以下直接经济损失的事故。

4)一般事故,是指造成3人以下死亡,或者10人以下重伤,或者100万元以上1000万元以下直接经济损失的事故。

(2)工程质量问题处理的依据。

进行工程质量问题处理的主要依据有四个方面:质量问题的实况资料;具有法律效力的,得到有关当事各方认可的工程承包合同、设计委托合同、材料或设备购销合同以及监理合同或分包合同等合同文件;有关的技术文件、档案和相关的建设法规。

(3)工程质量问题的报告。

1)工程质量问题发生后,事故现场有关人员应当立即向工程建设单位负责人报告;工程建设单位负责人接到报告后,应于1h内向事故发生地县级以上人民政府住房和城乡建设主管部门及有关部门报告。

情况紧急时,事故现场有关人员可直接向事故发生地县级以上人民政府住房和城乡建设主管部门报告。

2)住房和城乡建设主管部门接到事故报告后,应当依照下列规定上报事故情况,并同时通知公安、监察机关等有关部门:

①较大、重大及特别重大事故逐级上报至国务院住房和城乡建设主管部门,一般事故逐级上报至省级人民政府住房和城乡建设主管部门,必要时可以越级上报事故情况。

②住房和城乡建设主管部门上报事故情况,应当同时报告本级人民政府;国务院住房和城乡建设主管部门接到重大和特别重大事故的报告后,应当立即报告国务院。

③住房和城乡建设主管部门逐级上报事故情况时,每级上报时间不得超过2h。

④事故报告包括的内容:

a.事故发生的时间、地点、工程项目名称、工程各参建单位名称;b.事故发生的简要经过、伤亡人数(包括下落不明的人数)和初步估计的直接经济损失;c.事故的初步原因;d.事故发生后采取的措施及事故控制情况;e.事故报告单位、联系人及联系方式;f.其他应当报告的情况。

⑤事故报告后出现新情况,以及事故发生之日起30d内伤亡人数发生变化的,应及时补报。

(4)工程质量问题的调查方式。

1)住房和城乡建设主管部门应当按照有关人民政府的授权或委托,组织或参与事故调查组对事故进行调查,并履行下列职责。

①核实事故基本情况,包括事故发生的经过、人员伤亡情况及直接经济损失。

②核查事故项目基本情况,包括项目履行法定建设程序情况、工程各参建单位履行职责的情况。

③依据国家有关法律法规和工程建设标准分析事故的直接原因和间接原因,必要时组织对事故项目进行检测鉴定和专家技术论证。

④认定事故的性质和事故责任。

⑤依照国家有关法律法规提出对事故责任单位和责任人员的处理建议。

⑥总结事故教训,提出防范和整改措施。

⑦提交事故调查报告。

2)事故调查报告应当包括下列内容:

①事故项目及各参建单位概况。

②事故发生经过和事故救援情况。

③事故造成的人员伤亡和直接经济损失。

④事故项目有关质量检测报告和技术分析报告。

⑤事故发生的原因和事故性质。

⑥事故责任的认定和事故责任者的处理建议。

⑦事故防范和整改措施。

事故调查报告应当附具有关证据材料,事故调查组成员应当在事故调查报告上签名。

(5)工程质量问题的处理。

1)住房和城乡建设主管部门应当依据有关人民政府对事故调查报告的批复和有关法律法规的规定,对事故相关责任者实施行政处罚。

处罚权限不属本级住房和城乡建设主管部门的,应当在收到事故调查报告批复后15个工作日内,将事故调查报告(附具有关证据材料)、结案批复、本级住房和城乡建设主管部门对有关责任者的处理建议等转送有权限的住房和城乡建设主管部门。

2)住房和城乡建设主管部门应当依据有关法律法规的规定,对事故负有责任的建设、勘察、设计、施工、监理等单位和施工图审查、质量检测等有关单位分别给予罚款、停业整顿、降低资质等级、吊销资质证书其中一项或多项处罚,对事故负有责任的注册执业人员分别给予罚款、停止执业、吊销执业资格证书、终身不予注册其中一项或多项处罚。

第五节 见证记录

一、《见证记录》填写范例

有见证取样和送检见证人备案书

××市建设工程质量监督站：

××建筑工程公司试验室：

我单位决定，由×××同志担任××住宅楼工程有见证取样和送检见证人。有关的印章和签字如下，请查收备案。

有见证取样和送检印章	见证人签字
××工程建设监理有限公司 有见证取样和送检印章	×××

建设单位名称（盖章）：××集团开发有限公司　　××年×月×日

监理单位名称（盖章）：××工程建设监理有限公司　　××年×月×日

施工项目负责人签字：×××　　××年×月×日

见 证 记 录

编　　号：015

工程名称：××住宅楼工程

取样部位：地下一层外墙③～⑧/Ⓑ～Ⓗ轴

样品名称：C35 P8 混凝土标养试块　　取样数量：1 组

取样地点：混凝土浇筑地点　　取样日期：××年×月×日

见证记录：

见证取样取自 03 号罐车，在试块上已做出标识，注明强度等级、试件编号、成型日期。见证取样符合相关规定，现场取样真实有效。

有见证取样和送检印章：

××工程建设监理有限公司
有见证取样和送检印章

取　样　人　签　字：×××

见　证　人　签　字：×××

填制日期：××年×月×日

有见证试验汇总表

工程名称：××住宅楼工程

施工单位：××建设集团有限公司

建设单位：××集团开发有限公司

监理单位：××工程建设监理有限公司

见 证 人：×××

试验室名称：××工程检测试验有限公司

试验项目	应送试验总次数	有见证试验次数	不合格次数	备 注
混凝土试块	47	47	0	
砌筑砂浆试块	13	13	0	
钢筋原材	35	35	0	
直螺纹钢筋接头	22	22	0	
SBS 防水卷材	3	3	0	

施工单位：××建设集团有限公司　　制表人：×××

填制日期：××年×月×日

注：此表由施工单位汇总填写。

二、《见证记录》填写说明

每个单位工程应设定1～2名取样和送检见证人员，见证人员应由该工程的监理单位或建设单位具备建筑施工试验知识的专业技术人员担任，并由该工程监理单位或建设单位填写“有见证取样和送检见证人备案书”，通知施工单位、检测、试验单位和负责该工程的质量监督机构。见证人员应执行有见证取样和送检项目的管理，按规定填写“见证记录”，并有见证人员和取样人员签字。

(1)提交时限：随时完成按周或月提交一次。

(2)相关要求。

见证取样和送检是指在建设单位或监理单位人员的见证下，由施工单位的试验人员按照国家有关技术标准、规范的规定，在施工现场对工程中涉及结构安全的试块、试件和材料进行取样，并送至具备相应检测资质的检测机构进行检测的活动。

1)下列涉及结构安全的试块、试件和材料应100%实行见证取样和送检：

①用于承重结构的混凝土试块。

②用于承重墙体的砌筑砂浆试块。

③用于承重结构的钢筋及连接接头试件。

④用于承重墙的砖和混凝土小型砌块。

⑤用于拌制混凝土和砌筑砂浆的水泥。

⑥用于承重结构的混凝土中使用的掺合料和外加剂。

⑦防水材料。

⑧预应力钢绞线、锚夹具。

⑨建筑外窗。

⑩建筑节能工程用保温材料、绝热材料、黏结材料、增强网、幕墙玻璃、隔热型材、散热器、风机盘管机组、低压配电系统选择的电缆、电线等。

⑪钢结构工程用钢材及焊接材料、高强度螺栓预拉力、扭矩系数、摩擦面抗滑移系数和网架节点承载力试验。

⑫国家及地方标准、规范规定的其他见证检验项目。

2)单位工程施工准备阶段，承包单位编制施工检测计划配备试验人员，负责施工现场的取样工作，做好材料取样记录、试块和试件的制作、养护记录等。

3)监理单位应按规定配备足够的见证人员，负责见证取样和送检的现场见证工作。不需要强制监理的建设工程由建设单位按照要求配备见证人员。

4)见证人员应由建设单位或项目监理机构具备建筑工程施工试验知识的专业技术人员担任。见证人员确定后，应在见证取样和送检前告知该工程的质量监督机构和承担相应见证试验的检测机构。见证人员更换时，应在见证取样和送检前将更换后的见证人员信息告知检测机构和监督机构。

5)见证取样方法、抽样检验方法应严格按相关工程建设标准执行。

6)在施工过程中，见证人员应按照见证取样和送检计划，对施工现场的见证取样和送检进行见证。试验人员应在试样或其包装上做出标识、封志。标识和封志应至少标明试件编号、取样日期等信息，并由见证人员和试验人员签字。试验人员和见证人员应共同做好样品的成型、保养、存放、封样、送检等全过程工作。

7)施工单位应对见证取样和送检试样的代表性和真实性负责，监理单位负监理责任。因玩忽职守或弄虚作假，使样品失去代表性和真实性造成质量事故的，应依法承担相应的责任。

8)检测机构应对样品和见证记录进行确认，对不符合下列要求的样品应当拒收：

①见证记录无见证人员签字，或签字的见证人员未告知检测机构。

②检测试样的数量、规格等不符合检测标准要求。

③封样标识和封志信息不全。

④封样标识和封志上无试验人员和见证人员签字。

9)检测机构应设专人负责试样留置工作。对规范和标准明确要求需留置的试样，应按规范和标准的规定留置；规范和标准没有规定的，应在样品检测完成后留置 24 小时。

10)检测机构对出现的不合格检测结果应在当日告知项目监理机构或建设单位和工程质量监督机构，并应单独建立检测结果不合格台账。

11)见证取样和送检的检测报告，应加盖检测机构“有见证试验”专用章，由施工单位汇总后纳入工程施工技术档案。

12)因见证取样和送检增加的检测试验费用计入工程造价；增加的监理人工费用在施工监理服务收费基准价中予以调整。

13)质量监督机构应加强对工程参建各方见证取样和送检行为的监督管理，对发现的违法违规行为依法进行处罚并按照动态监督管理规定予以处理。

第六节 施工日志

一、《施工日志》填写范例

施工日志			资料编号	×××
	天气状况	风力	最高/最低温度(℃)	备　注
白天	晴	2～3级	24/19	
夜间	晴	1～2级	17/16	

生产情况记录:(施工部位、施工内容、机械作业、班组工作、生产存在问题等)

地下二层

1.Ⅰ段(①～⑬/Ⓑ～Ⓙ轴)顶板钢筋绑扎,各工种埋件固定,塔吊作业(××型号),钢筋班组15人。

2.Ⅱ段(⑬～⑲/Ⓑ～Ⓙ轴)梁开始钢筋绑扎,塔吊作业(××型号),钢筋班组12人。

3.Ⅲ段(⑲～㉘/Ⓒ～Ⓖ轴)因设计单位提出对该部位施工图纸进行修改,待设计变更通知单下发后,再组织有关人员施工。

4.Ⅳ段(㉘～㊶/Ⓒ～Ⓗ轴)剪力墙、柱模板安装,塔吊作业(××型号),木工班组21人。

5.发现问题:Ⅰ段顶板(①～⑬/Ⓑ～Ⓙ轴)钢筋绑扎时,钢筋保护层厚度、搭接长度不够,存在绑扎随意现象

技术质量安全工作记录:(技术质量安全活动、检查评定验收、技术质量安全问题等)

1.建设、设计、监理、施工单位在现场召开技术质量安全工作会议。

参加人员:×××、××、×××、×××(职务)等。

会议决定:

(1)±0.000以下结构于×月×日前完成。

(2)地下三层回填土×月×日前完成,地下二层回填土×月×日前完成。

(3)对施工中发现问题(Ⅰ段①～⑬/Ⓑ～Ⓙ轴顶板钢筋绑扎),应立即返修并整改复查,必须符合设计、规范要求。

2.安全生产方面:由安全员带领3人巡视检查,重点是"三宝、四口、五临边",检查全面到位,无安全隐患。

3.检查评定验收:对Ⅱ段(⑬～⑲/Ⓑ～Ⓙ轴)梁、Ⅳ段(㉘～㊶/Ⓒ～Ⓗ轴)剪力墙、柱予以验收,工程主控项目、一般项目符合施工质量验收规范要求

参加验收人员

监理单位:×××、×××(职务)等。

施工单位:×××、××、×××(职务)等

记录人	×××	日　期	××年×月×日　星期四

注:本表由施工单位填写。

二、《施工日志》填写说明

本表为施工活动的原始记录，是编制施工文件、积累资料、总结施工经验的重要依据，由项目技术负责人具体负责。应以单位工程为记载对象，从工程开工起至工程竣工止，按专业指定专人负责逐日记载，并保证内容真实、连续和完整。可采用计算机录入、打印，也可按规定式样（印制的施工日志）用手工填写方式记录，并装订成册。施工日志填写应字迹清楚、内容齐全、及时、准确、具体，不得涂改，不得缺页掉角。

1. 表格解析

(1)责任部门：项目工程部。

(2)提交时限：逐日记录按周或月提交一次。

(3)填写要点。

1)施工日志填写的主要内容。

①生产情况记录。

a. 施工部位：对于结构工程应体现楼层、轴线、主要构件名称和标高；对于装饰装修工程应体现楼层、轴线、建筑功能房间/区域名称，如楼梯间、公共走廊、会议室、餐厅等；对于机电工程应体现楼层、轴线、管线或设备名称及对应编号等。

b. 施工内容：指子分部、分项、工序的具体内容、施工进度、作业动态等。

c. 班组工作：指劳动力安排，如专业施工班组（或专业分包）等。

d. 生产存在问题：应写明影响生产的各种问题，如影响进度所涉及的人员不足，机具不到位等。

②技术质量安全工作记录：包括技术质量安全活动（如上级检查、各种工程会议、企业贯标复审等）；检查评定验收［指检验批、分项、分部（子分部）工程质量验收、隐蔽工程验收］；技术质量安全问题等。

③每个工程项目的开、竣工日期、施工勘测资料、建设行政或上级主管部门的检查、有关指示等。

④施工中发生的问题，如变更设计、变更施工方法、工程质量事故及其他处理情况等。

2)施工日志中，除记录生产情况和技术质量安全工作外，若施工中出现其他问题，也要反映在施工日志中。

同时强调一点，×月×日施工日志记录中如果有发现不合格项的记录，也须有复查（解决、关闭）不合格项的记录。

2. 相关规定及要求

(1)施工日志的编制责任：按不同专业（土建、装修、给排水、电气、通风空调、智能等）分别指定专业工长（施工员）记录。

(2)当对工程资料进行核查时，或工程出现某些问题时，往往需要检查施工日志中的记录，以了解当时的施工情况。借助对某些施工资料中作业时间、作业条件、材料进场、试块养护等方面的横向检查对比，能够有效地核查资料的真实性与可靠性。

第七节　监理工程师通知回复单

一、《监理工程师通知回复单》填写范例

<table>
<tr><td colspan="2">监理工程师通知回复单</td><td>资料编号</td><td>×××</td></tr>
<tr><td>工程名称</td><td>××商住楼工程</td><td>日　期</td><td>××年×月×日</td></tr>
<tr><td colspan="4">致：××建设监理公司（监理单位）
我方接到第（××－××）号监理通知后，已按要求完成了保证主体混凝土建筑质量的工作，特此回复，请予以复查。
详细内容：
我项目部收到（××-××）号《监理通知》后，立即召开了专题会议，按通知要求组织专业人员进一步制定了保证主体混凝土浇筑质量的措施（见附件）
施工单位名称：××建设集团有限公司
项目经理（签字）：×××</td></tr>
<tr><td colspan="4">复查意见：
经复查，承包单位按监理通知要求进行了落实，且保证措施得当。要求承包单位按此措施落实到位，以保证混凝土的浇筑质量
监理工程师（签字）：×××　　日期：××年×月×日
监理单位名称：××建设监理公司
总监理工程师（签字）：×××　　日期：××年×月×日</td></tr>
</table>

注：本表由施工单位填报。

二、《监理工程师通知回复单》填写说明

1. 表格解析

(1)责任部门：建设单位、监理单位、项目监理机构。

(2)填写要点。

1)承包单位填写。

①"已按要求完成了________工作"栏填写《监理通知》中相对应的内容。

②"详细内容"栏应写明对监理通知中所提问题发生的原因分析、整改经过和结果及预防措施等。

2)监理单位填写。

"复查意见"一般应由《监理通知》的签发人进行复查验收并签字确认。当监理工程师不在现场或与总监理工程师意见不一致时，由总监理工程师签字生效。

2. 相关规定及要求

(1)《监理通知回复单》是与《监理通知》配套使用的表格。

(2)项目监理机构发现如下问题时，应及时签发《监理通知单》，要求施工单位整改。整改完毕后，项目监理机构应根据施工单位报送的监理通知回复单对整改情况进行复查，提出复查意见。

①施工存在质量问题的，或施工单位采用不适当的施工工艺，或施工不当，造成施工质量不合格；

②实际进度严重滞后于计划进度且影响合同工期；

③工程存在安全事故隐患。

(3)回复单应对应于通知单的编号和通知事宜。

(4)已完成的工作和"详细内容"事实应表述清楚，与事实相符。如内容较多本页不够，可另附单行文本作为附件。

(5)监理机构应对回复单及时审查，并提出和反馈审查意见。

(6)进度计划的实施监督。

应按月检查月实际进度，并将与月计划进度比较的结果进行分析、评价，发现偏离应签发《监理工程师通知单》，要求承包单位及时采取措施，实现计划进度目标。

(7)施工过程中的质量控制。

①应对施工现场有目的地进行巡视和旁站。

②对所发现的问题可先口头通知承包单位改正，然后应及时签发《监理工程师通知单》。

③承包单位应将整改结果填写《监理工程师通知回复单》，报监理工程师进行复查。

(8)工程竣工验收。

当工程达到基本交验条件时，应组织各专业监理工程师对各专业工程的质量情况、使用功能进行全面检查。对发现影响竣工验收的问题签发"监理工程师通知单"要求承包单位进行整改。

第三章

建筑结构工程施工技术资料（C2）

本章内容包括下列资料：

- 工程技术文件报审表
- 施工组织设计及施工方案
- 技术交底记录
- 图纸会审记录
- 设计变更通知单
- 工程变更洽商记录

第一节　工程技术文件报审表

一、《工程技术文件报审表》填写范例

<table>
<tr><td colspan="2" rowspan="2">工程技术文件报审表</td><td>施工编号</td><td>×××</td></tr>
<tr><td>监理编号</td><td>×××</td></tr>
<tr><td>工程名称</td><td>××工程</td><td>日　　期</td><td>××年×月×日</td></tr>
<tr><td colspan="4">致：××建设监理公司（监理单位）

我方已编制完成了　施工测量方案　技术文件，并经相关技术负责人审查，请予以审定。

附：技术文件　×　页　×　册

施工总承包单位　××建设集团有限公司　　项目经理/责任人　×××
专业承包单位＿＿＿＿＿＿　　项目经理/责任人＿＿＿＿</td></tr>
<tr><td colspan="4">专业监理工程师审查意见：
原则上同意方案内容；应加强过程和措施上的严格控制；测量放线成果必须经过“三检”，达到100％的合格

专业监理工程师　×××
日期　××年×月×日</td></tr>
<tr><td colspan="4">总监理工程师审批意见：
1.符合设计图和现场的实际情况；
2.投入的人力、物力基本满足工程施工测量的需要；
3.采取的方式、方法、措施及管理制度基本可行；
同意本方案的内容并以此指导本工程的施工测量放线工作

监理单位　××建设监理公司
总/专业监理工程师　×××
日期　××年×月×日</td></tr>
</table>

二、《工程技术文件报审表》填写说明

1. 表格解析

(1)责任部门：项目经理部。

(2)填写要点。

1)承包单位填写。

①“编制单位名称”是指直接负责该项工程实施的单位，如为分包单位，应先由该分包单位填写此栏，经承包单位审核无误后报项目监理部。

如该项工程实施单位就是承包单位，则承包单位即为“编制单位”，由承包单位直接填写此栏。

②“现报上关于工程技术文件”应填入编写的工程技术文件名称，其中“类别、编制人、册数、页数”按编制的工程技术文件的实际情况如实填写。

③“施工单位审核意见”栏必须填写具体的审核内容。

2)监理单位填写。

先经专业监理工程师审核，并在“监理单位审核意见”中填写意见。由总监理工程师签署“审定结论”并在相应选择框处划“√”。

2. 相关规定及要求

(1)施工单位向监理单位申报的工程技术文件包括施工组织设计、施工方案(含季节性施工方案)、深化设计、质量问题处理方案等。

(2)施工单位应编写工程技术文件，经施工单位技术部门审查通过，并填写《工程技术文件报审表》报项目监理部。工程项目开工前，总监理工程师组织专业监理工程师审核，填写审核意见，由总监理工程师签署审定结论。

(3)工程技术文件审查的主要内容。

1)承包单位的审批手续是否齐全。

2)施工总平面布置是否合理。

3)施工布置是否合理，施工方法是否可行，质量保证措施是否可靠并具有针对性。

4)工期安排是否满足建设工程施工合同要求。

5)进度计划是否保证施工的连续性和均衡性，所需人力、材料、设备的配置与进度计划是否协调。

6)承包单位的质量管理体系是否健全。

7)安全、环保、消防和文明施工措施是否符合有关规定。

8)季节性施工方案和专项施工方案的可行性、合理性和先进性。

9)总监理工程师认为应审核的其他内容。

(4)工程技术文件报审应有时限规定，施工和监理单位均应按照施工合同和约定的时限要求完成各自的报送和审批工作。

(5)在施工过程中，当承包单位对已批准的工程技术文件进行调整、补充或变动时，应经专业监理工程师审查，并应由总监理工程师签认。

第二节　施工组织设计及施工方案

一、施工组织总设计

1. 工程概况

工程概况应包括项目主要情况和项目主要施工条件等。

(1)项目主要情况应包括下列内容：

1)项目名称、性质、地理位置和建设规模；

2)项目的建设、勘察、设计和监理等相关单位的情况；

3)项目设计概况；

4)项目承包范围及主要分包工程范围；

5)施工合同或招标文件对项目施工的重点要求；

6)其他应说明的情况。

(2)项目主要施工条件应包括下列内容：

1)项目建设地点气象状况；

2)项目施工区域地形和工程水文地质状况；

3)项目施工区域地上、地下管线及相邻的地上、地下建(构)筑物情况；

4)与项目施工有关的道路、河流等状况；

5)当地建筑材料、设备供应和交通运输等服务能力状况；

6)当地供电、供水、供热和通信能力状况；

7)其他与施工有关的主要因素。

2. 总体施工部署

(1)施工组织总设计应对项目总体施工做出下列宏观部署：

1)确定项目施工总目标，包括进度、质量、安全、环境和成本等目标；

2)根据项目施工总目标的要求，确定项目分阶段(期)交付的计划；

3)确定项目分阶段(期)施工的合理顺序及空间组织。

(2)对于项目施工的重点和难点应进行简要分析。

(3)总承包单位应明确项目管理组织机构形式，并宜采用框图的形式表示。

(4)对于项目施工中开发和使用的新技术、新工艺应做出部署。

(5)对主要分包项目施工单位的资质和能力应提出明确要求。

3. 施工总进度计划

(1)施工总进度计划应按照项目总体施工部署的安排进行编制。

(2)施工总进度计划可采用网络图或横道图表示，并附必要说明。

4. 总体施工准备与主要资源配置计划

(1)总体施工准备应包括技术准备、现场准备和资金准备等。

(2)技术准备、现场准备和资金准备应满足项目分阶段(期)施工的需要。

(3)主要资源配置计划应包括劳动力配置计划和物资配置计划等。

(4)劳动力配置计划应包括下列内容：

1)确定各施工阶段(期)的总用工量；

2)根据施工总进度计划确定各施工阶段(期)的劳动力配置计划。

(5)物资配置计划应包括下列内容：

1)根据施工总进度计划确定主要工程材料和设备的配置计划；

2)根据总体施工部署和施工总进度计划确定主要施工周转材料和施工机具的配置计划。

5.主要施工方法

(1)施工组织总设计应对项目涉及的单位(子单位)工程和主要分部(分项)工程所采用的施工方法进行简要说明。

(2)对脚手架工程、起重吊装工程、临时用水用电工程、季节性施工等专项工程所采用的施工方法应进行简要说明。

6.施工总平面布置

(1)施工总平面布置应符合下列原则：

1)平面布置科学合理，施工场地占用面积少；

2)合理组织运输，减少二次搬运；

3)施工区域的划分和场地的临时占用应符合总体施工部署和施工流程的要求，减少相互干扰；

4)充分利用既有建(构)筑物和既有设施为项目施工服务，降低临时设施的建造费用；

5)临时设施应方便生产和生活，办公区、生活区和生产区宜分开设置；

6)符合节能、环保、安全和消防等要求；

7)遵守当地主管部门和建设单位关于施工现场安全文明施工的相关规定。

(2)施工总平面布置图应符合下列要求：

1)根据项目总体施工部署，绘制现场不同施工阶段(期)的总平面布置图；

2)施工总平面布置图的绘制应符合国家相关标准要求并附必要说明。

(3)施工总平面布置图应包括下列内容：

1)项目施工用地范围内的地形状况；

2)全部拟建的建(构)筑物和其他基础设施的位置；

3)项目施工用地范围内的加工设施、运输设施、存贮设施、供电设施、供水供热设施、排水排污设施、临时施工道路和办公、生活用房等；

4)施工现场必备的安全、消防、保卫和环境保护等设施；

5)相邻的地上、地下既有建(构)筑物及相关环境。

二、单位工程施工组织设计

1.工程概况

(1)工程概况应包括工程主要情况、各专业设计简介和工程施工条件等。

(2)工程主要情况应包括下列内容：

1)工程名称、性质和地理位置；

2)工程的建设、勘察、设计、监理和总承包等相关单位的情况；

3)工程承包范围和分包工程范围；

4)施工合同、招标文件或总承包单位对工程施工的重点要求；

5)其他应说明的情况。

(3)各专业设计简介应包括下列内容：

1)建筑设计简介应依据建设单位提供的建筑设计文件进行描述，包括建筑规模、建筑功能、建筑特点、建筑耐火、防水及节能要求等，并应简单描述工程的主要装修做法；

2)结构设计简介应依据建设单位提供的结构设计文件进行描述，包括结构形式、地基基础形式、结构安全等级、抗震设防类别、主要结构构件类型及要求等；

3)机电及设备安装专业设计简介应依据建设单位提供的各相关专业设计文件进行描述，包括给水、排水及采暖系统、通风与空调系统、电气系统、智能化系统、电梯等各个专业系统的做法要求。

(4)工程施工条件应包括下列内容。

1)项目建设地点气象状况；

2)项目施工区域地形和工程水文地质状况；

3)项目施工区域地上、地下管线及相邻的地上、地下建(构)筑物情况；

4)与项目施工有关的道路、河流等状况；

5)当地建筑材料、设备供应和交通运输等服务能力状况；

6)当地供电、供水、供热和通信能力状况；

7)其他与施工有关的主要因素。

2. 施工部署

(1)工程施工目标应根据施工合同、招标文件以及本单位对工程管理目标的要求确定，包括进度、质量、安全、环境和成本等目标。各项目标应满足施工组织总设计中确定的总体目标。

(2)施工部署中的进度安排和空间组织应符合下列规定：

1)工程主要施工内容及其进度安排应明确说明，施工顺序应符合工序逻辑关系；

2)施工流水段应结合工程具体情况分阶段进行划分；

3)单位工程施工阶段的划分一般包括地基基础、主体结构、装饰装修和机电设备安装三个阶段。

(3)对于工程施工的重点和难点应进行分析，包括组织管理和施工技术两个方面。

(4)工程管理的组织机构形式应按照《建筑施工组织设计规范》GB/T 50502—2009第4.2.3条的规定执行，并确定项目经理部的工作岗位设置及其职责划分。

(5)对于工程施工中开发和使用的新技术、新工艺应做出部署，对新材料和新设备的使用应提出技术及管理要求。

(6)对主要分包工程施工单位的选择要求及管理方式应进行简要说明。

3. 施工进度计划

(1)单位工程施工进度计划应按照施工部署的安排进行编制。

(2)施工进度计划可采用网络图或横道图表示，并附必要说明；对于工程规模较大或较复杂的工程，宜采用网络图表示。

4.施工准备与资源配置计划

(1)施工准备应包括技术准备、现场准备和资金准备等。

1)技术准备应包括施工所需技术资料的准备、施工方案编制计划、试验检验及设备调试工作计划、样板制作计划等。

①主要分部(分项)工程和专项工程在施工前应单独编制施工方案，施工方案可根据工程进展情况，分阶段编制完成；对需要编制的主要施工方案应制定编制计划；

②试验检验及设备调试工作计划应根据现行规范、标准中的有关要求及工程规模、进度等实际情况制定；

③样板制作计划应根据施工合同或招标文件的要求并结合工程特点制定。

2)现场准备应根据现场施工条件和工程实际需要，准备现场生产、生活等临时设施。

3)资金准备应根据施工进度计划编制资金使用计划。

(2)资源配置计划应包括劳动力配置计划和物资配置计划等。

1)劳动力配置计划应包括下列内容：

①确定各施工阶段用工量；

②根据施工进度计划确定各施工阶段劳动力配置计划。

2)物资配置计划应包括下列内容：

①主要工程材料和设备的配置计划应根据施工进度计划确定，包括各施工阶段所需主要工程材料、设备的种类和数量；

②工程施工主要周转材料和施工机具的配置计划应根据施工部署和施工进度计划确定，包括各施工阶段所需主要周转材料、施工机具的种类和数量。

5.主要施工方案

(1)单位工程应按照《建筑工程施工质量验收统一标准》GB 50300—2013 中分部、分项工程的划分原则，对主要分部、分项工程制定施工方案。

(2)对脚手架工程、起重吊装工程、临时用水用电工程、季节性施工等专项工程所采用的施工方案应进行必要的验算和说明。

6.施工现场平面布置

(1)施工现场平面布置图应结合施工组织总设计，按不同施工阶段分别绘制。

(2)施工总平面布置应符合下列原则：

1)平面布置科学合理，施工场地占用面积少；

2)合理组织运输，减少二次搬运；

3)施工区域的划分和场地的临时占用应符合总体施工部署和施工流程的要求，减少相互干扰；

4)充分利用既有建(构)筑物和既有设施为项目施工服务，降低临时设施的建造费用；

5)临时设施应方便生产和生活，办公区、生活区和生产区宜分离设置；

6)符合节能、环保、安全和消防等要求；

7)遵守当地主管部门和建设单位关于施工现场安全文明施工的相关规定。

(3)施工总平面布置图应符合下列要求：

1)根据项目总体施工部署，绘制现场不同施工阶段(期)的总平面布置图；

2)施工总平面布置图的绘制应符合国家相关标准要求并附必要说明。

(4)施工现场平面布置图应包括下列内容：

1)工程施工场地状况；

2)拟建建(构)筑物的位置、轮廓尺寸、层数等；

3)工程施工现场的加工设施、存贮设施、办公和生活用房等的位置和面积；

4)布置在工程施工现场的垂直运输设施、供电设施、供水供热设施、排水排污设施和临时施工道路等；

5)施工现场必备的安全、消防、保卫和环境保护等设施；

6)相邻的地上、地下既有建(构)筑物及相关环境。

三、施工方案

1.工程概况

(1)工程概况应包括工程主要情况、设计简介和工程施工条件等。

(2)工程主要情况应包括：分部(分项)工程或专项工程名称，工程参建单位的相关情况，工程的施工范围，施工合同、招标文件或总承包单位对工程施工的重点要求等。

(3)设计简介应主要介绍施工范围内的工程设计内容和相关要求。

(4)工程施工条件应重点说明与分部(分项)工程或专项工程相关的内容。

2.施工安排

(1)工程施工目标包括进度、质量、安全、环境和成本等目标，各项目标应满足施工合同、招标文件和总承包单位对工程施工的要求。

(2)工程施工顺序及施工流水段应在施工安排中确定。

(3)针对工程的重点和难点，进行施工安排并简述主要管理和技术措施。

(4)工程管理的组织机构及岗位职责应在施工安排中确定，并应符合总承包单位的要求。

3.施工进度计划

(1)分部(分项)工程或专项工程施工进度计划应按照施工安排，并结合总承包单位的施工进度计划进行编制。

(2)施工进度计划可采用网络图或横道图表示，并附必要说明。

4.施工准备与资源配置计划

(1)施工准备应包括下列内容：

1)技术准备：包括施工所需技术资料的准备、图纸深化和技术交底的要求、试验检验和测试工作计划、样板制作计划以及与相关单位的技术交接计划等；

2)现场准备：包括生产、生活等临时设施的准备以及与相关单位进行现场交接的计划等；

3)资金准备：编制资金使用计划等。

(2)资源配置计划应包括下列内容：

1)劳动力配置计划：确定工程用工量并编制专业工种劳动力计划表；

2)物资配置计划：包括工程材料和设备配置计划、周转材料和施工机具配置计划以及计量、测量和检验仪器配置计划等。

5.施工方法及工艺要求

(1)明确分部(分项)工程或专项工程施工方法并进行必要的技术核算，对主要分项工程(工序)明确施工工艺要求。

(2)对易发生质量通病、易出现安全问题、施工难度大、技术含量高的分项工程(工序)等应做出重点说明。

(3)对开发和使用的新技术、新工艺以及采用的新材料、新设备应通过必要的试验或论证并制定计划。

(4)对季节性施工应提出具体要求。

四、主要施工管理计划

1.一般规定

(1)施工管理计划应包括进度管理计划、质量管理计划、安全管理计划、环境管理计划、成本管理计划以及其他管理计划等内容。

(2)各项管理计划的制定，应根据项目的特点有所侧重。

2.进度管理计划

(1)项目施工进度管理应按照项目施工的技术规律和合理的施工顺序，保证各工序在时间上和空间上顺利衔接。

(2)进度管理计划应包括下列内容：

1)对项目施工进度计划进行逐级分解，通过阶段性目标的实现保证最终工期目标的完成；

2)建立施工进度管理的组织机构并明确职责，制定相应管理制度；

3)针对不同施工阶段的特点，制定进度管理的相应措施，包括施工组织措施、技术措施和合同措施等；

4)建立施工进度动态管理机制，及时纠正施工过程中的进度偏差，并制定特殊情况下的赶工措施；

5)根据项目周边环境特点，制定相应的协调措施，减少外部因素对施工进度的影响。

3.质量管理计划

(1)质量管理计划可参照《质量管理体系　要求》GB/T 19001—2008，在施工单位质量管理体系的框架内编制。

(2)质量管理计划应包括下列内容：

1)按照项目具体要求确定质量目标并进行目标分解，质量指标应具有可测量性；

2)建立项目质量管理的组织机构并明确职责；

3)制定符合项目特点的技术保障和资源保障措施，通过可靠的预防控制措施，保证质量目标的实现；

4)建立质量过程检查制度，并对质量事故的处理做出相应规定。

4.安全管理计划

(1)安全管理计划可参照《职业健康安全管理体系　要求》GB/T 28001—2011，在施工单位安全管理体系的框架内编制。

(2)安全管理计划应包括下列内容:

1)确定项目重要危险源,制定项目职业健康安全管理目标;

2)建立有管理层次的项目安全管理组织机构并明确职责;

3)根据项目特点,进行职业健康安全方面的资源配置;

4)建立具有针对性的安全生产管理制度和职工安全教育培训制度;

5)针对项目重要危险源,制定相应的安全技术措施;

6)对达到一定规模的危险性较大的分部(分项)工程和特殊工种的作业应制定专项安全技术措施的编制计划;

7)根据季节、气候的变化,制定相应的季节性安全施工措施;

8)建立现场安全检查制度,并对安全事故的处理做出相应规定。

(3)现场安全管理应符合国家和地方政府部门的要求。

5.环境管理计划

(1)环境管理计划可参照《环境管理体系　要求及使用指南》GB/T 24001—2015,在施工单位环境管理体系的框架内编制。

(2)环境管理计划应包括下列内容:

1)确定项目重要环境因素,制定项目环境管理目标;

2)建立项目环境管理的组织机构并明确职责;

3)根据项目特点,进行环境保护方面的资源配置;

4)制定现场环境保护的控制措施;

5)建立现场环境检查制度,并对环境事故的处理做出相应规定。

(3)现场环境管理应符合国家和地方政府部门的要求。

6.成本管理计划

(1)成本管理计划应以项目施工预算和施工进度计划为依据编制。

(2)成本管理计划应包括下列内容:

1)根据项目施工预算,制定项目施工成本目标;

2)根据施工进度计划,对项目施工成本目标进行阶段分解;

3)建立施工成本管理的组织机构并明确职责,制定相应管理制度;

4)采取合理的技术、组织和合同等措施,控制施工成本;

5)确定科学的成本分析方法,制定必要的纠偏措施和风险控制措施。

(3)必须正确处理成本与进度、质量、安全和环境等之间的关系。

7.其他管理计划

(1)其他管理计划宜包括绿色施工管理计划、防火保安管理计划、合同管理计划、组织协调管理计划、创优质工程管理计划、质量保修管理计划以及对施工现场人力资源、施工机具、材料设备等生产要素的管理计划等。

(2)其他管理计划可根据项目的特点和复杂程度加以取舍。

(3)各项管理计划的内容应有目标,有组织机构,有资源配置,有管理制度和技术、组织措施等。

第三节 技术交底记录

一、《技术交底记录》填写范例

技术交底记录		编　　号	×××
工程名称	××工程	交底日期	××年×月×日
施工单位	××建设集团有限公司	分项工程名称	模板
交底提要	组合钢模板安装施工		

交底内容：

适用于建筑工程中现浇钢筋混凝土结构模板施工。

一、施工准备

（一）材料

（1）组合钢模板：规格、型号应符合现行国家标准《组合钢模板技术规范》GB/T 50214—2013 的规定。

1）平模：长度为 450～1800mm；宽度为 100～600mm。

2）角模：阴角模、阳角模、连接角模。

（2）配件：对拉螺栓（含止水对拉螺栓）、套管、垫片、U 形卡、L 形插销、3 形扣件、碟形扣件、紧固螺栓、钩头螺栓。

（3）支撑加固材料：柱箍、钢管、空腹方钢、方木、可调钢支撑、扣件、顶托、花篮螺栓、钢丝绳等。

（4）其他材料：脱模剂、海绵条、补缺用木模板、铁钉、模板专用吊笼等。

（二）机具设备

（1）机械：电钻、气泵、电刨、电锯。

（2）工具：吊笼、锤子、锯、扳手、线坠、托线板、方尺、水平尺、钢尺、撬棍、棉丝、滚子等。

（三）作业条件

（1）弹好轴线、模板边线、模板控制线、门窗洞口线及标高控制线，并办完预检验收。

（2）固定模板缆风绳的锚固筋已预埋好，制作好门窗洞口模板。

（3）完成墙体、柱钢筋绑扎，水电管线箱盒和预埋件埋设，固定好保护层垫块，并隐检合格。

（4）施工缝软弱层剔凿、清理干净，办理交接检验手续。

（5）施工用脚手架搭设完，经安全检查合格。

（四）技术准备

1. 模板设计

（1）根据工程结构形式、结构施工图，考虑工期、质量等要求，合理划分施工流水段，进行模板设计；计算模板使用数量。

（2）确定模板组装形式（就位组装或预组装），模板平面布置，龙骨规格、布置方式、数量、间距，柱箍选型及间距，支撑系统。

审核人	×××	交底人	×××	接受交底人	×××

注：1. 本表由施工单位填写，交底单位与接受交底单位各保存一份。

2. 当作分项工程施工技术交底时，应填写“分项工程名称”栏，其他技术交底可不填写。

续表

技术交底记录		编　号	×××
工程名称	××工程	交底日期	××年×月×日
施工单位	××建设集团有限公司	分项工程名称	模板
交底提要	组合钢模板安装施工		

交底内容：

(3)验算模板和支撑系统的强度、刚度及稳定性，编制相应的技术和安全措施。

(4)绘制模板配板设计图、连接件和支撑系统布置图、异形模板及特殊部位详图。

2. 编写模板专项施工方案，对施工人员做好安全、技术交底

3. 预组装(当选择预组装法施工时)

(1)拼装场地应夯实平整，条件允许时宜设拼装操作平台。

(2)按照模板设计图进行拼装，相邻板块的孔均用U形卡正反交替卡紧，龙骨用钩头螺栓外垫碟形扣件与平板边肋孔卡紧。组装完毕后编号并进行试吊，试吊完毕应检查紧固情况。

(3)柱、剪力墙模板拼装时，应预留清扫口和振捣口。

(4)模板拼装完应检查其对角线、平整度、外型尺寸及紧固件的数量和牢固度，并涂刷脱模剂，分规格、按安装先后顺序堆放。组合钢模板组装质量标准见下表。

钢模板施工组装质量标准

项　　目	允许偏差(mm)
两块模板之间拼接缝隙	≤2.0
相邻模板面的高低差	≤2.0
组装模板板面平面度	≤2.0(用2m长平尺检查)
组装模板板面的长宽尺寸	≤长度和宽度的1/1000，最大±4.0
组装模板两对角线长度差值	≤对角线长度的1/1000，最大≤7.0

二、操作工艺

(一)柱模板安装

1. 工艺流程

楼地面处理→焊模板定位筋→安装柱模板→安装柱箍→安拉杆及斜撑并校正→模板预检

2. 操作方法

(1)当模板支设在回填土上时，应将回填土分层夯实，表面平整；当模板支在楼面上时，应沿柱边线外2mm粘贴海绵条。若表面平整度偏差过大，应按照标高抹好水泥砂浆找平层，防止漏浆。

(2)按照柱的位置线在预埋插筋上焊水平定位筋，每边不少于两点，从四面顶住模板，以固定模板位置，防止位移，见右图。

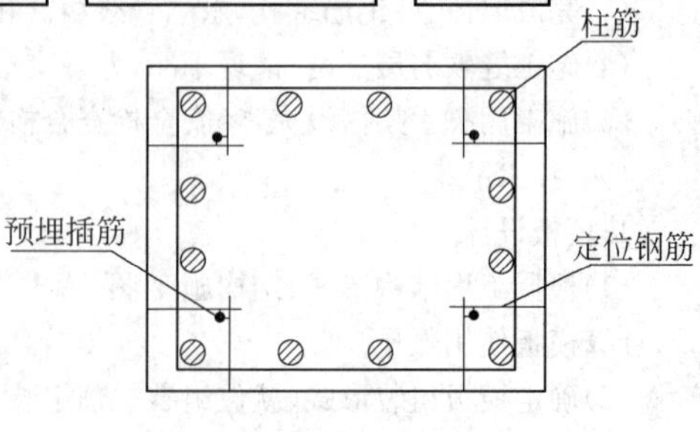

定位筋示意图

审核人	×××	交底人	×××	接受交底人	×××

注：1. 本表由施工单位填写，交底单位与接受交底单位各保存一份。

2. 当作分项工程施工技术交底时，应填写“分项工程名称”栏，其他技术交底可不填写。

续表

技术交底记录		编　号	×××
工程名称	××工程	交底日期	××年×月×日
施工单位	××建设集团有限公司	分项工程名称	模板
交底提要	组合钢模板安装施工		

交底内容：

(3)柱模板安装：按柱子尺寸和位置线，将各块模板依次安装就位，用铅丝将模板与主筋临时绑扎固定后，用U形卡将相邻模板连接卡紧；采用预组装法时，应预拼成一面一片（每面的边上带一个角模）或两面一片，依次吊装，安装完相邻的两面再安装另外的两面。

(4)安装柱箍：按照模板设计的规格、间距，自下而上安装柱箍。柱截面较大时，应增设对拉螺栓；柱较高时，应按照模板设计将柱箍加密。

(5)支撑和拉杆的安装与校正：根据柱高、截面尺寸确定支撑、拉杆的数量，分别将其固定在预埋楼板内的钢筋环上。用经纬仪、线坠控制，用花篮螺栓、可调支撑调节，校正模板的垂直度。预埋的钢筋环距柱宜为3/4柱高，拉杆、支撑与地面夹角宜为45°～60°。柱较高时，应根据需要增设支撑或拉杆。

(6)安装群柱模板时，先安装两端柱模，校正、固定后，拉通线，再安装中间各柱。

（二）墙模板安装

墙模板的安装可采用就位安装法和预组装法。

1.就位安装法

(1)工艺流程：

基层处理→焊模板定位筋→安装门窗洞口模板→安装第一步模板、穿对拉螺栓→安装内背楞调直并临时紧固→安装第二步模板、内背楞、对拉螺栓→外背楞安装并上紧对拉螺栓→加斜撑、拉杆、校正模板并紧固→模板预检

(2)操作方法：

1)楼地面处理方法同二、(一)2.(1)的内容。

2)模板定位钢筋在墙两侧预埋插筋上点焊定位筋，间距依据支模方案确定，在墙对拉螺栓处加焊定位钢筋，定位筋两端刷防锈漆。

3)按照位置线安装门窗洞口模板，安放预埋件或木砖，并将模板与四周钢筋可靠固定。

4)按照墙模板边线依次安装一侧模板，用U形卡将相邻的模板卡紧，同时穿入对拉螺栓和套管及顶帽。再安装另一侧模板，将对拉螺栓对应穿入孔内，并将模板做临时固定，防止倾覆。

5)安装完第一层模板，将内背楞按照对拉螺栓的位置安装就位，临时固定，同时，初步调整该层模板的平直度。

6)照此方法，逐层安装模板、对拉螺栓、内背楞至顶，各相邻层之间也用U形卡卡紧，墙体的对拉螺栓间距应依据模板设计进行加密。

7)依次将外背楞安装到位，同时，将3型扣件等与对拉螺栓连接，上紧对拉螺栓。随即用支撑和拉杆整体校正模板的平整顺直度和垂直度。模板安装完毕后，检查扣件、螺栓是否紧固，模板下口拼缝是否严密，并办理预检手续。

审核人	×××	交底人	×××	接受交底人	×××

注：1.本表由施工单位填写，交底单位与接受交底单位各保存一份。

2.当作分项工程施工技术交底时，应填写“分项工程名称”栏，其他技术交底可不填写。

续表

技术交底记录		编　　号	×××
工程名称	××工程	交底日期	××年×月×日
施工单位	××建设集团有限公司	分项工程名称	模板
交底提要	组合钢模板安装施工		

交底内容：

2. 预组装法

(1)工艺流程：

基层和定位处理→安装门窗洞口模板→安装一侧模板→安装支撑临时固定→对拉螺栓就位→清扫模内杂物→安装另一侧模板→安装支撑临时固定→安背楞、上紧对拉螺栓→加支撑、校正、固定→模板预检

(2)操作方法：

1)楼地面处理和模板定位处理同二、(一)2.(1)和二、(二)1.(2)2)条内容，门窗洞口模板安装同二、(二)1.(2)3)的内容。

2)安装一侧模板：将预组装模板吊运至工作面，按照模板位置线在地面上距模板面 2mm 处通长粘贴海绵条，并在相邻模板的一边侧面上距模板边沿 1.5mm 处粘通长海绵条，然后，依据模板的位置线将一侧模板安装就位，用支撑做临时固定。

3)安装对拉螺栓：按照模板设计的间距将对拉螺栓、套管及顶帽穿入已安装的模板对拉螺栓孔内。

4)安装另一侧模板：清扫模板内杂物后，安装另一侧模板，同时将对拉螺栓对应穿入，做临时固定。

5)安装模板的背楞，注意相邻板块接缝处水平背楞应拉通或可靠搭接，同时将对拉螺栓上紧，加支撑、调整模板并紧固，方法同二、(二)1.(2)7)。

(三)梁模板安装

1. 工艺流程

弹线→搭设支架→安装梁底龙骨、模板→调整标高→安装梁钢筋→安装梁侧模板→侧模支撑并调整→模板预检

2. 操作方法

(1)在墙、柱混凝土上弹出梁的轴线、标高控制线。

(2)搭设梁支架：支架的间距根据模板设计，一般为 800～1200mm，支架搭设于回填土上时，应分层夯实，并将表面平整好，下垫通长木板；搭设于楼板上时，应加设垫木，并使上、下层立柱在同一竖向中心线上。梁支架的横杆宜与楼板支架拉通设置，若单独支设，立杆应加设双向剪刀撑和水平拉杆。

(3)在支架立杆上安装顶托，顶托的外露丝扣长度不得超过 300mm，在顶托上放置主、次龙骨，间距应均匀，然后安装梁底模板，并拉线找直，用可调顶托调整立杆的标高。当梁跨度等于或大于 4m 时，应按照设计要求在梁中间起拱，如设计无要求时，按照全跨长度的 1～3‰起拱。

审核人	×××	交底人	×××	接受交底人	×××

注：1. 本表由施工单位填写，交底单位与接受交底单位各保存一份。

2. 当作分项工程施工技术交底时，应填写“分项工程名称”栏，其他技术交底可不填写。

续表

技术交底记录		编　号	×××
工程名称	××工程	交底日期	××年×月×日
施工单位	××建设集团有限公司	分项工程名称	模板
交底提要	组合钢模板安装施工		

交底内容：

(4)绑扎梁钢筋，经检查合格后办理隐检。

(5)安装梁侧模板：模板接缝处距模板面1.5mm处粘贴海绵条，用U形卡将梁侧模与梁底模通过连接角模连接，梁侧模板的支撑采用梁托架或三脚架、钢管、扣件与梁支架等连成整体，形成三角斜撑，间距宜为700～800mm；当梁侧模高度超过600mm时，应加对拉螺栓。

(6)安装完后，校正梁中心线、标高、起拱高度、断面尺寸。清理模板内杂物，经检查合格并办理预检手续。

(四)楼板模板安装

1.工艺流程

搭设支架→安装主、次龙骨→调整模板上皮标高并起拱→铺设模板块→非标板制作、安装→模板预检

2.操作方法

(1)楼板模板的支架搭设前，地面及支脚的处理同二、(三)2(2)的有关内容。支架搭设时，自边跨开始先完成一个格构的立柱、水平连接杆及斜撑安装，再逐排、逐跨向外扩展。支柱和水平杆的布置应考虑设置施工通道，立柱间距与龙骨间距应根据楼板厚度与模板规格、型号设计确定，支架搭设完成后应检查支架的标高和稳定性。

(2)在支架上安装顶托后，再安放主、次龙骨。

(3)拉通线，调节可调托，调整龙骨的标高，当顶板跨度大于4m时应按照设计要求在板的中部起拱，边缘部分要保持水平，当设计无要求时，应按照1～3‰起拱。

(4)铺设组合钢模板：先用阴角模与墙模或梁模连接，然后逐块向跨中铺设平模。相邻两块模板用U形卡正反相间卡紧。

(5)对于不合模数的窄条缝，应采用与模板同厚的木板，四面刨平，紧密嵌入缝中，保证接缝严密。

(6)模板面安装完毕后，检查平整度与楼板板底标高、起拱高度，办理预检手续。

(五)模板拆除

模板拆除应遵循下列原则：按照先支后拆，后支先拆；先拆不承重的模板，后拆承重部分的模板；自上而下；先拆侧向支撑，后拆竖向支撑。

1.墙、柱模板拆除

(1)墙体、柱模板拆除时，混凝土强度应能保证其表面及棱角不因拆除模板受损坏。

(2)墙模板拆除：墙模板拆除应逐块拆除。先拆除斜拉杆或斜支撑，再拆除对拉螺栓及纵横龙骨或钢管卡，将U形卡或插销等附件拆下，然后用锤向外侧轻击模板上口，用撬棍轻轻撬动模板，使模板脱离墙体，将模板逐块传下码放；预组装模板应整体拆除、吊运。

审核人	×××	交底人	×××	接受交底人	×××

注：1.本表由施工单位填写，交底单位与接受交底单位各保存一份。

2.当作分项工程施工技术交底时，应填写“分项工程名称”栏，其他技术交底可不填写。

续表

技术交底记录		编 号	×××
工程名称	××工程	交底日期	××年×月×日
施工单位	××建设集团有限公司	分项工程名称	模板
交底提要	组合钢模板安装施工		

交底内容：

(3)柱模板拆除：先拆除柱斜撑和拉杆，卸掉柱箍，再将连接每片柱模板的U形卡拆除，然后用锤向外侧轻击模板上口，使之松动，脱离混凝土。

2.梁、板模板拆除

(1)模板拆除时，应根据混凝土的强度填写拆模申请，经批准后，方可拆模。

(2)梁、板模板拆除时，其混凝土同条件试块强度应满足下表的要求。

梁、板模板拆除时的混凝土强度要求

构件种类	构件跨度(m)	拆模强度(按设计强度等级的百分率计)
楼板	≤2	≥50
	>2,≤8	≥75
	>8	≥100
梁	≤8	≥100
	>8	≥100
悬挑构件	—	≥100

(3)拆除梁与楼板模板的连接角模及梁侧模板，以使两相邻模板脱开。

(4)下调支柱的可调托，先拆钩头螺栓，然后拆下U形卡和L形插销，再轻撬模板，或用锤子轻敲，拆下第一块，然后逐块、逐跨拆除模板。拆除的模板传递放于地面上，或搭设临时支架，托住下落的模板，严禁使模板自由落下。

(5)拆除大跨度梁模时，应按照跨中至梁端的顺序松可调托、拆模板。

(六)季节性施工

(1)冬施期间应根据结构设计进行热工计算，必要时应在模板外采取相应的覆盖、保温措施。

(2)冬施期间柱、墙模板拆除时混凝土强度应达到受冻临界强度，并在拆模后要用保温材料进行覆盖。

三、质量标准

(一)主控项目

(1)安装现浇结构的上层模板及支架时，下层楼板应有承受上层荷载的能力；上、下层支架的立柱应对准，并铺设垫板。

检查数量：全数检查。

检验方法：对照模板设计文件和施工技术方案观察。

审核人	×××	交底人	×××	接受交底人	×××

注：1.本表由施工单位填写，交底单位与接受交底单位各保存一份。

2.当作分项工程施工技术交底时，应填写“分项工程名称”栏，其他技术交底可不填写。

续表

技术交底记录		编　　号	×××
工程名称	××工程	交底日期	××年×月×日
施工单位	××建设集团有限公司	分项工程名称	模板
交底提要	组合钢模板安装施工		

交底内容:

(2)在涂刷模板脱模剂时,不得沾污钢筋和混凝土的接茬处。

检查数量:全数检查。

检验方法:观察。

(3)当结构为后张预应力混凝土时,侧模宜在预应力张拉前拆除;底模支架的拆除应按施工技术方案执行,当无具体要求时,不应在结构构件建立预应力前拆除。

检查数量:全数检查。

检验方法:观察。

(4)后浇带模板的拆除和支顶应按照施工方案执行。

检查数量:全数检查。

检验方法:观察。

(二)一般项目

(1)模板接缝不应漏浆,模板与混凝土的接触面应清理干净并涂刷脱模剂,不得采用影响结构性能或妨碍装饰工程施工的脱模剂。

(2)浇筑混凝土前,模板内应清理干净。

(3)模板拆除时,不应对楼层形成冲击荷载。拆除的模板和支架宜分散堆放。

(4)堆放模板的场地应坚实平整,若在楼面上堆放,应复核楼板承载力,防止因荷载过大产生楼板裂缝。

检查数量:全数检查。

检验方法:观察。

(5)固定在模板上的预埋件、预留孔洞不得遗漏,且应安装牢固。预埋件、预留洞和模板安装的允许偏差见下表。

预埋件、预留孔洞和模板安装的允许偏差

项　　目		允许偏差(mm)	检 验 方 法
预埋铁件中心线位置		3	尺量检查
预埋管、预留孔	中心线位置	3	尺量检查
插筋	中心线位置	5	尺量检查
	外露长度	+10,0	
预埋螺栓	中心线位置	2	尺量检查
	螺栓外露长度	+10,0	尺量检查
预留洞	中心线位移	10	拉线、尺量检查
	尺寸	+10,0	

审核人	×××	交底人	×××	接受交底人	×××

注:1.本表由施工单位填写,交底单位与接受交底单位各保存一份。

2.当作分项工程施工技术交底时,应填写"分项工程名称"栏,其他技术交底可不填写。

续表

技术交底记录		编　号	×××
工程名称	××工程	交底日期	××年×月×日
施工单位	××建设集团有限公司	分项工程名称	模板
交底提要	组合钢模板安装施工		

交底内容：

续表

项　目		允许偏差(mm)	检验方法
轴线位置		5	尺量检查
底模上表面标高		±5	水准仪或拉线尺量检查
截面内部尺寸	基础	±10	尺量检查
	柱、墙、梁	+4，-5	
层高垂直度	层高≤5mm	6	经纬仪或吊线、钢尺检查
	层高>5mm	8	
相邻两板表面高低差		2	尺量检查
表面平整度		5	靠尺、塞尺检查
门窗洞口	中心线位置	—	拉线、尺量检查
	宽、高	—	
	对角线	—	
阴阳角	方正	—	方尺、塞尺检查
	顺直	—	拉线、尺量检查

检查数量：在同一检验批内，对梁、柱、墙和板应按有代表性的自然间抽查10%，且不少于3间。

四、成品保护

(1)吊装模板时，应轻吊轻放，不准碰撞结构、外脚手架、已安装模板等，防止模板变形和损伤混凝土。

(2)不得集中堆放重物在梁、板模板上，防止荷载集中。

(3)拆模时，不得用大锤硬砸或撬棍硬撬，防止损伤混凝土表面和棱角，严禁将模板直接从高处扔下，以防模板变形、损坏。

(4)拆下的模板和支撑、加固件、连接材料，应清理黏结物，涂刷脱模剂，并分类堆放，如发现模板不平或肋边损坏变形应及时修理，并补刷防锈剂。

(5)经检查合格的预组装模板，平行叠放时应稳当妥帖，避免碰撞，每层之间应加设垫木，模板与垫木均应上下对齐；立放时，必须采取措施防止倾倒。

(6)不得随意在模板面用电、气焊开孔，严禁切割钢筋。

五、应注意的质量问题

(一)墙、柱模板

(1)柱模每边下口应采用两根定位筋，柱每边设两根拉杆(拉锚)，浇筑完混凝土后，应再一次用线坠或经纬仪对柱子进行找直、找方，必要时进行微调，防止出现柱身扭向超偏。

审核人	×××	交底人	×××	接受交底人	×××

注：1. 本表由施工单位填写，交底单位与接受交底单位各保存一份。

2. 当作分项工程施工技术交底时，应填写“分项工程名称”栏，其他技术交底可不填写。

续表

技术交底记录		编　号	×××
工程名称	××工程	交底日期	××年×月×日
施工单位	××建设集团有限公司	分项工程名称	模板
交底提要	组合钢模板安装施工		

交底内容：

(2)严格按照模板设计要求安装背楞、柱箍、对拉螺栓，柱截面较大时，应根据计算增设对拉螺栓，背楞宜采用整根杆件，接头应错开设置，搭接长度不应小于200mm。防止墙、柱模板出现胀模、厚度不匀。

(3)拼缝木板应与模板厚度一致，应过刨，在现场裁切，拼缝应严密、紧固，背后应设置附加龙骨和支撑。防止非标板处漏浆、尺寸偏差过大。

(二)梁、板模板

(1)应根据设计和计算增设对拉螺栓，并在梁内设置支模棍，模板上口设拉杆锁紧，下口采用锁口方木或定型卡具卡牢。防止梁模板出现胀模、截面尺寸不准。

(2)施工前对节点部位应重点设计，绘出节点图，相邻面粘贴海绵条，接缝外侧宜使用封口方木，以防止梁柱、梁板等节点漏浆。

(3)应在梁侧模非标板处留设清扫口，防止梁混凝土夹渣。

(4)当楼板为清水混凝土时，不宜采用组合钢模板作底模。

六、环境、职业健康安全管理措施

(一)环境管理措施

(1)模板刷脱模剂、防锈漆时，应铺设垫板或塑料布，防止污染场地。

(2)清理模板的垃圾应装入容器运出，不得从施工洞口向下抛撒。

(3)废弃的脱模剂、海绵条、胶粘剂等应按规定消纳。

(二)职业健康安全管理措施

(1)施工人员进入现场必须戴安全帽，高于2m作业应系好安全带。

(2)装拆模板，必须有稳固的登高工具，高度超过3.5m时，必须搭设操作脚手架或平台。

(3)登高作业时，连接件必须放在箱盒或工具袋中，严禁放在模板上或脚手板上，扳手等工具必须系在身上或置放于工具袋内，防止掉落。

(4)组合钢模板装拆时，上下应有人接应，钢模板随装拆随搬运，不得堆放在脚手板上，严禁抛掷传接。

(5)模板及其支撑系统在安装、拆除过程中，若中途停歇，必须把活动部件固定牢固，必要时应设置临时固定设施，严防倾覆。支模应严格按工序进行，模板没有固定前，不得进行下道工序施工。

(6)模板的预留孔洞、电梯井口等处，应加防护盖或设置防护栏，必要时应在洞口处设安全网。

(7)拆模时应有专人看护，设围栏，明显标识，非操作人员不得入内，操作人员应站在安全处。

(8)预组装模板装拆时，垂直吊运应设置两个以上的吊点，水平吊运应采用四个吊点，吊点应合理布置并做受力计算。

(9)拆除承重模板时，为避免突然整块坍落，必要时应先设临时支撑，然后进行拆卸。

(10)模板堆放时，高度不得超过1.5m。

审核人	×××	交底人	×××	接受交底人	×××

注：1. 本表由施工单位填写，交底单位与接受交底单位各保存一份。

2. 当作分项工程施工技术交底时，应填写“分项工程名称”栏，其他技术交底可不填写。

二、《技术交底记录》填写说明

1.表格解析

(1)责任部门:项目技术部、项目总工。

(2)填写与主要签认责任:技术员、工长、分包等相关责任人。

(3)提交时限:单位或分项工程开工2d前完成。

2.相关规定及要求

建筑工程技术交底是保证工程施工符合设计要求和规范、质量标准和操作工艺标准规定,用以具体指导施工活动的操作性技术文件,应分级编制、落实并实施。

(1)一般规定。

1)技术交底应包括施工组织设计交底、专项施工方案技术交底、分项工程施工技术交底、"四新"(新材料、新产品、新技术、新工艺)技术交底和设计变更技术交底。各项交底应有文字记录,交底双方签认应齐全。

①重点和大型工程施工组织设计交底应由施工企业的技术负责人对项目主要管理人员进行交底,其他工程施工组织设计交底应由项目技术负责人进行交底。施工组织设计交底的内容包括:工程特点、难点、主要施工工艺及施工方法、进度安排、组织机构设置与分工及质量、安全技术措施等。

②专项施工方案技术交底应由项目专业技术负责人负责,根据专项施工方案对专业工长进行交底,如有编制关键、特殊工序的作业指导书以及特殊环境、特种作业的指导书,也必须向施工作业人员交底,交底内容为该专业工程、过程、工序的施工工艺、操作方法、要领、质量控制、安全措施等。

③分项工程施工技术交底应由专业工长对专业施工班组(或专业分包)进行交底。

④"四新"技术交底应由项目技术负责人组织有关专业人员编制。

⑤设计变更技术交底应由项目技术部门根据变更要求,并结合具体施工步骤、措施及注意事项等对专业工长进行交底。

2)技术交底应针对工程的特点,运用现代建筑施工管理原理,积极推广行之有效的科技成果,提高劳动生产率,保证工程质量、安全生产,保护环境、文明施工。

3)技术交底编制应严格执行工程建设程序,坚持合理的施工程序、施工顺序和施工工艺,符合设计要求,满足材料、机具、人员等资源和施工条件要求,并贯彻执行施工组织设计、施工方案和企业技术部门的有关规定和要求,严格按照企业技术标准、施工组织设计和施工方案确定的原则和方法编写,并针对班组施工操作进行细化。

4)技术交底应力求做到:主要项目齐全,内容具体明确、符合规范,重点突出,表述准确,取值有据,必要时辅以图示。对工程施工能起到指导作用,具有针对性、指导性和可操作性。技术交底中不应有"未尽事宜参照×××××(规范)执行"等类似内容。

(2)建筑工程技术交底编制依据。

1)国家、行业、地方标准、规范、规程,当地主管部门有关规定,企业技术标准和质量、环境、职业健康安全管理体系文件。

2)工程施工图纸、标准图集、图纸会审记录、设计变更及工作联系单等技术文件。

3)施工组织设计、施工方案对本分项工程、特殊工程等的技术、质量和其他要求。

4)其他有关文件：工程所在地建设主管部门(含工程质量监督站)有关工程管理、技术推广、质量管理及治理质量通病等方面的文件；企业发布的年度工程技术质量管理、环境管理、职业健康安全管理等文件。

(3)建筑工程技术交底内容要求。

1)施工准备。

①技术准备。

a.学习和审查工程设计文件和图纸，核对平面尺寸和标高，图纸相互间有无错误或矛盾，掌握设计内容及各项技术要求，了解工程规模、特点、工程量和质量要求，做好图纸会审及设计交底工作。

b.编制施工组织设计或专项施工方案，报有关部门和人员审批，确定施工工艺标准，并进行施工组织设计或专项施工方案技术交底。

c.针对工程基本情况，收集工程所需的相关规定、标准、图集及技术资料。收集工程相关的水文地质资料及场区地下障碍物、管网等其他资料。

d.根据施工方案编制技术交底，并向参加施工人员进行详细的技术、环境和职业健康安全交底。

e.专业工种操作人员的岗位证书审查应齐全、有效。

f.组织现场管理人员和作业人员学习有关质量、环境、职业健康安全的现行有关文件、标准和规定。

g.进行测量基准交底、复测及验收工作。

h.核对各种材料的见证取样、送试、检测是否符合要求。确定工程中即将使用的“四新”成果类型、内容及施工注意事项。

i.其他技术准备工作。

②材料准备。说明施工所需材料名称、品种、规格、型号，材料质量标准等直观要求，感官判定合格的方法，强调从有“检验合格”标识牌的材料堆放处领料，每次领料批量要求等。

③机具准备。

a.机械设备。说明所使用机械的名称、型号、性能、使用要求等。

b.主要工具。说明施工应配备的小型工具，包括测量用设备等，必要时应对小型工具的规格、合法性(对一些测量用工具，如经纬仪、水准仪、钢卷尺、靠尺等，应强调要求使用经检定合格的设备)等进行规定。

④作业条件。说明与本道工序相关的上道工序应具备的条件，是否已经过验收并合格。本工序施工现场工前准备应具备的条件等。

⑤作业人员。说明劳动力配置、培训、特殊工种持证上岗要求等。

2)施工进度要求。对本分项工程具体施工时间、完成时间等提出详细要求。

3)施工工艺。

①工艺流程。详细列出该项目的操作工序和顺序。

②操作工艺。

a.施工方法。根据工艺流程所列的工序，分别对其进行详细叙述，并提出相应要求。

b.重点部位和关键环节控制要点。结合施工图提出设计的特殊要求和处理方法，细部处理要求，容易发生质量事故和环境、安全施工的工艺过程，尽量用图表达。

c.质量保证措施。重点从人、材料、设备、方法等方面制定具有针对性的保证措施。

4)季节性施工。说明该项目在冬、雨期施工应采取的施工方法、措施和其他要求。

5)质量标准。

①主控项目。国家质量检验规范要求，包括抽检数量、检验方法。

②一般项目。国家质量检验规范要求，包括抽检数量、检验方法和合格标准。

6)成品保护。对上道工序成品的保护提出要求；对本道工序成品提出具体保护措施。

7)应注意的质量问题。根据企业提出的预防和治理质量通病和施工问题的技术措施等，针对本工程特点具体提出质量通病及其预防措施。

8)环境、职业健康安全管理措施。

①环境管理措施。国家、行业、地方法规环保要求，企业对社会承诺，项目管理措施，环保隐患报告要求。

②职业健康安全管理措施。内容包括：作业相关安全防护设施要求，个人防护用品要求，作业人员安全素质要求，接受安全教育要求，项目安全管理规定，特种作业人员执证上岗规定，应急响应要求，隐患报告要求，相关机具安全使用要求，相关用电安全技术要求，相关危险源的防范措施，文明施工要求，相关防火要求，季节性安全施工注意事项。

(4)检查要点

1)技术交底的展开：应分层次展开，直至交底到全体施工作业人员。交底必须在作业前进行。班组长在接受技术交底后，应组织全班组成员进行认真学习，根据其交底内容，明确各自责任和互相协作配合关系，制定保证全面完成任务的计划。

2)技术交底前的准备：有书面的技术交底资料或示范、样板演示的准备。

3)技术交底的记录：作为履行职责的凭据，技术交底记录的表格应有统一的标准格式，交底人员应认真填写表格并在表格上签字，接受交底人也应在交底记录上签字。

4)交底文件的归档：技术交底资料和记录应由交底人整理归档。

5)交底责任的界定：重要的技术交底应在开工前界定。交底内容编制后应由项目技术负责人批准，交底时技术负责人应到位。

6)例外原则：外部信息或指令可能引起施工发生较大变化时应及时向作业人员交底。

(5)技术交底注意事项。

1)项目实施全过程活动，包括工程项目的关键过程和特殊过程以及容易发生质量通病的部位，均应进行技术交底。技术交底必须在该交底对应项目施工前进行，并应为施工留出足够的准备时间。技术交底不得后补。

2)技术交底应以书面形式进行，并辅以口头讲解。交底人和被交底人应履行交接签字手续。技术交底及时归档。技术交底应根据施工过程的变化，及时补充新内容。施工方案、方法改变时也要及时进行重新交底。

3)分包单位应负责其分包范围内技术交底资料的收集整理，并应在规定时间内向总包单位移交。总包单位负责对各分包单位技术交底工作进行监督检查。

第四节 图纸会审记录

一、《图纸会审记录》填写范例

<table>
<tr><td colspan="3" rowspan="2">图纸会审记录</td><td>资料编号</td><td>×××</td></tr>
<tr><td>日　期</td><td>××年×月×日</td></tr>
<tr><td colspan="2">工程名称</td><td>××大厦工程</td><td>专业名称</td><td>结构</td></tr>
<tr><td colspan="2">地　点</td><td>××会议室</td><td>页　数</td><td>共　页，第　页</td></tr>
<tr><td>序号</td><td>图　号</td><td colspan="2">图 纸 问 题</td><td>图纸问题交底</td></tr>
<tr><td>1</td><td>建施－1</td><td colspan="2">建筑说明中第十一条防水卷材为何种材料？厚度与层数设计上是否有要求？</td><td>防水材料另定</td></tr>
<tr><td>2</td><td>建施－8、建施－15</td><td colspan="2">建施－15 中 4# 楼梯 2－2 剖面标高为 9.75 与建施－8 不符。</td><td>以建施－8 中标高 9.65 为准</td></tr>
<tr><td>3</td><td>建施－14</td><td colspan="2">在汽车坡道墙体与主体结构墙体相邻处，两墙体外侧防水层如何做？</td><td>具体商定</td></tr>
<tr><td>4</td><td>建施－4、结施－4</td><td colspan="2">建施－4 中⑫～⑬/Ⓔ～Ⓕ轴处暗柱尺寸和结施－4 不符。</td><td>按结施－4 施工</td></tr>
<tr><td>5</td><td>建施－8</td><td colspan="2">①(②)详图中标高 6.900 是否有误？</td><td>应为 10.200</td></tr>
<tr><td>6</td><td>建施－14</td><td colspan="2">⑫～⑬/Ⓓ轴处沉降缝成品止水带是否用橡胶材料？何种形式？</td><td>见 88J6－1－93－2</td></tr>
<tr><td>7</td><td>……</td><td colspan="2">……</td><td>……</td></tr>
<tr><td rowspan="2">签字栏</td><td>建设单位</td><td>监理单位</td><td>设计单位</td><td>施工单位</td></tr>
<tr><td>×××</td><td>×××</td><td>×××</td><td>×××</td></tr>
</table>

注：本表由施工单位整理、汇总。

二、《图纸会审记录》填写说明

1.表格解析

(1)责任部门:项目总工、项目工程部。

(2)提交时限:图纸会审后7d内整理完毕并提交。

(3)填写与主要签认责任:施工单位总工或项目经理。

2.相关规定及要求

(1)施工单位领取图纸后,应由项目技术负责人组织技术、生产、预算、测量、翻样及分包方等有关部门和人员对图纸进行审查。监理、施工单位应将各自提出的图纸问题及意见,按专业整理、汇总后报建设单位,由建设单位提交设计单位做交底准备。

(2)图纸会审应由建设单位组织设计、监理和施工单位技术负责人及有关人员参加。设计单位对各专业问题进行交底,施工单位负责将设计交底内容按专业汇总、整理,形成图纸会审记录。

(3)图纸会审记录应逐条注明须修改图纸的图号,必要时应附施工图。图纸问题涉及若干张图纸的,应逐一注明图纸号,不得遗漏。

(4)图纸会审记录应由建设、设计、监理和施工单位的项目相关负责人签认,形成正式图纸会审记录。不得擅自在会审记录上涂改或变更其内容。

(5)图纸的会审内容。

1)图纸会审时,应重点审查施工图的有效性、对施工条件的适应性、各专业之间和全图与详图之间的协调一致性等。

2)建筑、结构、设备安装等设计图纸是否齐全,手续是否完备;设计是否符合国家有关的经济和技术政策、规范规定,图纸总的做法说明(包括分项工程做法说明)是否齐全、清楚、明确,与建筑、结构、安装图、装饰和节点大样图之间有无矛盾;设计图纸(平、立、剖、构件布置,节点大样)之间相互配合的尺寸是否相符,分尺寸与总尺寸、大、小样图、建筑图与结构图、土建图与水电安装图之间互相配合的尺寸是否一致,有无错误和遗漏;设计图纸本身、建筑构造与结构构造、结构各构件之间,在立体空间上有无矛盾;预留孔洞、预埋件、大样图或采用标准构配件图的型号、尺寸有无错误与矛盾。

3)总图的建筑物坐标位置与单位工程建筑平面图是否一致;建筑物的设计标高是否可行;地基与基础的设计与实际情况是否相符,结构性能如何;建筑物与地下构筑物及管线之间有无矛盾。

4)主要结构的设计在强度、刚度、稳定性等方面有无问题,主要部位的建筑构造是否合理,设计能否保证工程质量和安全施工。

5)设计图纸的结构方案、建筑装饰,与施工单位的施工能力、技术水平、技术装备有无矛盾;采用新技术、新工艺,施工单位有无困难;所需特殊建筑材料的品种、规格、数量能否解决,专用机械设备能否保证。

第五节　设计变更通知单

一、《设计变更通知单》填写范例

<table>
<tr><td colspan="3" rowspan="2">设计变更通知单</td><td>资料编号</td><td>×××</td></tr>
<tr><td>日　期</td><td>××年×月×日</td></tr>
<tr><td colspan="2">工程名称</td><td>××工程</td><td>专业名称</td><td>结构</td></tr>
<tr><td colspan="2">设计单位名称</td><td>××建筑设计院</td><td>页　数</td><td>共　页,第　页</td></tr>
<tr><td>序号</td><td>图　号</td><td colspan="3">变 更 内 容</td></tr>
<tr><td>1</td><td>结施－7 改</td><td colspan="3">1)二～四层:Ⓒ轴处框架柱均向南平移 550 mm,Ⓑ轴处框架柱均向南平移 150 mm,保持与首层一致。
2)KZ18、KZ16(共 6 根)－0.05 m 以上纵筋由 16Φ20 改为 16Φ25</td></tr>
<tr><td>2</td><td>结施－10 改</td><td colspan="3">节点详图③中的梁顶标高 19.600 应改为 20.200</td></tr>
<tr><td>3</td><td>结施－12</td><td colspan="3">1)KL2037)、KL203a8)支座处负筋 7Φ22、8Φ22 均改为 7Φ25,上部钢筋 4Φ22＋(2Φ12)改为 4Φ25＋(2Φ12)。
2)KL2042)上部通筋 4Φ22 改为 4Φ25,支座处负筋 7Φ22 均改为 7Φ25;KL2072)上部通筋 3Φ22 改为 3Φ25,支座处负筋 6Φ22 均改为 6Φ25
3)KL210a1)支座处负筋 5Φ22　3/2 均改为 6Φ22　3/3;KL2115)下部通筋 6Φ22 均改为 6Φ25,两边跨配筋上、下部均改为 9Φ25;KL2121)下部通筋 5Φ22 改为 5Φ25</td></tr>
<tr><td>4</td><td>结施－14</td><td colspan="3">1)KL301(12)支座处负筋 5Φ20 均改为 5Φ22,下部通筋 3Φ22 改为 3Φ25。
2)KL312(3B)应为 KL3123),两边支座处负筋 6Φ22 均改为 7Φ22。
3)KL3133)支座处负筋 5Φ22 均改为 5Φ25,下部通筋 3Φ22 改为 3Φ25。
4)KL320(3A)改为 KL320(1A),Ⓑ～Ⓓ轴间的两跨取消,保留梁段截面及配筋不变</td></tr>
<tr><td>5</td><td>结施－
11、13、15、17</td><td colspan="3">楼面板(二～五层)配筋图中,⑫～⑬轴间大板跨(双向均≥6.6m)板厚均为 200,起拱 2‰,其他未注明板跨(≥4.0m)均起拱 1‰</td></tr>
<tr><td rowspan="2">签字栏</td><td colspan="2">建设(监理)单位</td><td>设计单位</td><td>施工单位</td></tr>
<tr><td colspan="2">×××</td><td>×××</td><td>×××</td></tr>
</table>

注:本表由变更提出单位填写。

二、《设计变更通知单》填写说明

1. 表格解析

(1)责任部门:项目总工、项目技术部。

(2)提交时限:与设计或建设方协商确定。

(3)填写要点。

1)涉及图纸修改的,必须注明应修改图纸的图号。

2)不可将不同专业的设计变更办理在同一份变更上。

3)"专业名称"栏应按专业填写,如建筑、结构、给排水、电气、通风空调等。

(4)填写与主要签认责任:专业技术人员。

2. 相关规定及要求

(1)设计变更是施工过程中,由于设计图纸本身差错,设计图纸与实际情况不符,施工条件变化,原材料的规格、品种、质量不符合设计要求及职工提出合理化建议等原因,需要对设计图纸部分内容进行修改而办理的变更设计文件。

设计变更是施工图的补充和修改的记载,应及时办理,内容翔实,必要时应附图,并逐条注明应修改图纸的图号。

(2)设计单位应及时下达设计变更通知单,设计变更通知单应由设计专业负责人以及建设(监理)和施工单位的相关负责人签认。

(3)工程设计由施工单位提出变更时,如钢筋代换、细部尺寸修改等重大技术问题,必须征得设计单位和建设、监理单位的同意。

(4)工程设计变更由设计单位提出,如设计计算错误、做法改变、尺寸矛盾、结构变更等问题,必须由设计单位提出变更设计联系单或设计变更图纸,由施工单位根据施工准备和工程进展情况,做出能否变更的决定。

(5)遇有下列情况之一时,由设计单位签发设计变更通知单或变更图纸:

1)当决定对图纸进行较大修改时。

2)施工前及施工过程中发现图纸有差错,做法、尺寸有矛盾,结构变更或与实际情况不符时。

3)由建设单位对建筑构造、细部做法、使用功能等方面提出设计变更时,必须经过设计单位同意,并由设计单位签发设计变更通知单或设计变更图纸。

第六节 工程变更洽商记录

一、《工程变更洽商记录》填写范例

<table>
<tr><td colspan="3" rowspan="2">工程变更洽商记录</td><td>资料编号</td><td colspan="2">×××</td></tr>
<tr><td>日　期</td><td colspan="2">××年×月×日</td></tr>
<tr><td colspan="2">工程名称</td><td>××工程</td><td>专业名称</td><td colspan="2">结构</td></tr>
<tr><td colspan="2">提出单位名称</td><td>××建设集团有限公司</td><td>页　数</td><td colspan="2">共　页，第　页</td></tr>
<tr><td colspan="2">内容摘要</td><td colspan="4">根据勘察、设计验槽要求，部分地基需深挖处理回填级配砂石</td></tr>
<tr><td>序号</td><td>图　号</td><td colspan="4">洽 商 内 容</td></tr>
<tr><td>1</td><td>结施－16</td><td colspan="4">本图中标注为框支梁的梁按照框架梁施工，梁端箍筋加密区范围1300mm。</td></tr>
<tr><td>2</td><td>结施－16</td><td colspan="4">KZL401梁进行钢筋等强度代换，原梁下铁钢筋12Φ32，6/6，代换后为10Φ32＋2Φ28＋2Φ20，2/6/6，截面如下图所示。
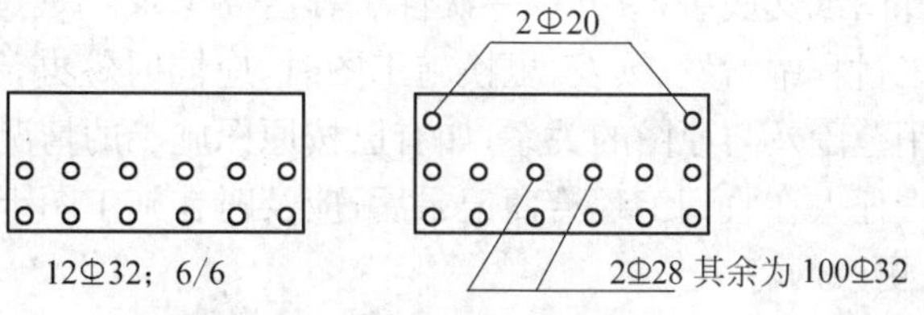

代换前　　代换后</td></tr>
<tr><td>3</td><td>结施－16</td><td colspan="4">图中800×600梁在柱端锚固按照结施－12图1做法锚固</td></tr>
<tr><td rowspan="2">签字栏</td><td>建设单位</td><td>监理单位</td><td>设计单位</td><td colspan="2">施工单位</td></tr>
<tr><td>×××</td><td>×××</td><td>×××</td><td colspan="2">×××</td></tr>
</table>

注：本表由变更提出单位填写。

二、《工程变更洽商记录》填写说明

1. 表格解析

(1)责任部门：项目总工、项目技术部。

(2)提交时限：洽商提出后 7d 内完成。

(3)填写要点。

1)涉及图纸修改的，必须注明应修改图纸的图号。

2)不可将不同专业的设计变更办理在同一份变更上。

3)“专业名称”栏应按专业填写，如建筑、结构、给排水、电气、通风空调等。

(4)填写与主要签认责任：施工单位总工或项目经理。

2. 相关规定及要求

(1)洽商记录是施工过程中，由于设计图纸本身差错，设计图纸与实际情况不符，施工条件变化，原材料的规格、品种、质量不符合设计要求及职工提出合理化建议等原因，需要对设计图纸部分内容进行修改而办理的工程洽商记录文件。

工程洽商记录应分专业办理，内容翔实，必要时应附图，并逐条注明应修改图纸的图号。

(2)工程洽商可由技术人员办理，专业的洽商由相应专业工程师负责办理。工程分包方的有关洽商记录，应经工程总承包单位确认后方可办理。

(3)工程洽商内容若涉及其他专业、部门及分包方，应征得有关专业、部门、分包方同意后，方可办理。

(4)工程洽商记录应由设计专业负责人以及建设、监理和施工单位相关负责人签认。设计单位如委托建设(监理)单位办理签认，应办理委托手续。

(5)设计图纸交底后，应办理一次性工程洽商记录。

(6)施工过程中增发、续发、更换施工图时，应同时签办洽商记录，确定新发图纸的起用日期、应用范围及与原图的关系；如有已按原图施工的情况，要说明处置意见。

(7)各责任人在收到工程洽商记录后，应及时在施工图纸上对应的部位标注洽商记录日期、编号、更改内容。

(8)工程洽商记录需进行更改时，应在洽商记录中写清原洽商记录日期、编号、更改内容，并在原洽商被修正的条款上注明“作废”标记。

(9)同一地区内相同的工程，如需同一个洽商(同一设计单位，工程的类型、变更洽商的内容和部位相同)，可采用复印件或抄件，但应注明原件存放处。

第四章 建筑结构工程进度造价资料（C3）

本章内容包括下列资料：

- 工程开工报审表
- 工程复工报审表
- 施工进度计划报审表
- (　)月工、料、机动态表
- 工程延期申请表
- 工程款支付申请表
- 工程变更费用报审表
- 费用索赔申请表

第一节　工程开工报审表

一、《工程开工报审表》填写范例

工程开工报审表		资料编号	×××
工程名称	××商住楼工程	日　　期	××年×月×日

致：××建设监理公司（监理单位）

我方承担的××工程，已完成了以下各项工作，具备了开工条件，特此申请施工，请核查并签发开工指令。

附件：

1. ☑北京市建设工程施工许可证(复印件)
2. ☑施工组织设计(含主要管理人员和特殊工种资格证明)
3. ☑施工测量放线相关文件
4. ☑主要人员、材料、设备进场相关文件
5. ☑施工现场道路、水、电、通讯等相关文件

施工总承包单位(章)　××建设集团有限公司

项目经理　×××

审查意见：

所报工程开工资料齐全、有效，具备开工条件，同意开工

监理单位　××建设监理公司

总监理工程师　×××

日　　期　××年×月×日

注：本表由施工单位填报，监理单位签署审批意见。

二、《工程开工报审表》填写说明

1.表格解析

(1)责任部门:建设单位、监理单位、项目监理机构。

(2)填写要点。

1)承包单位填写。

①在“计划于____年____月____日”栏中填写计划开工的具体时间。

②在“已完成报审条件有”的选择框处划“√”。所附的证明文件必须齐全真实,对任何形式的不符合开工报审条件的工程项目,承包单位不得提请报审。

2)监理单位填写。

①“审查意见”栏由监理工程师填写。

除审查第一栏所报内容外,还应对施工图纸及有关设计文件是否齐备,施工现场的临时设施是否满足开工要求,地下障碍物是否清除或查明等情况进行审查,并根据所报开工资料及现场检查情况,填写审查意见。

②“审批结论”栏由总监理工程师签署,在“同意”或“不同意”选择框处划“√”并签字。

2.相关规定及要求

(1)施工单位在工程开工之前,必须具备完善的开工条件。

(2)承包单位认为施工准备工作已完成,具备开工条件时,应向项目监理机构报送《工程开工报审表》及相关资料。

(3)《工程开工报审表》由负责该项工程的施工单位填写,并在开工前报送监理机构。

(4)专业监理工程师应审查下列内容。

1)当地政府建设主管部门已签发“建设工程施工许可证”,其他有关行政许可的手续均已办理。

2)征地拆迁工作能够满足工程施工进度的需要。

3)施工图纸及有关设计文件已齐备。

4)施工现场道路、水、电、通讯和临时设施已满足开工要求,地下障碍物已清除或已查明。

5)施工组织设计已经项目监理机构总监理工程师审核签认。

6)测量控制桩已经项目监理机构复验合格。

7)承包单位项目经理部管理人员已按计划到位,施工人员、施工机械、设备、料具已按需要进场,主要建筑材料供应已落实,并满足开工的需要。

8)承包单位各项管理制度已建立。

(5)经专业监理工程师审核,具备开工条件时报项目总监理工程师,由项目总监理工程师签署承包单位报送的《工程开工报审表》,并报送建设单位备案。

(6)如果委托监理合同约定,需经建设单位审批时,项目总监理工程师审核后报建设单位,由建设单位审核批准。

第二节　工程复工报审表

一、《工程复工报审表》填写范例

工程复工报审表		资料编号	×××
工程名称	××商住楼工程	日　期	××年×月×日

致：××建设监理公司（监理单位）

根据　××　号《工程暂停令》，我方已按照要求完成了以下各项工作，具备了复工条件，特此申请，请核查并签发复工指令。

附件：具备复工条件的详细说明

1. 地上二层①～⑧/Ⓑ～Ⓘ轴剪力墙、暗柱已按工程变更单（编号：××）要求施工完毕。
2. 对完成的工程变更单内容自检合格，并报项目监理部签认合格

专业承包单位　××建筑公司　　项目经理/责任人　×××
施工总承包单位　××建设集团有限公司　　项目经理/责任人　×××

审批意见：

1. 施工单位已完成工程变更单所发生的工程项目。
2. 工程暂停的原因已消除，证据齐全、有效

同意复工

监理单位　××建设监理公司
专业监理工程师　×××
总监理工程师　×××
日　　期　××年×月×日

注：本表由施工单位填报，监理单位签署审批意见。

二、《工程复工报审表》填写说明

1.表格解析

(1)责任部门:建设单位、监理单位、项目监理机构。

(2)填写要点。

1)承包单位填写。

①承包单位填写《工程复工报审表》时,应附下列书面材料一起报送项目监理部审核,由总监理工程师签署审批意见:

a.承包单位对工程暂停原因的分析;

b.工程暂停原因已消除的证据;

c.避免再次出现类似问题的预防措施。

②“附件”栏应详细说明具备复工的条件,证明文件必须齐全真实,对任何形式的不符合复工报审条件的工程项目,承包单位不得提请报审。

2)监理单位填写。

①“审批意见”栏应由总监理工程师根据核实结果填写。

②总监理工程师应指定专业监理工程师对复工条件进行复核,在合同约定的时间内完成对复工申请的审批。当同意复工时,在“审批结论”栏下的“具备复工条件,同意复工”处划“√”,否则在“不具备复工条件,暂不同意复工”处划“√”,并注明不同意复工的原因和对承包单位的要求。

2.相关规定及要求

(1)承包单位按《工程暂停令》的要求,自检符合了复工条件向项目监理机构报送《工程复工报审表》及其附件。

(2)总监理工程师应及时指定监理工程师进行审查。

工程暂停是由非承包单位原因引起时,签认《工程复工报审表》时,只需要看引起暂停施工的原因是否还存在。

工程暂停是由承包单位的原因引起的,复工审查时不仅要审查其停工因素是否消除,还要审查其是否查清了导致停工因素产生的原因和制定了针对性的整改措施、预防措施,还要复核其各项措施是否得到贯彻落实。

(3)总监理工程师根据审查情况,应当在收到《工程复工报审表》后48h内完成对复工申请的审批。项目监理机构未在收到承包人复工申请后48h(或施工合同规定时间)内提出审查意见,承包单位可自行复工。

第三节　施工进度计划报审表

一、《施工进度计划报审表》填写范例

施工进度计划报审表		资料编号	×××
工程名称	××商住楼工程	日　期	××年×月×日

致：××建设监理公司（监理单位）

我方已根据施工合同的有关约定完成了 ×× 工程总/年第 三 季度 × 月份工程施工进度计划的编制，请予以审查。

附件：1. ☑施工进度计划（说明、图表、工程量、工作量、资源配备） 1 份

2. □……

施工总承包单位（章）：××建设集团有限公司　　项目经理（签字）：×××

专业监理工程师审查意见：

经审查，施工进度计划编制有可行性和合理性，与工程实际情况相符，符合合同工期及总控计划要求，同意按此计划组织施工

专业监理工程师：×××　　日期：××年×月×日

总监理工程师审核意见：

同意

监理单位：××建设监理公司　　总监理工程师（签字）：×××　　日期：××年×月×日

注：本表由施工单位填报，监理单位签署审批意见。

二、《施工进度计划报审表》填写说明

1. 表格解析

(1)责任部门:建设单位、监理单位、项目监理机构。

(2)填写要点。

1)承包单位填写。

①"现报上____年____季____月"栏中应填写拟报审进度计划的年、季、月时间。

②"附件"栏填写承包单位根据经项目监理部批准的施工组织设计(施工方案)编制的施工进度计划并注明份数。

③"施工单位名称"栏填写施工单位的全称,不可简化。

④"项目经理(签字)"栏为施工单位工程项目负责人。

2)监理单位填写。

①"审查意见"栏由监理工程师根据工程的条件(工程的规模、质量标准、复杂程度、施工的现场条件等)及施工队伍的条件,全面分析承包单位编制的施工进度计划的合理性、可行性,并签署意见。

②"审批结论"栏的填写:

a. 所报施工进度计划符合合同工期及总控计划要求,有可实施性,同意实施时,在"同意"栏划"√";

b. 所报计划有明显错误时,应限定修改日期,在"修改后再报"栏划"√";

c. 所报计划与总控计划不符,需重新编制时,应限定重新编制日期,在"重新编制"栏划"√"。

③"监理单位名称"栏填写监理单位的全称,不可简化。

2. 相关规定及要求

(1)施工进度计划报验申请是承包单位根据已批准的施工总进度计划,按施工合同约定或监理工程师要求,编制的施工进度计划报项目监理机构审查、确认和批准。

(2)监理机构对施工进度的审查或批准,并不解除承包单位对施工进度计划的责任和义务。

(3)对施工进度计划,主要进行如下审核。

1)进度安排是否符合工程项目建设总进度,计划中总目标和分目标的要求,是否符合施工合同中开、竣工日期的规定。

2)施工总进度计划中的项目是否有遗漏,分期施工是否满足分批动用的需要和配套动用的要求。

3)施工顺序的安排是否符合施工工艺的要求。

4)劳动力、材料、构配件、施工机具及设备、施工水、电等生产要素的供应计划是否能保证进度计划的实现,供应是否均衡,需求高峰期是否有足够能力实现计划供应。

5)由建设单位提供的施工条件(资金、施工图纸、施工场地、采供的物资设备等),承包单位在施工进度计划中所提出的供应时间和数量是否明确、合理,是否有造成建设单位违约而导致工程延期和费用索赔的可能。

6)工期是否进行了优化,进度安排是否合理。

7)总、分包单位分别编制的各单项工程施工进度计划之间是否相协调,专业分工与计划衔接是否明确合理。

(4)通过专业监理工程师的审核,提出审查意见报总监理工程师,总监理工程师审核后如同意承包单位所报计划,则应签署“本月编制的施工进度计划具有可行性和可操作性,与工程实际情况相符合,满足合同工期及总控制计划的要求,予以通过。同意按此计划组织施工”。如不同意承包单位所报计划,则签署“不同意按此进度计划施工”,并就不同意的原因及理由简要列明。

(5)施工进度计划(调整计划)报审程序。

1)承包单位按施工合同要求的时间编制好施工进度计划,并填报《施工进度计划报验申请表》报监理机构。

2)总监理工程师指定专业监理工程师对承包单位所报的《施工进度计划报审表》,及有关资料进行审查,并向总监理工程师汇报。

3)总监理工程师按施工合同要求的时间,对承包单位所报《施工进度计划报审表》予以确认或提出修改意见。

第四节 （ ）月工、料、机动态表

一、《（ ）月工、料、机动态表》填写范例

<table>
<tr><td colspan="6">(9)月工、料、机动态表</td><td>资料编号</td><td colspan="2">×××</td></tr>
<tr><td colspan="2">工程名称</td><td colspan="4">××商住楼工程</td><td>日　期</td><td colspan="2">××年×月×日</td></tr>
<tr><td rowspan="4">人工</td><td>工　种</td><td>混凝土工</td><td>瓦工</td><td>木工</td><td>钢筋工</td><td>电工</td><td>水暖工</td><td>其他</td><td>合计</td></tr>
<tr><td>人　数</td><td>30</td><td>40</td><td>100</td><td>65</td><td>6</td><td>5</td><td>16</td><td>262</td></tr>
<tr><td>持证人数</td><td>20</td><td>34</td><td>85</td><td>50</td><td>6</td><td>5</td><td>10</td><td>210</td></tr>
<tr><td></td><td></td><td></td><td></td><td></td><td></td><td></td><td></td><td></td></tr>
<tr><td rowspan="6">主要材料</td><td>名称</td><td>单位</td><td>上月库存量</td><td>本月进场量</td><td>本月消耗量</td><td>本月库存量</td></tr>
<tr><td>水泥</td><td>t</td><td>25.3</td><td>249.5</td><td>234.5</td><td>40.3</td></tr>
<tr><td>钢筋</td><td>t</td><td>198.6</td><td>895.6</td><td>900</td><td>194.2</td></tr>
<tr><td>木材</td><td>m^3</td><td>321</td><td>43.8</td><td>260</td><td>104.8</td></tr>
<tr><td>砌块</td><td>块</td><td>1800</td><td>10000</td><td>7800</td><td>4000</td></tr>
<tr><td></td><td></td><td></td><td></td><td></td><td></td></tr>
<tr><td rowspan="6">主要机械</td><td>名　称</td><td>生 产 厂 家</td><td>规格型号</td><td>数　量</td></tr>
<tr><td>塔　吊</td><td>××机械设备公司</td><td>QTE 80F</td><td>1</td></tr>
<tr><td>搅拌机</td><td>江苏机械厂</td><td>JZC—500</td><td>2</td></tr>
<tr><td>卷扬机</td><td>浙江机械厂</td><td>JJK—1.5</td><td>2</td></tr>
<tr><td>水　泵</td><td>山东泵业</td><td>10kW</td><td>4</td></tr>
<tr><td>振捣棒</td><td>河北</td><td>Hg—50</td><td>18</td></tr>
<tr><td colspan="10">附件：塔吊安检资料、特殊工种上岗证复印件

施工单位名称：××建设集团有限公司　　项目经理（签字）：×××</td></tr>
</table>

注：本表由施工单位于每月25日填报。

二、《(　)月工、料、机动态表》填写说明

1.表格解析

(1)提交时限:施工单位每月25日前报。

(2)填写要点。

1)“人工”栏按施工现场实际工种情况填写并进行合计。

2)“主要材料”栏应填写工程使用主要材料,如水泥、钢筋,并填写相应材料的上月库存量、本月进场量、本月消耗量,以得出本月最终库存量。

3)“主要机械”栏按施工现场实际使用的主要机械填写,核准其生产厂家、规格型号、数量。

2.相关规定及要求

(1)主要施工设备进场并调试合格后也应填写《(　)月工、料、机动态表》报项目监理部。工、料、机情况按不同施工阶段填报主要项目。

(2)塔吊、外用电梯等的安检资料及计量设备检定资料应于开始使用的一个月内作为《(　)月工、料、机动态表》的附件,由施工单位报审,监理单位留存备案。

第五节　工程延期申请表

一、《工程延期申请表》填写范例

工程延期申请表		资料编号	×××
工程名称	××商住楼工程	日　　期	××年×月×日
致：××建设监理公司（监理单位） 根据合同条款×条的规定，由于设计单位提出的工程变更单（编号：××）的要求，对此项整改和施工，造成下道工序拖延施工3天的原因，申请工程延期，请批准。 工程延期的依据及工期计算： 1.依据工程变更单（编号：××）和施工图纸（图纸号：××）。 2.整改和增加的施工项目在关键线路上。 工期计算：（略） 合同竣工日期：××年×月×日 申请延长竣工日期：××年×月×日 附：证明材料　（略） 施工单位名称：××建设集团有限公司　　项目经理（签字）：×××			

注：本表由施工单位填报。

二、《工程延期申请表》填写说明

1. 表格解析

(1)责任部门:建设单位、监理单位、项目监理机构。

(2)填写要点。

1)"根据合同条款____条的规定"栏中填写施工合同有关工程延期的相关条款。

2)"由于____的原因"栏填写工程延期的具体原因。

3)"工程延期的依据及工期计算"栏应详细说明工程延期的依据,并将工期延长的计算过程、结果列于表内。

4)"合同竣工日期"栏填写施工合同签订的工程竣工日期。

5)"申请延长竣工日期"栏填写由于相关原因施工单位申请延长的竣工日期。

6)"附"栏中填写相关的证明材料。

2. 相关规定及要求

(1)由于合同中约定的下列原因引起的工期延长,承包单位可以提出工程延期申请。

1)非承包单位的责任造成工程不能按合同约定日期开工。

2)工程量的实质性变化和设计变更。

3)非承包单位原因停水、停电(地区限电除外)、停气造成停工时间超过合同的约定。

4)国家或有关部门正式发布的不可抗力事件。

5)异常不利的气候条件。

6)建设单位同意工期相应顺延的其他情况。

(2)工程延期事件终止后,承包单位在合同约定期限内,向项目监理部提交《工程延期申请表》,如果工程延期事件是延续性的,承包单位应以一定的时间间隔提交暂时的细节材料;待延期事件结束后,在合同约定的时间内,再将所有提供的细节材料和详细记录汇总、整理齐全,随《工程延期申请表》一起报送项目监理部。

(3)对于较复杂或持续时间较长的延期申请,总监理工程师可用《工作联系单》给予承包单位一个暂定的延期时间。

第六节 工程款支付申请表

一、《工程款支付申请表》填写范例

工程款支付申请表		资料编号	×××
工程名称	××商住楼工程	日 期	××年×月×日

致：××建设监理公司（监理单位）

我方已完成了地上1～5层混凝土主体结构工程工作，按施工合同的规定，建设单位应在××年×月×日前支付该项工程款共计（大写）贰佰柒拾叁万贰仟伍佰元整，（小写）￥2732500.00，现报上×月份工程付款申请表，请予以审查并开具工程款支付证书。

附件：

1. 工程量清单
2. 计算方法

施工单位名称：××建设集团有限公司

项目经理（签字）：×××

注：本表由施工单位填报。

二、《工程款支付申请表》填写说明

1. 表格解析

(1)责任部门:项目经理部。

(2)填写要点。

1)工程预付款、进度款、变更费用、结算款、费用索赔等各种费用的支付均用此表。

2)"承包单位的工程付款申请"即为《工程款支付申请表》。

2. 相关规定及要求

(1)《工程款支付证书》是与《工程款支付申请表》配套使用的表格。在工程预付款、工程进度款、工程结算款等支付时使用。

(2)项目监理部在收到承包单位《工程款支付申请表》后,由负责造价控制的监理工程师根据合同的约定及有关标准、定额进行审核,确定应支付的工程款额度。

(3)监理工程师审核后,由总监理工程师审查并签署《工程款支付证书》。

(4)项目监理机构应按下列程序进行工程计量和付款签证:

1)专业监理工程师对施工单位在工程款支付报审表中提交的工程量和支付金额进行复核,确定实际完成的工程量,提出到期应支付给施工单位的金额,并提出相应的支持性材料。

2)总监理工程师对专业监理工程师的审查意见进行审核,签认后报建设单位审批。

3)总监理工程师根据建设单位的审批意见,向施工单位签发工程款支付证书。

(5)项目监理机构应编制月完成工程量统计表,对实际完成量与计划完成量进行比较分析,发现偏差的,应提出调整建议,并应在监理月报中向建设单位报告。

(6)项目监理机构应按下列程序进行竣工结算款审核:

1)专业监理工程师审查施工单位提交的竣工结算款支付申请,提出审查意见。

2)总监理工程师对专业监理工程师的审查意见进行审核,签认后报建设单位审批,同时抄送施工单位,并就工程竣工结算事宜与建设单位、施工单位协商;达成一致意见的,根据建设单位审批意见向施工单位签发竣工结算款支付证书;不能达成一致意见的,应按施工合同约定处理。

(7)工程监理单位应检查勘察进度计划执行情况、督促勘察单位完成勘察合同约定的工作内容、审核勘察单位提交的勘察费用支付申请表,以及签发勘察费用支付证书,并应报建设单位。

(8)工程监理单位应检查设计进度计划执行情况、督促设计单位完成设计合同约定的工作内容、审核设计单位提交的设计费用支付申请表,以及签认设计费用支付证书,并应报建设单位。

(9)工程款支付申请表应符合现行国家标准《建设工程监理规范》GB 50319—2013 的有关规定。施工单位填报的工程款支付申请表应一式三份,并应由建设单位、监理单位、施工单位各保存一份。

第七节　工程变更费用报审表

一、《工程变更费用报审表》填写范例

工程变更费用报审表		资料编号	×××
工程名称	××商住楼工程	日　期	××年×月×日

致：　××建设监理公司　(监理单位)

根据第(　007　)号工程变更单，申请费用如下表，请审核。

项目名称	变更前			变更后			工程款增(＋)减(－)
	工程量	单价	合价	工程量	单价	合价	
矩形柱 C30	173.00m^3	604.07	104504.11	178.50m^3	604.07	107826.50	＋3322.39
预埋铁件制作安装	3.10t	5501.20	17053.72	5.16t	5817.83	30020.00	＋12966.28
合计			121557.83			137846.50	＋16288.67

施工单位名称：××建设集团有限公司　　项目经理(签字)：×××

监理工程师审核意见：

1. 工程量符合所报工程实际。
2. 符合《工程变更单》所包括的工作内容。
3. 定额项目选用准确，单价、合价计算正确

监理工程师(签字)：×××　　日期：××年×月×日

总监理工程师审查意见：

同意施工单位提出的变更费用申请

监理单位：××建设监理公司　　总监理工程师(签字)：×××　　日期：××年×月×日

注：本表由施工单位填报，监理单位签署审批意见。

二、《工程变更费用报审表》填写说明

1. 表格解析

(1)责任部门:项目经理部。

(2)填写要点。

1)承包单位填写。承包单位在填写该表时,应明确《工程变更单》所列项目名称,变更前后的工程量、单价、合价的差别,以及工程款的增减额度。

2)监理单位填写。

①由负责造价控制的监理工程师对承包单位所报审的工程变更费用进行审核。审核内容为工程量是否符合所报工程实际;是否符合《工程变更单》所包括的工作内容;定额项目选用是否正确,单价、合价计算是否正确。

②在"监理工程师审核意见"栏,签署具体意见并签字。监理工程师的审核意见不应签署"是否同意支付",因为工程款的支付应在相应工程验收合格后,按合同约定的期限,签署《工程款支付证书》。

③总监理工程师进行审查并签字,明确其领导责任。

2. 相关规定及要求

(1)实施工程变更发生增加或减少的费用,由承包单位填写《工程变更费用报审表》报项目监理部。项目监理部进行审核并与承包单位和建设单位协商后,由总监理工程师签认,建设单位批准。

(2)工程变更完成并经项目监理部验收合格后,应按正常的计量和支付程序办理变更工程费用的支付。

(3)分包工程的工程变更应通过承包单位办理。

(4)项目监理机构可按下列程序处理施工单位提出的工程变更:

1)总监理工程师组织专业监理工程师审查施工单位提出的工程变更申请,提出审查意见。对涉及工程设计文件修改的工程变更,应由建设单位转交原设计单位修改工程设计文件。必要时,项目监理机构应建议建设单位组织设计、施工等单位召开论证工程设计文件的修改方案的专题会议。

2)总监理工程师组织专业监理工程师对工程变更费用及工期影响做出评估。

3)总监理工程师组织建设单位、施工单位等共同协商确定变更费用及工期变化,会签工程变更单。

4)项目监理机构根据批准的工程变更文件监督施工单位实施工程变更。

(5)项目监理机构可在工程变更实施前与建设单位、施工单位等协商确定工程变更计价原则、计价方法或价款。

(6)建设单位与施工单位未能就工程变更费用达成协议时,项目监理机构可提出一个暂定价格并经建设单位同意,作为临时支付工程款的依据。工程变更款项最终结算时,应以建设单位与施工单位达成的协议为依据。

第八节 费用索赔申请表

一、《费用索赔申请表》填写范例

费用索赔申请表		资料编号	×××
工程名称	××商住楼工程	日 期	××年×月×日

致：××建设监理公司(监理单位)

根据施工合同第 21 条款的规定，由于 建设单位负责订货的制冷机组未按时到货 的原因，我方要求索赔金额共计人民币(大写) 壹万贰仟 元，请批准。

索赔的详细理由及经过：

按合同约定本工程的制冷机组由建设单位负责订货，因制冷机组未按约定时间运至现场，造成临时租用仅限于吊装制冷机组的汽车闲置，因而使我方受到直接经济损失

索赔金额的计算：

（根据实际情况，依据各省现行预算定额计算）

附件：证明材料

1. 施工合同。
2. 制冷机组订货合同。
3. 汽车吊租用合同

施工单位名称：××建设集团有限公司　　项目经理(签字)：×××

注：本表由施工单位填报。

二、《费用索赔申请表》填写说明

1. 表格解析

(1)责任部门:项目经理部。

(2)填写要点。

1)承包单位填写。承包单位在填写该表时,应明确《工程变更单》所列项目名称,变更前后的工程量、单价、合价的差别,以及工程款的增减额度。

2)监理单位填写。

①由负责造价控制的监理工程师对承包单位所报审的工程变更费用进行审核。审核内容为工程量是否符合所报工程实际,是否符合《工程变更单》所包括的工作内容,定额项目选用是否正确,单价、合价计算是否正确。

②在“监理工程师审核意见”栏,签署具体意见并签字。监理工程师的审核意见不应签署“是否同意支付”,因为工程款的支付应在相应工程验收合格后,按合同约定的期限,签署《工程款支付证书》。

③总监理工程师进行审查并签字,明确其领导责任。

2. 相关规定及要求

(1)实施工程变更发生增加或减少的费用,由承包单位填写《工程变更费用报审表》报项目监理部。项目监理部进行审核并与承包单位和建设单位协商后,由总监理工程师签认,建设单位批准。

(2)工程变更完成并经项目监理部验收合格后,应按正常的计量和支付程序办理变更工程费用的支付。

(3)分包工程的工程变更应通过承包单位办理。

(4)项目监理机构应及时收集、整理有关工程费用的原始资料,为处理费用索赔提供证据。

(5)项目监理机构处理费用索赔的主要依据应包括下列内容:

1)法律法规、工程建设标准。

2)勘察设计文件、施工合同文件。

3)索赔事件的证据。

(6)项目监理机构可按下列程序处理施工单位提出的费用索赔:

1)受理施工单位在施工合同约定的期限内提交的费用索赔意向通知书。

2)收集与索赔有关的资料。

3)受理施工单位在施工合同约定的期限内提交的费用索赔报审表。

4)审查费用报审表。需要施工单位进一步提交详细资料时,应在施工合同约定的期限内发出通知。

5)与建设单位和施工单位协商一致后,在施工合同约定的期限内签发费用索赔报审表,并报建设单位。

第五章

建筑结构工程施工物资资料（C4）

本章内容包括下列资料：

- 混凝土结构工程施工物资资料
- 砌体结构工程施工物资资料
- 屋面工程施工物资资料

第一节　混凝土结构工程施工物资资料

一、《材料构配件进场检验记录》填写范例

材料、构配件进场检验记录						资料编号	×××	
工程名称		××工程				检验日期	××年×月×日	
序号	名　称	规格型号	进场数量	生产厂家 合格证号		检验项目	检验结果	备　注
1	热轧带肋钢筋	Φ16	11.376t	首钢 4312068		外观、质量证明文件	合格	
2	热轧带肋钢筋	Φ12	80.359t	首钢 1245		外观、质量证明文件	合格	
3	圆钢钢筋	φ10	3.15t	首钢 2291		外观、质量证明文件	合格	
4	圆钢钢筋	φ8	5.685t	首钢 2287		外观、质量证明文件	合格	
5	圆钢钢筋	φ6.5	4.685t	首钢 2216		外观、质量证明文件	合格	

检验结论：

经外观目测合格；游标卡尺量镀锌钢板的规格符合设计、规范要求，镀锌层附着好、光滑、明亮、无划痕，角钢无裂纹、无锈、光滑、无砂眼

签字栏	施工单位	××建筑有限公司	专业质检员	专业工长	检验员
			×××	×××	×××
	监理（建设）单位	××建设监理有限公司		专业工程师	×××

注：本表由施工单位填写。

二、《材料构配件进场检验记录》填写说明

1. 表格解析

(1)责任部门:项目物资部。

(2)提交时限:进场验收通过后 1d 内提交。

(3)填写要点。

1)"工程名称"栏与施工图纸标签栏内名称相一致。

2)"检验日期"栏按实际日期填写,一般为物资进场日期。

3)"名称"栏填写物资的名称。

4)"规格型号"栏按材料、构配件铭牌填写。

5)"进场数量"栏填写物资的数量,且应有计量单位。

6)"生产厂家、合格证号"栏应填写物资的生产厂家,合格证编号。

7)"检验项目"栏应包括物资的质量证明文件、外观质量、数量、规格型号等。

8)"检验结果"栏填写该物资的检验情况。

9)"检验结论"栏是对所有物资从外观质量、材质、规格型号、数量做出的综合评价。

10)"专业质检员"为现场质量检查员。

11)"专业工长"为材料使用部门的主管负责人。

12)"检验员"为物资接收部门的主管负责人。

(4)填写与主要签认责任:材料员、质量员。

2. 相关规定及要求

施工物资资料是反映工程所用物资质量和性能指标等的各种证明文件和相关配套文件(如使用说明书、安装维修文件、鉴定证书、政府部门备案书等)的统称。

(1)基本管理要求。工程物资主要包括建筑材料、成品、半成品、构配件、设备等,建筑工程所使用的工程物资均应有出厂质量证明文件(包括产品合格证、质量合格证、检验报告、试验报告、产品生产许可证和质量保证书等)。质量证明文件应反映工程物资的品种、规格、数量、性能指标等,并与实际进场物资相符。

(2)复印件管理。质量证明文件的复印件应与原件内容一致,加盖原件存放单位公章,注明原件存放处,并有经办人签字和时间。

(3)进场检验管理。建筑工程采用的主要材料、半成品、成品、构配件、器具、设备应进行现场验收(检查包装、数量、品种规格、有效期、质量证明文件等),形成进场检验记录;涉及安全、功能的有关物资应按工程施工质量验收规范及相关规定进行复试(试验单位应向委托单位提供电子版试验数据)或有见证取样送检,有相应试(检)验报告。

(4)变更管理。涉及结构安全和使用功能的材料需要代换且改变了设计要求时,应有设计、监理(建设)、施工单位共同签署的认可文件(设计变更通知单、工程洽商记录等)。

(5)新材料、新产品管理。凡使用的新材料、新产品,应有由具备鉴定资格的单位或部门出具的鉴定证书,同时具有产品质量标准和试验要求,使用前应按其质量标准和试验要求进行试(检)验。新材料、新产品还应提供安装、维修、使用和工艺标准等相关技术文件。

(6)进口材料管理。进口材料和设备等应有商检证明、中文版的质量证明文件、性能检测报告以及中文版的安装、维修、使用、试验要求等技术文件。

(7)特殊物资管理。涉及安全、卫生、环保的物资应由有相应资质等级检测单位的检测报告，如压力容器、消防设备、生活供水设备、卫生洁具等。

(8)业主采购物资管理。由建设单位采购的建筑材料、构配件和设备，建设单位应保证建筑材料、构配件和设备符合设计文件和合同要求，并保证相关物资文件的完整、真实和有效(物资管理基本要求按上述1～7条执行)。

(9)物资分级管理(参照北京市地方标准)。工程物资资料应实行分级管理。供应单位或加工单位负责收集、整理和保存所供物资原材料的质量证明文件；施工单位则需收集、整理和保存供应单位或加工单位提供的质量证明文件和进场后进行的试(检)验报告。各单位应对各自范围内工程资料的汇集、整理结果负责，并保证工程资料的可追溯性。

三、《半成品钢筋出厂合格证》填写范例

<table>
<tr><td colspan="5">半成品钢筋出厂合格证</td><td>资料编号</td><td colspan="2">×××</td></tr>
<tr><td colspan="2">工程名称</td><td colspan="3">××工程</td><td>合格证编号</td><td colspan="2">××—065</td></tr>
<tr><td colspan="2">委托单位</td><td colspan="3">×××项目部</td><td>钢筋种类</td><td colspan="2">热轧带肋钢筋 HRB 335</td></tr>
<tr><td colspan="2">供应总量(t)</td><td colspan="2">60</td><td>加工日期</td><td>××年×月×日</td><td>供货日期</td><td>××年×月×日</td></tr>
<tr><td>序号</td><td>级别规格</td><td>供应数量(kg)</td><td>进货日期</td><td>生产厂家</td><td>原材报告编号</td><td>复试报告编号</td><td>使用部位</td></tr>
<tr><td>1</td><td>HRB335
Φ 32</td><td>50</td><td>××年
×月×日</td><td>××加工厂</td><td>017</td><td>××—0145</td><td>地下一、二层柱</td></tr>
<tr><td></td><td></td><td></td><td></td><td></td><td></td><td></td><td></td></tr>
<tr><td></td><td></td><td></td><td></td><td></td><td></td><td></td><td></td></tr>
<tr><td></td><td></td><td></td><td></td><td></td><td></td><td></td><td></td></tr>
<tr><td></td><td></td><td></td><td></td><td></td><td></td><td></td><td></td></tr>
<tr><td></td><td></td><td></td><td></td><td></td><td></td><td></td><td></td></tr>
<tr><td colspan="8">备注：</td></tr>
</table>

<table>
<tr><td>供应单位技术负责人</td><td>填表人</td><td rowspan="3">供应单位名称
（盖章）</td></tr>
<tr><td>×××</td><td>×××</td></tr>
<tr><td>填表日期</td><td>××年×月×日</td></tr>
</table>

注：本表由半成品钢筋供应单位提供。

四、《半成品钢筋出厂合格证》填写说明

1.表格解析

(1)责任部门:供应单位。

(2)提交时限:随物资进场提交。

(3)填写要点。

1)合格证中应包括:工程名称、委托单位、生产厂家、合格证编号、供应数量、加工及供货日期、钢筋级别规格、原材及复试报告编号、使用部位、供应单位技术负责人(签字)、填表人(签字)、供应单位盖章等内容。

2)"合格证编号"指加工单位出具的半成品钢筋出厂合格证的编号。

3)"原材报告编号"指生产厂家的钢筋原材出厂质量证明书的编号。

4)"复试报告编号"指钢筋进场后取样复试报告的编号。

(4)填写与主要签认责任:供应单位技术负责人。

2.相关规定及要求

(1)钢筋采用场外委托加工时,钢筋资料应分级管理,加工单位应保存钢筋的原材出厂质量证明、复试报告、接头连接试验报告等资料,并保证资料的可追溯性。

(2)外委托加工的钢筋质量应由加工单位负责,施工单位仅需保留出厂合格证并对进场钢筋做外观检查。但用于承重结构的钢筋和钢筋连接接头,若通过进场外观检查对其质量产生怀疑或监理、设计单位有特殊要求时,可进行力学性能和工艺性能的抽样复试。如监理或设计单位提出复试要求的,应事先约定进场取样复试的原则与要求。

五、《预制构件出厂合格证》填写范例

<table>
<tr><td colspan="3">预制混凝土构件出厂合格证</td><td>资料编号</td><td colspan="2">×××</td></tr>
<tr><td>工程名称及使用部位</td><td colspan="2">××工程　三层①～⑨/Ⓑ～Ⓙ轴</td><td>合格证编号</td><td colspan="2">××－063</td></tr>
<tr><td>构件名称</td><td>预应力圆孔板</td><td>型号规格</td><td>YKB－3</td><td>供应数量</td><td>80</td></tr>
<tr><td>制造厂家</td><td colspan="2">××预制构件厂</td><td>企业等级证</td><td colspan="2">一级</td></tr>
<tr><td>标准图号或设计图纸号</td><td colspan="2">设计图纸　结 5</td><td>混凝土设计强度等级</td><td colspan="2">C30</td></tr>
<tr><td>混 凝 土浇筑日期</td><td colspan="2">××年×月×日至××年×月×日</td><td>构件出厂日期</td><td colspan="2">××年×月×日</td></tr>
</table>

<table>
<tr><td rowspan="11">性能检验评定结果</td><td>混凝土抗压强度</td><td colspan="3">主　筋</td></tr>
<tr><td>达到设计强度(%)</td><td>试验编号</td><td>力学性能</td><td>工艺性能</td></tr>
<tr><td>125</td><td>××－061</td><td>钢筋屈服点、抗拉强度、伸长率均符合要求</td><td>见钢筋原材试验报告(××－0045)</td></tr>
<tr><td colspan="4">外　　观</td></tr>
<tr><td colspan="2">质量状况</td><td colspan="2">规格尺寸</td></tr>
<tr><td colspan="2">合　　格</td><td colspan="2">3580mm×1180mm×120mm</td></tr>
<tr><td colspan="4">结构性能</td></tr>
<tr><td>承载力(kPa)</td><td>挠度(mm)</td><td>抗裂检验(kPa)</td><td>裂缝宽度(mm)</td></tr>
<tr><td>2.00</td><td>1.50</td><td>1.40</td><td>0.12≤0.15(w_{max})</td></tr>
</table>

<table>
<tr><td colspan="2">备注：</td><td>结论：
试件结构各项性能指标经检验均达到规范规定，质量合格，同意出厂</td></tr>
<tr><td>供应单位技术负责人</td><td>填表人</td><td rowspan="3">供应单位名称
（盖章）</td></tr>
<tr><td>×××</td><td>×××</td></tr>
<tr><td>填表日期</td><td>××年×月×日</td></tr>
</table>

注：本表由预制混凝土构件供应单位提供。

六、《预拌混凝土出厂合格证》填写范例

预拌混凝土出厂合格证					资料编号	×××
使用单位	×××项目部				合格证编号	××－195
工程名称与浇筑部位	××工程　二层顶板①～⑳/Ⓑ～①轴					
强度等级	C35	抗渗等级		P8	供应数量(m^3)	979
供应日期	××年×月×日			至	××年×月×日	
配合比编号	××－094					
原材料名称	水泥	砂	石	掺合料		外加剂
品种及规格	P·O 42.5R	中砂	碎石	Ⅱ级粉煤灰		HNB－1
试验编号	××－052	××－050	××－049	××－020		××－018
每组抗压强度值(MPa)	试验编号	强度值	试验编号	强度值	备注：	
	××－0521	53.2	××－0522	51.2		
	××－0523	51.8	××－0524	51.3		
	××－0525	53.5	××－0526	53.7		
	××－0527	50.9	××－0528	48.0		
	××－0529	49.7	××－0530	44.9		
抗渗试验	试验编号	指标	试验编号	指标		
	××－0069	$P>8$	××－0070	$P>8$		
抗压强度统计结果					结论：	
组数 n	平均值		最小值		合　格	
10	50.8		44.9			
供应单位技术负责人		填表人			供应单位名称（盖章）	
×××		×××				
填表日期：	××年×月×日					

注：本表由预拌混凝土供应单位提供。

七、《清水混凝土模板进场检查表》填写范例

清水混凝土模板进场检查表

使用部位		三层	施工时间	××年×月×日
施工班组		××班组	模板数量规格	××
项次	检查内容	要求	检查情况及处理结果	检查人
1	模板出厂合格证、自检记录	齐全，主要性能参数符合要求	√	×××
2	模板面板	无污染、无破损、表面清洁	√	×××
3	模板拼缝外观	注胶饱满，胶条齐全，拼缝严密，符合方案要求	√	×××
4	模板拼缝交圈情况	不大于5mm/10m	√	×××
5	模板拼装编号	符合施工方案及排板设计要求	√	×××
6	模板配件	齐全	√	×××
7	模板焊接及扣件连接	符合施工方案要求	√	×××
8	模板侧边及对拉螺栓孔眼处理	符合施工方案要求	√	×××
9	龙骨间距	小于300mm	√	×××
10	面板平整度	2mm	√	×××
11	面板对角线	3mm	√	×××
12	单排钉眼间距	小于150mm	√	×××
13	对拉螺栓孔眼中心线偏移	2mm	√	×××
14	堵头端头尺寸偏差	1mm	√	×××
15	堵头端头平整度	0.5mm	√	×××
16	明缝条截面尺寸偏差	1mm	√	×××
17	相邻面高低差	1mm	√	×××
18	板面之间缝隙宽度	1mm(尺量)	√	×××

八、《预拌混凝土运输单》填写范例

<table>
<tr><td colspan="4">预拌混凝土运输单(正本)</td><td>资料编号</td><td colspan="3">×××</td></tr>
<tr><td>合同编号</td><td colspan="3">×××</td><td>任务单号</td><td colspan="3">×××</td></tr>
<tr><td>供应单位</td><td colspan="3">××混凝土公司</td><td>生产日期</td><td colspan="3">××年×月×日</td></tr>
<tr><td>工程名称及施工部位</td><td colspan="7">××工程　地上六层⑥～⑫/Ⓔ～①轴墙体</td></tr>
<tr><td>委托单位</td><td>×××</td><td colspan="2">混凝土强度等级</td><td>C30</td><td colspan="2">抗渗等级</td><td>—</td></tr>
<tr><td>混凝土输送方式</td><td>泵送</td><td colspan="2">其他技术要求</td><td colspan="4">—</td></tr>
<tr><td>本车供应方量(m^3)</td><td>6</td><td colspan="2">要求坍落度(mm)</td><td>140～160</td><td colspan="2">实测坍落度(mm)</td><td>150</td></tr>
<tr><td>配合比编号</td><td>××—0012</td><td colspan="2">配合比比例</td><td colspan="4">$C:W:S:G=1.00:0.49:2.42:3.17$</td></tr>
<tr><td>运距(km)</td><td>20</td><td>车号</td><td>京 A2316</td><td>车次</td><td>16</td><td>司机</td><td>×××</td></tr>
<tr><td>出站时间</td><td>13:38</td><td colspan="2">到场时间</td><td>14:28</td><td colspan="2">现场出罐温度(℃)</td><td>19</td></tr>
<tr><td>开始浇筑时间</td><td>14:36</td><td colspan="2">完成浇筑时间</td><td>14:50</td><td colspan="2">现场坍落度(mm)</td><td>150</td></tr>
<tr><td rowspan="2">签字栏</td><td>现场验收人</td><td colspan="3">混凝土供应单位质量员</td><td colspan="3">混凝土供应单位签发人</td></tr>
<tr><td>×××</td><td colspan="3">××</td><td colspan="3">×××</td></tr>
</table>

<table>
<tr><td colspan="4">预拌混凝土运输单(副本)</td><td>资料编号</td><td colspan="3">×××</td></tr>
<tr><td>合同编号</td><td colspan="3">×××</td><td>任务单号</td><td colspan="3">×××</td></tr>
<tr><td>供应单位</td><td colspan="3">××混凝土公司</td><td>生产日期</td><td colspan="3">××年×月×日</td></tr>
<tr><td>工程名称及施工部位</td><td colspan="7">××工程　地上六层⑥～⑫/Ⓔ～①轴墙体</td></tr>
<tr><td>委托单位</td><td>×××</td><td colspan="2">混凝土强度等级</td><td>C30</td><td colspan="2">抗渗等级</td><td>—</td></tr>
<tr><td>混凝土输送方式</td><td>泵送</td><td colspan="2">其他技术要求</td><td colspan="4">—</td></tr>
<tr><td>本车供应方量(m^3)</td><td>6</td><td colspan="2">要求坍落度(mm)</td><td>140～160</td><td colspan="2">实测坍落度(mm)</td><td>150</td></tr>
<tr><td>配合比编号</td><td>××—0012</td><td colspan="2">配合比比例</td><td colspan="4">$C:W:S:G=1.00:0.49:2.42:3.17$</td></tr>
<tr><td>运距(km)</td><td>20</td><td>车　号</td><td>京 A2316</td><td>车次</td><td>16</td><td>司机</td><td>×××</td></tr>
<tr><td>出站时间</td><td>13:38</td><td colspan="2">到场时间</td><td>14:28</td><td colspan="2">现场出罐温度(℃)</td><td>19</td></tr>
<tr><td>开始浇筑时间</td><td>14:36</td><td colspan="2">完成浇筑时间</td><td>14:50</td><td colspan="2">现场坍落度(mm)</td><td>150</td></tr>
<tr><td rowspan="2">签字栏</td><td>现场验收人</td><td colspan="3">混凝土供应单位质量员</td><td colspan="3">混凝土供应单位签发人</td></tr>
<tr><td>×××</td><td colspan="3">××</td><td colspan="3">×××</td></tr>
</table>

九、《钢材试验报告》填写范例

<table>
<tr><td colspan="4" rowspan="3">钢材试验报告</td><td colspan="2">资料编号</td><td colspan="2">×××</td></tr>
<tr><td colspan="2">试验编号</td><td colspan="2">××-0194</td></tr>
<tr><td colspan="2">委托编号</td><td colspan="2">××-02150</td></tr>
<tr><td>工程名称</td><td colspan="3">××工程</td><td colspan="2">试件编号</td><td colspan="2">097</td></tr>
<tr><td>委托单位</td><td colspan="3">×××项目部</td><td colspan="2">试验委托人</td><td colspan="2">××</td></tr>
<tr><td>钢材种类</td><td>热轧带肋</td><td>规格或牌号</td><td>HRB 335</td><td colspan="2">生产厂</td><td colspan="2">首钢</td></tr>
<tr><td>代表数量</td><td>20.25t</td><td>来样日期</td><td>××年×月×日</td><td colspan="2">试验日期</td><td colspan="2">××年×月×日</td></tr>
<tr><td>公称直径(厚度)(mm)</td><td colspan="3">25mm</td><td colspan="2">公称面积(mm^2)</td><td colspan="2">490.9mm^2</td></tr>
<tr><td rowspan="12">试验结果</td><td colspan="5">力学性能试验结果</td><td colspan="3">弯曲性能试验结果</td></tr>
<tr><td>屈服点(MPa)</td><td>抗拉强度(MPa)</td><td>伸长率(%)</td><td>$\sigma_{b实}/\sigma_{s实}$</td><td>$\sigma_{s实}/\sigma_{b标}$</td><td>弯心直径</td><td>角 度</td><td>结 果</td></tr>
<tr><td>380</td><td>580</td><td>30</td><td>1.53</td><td>1.13</td><td>75</td><td>180</td><td>合 格</td></tr>
<tr><td>375</td><td>570</td><td>31</td><td>1.52</td><td>1.12</td><td>75</td><td>180</td><td>合 格</td></tr>
<tr><td></td><td></td><td></td><td></td><td></td><td></td><td></td><td></td></tr>
<tr><td></td><td></td><td></td><td></td><td></td><td></td><td></td><td></td></tr>
<tr><td></td><td></td><td></td><td></td><td></td><td></td><td></td><td></td></tr>
<tr><td colspan="7">化学分析</td><td rowspan="6">其他：</td></tr>
<tr><td rowspan="2">分析编号</td><td colspan="6">化学成分(%)</td></tr>
<tr><td>C</td><td>Si</td><td>Mn</td><td>P</td><td>S</td><td>C_{eq}</td></tr>
<tr><td></td><td></td><td></td><td></td><td></td><td></td><td></td></tr>
<tr><td></td><td></td><td></td><td></td><td></td><td></td><td></td></tr>
<tr><td colspan="9">结论：
依据《钢筋混凝土用钢　第2部分：热轧带肋钢筋》GB 1499.2—2007标准，符合HRB 335要求
××工程检测试验有限公司 试验专用章</td></tr>
<tr><td>批 准</td><td>×××</td><td>审 核</td><td>×××</td><td colspan="2">试 验</td><td colspan="3">×××</td></tr>
<tr><td>试验单位</td><td colspan="8">××工程检测试验有限公司</td></tr>
<tr><td>报告日期</td><td colspan="8">××年×月×日</td></tr>
</table>

注：本表由检测机构提供。

十、《钢材试验报告》填写说明

1. 表格解析

(1)责任部门:钢筋供应单位必须提供质量证明书,并由施工单位的项目材料员负责收集;进场检验合格后按照有关规定做复试,钢筋进场复试报告应由施工单位的项目试验员负责收集,项目资料员汇总整理。

(2)提交时限:检测报告应随物资进场提交。复试报告应在正式使用前提交,复试时间3d左右。

(3)填写要点。

1)钢筋质量证明文件。

①公章及复印件要求:质量证明书应具有钢筋生产单位、材料供应单位公章。复印件应加盖原件存放单位红章、具有经办人签字和经办日期。

②出厂质量证明书(出厂合格证)应填写齐全,不得漏填或随意涂改,内容包括:生产许可证号、供方名称或厂标,需方名称,重量、证明书号、产品名称、炉(罐)批号、牌号、级别、规格、化学成分检验(碳、锰、硅、硫、磷、钒等)、机械性能数据(屈服点、抗拉强度、伸长率、冷弯)、发货日期、出厂日期等。

2)钢筋试验报告。

①试件编号:应按照单位工程和取样时间的先后顺序连续编号。通常情况下,试件编号为连续。如复试结果不合格钢筋退场情况下,试件编号可能会不连续。

②委托单位:应填写施工单位名称,并与施工合同中的施工单位名称相一致。

③代表数量:应填写本次复试的实际钢筋数量,不得笼统填写验收批的最大批量60t。

④试验结果:拉伸试验(屈服点或屈服强度、抗拉强度、伸长率)、冷弯试验等各项性能结果应齐全。

⑤结论:应明确检验执行依据和结果判定。

(4)填写与主要签认责任:复试报告主要签认责任为试验单位实验人、审核人、批准人。

(5)交圈关系:钢筋复试报告应与钢筋原材料工程检验批质量验收记录、钢筋连接工程检验批质量验收记录、配筋砌体工程检验批质量验收记录交圈吻合。

2. 相关规定及要求

(1)各种原材料出厂合格证及进场检(试)验报告主要包括建筑材料、成品、半成品、构配件、设备等建筑工程所使用的工程材料均应有出厂质量证明文件(包括产品合格证、质量合格证、检验报告、试验报告、产品生产许可证和质量保证书等)。

(2)质量证明文件应反映工程材料的品种、规格、数量、性能指标等,并与实际进场材料相符。实施强制性产品认证的材料应提供有关证明。

(3)质量证明文件(合格证、测试报告)的复印件应与原件内容一致,应按类别、规格、品种、型号分别整理,使用合格证或复印件贴条按进场顺序贴好,加盖原件存放单位公章,注明进场时间、数量和原件存放处,并有经办人签字。

(4)建筑工程采用的主要材料、成品、半成品、构配件、器具设备应进行现场验收,应有进场检验记录,填写《材料、构配件进场检验记录表》;涉及安全、功能的有关材料应按相应工程施工质量验收规范及相关规定进行复试或见证取样,有相应的试(检)验报告。

(5)涉及结构安全和使用功能的材料需要代换且改变设计要求时,要有设计单位签署的认可文件。

(6)凡使用新材料、新产品应由具备鉴定资格的单位或部门出具鉴定证书,同时具有产品质量标准和试验要求,使用前应按其质量标准和试验要求进行试验或检验。新材料、新产品还应提供安装、维修、使用和工艺标准等相关技术文件,并报建设政主管部门备案。

(7)进口材料和设备等应有商检证明(国家认证委员会公布的强制性认证"CCC"产品除外)、中文版的质量证明文件、性能检测报告以及中文版的安装、维修、使用、试验要求、进场检验报告等技术文件。

(8)规范清单。

《钢筋混凝土用钢　第1部分:热轧光圆钢筋》GB 1499.1—2008;

《钢筋混凝土用钢　第2部分:热轧带肋钢筋》GB 1499.2—2007;

《型钢验收、包装、标志及质量证明书的一般规定》GB/T 2101—2008;

《钢筋混凝土用余热处理钢筋》GB 13014—2013;

《冷轧带肋钢筋》GB 13788—2008;

《低碳钢热轧圆盘条》GB/T 701—2008;

《冷轧扭钢筋》JG 190—2006。

(9)技术要求。

1)热轧光圆钢筋:

①热轧光圆钢筋级别为Ⅰ级,钢筋按屈服强度特征值标记为HPB300。

②热轧光圆钢筋的公称直径范围为6～22mm,标准推荐的公称直径为6mm、8mm、10mm、12mm、16mm、20mm。

③钢筋的牌号及化学成分(熔炼分析)应符合表5-1的规定。

表5-1　热轧光圆钢筋的牌号及化学成分

牌　号	化学成分(质量分数)(%),不大于				
	C	Si	Mn	P	S
HPB300	0.25	0.55	1.50	0.045	0.050

④钢筋的力学性能、工艺性能应符合表5-2的规定。冷弯试验时受弯曲部位外表面不得产生裂纹。

表5-2　热轧光圆钢筋的力学性能、工艺性能

牌　号	R_{eL}(MPa)	R_m(MPa)	A(%)	A_{gt}(%)	冷弯试验180° (d为弯芯直径, a为钢筋公称直径)
	不小于				
HPB300	300	420	25.0	10.0	$d=a$

2)热轧带肋钢筋。

①热轧带肋钢筋分为 HRB 335、HRB 400、HRB 500、HRBF 335、HRBF400、HRBF 500 六个牌号。HRB 为热轧带肋钢筋的英文(Hot rolled Ribbed Bars)缩写，HRBF 为在热轧带肋钢筋的英文缩写后加“细”的英文(Fine)首位字母。

②钢筋的公称直径范围为 6～50mm，标准推荐的钢筋公称直径为 6mm、8mm、10mm、12mm、16mm、20mm、25mm、32mm、40mm、50mm。

③化学成分。

a. 钢筋牌号及化学成分和碳当量(熔断分析)应符合表 5-3 的规定。根据需要，钢中还可加入 V、Nb、Ti 等元素。

表 5-3　热轧带肋钢筋牌号及化学成分和碳当量

牌　　号	化学成分(质量分数)(%)，不大于					
	C	Si	Mn	P	S	Ceq
HRB 335 HRBF 335	0.25	0.80	1.60	0.045	0.045	0.52
HRB 400 HRBF 400						0.54
HRB 500 HRBF 500						0.55

b. 碳当量 C_{eq}(百分比)值可按式(5-1)计算。

$$C_{eq}=C+Mn/6+(Cr+V+Mo)/5+(Cu+Ni)/15 \tag{5-1}$$

c. 钢的氮含量应不大于 0.012%。供方如能保证可不作分析。钢中如有足够数量的氮结合元素，含氮量的限制可适当放宽。

d. 钢筋的成品化学成分允许偏差应符合《钢的成品化学成分允许偏差》GB/T 222—2006 的规定，碳当量 C_{eq}的允许偏差为+0.03%。

④力学性能。

a. 钢筋的屈服强度 R_{eL}、抗拉强度 R_m、断后伸长率 A、最大力总伸长率 A_{gt}等力学性能特征值应符合表 5-4 的规定。表 5-4 所列各力学性能特征值，可作为交货检验的最小保证值。

表 5-4　热轧带肋钢筋的屈服强度

牌　　号	R_{eL}(MPa)	R_m(MPa)	A(%)	A_{gt}(MPa)
	不小于			
HRB 335 HRBF 335	335	455	17	7.5
HRB 400 HRBF 400	400	540	16	
HRB 500 HRBF 500	500	630	15	

b. 直径 28～40mm 各牌号钢筋的断后伸长率 A 可降低 1%，直径大于 40mm 各牌号钢筋的断后伸长率 A 可降低 2%。

c. 有较高要求的抗震结构适用牌号为：在已有牌号后加 E（如 HRB 400E、HRBF 400E）的钢筋。该类钢筋除应满足以下（a）、（b）、（c）的要求外，其他要求与相对应的已有牌号钢筋相同。

（a）钢筋实测抗拉强度与实测屈服强度之比 $R^{\circ}_{m}/R^{\circ}_{eL}$ 不小于 1.25。

（b）钢筋实测屈服强度与表 5-4 规定的屈服强度特征值之比 $R^{\circ}_{m}/R^{\circ}_{eL}$ 不大于 1.30（R°_{m} 为钢筋实测抗拉强度，R°_{eL} 为钢筋实测屈服强度）。

（c）钢筋的最大总伸长率 A_{gt} 不小于 9%。

（d）对没有明显屈服强度的钢，屈服强度特征值 R_{eL} 应采用规定非比例伸强度 $R_{P_{0.2}}$。

（e）根据供需双方协议，伸长率类型可从 A 或 A_{gt} 中选定。如伸长率类型未经协议确定，则伸长率采用 A，仲裁检验时采用 A_{gt}。

按表 5-5 规定的弯芯直径弯曲 180°后，钢筋受弯曲部位表面不得产生裂纹。

表 5-5 热轧带肋钢筋规定的弯芯直径

牌号	公称直径（d）	弯芯直径
HRB 335 HRBF 335	6～25	$3d$
	28～40	$4d$
	40～50	$5d$
HRB 400 HRBF 400	6～25	$4d$
	28～40	$5d$
	40～50	$6d$
HRB 500 HRBF 500	6～25	$6d$
	28～40	$7d$
	40～50	$8d$

⑤工艺性能。

a. 弯曲性能：按表 5-5 规定的弯芯直径弯曲 180°后，钢筋受弯曲部位表面不得产生裂纹。

b. 反向弯曲性能：根据需方要求，钢筋可进行反向弯曲性能试验。

（a）反向弯曲试验的弯芯直径比弯曲试验相应增加一个钢筋公称直径。

（b）反向弯曲试验：先正向弯曲 90°后再反向弯曲 20°。两个弯曲角度均应在去载之前测量。经反向弯曲试验后，钢筋受弯曲部位表面不得产生裂纹。

3）余热处理钢筋：

①钢筋混凝土用余热处理钢筋按屈服强度特征值分为 400 级、500 级，按用途分为可焊和非可焊。

钢筋的公称直径范围为 8～50mm，RRB400、RRB500 钢筋推荐的公称直径为 8mm、10mm、12mm、16mm、20mm、25mm、32mm、40mm、50mm，RRB400W 钢筋推荐直径为 8mm、10mm、12mm、16mm、20mm、25mm、32mm、40mm。

②化学成分。

a. 钢的牌号及化学成分(熔炼分析)应符合表5-6的规定。根据需要,钢中还可加入V、Nb、Ti等元素。

表5-6　余热处理钢筋的牌号及化学成分表

牌　号	化学成分(质量分数)(%),不大于					
	C	Si	Mn	P	S	Ceq
RRB400 RRB500	0.30	1.00	1.60	0.045	0.045	—
RRB400W	0.25	0.80	1.60	0.045	0.045	0.50

b. 钢中铬、镍、铜的残余含量应各不大于0.30%其总量不大于0.60%,经需方同意,铜的残余含量可不大于0.35%。

c. 钢的氮含量不应大于0.012%。供方保证可不作分析。钢中如有足够数量的氮结合元素,含氮量的限制可适当放宽。

d. 钢筋的化学成分允许偏差应符合《钢的成品化学成分允许偏差》GB 222—2006的规定。碳当量C_{eq}的允许偏差为+0.02 %。

③力学性能及工艺性能。

a. 钢筋的力学性能工艺性能应符合表5-7的规定。当冷弯试验时,受弯曲部位外表面不得产生裂纹。

表5-7　余热处理钢筋力学性能及工艺性能

牌　号	R_{eL}(MPa)	R_m(MPa)	A(%)	A_r(%)
	不小于			
RRB400	400	540	14	5.0
RRB400	500	630	13	
RRB400W	430	570	16	7.5

注:本表数值为时效后检验结果。

b. 直径28～40mm各牌号钢筋的断后伸长率A可降低1%,直径大于40mm各牌号钢筋的断后伸长率A可降低2%。

c. 对于没有明显屈服强度的钢,屈服强度特性值R_{eL}应采用规定非比例延伸强度$R_{P0.2}$。

d. 根据供需双方协议,伸长率类型可从A或A_{gt}中选定。如伸长率类型未经协议确定,则伸长率采用A。仲裁试验时采用A_{gt}。

4)冷轧带肋钢筋:

①冷轧带肋钢筋的牌号由CRB和钢筋的抗拉强度最小值构成。C、R、B分别为冷轧(Cold rolled)、带肋(Ribbed)、钢筋(Bar)三个词的英文首位字母。冷轧带肋钢筋分为CRB 550、CRB 650、CRB 800、CRB 970、四个牌号。CRB 550为普通钢筋混凝土用钢筋,其他牌号为预应力混凝土用钢筋。

②CRB 550钢筋的公称直径范围为4～12mm。CRB 650及以上牌号钢筋的公称直

径为 4mm、5mm、6mm。

③化学成分。

制造钢筋盘条的牌号及化学成分应符合表 5-8 的规定。

表 5-8 冷轧带肋钢筋用盘条的参考牌号和化学成分

钢筋牌号	盘条牌号	化学成分（质量分数）（%）					
		C	Si	Mn	V、Ti	S	P
CRB550 CRB650	Q215	0.09～0.15	≤0.30	0.25～0.55	—	≤0.050	≤0.045
	Q235	0.14～0.22	≤0.30	0.30～0.65	—	≤0.050	≤0.045
CRB800	24MnTi	0.19～0.27	0.17～0.37	1.20～1.60	Ti：0.01～0.05	≤0.045	≤0.045
	20MnSi	0.17～0.25	0.40～0.80	1.20～1.60	—	≤0.045	≤0.045
CRB970	41MnSiV	0.37～0.45	0.60～1.10	1.00～1.40	V：0.05～0.12	≤0.045	≤0.045
	60	0.57～0.65	0.17～0.37	0.50～0.80	—	≤0.035	≤0.035

④力学性能及工艺性能。

a. 钢筋的力学性能和工艺性能应符合表 5-9 的规定。当进行弯曲试验时，受弯曲部位表面不得产生裂纹。反复弯曲试验的弯曲半径应符合表 5-10 的规定。

表 5-9 冷轧带肋钢筋力学性能和工艺性能

牌号	$R_{p0.2}$（MPa）不小于	R_m（MPa）不小于	伸长率（%）不小于		弯曲试验 180°	反复弯曲次数	应力松弛初始应力应相当于公称抗拉强度的 70%
			$A_{11.3}$	A_{100}			1000h 松弛率（%）不大于
CRB550	500	550	8.0	—	$D=3d$	—	—
CRB650	585	650	—	4.0	—	3	8
CRB800	720	800—	4.0	—3	8		
CRB970	875	970	—	4.0	—	3	8

注：表中 D 为弯心直径，d 为钢筋公称直径。

表 5-10 反复弯曲试验的弯曲半径

钢筋公称直径（mm）	4	5	6
弯曲半径（mm）	10	15	15

b. 钢筋的强屈比 $R_m/R_{p0.2}$ 比值应不小于 1.03。经供需双方协议可用 $A_{gt}\geq 2.0\%$ 代替 A。

c. 供方在保证 1000h 松弛率合格的基础上，允许使用推算法确定 1000h 松弛率。

5）低碳钢热轧圆盘条：

①牌号及化学成分见表 5-11。

表 5-11 低碳钢热轧圆盘条牌号及化学成分

牌号	化学成分(质量分数)(%)				
	C	Mn	Si	S	P
			不大于		
Q195	≤0.12	0.25～0.50	0.30	0.040	0.035
Q215	0.09～0.15	0.25～0.60	0.30	0.045	0.045
Q235	0.12～0.20	0.30～0.70	0.30	0.045	0.045
Q275	0.14～0.22	0.40～1.00			

②力学性能和工艺性能见表 5-12。

表 5-12 低碳钢热轧圆盘条力学性能和工艺性能

牌号	力学性能		冷弯试验 180° d=弯心直径 a=试样直径
	抗拉强度 R_m(N/mm²) 不大于	断后伸长率 $A_{11.3}$(%) 不小于	
Q195	410	30	$d=0$
Q215	435	28	$d=0$
Q235	500	23	$d=0.5a$
Q275	540	21	$d=1.5a$

6)冷轧扭钢筋:

①牌号及分类。

生产冷轧扭钢筋用的原材料应选用符合《低碳钢热轧圆盘条》GB/T 701—2008 规定的低碳钢热轧圆盘条。采用低碳钢的牌号应为 Q235 或 Q215,当采用 Q215 牌号时,其碳的含量不应低于 0.12%,550 级Ⅱ型和 650 级Ⅲ型冷轧扭钢筋应采用 Q235 牌号。

②力学性能和工艺标准见表 5-13。

表 5-13 冷轧扭钢筋力学性能和工艺标准

强度级别	型号	抗拉强度 σ_b (N/mm²)	伸长率 A(%)	180°弯曲试验(弯心直径=3d)	应力松弛率(%)(当 $\sigma_{con}=0.7f_{ptk}$)	
					10h	1000h
CTB550	Ⅰ	≥550	$A_{11.3}$≥4.5	受弯曲部位钢筋表面不得产生裂纹	—	—
	Ⅱ	≥550	A≥10		—	—
	Ⅲ	≥550	A≥12		—	—
CTB650	Ⅲ	≥650	A_{100}≥4		≤5	≤8

注:1. d 为冷轧扭钢筋标志直径。

2. A、$A_{11.3}$分别表示以标准 $5.65\sqrt{S_0}$ 或 $11.3\sqrt{S_0}$(S_0 为试样原始截面面积)的试样拉断伸长率,A_{100}表示标距为 100mm 的试样拉断伸长率。

3. σ_{con}为预应力钢筋张拉控制应力,f_{ptk}为预应力冷轧扭钢筋抗拉强度标准值。

十一、《水泥试验报告》填写范例

水泥试验报告		资料编号	×××
		试验编号	××-0166
		委托编号	××-06379
工程名称	××工程	试件编号	010
委托单位	×××项目部	试验委托人	×××

品种及强度等级	P·O 42.5	出厂编号及日期	×××× ××年×月×日	厂别牌号	×× 水泥集团
代表数量	200	来样日期	××年×月×日	试验日期	××年 ×月×日

试验结果					
一、细度	1. 80μm方孔筛余量(%)	—			
	2. 比表面积(m^2/kg)	—			
二、标准稠度用水量(*P*)(%)	25.4				
三、凝结时间	初凝	140min	终凝	225min	
四、安定性	雷氏法	/ mm	饼法	合格	
五、其他	—				
六、强度(MPa)					

抗折强度				抗压强度			
3d		28d		3d		28d	
单块值	平均值	单块值	平均值	单块值	平均值	单块值	平均值
4.5	4.4	8.7	8.7	23.0	23.5	52.5	53.1
				23.8		53.2	
4.3		8.8		23.2		52.7	
				24.1		53.8	
4.3		8.7		23.8		53.2	
				22.9		53.1	

结论：

依据《通用硅酸盐水泥》GB 175—2007 标准，此批水泥安定性合格，凝结时间合格，符合P·O 42.5水泥强度要求

××工程检测试验有限公司
试验专用章

批　准	×××	审　核	×××	试　验	×××
试验单位	××工程检测试验有限公司				
报告日期	××年×月×日				

注：本表由检测机构提供。

十二、《水泥试验报告》填写说明

1. 表格解析

(1)责任部门:水泥生产单位提供必须提供水泥出厂合格质量证明文件及物理性能检验及建筑材料放射性指标检验报告(结构及室内装修用水泥)。进场合格后,按照要求做复试,试验报告由试验单位负责提供,项目试验员收集。

(2)提交时限:检测报告应随物资进场提交。复试报告应在正式使用前提交,复试时间快测 4d,常规 28d。

(3)核查要点。

1)水泥出厂合格证、检验报告:

①水泥必须有水泥生产单位提供的出厂合格质量证明文件。质量证明文件应在水泥出厂 7d 内提供,检验项目包括除 28d 强度以外的各项试验结果。28d 强度结果应在水泥发出日起 32d 内补报。产品合格证应以 28d 抗压、抗折强度为准。

②水泥进场后,项目物资、质量部门应及时组织进行外观、包装检查,核对进场数量,由项目材料员在质量证明文件上注明:进场日期、进场数量(t)和使用部位(计划)。

③公章及复印件要求:出厂质量证明文件应具有生产单位、材料供应单位公章。复印件应加盖原件存放单位红章、具有经办人签字和经办日期。

④水泥出厂合格质量证明文件内容应齐全,包括厂别、品种、强度等级、出厂日期、出厂编号和厂家的试验数据等,不得漏填或随意涂改。

⑤供应单位除提供产品合格证明外,还应提供物理性能检验及建筑材料放射性指标检验报告(结构及室内装修用水泥),其质量应符合现行国家标准。对检验项目不全或对检验结果有疑问的,应委托有资质检测单位进行复试。

⑥用于钢筋混凝土结构、预应力混凝土结构中的水泥,检测报告应有有害物(氯化物、碱含量)检测内容。钢筋混凝土结构、预应力混凝土结构中严禁使用含氯化物的水泥。

2)水泥试验报告:

①水泥必须按规定的批量送检,做到先复试后使用,严禁先施工后复试。

②须复试的水泥包括:用于承重结构的水泥,使用部位有强度等级要求的水泥,水泥出厂超过 3 个月(快硬硅酸盐水泥为 1 个月),使用过程中对水泥质量有怀疑的和进口水泥。

③水泥复试的必试项目包括:抗压强度;安定性;凝结时间。

④有见证取样和送检:混凝土和砌筑砂浆用水泥应实行有见证取样和送检,见证试验比例不得低于应取样数量的 30%。且应送有资质试验(检测)单位进行检测。见证试验报告应加盖“有见证试验”专用章。

⑤试件编号:应按照单位工程和取样时间的先后顺序连续编号。通常情况下,试件编号为连续。如在双倍复试结果不合格水泥退场情况下,试件编号可能会不连续。

⑥委托单位:应填写施工单位名称,并与施工合同中的施工单位名称相一致。

⑦代表数量：应填写本次复试的实际水泥数量，不得笼统填写验收批的最大批量200t（或500t）。

⑧如果水泥有质量问题、根据试验报告的数据可降级使用，但须经有关技术负责人批准后方可使用，且应注明使用工程项目及部位。

（4）填写与主要签认责任：复试报告主要签认责任人为试验单位试验人，审核人，批准人。

（5）交圈关系：水泥试验报告要与相关检验批质量验收记录交圈吻合。相关检验批有：混凝土原材料工程、防水混凝土原材料工程、水泥砂浆防水层工程、地下连续墙工程、预注浆、后注浆工程、衬砌裂缝工程。

2.相关规定及要求

（1）使用要求。

1）国家水泥产品实施工业产品生产许可证管理，水泥生产企业必须取得《全国工业产品生产许可证》。

2）钢筋混凝土结构、预应力混凝土结构中，严禁使用含量化物的水泥。

进口水泥除须按国产水泥检验标准做检验外尚应对水泥有害成分含量（氧化镁、三氧化硫）做检验符合规范标准要求后方可使用特种水泥（白色硅酸盐水泥、低热水泥、膨胀水泥）也应提供合格证或提供具有强度、凝结时间、安定性检验的检验报告，其性能指标应符合相应标准的规定。

3）水泥在储存和运输工程中，应按不同强度等级、品种及出厂日期分别储运，水泥储存时应注意防潮，地面应铺放防水隔离材料或用木板加设隔离层。袋装水泥的堆放高度不得超过10袋。施工现场堆放的水泥应注明“合格”、“不合格”、“在检”、“等检”等产品质量状态，注明该水泥生产企业名称、品种规格、进场日期及数量等内容，并以醒目标识标明。

4）不同品种的水泥不能混合使用。虽然是同一品种的水泥，但强度等级不同，或出厂日期差距过久的也不能混合使用。

5）水泥可以散装或袋装，袋装水泥每袋净含量为50kg，且不少于标志质量的99%；随机抽取20袋总质量（含包装袋）应不少于1000kg。其他包装形式由供需双方协商确定，但有关袋装质量要求，应符合上述规定。

水泥包装袋上应清楚标明：执行标准、水泥品种、代号、强度等级、生产者名称、生产许可证标志（QS）及编号、出厂编号、包装日期、净含量。包装袋两侧应根据水泥的品种采用不同的颜色印刷水泥名称和强度等级，硅酸盐水泥和普通硅酸盐水泥采用红色，矿渣硅盐水泥采用绿色，火山灰质硅酸盐水泥、粉煤灰硅酸盐水泥和复合硅酸盐水泥采用黑色或蓝色。散装发运时应提交与袋装标志相同内容的卡片。

（2）检测项目。

1）混凝土结构工程用水泥：强度、安定性、凝结时间、标准稠度用水量。

2）砌体工程用水泥：强度、安定性，装饰装修工程用水泥。

3）抹灰和勾缝用水泥：凝结时间、安定性。

4)饰面板(砖)黏贴用水泥:凝结时间、安定性、抗压强度。

(3)规范清单。

《砌体工程施工质量验收规范》GB 50203—2011;

《混凝土结构工程施工质量验收规范》GB 50204—2015;

《建筑装饰装修工程施工质量验收规范》GB 50210—2001;

《通用硅酸盐水泥》GB 175—2007;

《水泥包装袋》GB 9774—2010;

《水泥取样方法》GB 12573—2008。

(4)技术要求。

1)化学指标。通用硅酸盐水泥化学指标应符合表 5-14 的要求。

表 5-14　通用硅酸盐水泥化学指标

<table>
<tr><th>品　　种</th><th>代号</th><th>不溶物
(质量分数)</th><th>烧失量
(质量分数)</th><th>三氧化硫
(质量分数)</th><th>氧化镁
(质量分数)</th><th>氧离子
(质量分数)</th></tr>
<tr><td rowspan="2">硅酸盐水泥</td><td>P·Ⅰ</td><td>≤0.75</td><td>≤3.0</td><td rowspan="3">≤3.5</td><td rowspan="3">≤5.0①</td><td rowspan="8">≤0.06③</td></tr>
<tr><td>P·Ⅱ</td><td>≤1.50</td><td>≤3.5</td></tr>
<tr><td>普通硅酸盐水泥</td><td>P·O</td><td>—</td><td>≤5.0</td></tr>
<tr><td rowspan="2">矿渣硅酸盐水泥</td><td>P·S·A</td><td>—</td><td>—</td><td rowspan="2">≤4.0</td><td>≤6.0②</td></tr>
<tr><td>P·S·B</td><td>—</td><td>—</td><td>—</td></tr>
<tr><td>火山灰质硅酸盐水泥</td><td>P·P</td><td>—</td><td>—</td><td rowspan="3">≤3.5</td><td rowspan="3">≤6.0②</td></tr>
<tr><td>粉煤灰硅酸盐水</td><td>P·F</td><td>—</td><td>—</td></tr>
<tr><td>复合硅酸盐水泥</td><td>P·C</td><td>—</td><td>—</td></tr>
</table>

注:①如果水泥压蒸试验合格,则水泥中氧化镁的含量(质量分数)允许放宽至 6.0%。

②如果水泥中氧化镁的含量(质量分数)大于 6.0%时,需进行水泥压蒸安定性试验并合格。

③当有更低要求时,该指标由买卖双方确定。

2)碱含量(选择性指标)。水泥中碱含量按 $Na_2O+0.658K_2O$ 计算值表示。若使用活性骨料,用户要求提供低碱水泥时,水泥中的碱含量应不大于 0.60%或由买卖双方协商确定。

3)物理指标。

①凝结时间。硅酸盐水泥初凝时间不小于 45min,终凝时间不大于 390min。

普通硅酸盐水泥、矿渣硅酸盐水泥、火山灰质硅酸盐水泥、粉煤灰硅酸盐水泥和复合硅酸盐水泥初凝不小于 45min,终凝不大于 600min。

②安定性。沸煮法合格。

③强度。不同品种不同强度等级的通用硅酸盐水泥,其不同龄期的强度应符合表 5-15 的规定。

表 5-15 通用硅酸盐水泥强度

品 种	强度等级	抗压强度		抗折强度	
		3d	28d	3d	28d
硅酸盐水泥	42.5	≥17.0	≥42.5	≥3.5	≥6.5
	42.5R	≥22.0		≥4.0	
	52.5	≥23.0	≥52.5	≥4.0	≥7.0
	52.5R	≥27.0		≥5.0	
	62.5	≥28.0	≥62.5	≥5.0	≥8.0
	62.5R	≥32.0		≥5.5	
普通硅酸盐水泥	42.5	≥17.0	≥42.5	≥3.5	≥6.5
	42.5R	≥22.0		≥4.0	
	52.5	≥23.0	≥52.5	≥4.0	≥7.0
	52.5R	≥27.0		≥5.0	
矿渣硅酸盐水泥 火山灰硅酸盐水泥 粉煤灰硅酸盐水泥 复合硅酸盐水泥	32.5	≥10.0	≥32.5	≥2.5	≥5.5
	32.5R	≥15.0		≥3.5	
	42.5	≥15.0	≥42.5	≥3.5	≥6.5
	42.5R	≥19.0		≥4.0	
	52.5	≥21.0	≥52.5	≥4.0	≥7.0
	52.5R	≥23.0		≥4.5	

④细度（选择性指标）。硅酸盐水泥和普通硅酸盐水泥的细度以比表面积表示，其比表面积不小于 300m^2/kg；矿渣硅酸盐水泥、火山灰质硅酸盐水泥、粉煤灰硅酸盐水泥和复合硅酸盐水泥的细度以筛余表示，其 80μm 方孔筛筛余不大于 10%或 45μm 方孔筛筛余不大于 30%。

十三、《砂试验报告》填写范例

砂试验报告

委托单位：××建设集团有限公司　　　　试验编号：×××

工程名称	××办公楼工程			委托日期	2015年6月15日
砂种类	中砂			报告日期	2015年6月19日
产地	××砂石厂	代表批量	600t	检验类别	委托
检验项目	标准要求	实测结果	检验项目	标准要求	实测结果
表观密度（kg/m^3）	—	—	石粉含量（%）	—	—
堆积密度（kg/m^3）	—	—	氯盐含量（%）	—	—
紧密密度（kg/m^3）	—	—	含水率（%）	—	—
含泥量（%）	<3.0	1.4	吸水率（%）	—	—
泥块含量（%）	<1.0	0.6	云母含量（%）	—	—
硫酸盐硫化物（%）	—	—	空隙率（%）	—	—
			坚固性	—	—
轻物质含量（%）	—	—	碱活性	—	—

筛孔尺寸(mm)	5.00	2.50	1.25	0.630	0.315	0.160	筛分结果	细度模数
标准下限（%）	0	0	10	41	70	90		2.5
标准上限（%）	10	25	50	70	92	100		级配区属
实测结果（%）	3	13	28	54	80	96		Ⅱ

依据标准：

《普通混凝土用砂、石质量及检验方法标准》JGJ 52—2006

检验结论：

含泥量、泥块含量指标合格本试样按细度模数分属中砂，其级配属二区可用于浇筑C30及C30以上的混凝土

备　注：

试验单位：××检测中心　　技术负责人：×××　　审核：×××　　试(检)验：×××

十四、《砂试验报告》填写说明

砂子试验报告是为保证建筑工程质量，对用于工程中的砂子的筛分以及含泥量、泥块含量等指标进行测试后由试验单位出具的质量证明文件。

1.表格解析

(1)责任部门：供货单位提供产品合格证，物理性能检验报告及建筑材料放射性指标检验报告，由项目材料员负责收集。复试报告由试验单位提供，由项目试验员负责收集，项目资料员负责汇总整理。

(2)提交时限：复试报告在正式使用前提交，试验时间3d左右。

(3)核查要点。

1)材料进场时，供货单位应提供产品合格证、物理性能检验报告及建筑材料放射性指标检验报告。

2)砂进场，项目应及时进行外观检查、核对进场数量，由项目材料部门在质量证明文件上注明：进场日期、进场数量和使用部位。

3)质量证明文件各项内容填写齐全，不得漏填或随意涂改。

4)公章及复印件要求：质量证明文件应具有生产单位、材料供应单位公章。复印件应加盖原件存放单位红章、具有经办人签字和经办日期。

5)“结论”栏如果普通混凝土用砂，应写符合《普通混凝土用砂、石质量及检验方法标准》JGJ 52—2006。

6)按规定应预防碱一骨料反应的工程或结构部位所使用的砂，供应单位应提供砂的碱活性检验报告。应用于Ⅱ、Ⅲ类混凝土结构工程的骨料每年均应进行碱活性检验。

7)出厂质量证明文件与进场外观检查合格后，用于混凝土、砌体结构工程用砂必须按照有关规定的批量送检复试，复试合格后方可在工程中使用。做到先复试后使用，严禁先施工后复试。

2.相关规定及要求

(1)普通混凝土所用的粗、细骨料的质量应符合国家现行标准《普通混凝土用砂、石质量及检验方法标准》JGJ 52—2006的规定。

砂、石使用前应按规定取样复试，有试验报告。按规定应预防碱-集料反应的工程或结构部位所使用的砂、石，供应单位应提供砂、石的碱活性检验报告。

检查数量：按进场的批次和产品的抽样检验方案确定。

检验方法：检验进场复试报告。

(2)砂浆用砂不得含有有害杂物。砂浆用砂的含泥量应满足下列要求：

1)对水泥砂浆和水泥混合砂浆，不应超过5%。

2)人工砂、山砂及特细砂，应经试配能满足砌筑砂浆技术条件要求。

(3)对于长期处于潮湿环境的重要混凝土结构所用的砂、石，应进行碱活性检验。

(4)技术要求。

1)颗粒级配。

砂的颗粒级配应符合表5-16的规定。级配类别应符合表5-17的规定。

表 5-16 颗粒级配

砂的分类	天然砂			机制砂		
级配区	1区	2区	3区	1区	2区	3区
方筛孔	累计筛余(%)					
4.75mm	10～0	10～0	10～0	10～0	10～0	10～0
2.36mm	35～5	25～0	15～0	35～5	25～0	15～0
1.18mm	65～35	50～10	25～0	65～35	50～10	25～0
600μm	85～71	70～41	40～16	85～71	70～41	40～16
300μm	95～80	92～70	85～55	95～80	92～70	85～55
150μm	100～90	100～90	100～90	97～85	94～80	94～75

表 5-17 级配类别

类别	Ⅰ	Ⅱ	Ⅲ
级配区	2区	1、2、3区	

注：1. 砂的实际颗粒级配与表中所列数字相比，除 4.75mm 和 600μm 筛档外，可以略有超出，但超出总量应小于5%。

2. Ⅰ区人工砂中 150μm 筛孔的累计筛余可以放宽到 100～85，Ⅱ区人工砂中 150μm 筛孔的累计筛余可以放宽到 100～80，Ⅲ区人工砂中 150μm 筛孔的累计筛余可以放宽到 100～75。

2)含泥量、石粉含量和泥块含量。

①天然砂含泥量、石粉含量和泥块含量应符合 5-18 的规定。

表 5-18 天然砂含泥量和泥块含量

项目	指标		
	Ⅰ类	Ⅱ类	Ⅲ类
含泥量(按质量计)(%)	≤1.0	≤3.0	≤5.0
泥块含量(按质量计)(%)	0	≤1.0	≤2.0

②机制砂 *MB* 值≤1.4 或快速法试验合格时，石粉含量和泥块含量应符合表 5-19 的规定；机制砂 *MB* 值>1.4 或快速法试验不合格时，石粉含量和泥块含量应符合表 5-20 的规定。

表 5-19 石粉含量和泥块含量(*MB* 值≤1.4 或快速法试验合格)

类别	Ⅰ	Ⅱ	Ⅲ
MB 值	≤0.5	≤1.0	≤1.4 或合格
石粉含量(按质量计)(%)①	≤10.0		
泥块含量(按质量计)(%)	0	≤1.0	≤2.0

注：①此指标根据使用地区和用途，经试验验证，可由供需双方协商确定。

表 5-20 石粉含量和泥块含量（*MB* 值>1.4 或快速法试验不合格）

类 别	Ⅰ	Ⅱ	Ⅲ
石粉含量（按质量计）（%）	≤1.0	≤3.0	≤5.0
泥块含量（按质量计）（%）	0	≤1.0	≤2.0

3）坚固性。

①天然砂采用硫酸钠溶液法进行试验，砂样经 5 次循环后其质量损失应符合表 5-21 的规定。

表 5-21 坚固性指标

项 目	指 标		
	Ⅰ类	Ⅱ类	Ⅲ类
质量损失（%）	≤8	≤8	≤10

②人工砂采用压碎指标法进行试验，压碎指标值应小于表 5-22 的规定。

表 5-22 压碎指标

项 目	指 标		
	Ⅰ类	Ⅱ类	Ⅲ类
单级最大压碎指标（%）	≤20	≤25	≤30

4）砂表观密度、堆积密度、空隙率应符合如下规定：表观密度不小于 $2500kg/m^3$，松散堆积密度不小于 $1400kg/m^3$，空隙率小于 44%。

5）经碱-骨料反应试验后，由砂制备的试件无裂缝、酥裂、胶体外溢等现象，在规定的试验龄期膨胀率小于 0.10%。

十五、《碎(卵)石试验报告》填写范例

碎(卵)石试验报告

委托单位:××建设集团有限公司　　　　　　　　　　　　　　　　　　试验编号:×××

工程名称	××工程			委托日期	2015年4月27日
石子种类	碎石			报告日期	2015年5月1日
产　　地	××砂石厂	代表批量	600t	检验类别	委托
检验项目	标准要求	实测结果	检验项目	标准要求	实测结果
表观密度(kg/m^3)	—	—	有机物含量	—	—
堆积密度(kg/m^3)	—	—	坚固性	—	—
紧密密度(kg/m^3)	—	—	岩石强度(MPa)	—	—
含泥量(%)	<2.0	0.6	压碎指标(%)	<16	8
泥块含量(%)	<0.7	0.2	SO_3 含量(%)	—	—
吸水率	—	—	碱活性	—	—
针片状含量(%)	<25	4.3	空隙率(%)	—	—

筛孔尺寸(mm)	90	75.0	63.0	53.0	37.5	31.5	26.5	19.0	16.0	9.50	4.75	2.36
标准下限(%)	—	—	—	—	—	0	0	—	30	—	90	95
标准上限(%)	—	—	—	—	—	0	5	70	—	—	100	100
实测结果(%)	—	—	—	—	—	0	2	—	50	—	94	98

依据标准:

《普通混凝土用砂、石质量及检验方法标准》JGJ 52—2006

检验结论:

依据 JGJ 52—2006 标准,含泥量、泥块含量、泥块含量、针、片、状颗粒含量指标合格。

级配符合 5～25mm 连续粒级的要求

备　　注:

试验单位:××检测中心　　技术负责人:×××　　审核:×××　　试(检)验:×××

十六、《碎(卵)石试验报告》填写说明

1.表格解析

(1)责任部门:供货单位提供产品合格证,物理性能检验报告及建筑材料放射性指标检验报告。出厂合格证,检验报告应由项目材料员负责收集。复试报告由试验单位提供,由项目试验员负责收集,项目资料员负责汇总整理。

(2)提交时限:复试报告在正式使用前提交,试验时间 3d 左右。

(3)核查要点:材料进场时,供货单位应提供产品合格证、物理性能检验报告及建筑材料放射性指标检验报告。

1)试验报告中的检验项目,除必试项目外,对于长期处于潮湿环境的重要混凝土结构用石,应进行碱活性检验;对于重要工程及特殊工程、应根据工程要求增加检测项目。

2)检查试验报告产品种类、产地、公称粒径、筛分析、含泥量、试验编号等是否和混凝土(砂浆)配合比申请单、通知单相应项目一致。

2.相关规定及要求

(1)卵石和碎石的颗粒级配应符合表 5-23 的规定。

表 5-23 颗粒级配

公称粒级 mm		累计筛余(%) 方孔筛(mm)											
		2.36	4.75	9.50	16.0	19.0	26.5	31.5	37.5	53.0	63.0	75.0	90
连续粒级	5~16	95~100	85~100	30~60	0~10	0							
	5~20	95~100	90~100	40~80	—	0~10	0						
	5~25	95~100	90~100	—	30~70	—	0~5	0					
	5~31.5	95~100	90~100	70~90	—	15~45	—	0~5	0				
	5~40	—	95~100	70~90	—	30~65	—	—	0~5	0			
单粒粒级	5~10		95~100	80~100	0~15	0							
	10~16		95~100	80~100	0~15	0							
	10~20		95~100	85~100		0~15	0						
	16~25			95~100	55~70	25~40	0~10						
	16~31.5		95~100		85~100			0~10	0				
	20~40				95~100		85~100			0~10	0		
	40~80					95~100			70~100		30~60	0~10	0

(2)卵石、碎石的含泥量和泥块含量应符合表5-24的规定。

表5-24 含泥量和泥块含量

项目	指标		
	Ⅰ类	Ⅱ类	Ⅲ类
含泥量(按质量计)(%)	≤0.5	≤1.0	≤1.5
泥块含量(按质量计)(%)	0	≤0.2	≤0.5

(3)卵石和碎石的针片状颗粒含量应符合表5-25的规定。

表5-25 针、片状颗粒含量

项目	指标		
	Ⅰ类	Ⅱ类	Ⅲ类
针、片状颗粒(按质量计)(%)	≤5	≤10	≤15

(4)有害物质:卵石和碎石中不应混有草根、树叶、树枝、塑料、煤块和炉渣等杂物。其有害物质含量应符合表5-26的规定。

表5-26 有害物质含量

项目	指标		
	Ⅰ类	Ⅱ类	Ⅲ类
有机物	合格	合格	合格
硫化物及硫酸盐(按 SO_3 质量计)(%)	≤0.5	≤1.0	≤1.0

(5)压碎指标值应小于表5-27的规定。

表5-27 压碎指标

项目	指标		
	Ⅰ类	Ⅱ类	Ⅲ类
碎石压碎指标(%)	≤10	≤20	≤30
卵石压碎指标(%)	≤12	≤14	≤16

(6)表观密度、堆积密度、空隙率应符合如下规定:表观密度大于2600kg/m^3;松散堆积密度大于1350kg/m^3;空隙率小于47%。

(7)经碱-骨料反应试验后,由卵石、碎石制备的试件无裂缝、酥裂、胶体外溢等现象。在规定的试验龄期的膨胀率应小于0.10%。

十七、《外加剂试验报告》填写范例

外加剂试验报告				资料编号	×××
				试验编号	××-0036
				委托编号	××-01480
工程名称	××工程			试样编号	006
委托单位	×××项目部			试验委托人	×××
产品名称	泵送剂	生产厂	××建材厂	生产日期	××年×月×日
代表数量	2t	来样日期	××年×月×日	试验日期	××年×月×日
试验项目	减水率、28d 抗压强度比、钢筋锈蚀				
试验结果	试 验 项 目			试 验 结 果	
	1. 坍落度保留值			H_{30}：163mm　H_{60}：137mm	
	2. 压力泌水率比			74%	
	3. 抗压强度比			R_{7}：124%　R_{28}：111%	
	4. 对钢筋的锈蚀情况			对钢筋无锈蚀	

结论：

符合《混凝土防冻泵送剂》JG/T 377—2012 标准，该产品性能符合检验要求

××工程检测试验有限公司
试验专用章

批　准	×××	审　核	×××	试　验	×××
试验单位	××工程检测试验有限公司				
报告日期	××年×月×日				

注：本表由检测机构提供。

十八、《掺合料试验报告》填写范例

掺合料试验报告				资料编号	×××
				试验编号	××-0015
				委托编号	××-01480
工程名称	××工程			试样编号	.002
委托单位	×××项目部			试验委托人	×××
掺合料种类	粉煤灰	等级	Ⅱ级	产地	××
代表数量	60t	来样日期	××年×月×日	试验日期	××年×月×日
试验结果	一、细度	1.0.045mm 方孔筛筛余(%)		26.4	
		2.80μm 方孔筛筛余(%)		—	
	二、需水量比			99	
	三、吸铵值(%)			—	
	四、28d 水泥胶砂抗压强度比			—	
	五、烧失量(%)			7.5	
	六、其他(含碱量)			1.29	
结论： 依据《用于水泥和混凝土中的粉煤灰》GB 1596—2005 标准，符合Ⅱ级粉煤灰要求					
批准	×××	审核	×××	试验	×××
试验单位	××工程检测试验有限公司				
报告日期	××年×月×日				

××工程检测试验有限公司 试验专用章

注：本表由检测机构提供。

十九、《掺合料试验报告》填写说明

1. 表格解析

(1)责任部门:供应单位应提供质量证明书和检验报告,进场检验合格后按照规定进行复试,复试报告由试验单位提供。

(2)提交时限:正式使用前提交,复试时间为 3d 左右。

(3)核查要点。

1)试验报告应由相应资质等级的建筑企业试验室签发。

2)检查报告单上各项目是否齐全、准确、真实、无未了项,试验室签字盖章是否齐全;检查试验编号是否填写;试验数据是否达到规范规定标准值。若发现问题应及时取双倍试样做复试,并将复试合格单或处理结论附于此单后一并存档,同时核查试验结论。

3)核对使用日期,与混凝土(砂浆)试配单比较是否合理,不允许先使用后试验。

4)核对各试验报告单批量总和是否与单位工程总需求量相符。

5)检查混凝土(砂浆)试配单的掺合料与混凝土(砂浆)强度试验报告的掺合料名称、种类、产地和使用说明是否一致。

(4)填写与主要签认责任:复试报告主要签认责任人为试验单位试验人,审核人,批准人。

2. 相关规定及要求

(1)掺合料主要包括粉煤灰、粒化高炉矿渣粉、沸石粉、硅灰和复合掺合料等。

(2)掺合料须有出厂质量证明文件。用于结构工程的掺合料应按规定复试并做报告。

(3)用于混凝土中的掺合料,应符合现行国家标准《用于水泥和混凝土中的粉煤灰》GB/T 18046—2008、《用于水泥中的火山灰质混合材料》GB/T 2847—2005 和《用于水泥和混凝土中的粒化高炉矿渣粉》GB 1596—2005 等的规定。当采用其他品种的掺合料时,其烧失量及有害物质含量等质量指标应通过试验,确认符合混凝土质量要求时,方可使用。

(4)选用的掺合料,应使混凝土达到预定改善性能的要求或在满足性能要求的前提下取代水泥。其掺量应通过试验确定,其取代水泥的最大取代量应符合有关标准的规定。

(5)掺合料在运输与存储中,应有明显标志。严禁与水泥等其他粉状材料混合堆放。

(6)技术要求:拌制混凝土和砂浆用粉煤灰技术要求见表 5-28。

表 5-28 拌制混凝土和砂浆用粉煤灰技术要求

项目		技术要求		
		Ⅰ级	Ⅱ级	Ⅲ级
细度(45μm 方孔筛筛余)(%),不大于	F类粉煤灰	12.0	25.0	45.0
	C类粉煤灰			
需水量比(%),不大于	F类粉煤灰	95	105	115
	C类粉煤灰			

续表 5-28

项目		技术要求		
		Ⅰ级	Ⅱ级	Ⅲ级
烧失量(%),不大于	F类粉煤灰	5.0	8.0	15.0
	C类粉煤灰			
含水量(%),不大于	F类粉煤灰	1.0		
	C类粉煤灰			
三氧化硫(%),不大于	F类粉煤灰	3.0		
	C类粉煤灰			
游离氧化钙(%),不大于	F类粉煤灰	1.0		
	C类粉煤灰	4.0		
安定性:雷氏夹沸煮后增加距离(mm),不大于	C类粉煤灰	5.0		

水泥活性混合材料用粉煤灰技术要求见表 5-29。

表 5-29 水泥活性混合材料用粉煤灰技术要求表

项目		技术要求
烧失量(%),不大于	F类粉煤灰	8.0
	C类粉煤灰	
含水量(%),不大于	F类粉煤灰	1.0
	C类粉煤灰	
三氧化硫(%),不大于	F类粉煤灰	3.5
	C类粉煤灰	
游离氧化钙(%),不大于	F类粉煤灰	1.0
	C类粉煤灰	4.0
安定性:雷氏夹沸煮后增加距离(mm),不大于	C类粉煤灰	5.0
强度活性指数(%),不大于	F类粉煤灰	70.0
	C类粉煤灰	

二十、《轻集料试验报告》填写范例

轻集料试验报告				资料编号	×××
				试验编号	××－006
				委托编号	××－01345
工程名称	××工程			试样编号	008
委托单位	×××项目部			试验委托人	×××
种类	黏土陶粒	密度等级	700	产地	××
代表数量	$100m^3$	来样日期	××年×月×日	试验日期	××年×月×日
试验结果	一、筛分析	1.细度模数(细骨料)		—	
		2.最大粒径(粗骨料)		20mm	
		3.级配情况		☑ 连续粒级 □ 单粒级	
	二、表观密度(kg/m^3)	—			
	三、堆积密度(kg/m^3)	680			
	四、筒压强度(MPa)	3.9			
	五、吸水率(1h)(%)	9.7			
	六、粒型系数	—			
	七、其他	—			
结论： 依据《轻集料及其试验方法》GB/T 17431.1—2010 标准，该黏土陶粒检验项目合格					
批准	×××	审核	×××	试验	×××
试验单位	××工程检测试验有限公司				
报告日期	××年×月×日				

××工程检测试验有限公司
试验专用章

注：本表由检测机构提供。

第二节 砌体结构工程施工物资资料

一、《砂浆原材料称量记录》填写范例

工程名称	××工程					强度等级	M5.0
部位	二层填充墙	施工日期	××年×月×日9时至××年×月×日11时				
现场配合比	原材料	水泥	石	砂	水	掺合料(石灰膏)	外加剂
	每盘用量(kg)	100	—	659	37	27	—

施工现场每盘实际称量偏差记录(± kg)

序号	水泥	石	砂	水	掺合料	外加剂	序号	水泥	石	砂	水	掺合料	外加剂
1	−1	—	4	0.2	−0.1	—							
2	0.5	—	6	0.1	0.3	—							
3	1	—	3	0.6	0.1	—							
4	1	—	4	0.2	0.2	—							

设计配合比	原材料	水泥	石	砂	水	掺合料(石灰膏)	外加剂
	每盘用量(kg)	100	—	650	45	27	—

司磅员： ××× 监理员： ××× 第 1 页 共 1 页

二、《砖（砌块）试验报告》填写范例

砖(砌块)试验报告(一)

委托单位：××建设集团有限公司　　　　试验编号：×××

工程名称	××工程			委托日期	2015年3月27日	
使用部位	地下一层①～④/Ⓐ～Ⓒ轴			报告日期	2015年3月29日	
强度级别	MU10	代表批量	10万块	检验类别	委托	
生产厂	××		规格尺寸	240×115×53(mm)		
烧结普通砖抗压检验	强度平均值(MPa)		强度标准值/最小值(MPa)		强度标准差(MPa)	变异系数
	标准要求	实测结果	标准要求	实测结果		
	≥10.0	14.1	≥6.5	10.6	3.68	0.24
砌块	抗压强度(MPa)		干燥表观密度(kg/m^3)		抗折强度(MPa)	
	平均值	最小值			最大值	最小值
	—	—	—		—	—
检验项目	泛霜	石灰爆裂	冻融	吸水率	饱和系数	尺寸偏差
实测结果	—	—	—	—	—	—

依据标准：

《烧结普通砖》GB/T 5101—2003

检验结论：

所检项目符合烧结普通砖MU10标准要求

备　注：

本报告未经本室书面同意不得部分复制。

见证单位：××建设监理公司

见证人：×××

试验单位：××检测中心　　技术负责人：×××　　审核：×××　　试(检)验：×××

砖(砌块)试验报告(二)

委托单位:××建设集团有限公司　　　　　　　　　　　　　　　　试验编号:×××

<table>
<tr><td>工程名称</td><td colspan="3">××工程</td><td>委托日期</td><td colspan="2">2015 年 3 月 27 日</td></tr>
<tr><td>使用部位</td><td colspan="3">地上二层①～②/Ⓓ～Ⓕ轴</td><td>报告日期</td><td colspan="2">2015 年 3 月 29 日</td></tr>
<tr><td>强度级别</td><td>MU10</td><td>代表批量</td><td>5 万块</td><td>检验类别</td><td colspan="2">委托</td></tr>
<tr><td>生产厂</td><td colspan="2">××</td><td>规格尺寸</td><td colspan="3">240×115×53(mm)</td></tr>
<tr><td rowspan="3">烧结普通砖抗压检验</td><td colspan="2">强度平均值(MPa)</td><td colspan="2">强度标准值/最小值(MPa)</td><td rowspan="2">强度标准差(MPa)</td><td rowspan="2">变异系数</td></tr>
<tr><td>标准要求</td><td>实测结果</td><td>标准要求</td><td>实测结果</td></tr>
<tr><td>≥10.0</td><td>15.2</td><td>≥6.5</td><td>13.6</td><td>0.9</td><td>0.24</td></tr>
<tr><td rowspan="3">砌块</td><td colspan="2">抗压强度(MPa)</td><td colspan="2" rowspan="2">干燥表观密度(kg/m³)</td><td colspan="2">抗折强度(MPa)</td></tr>
<tr><td>平均值</td><td>最小值</td><td>最大值</td><td>最小值</td></tr>
<tr><td>—</td><td>—</td><td colspan="2">—</td><td>—</td><td>—</td></tr>
<tr><td>检验项目</td><td>泛霜</td><td>石灰爆裂</td><td>冻融</td><td>吸水率</td><td>饱和系数</td><td>尺寸偏差</td></tr>
<tr><td>实测结果</td><td>—</td><td>—</td><td>—</td><td>—</td><td>—</td><td>—</td></tr>
<tr><td colspan="7">依据标准:
《烧结多孔砖和多孔砌块》GB 13544—2011</td></tr>
<tr><td colspan="7">检验结论:
所检项目符合烧结多孔砖 MU10 标准要求</td></tr>
<tr><td colspan="7">备　注:
本报告未经本室书面同意不得部分复制。
见证单位:××建设监理公司
见证人:×××</td></tr>
<tr><td colspan="7">试验单位:××检测中心　　技术负责人:×××　　审核:×××　　试(检)验:×××</td></tr>
</table>

三、《砖(砌块)试验报告》填写说明

砖(砌块)试验报告是对用于工程中的砖(砌块)强度等指标进行复试后由试验单位出具的质量证明文件。

1. 表格解析

(1)责任部门:供货单位必须提供产品合格证、物理性能检验报告及建筑材料放射性指标检验报告。出厂合格证、检验报告应由施工单位的项目材料员负责收集,项目资料员汇总整理,试验报告由试验单位提供。复试报告由施工单位的项目试验员负责收集、项目资料员汇总整理。

(2)提交时限:检测报告应随物资进场提交,试验报告应在正式使用前提交,复试时间为7d左右。

(3)核查要点。

1)砖(砌块)出厂合格证、检验报告。

①公章及复印件要求:质量证明文件应具有生产单位、材料供应单位公章。复印件应加盖原件存放单位红章、具有经办人签字和经办日期。

②质量证明文件各项内容填写齐全,不得漏填或随意涂改,内容包括:强度等级、出厂日期、批量及编号、抗压、抗折强度、尺寸偏差等。

③砌体结构用砖(砌块)的产品龄期要求不应小于28d,不宜小于35d(块材龄期不足易造成开裂)。

2)砖(砌块)试验报告。

①出厂质量证明文件与(砖)砌块进场外观检查合格后,方可按照有关规定取样做力学性能复试,复试合格后方可在工程中使用。做到先复试后使用,严禁先施工后复试。

②委托单位:应填写施工单位名称,并与施工合同中的施工单位名称相一致。

③代表数量:应填写本次复试的实际数量,不得笼统填写验收批的最大批量。

2. 相关规定及要求

(1)烧结普通砖。

1)尺寸偏差。尺寸允许偏差应符合表5-30规定。

表5-30 烧结普通砖尺寸允许偏差(mm)

公称尺寸	优等品		一等品		合格品	
	样本平均偏差	样本极差,≤	样本平均偏差	样本极差,≤	样本平均偏差	样本极差,≤
240	±2.0	6	±2.5	7	±3.0	8
115	±1.5	5	±2.0	6	±2.5	7
53	±1.5	4	±1.6	5	±2.0	6

2)外观质量。砖的外观质量应符合表5-31的规定。

表 5-31 烧结普通砖外观质量(mm)

项目		优等品	一等品	合格
两条面高度差,≤		2	3	4
弯曲,≤		2	3	4
杂质凸出高度,≤		2	3	4
缺棱掉角的三个破坏尺寸不得同时大于		5	20	30
裂纹长度,≤	a. 大面上宽度方向及其延伸至条面的长度	30	60	80
	b. 大面上长度方向及其延伸至顶面的长度或条顶面上水平裂纹的长度	50	80	100
完整面不得少于		两条面和两顶面	一条面和一顶面	—
颜色		基本一致	—	—

注:1. 为装饰而加的色差,凹凸纹、拉毛、压花等不算作缺陷。

2. 凡有下列缺陷之一者,不得称为完整面:缺损在条面或顶面上造成的破坏面尺寸同时大于 10mm×10mm;条面或顶面上裂纹宽度大于 1mm,其长度超过 30mm;压陷、粘底、焦花在条面或顶面上的凹陷或凸出超过 2mm,区域尺寸同时大于 10mm×10mm。

3)强度。砖的强度应符合表 5-32 规定。

表 5-32 烧结普通砖强度

强度等级	抗压强度平均值 $\overline{f}$,≥	变异系数 δ≤0.21	变异系数 δ>0.21
		强度标准值 f_k,≥	单块最小抗压强度值 f_{min},≥
MU30	30.0	22.0	25.0
MU25	25.0	18.0	22.0
MU20	20.0	14.0	16.0
MU15	15.0	10.0	12.0
MU10	10.0	6.5	7.5

(2)烧结多孔砖和多孔砌块。

1)尺寸允许偏差。烧结多孔砖和多孔砌块尺寸允许偏差应符合表 5-33 的规定。

表 5-33 烧结多孔砖和多孔砌块的尺寸允许偏差(mm)

尺寸	样本平均偏差	样本极差,≤
>400	±3.0	10.0
300～400	±2.5	9.0
200～300	±2.5	8.0
100～200	±2.0	7.0
<100	±1.5	6.0

2)外观质量。烧结多孔砖和多孔砌块的外观质量应符合表5-34的规定。

表5-34 烧结多孔砖和多孔砌块的外观质量(mm)

项　目		指标
1. 完整面	不得少于	一条面和一顶面
2. 缺棱掉角的三个破坏尺寸	不得同时大于	30
3. 裂纹长度		
a)大面(有孔面)上深入孔壁15mm以上宽度方向及其延伸到条面的长度	不大于	80
b)大面(有孔面)上深入孔壁15mm以上长度方向及其延伸到顶面的长度	不大于	100
c)条顶面上的水平裂纹	不大于	100
4. 杂质在砖或砌块面上造成的凸出高度	不大于	5

注：凡有下列缺陷之一者，不能称为完整面：

a)缺损在条面或顶或上造成的破坏面尺寸同时大于20mm×30mm。

b)条面或顶面上裂纹宽度大于1mm，其长度超过70mm。

c)压陷、焦花、粘底在条面或顶面上的凹陷或凸出超过2mm，区域最大投影尺寸同时大于20mm×30mm。

3)强度。烧结多孔砖和多孔砌块的强度应符合表5-35的规定。

表5-35 烧结多孔砖和多孔砌块的强度(MPa)

强度等级	抗压强度平均值 $\bar{f}$，≥	变异系数 $\delta\leqslant0.21$	变异系数 $\delta>0.21$
		强度标准值 f_k，≥	单块最小抗压强度值 f_{min}，≥
MU30	30.0	22.0	25.0
MU25	25.0	18.0	22.0
MU20	20.0	14.0	16.0
MU15	15.0	10.0	12.0
MU10	10.0	6.5	7.5

(3)烧结空心砖和空心砌块。

1)尺寸偏差。烧结空心砖和空心砌块的尺寸允许偏差应符合表5-36的规定。

表5-36 烧结空心砖和空心砌块尺寸允许偏差(mm)

尺　寸	样本平均偏差	样本偏差，≤
>300	±3.0	7.0
>200～300	±2.5	6.0
100～200	±2.0	5.0
<100	±1.7	4.0

2)外观质量。烧结空心砖和空心砌块的外观质量应符合表5-37的规定。

表 5-37 烧结空心砖和空心砌块的外观质量(mm)

项　　目		一　等　品
1.弯曲	≤	4
2.缺棱掉角的三个破坏尺寸不得同时	>	30
3.垂直度差	≤	4
4.未贯穿裂纹长度	≤	
① 大面上宽度方向及其延伸到条面的长度		100
② 大面上长度方向或条面上水平面方向的长度		120
5.贯穿裂纹长度		
① 大面上宽度方向及其延伸到条面的长度		40
② 壁、肋沿长度方向、宽度方向及其水平方向的长度		40
6.肋、壁内残缺长度	≤	40
7.完整面	不少于	一条面或一大面

注:凡有下列缺陷之一者,不能称为完整面:

①缺损在大面、条面上造成的破坏面尺寸同时大于 20mm×30mm。

②大面、条面上裂纹宽度大于 1mm,其长度超过 70mm。

③压陷、粘底、焦花在大面、条面上的凹陷或凸出超过 2mm,区域尺寸同时大于 20mm×30mm。

3)强度等级。烧结空心砖和空心砌块的强度应符合表 5-38 的规定。

表 5-38 烧结空心砖和空心砌块的强度

强度等级	抗压强度/MPa		
	抗压强度平均值 $\overline{f}$,≥	变异系数 δ≤0.21	变异系数 δ>0.21
		强度标准值 f_k,≥	单块最小抗压强度值 f_{min},≥
MU10.0	10.0	7.0	8.0
MU7.5	7.5	5.0	5.8
MU5.0	5.0	3.5	4.0
MU3.5	3.5	2.5	2.8

(4)粉煤灰砖。粉煤灰砖的强度指标和抗冻性指标见表 5-39 和表 5-40。

表 5-39 粉煤灰砖强度指标(MPa)

强度级别	抗压强度		抗折强度	
	10 块平均值,≥	单块值,≥	10 块平均值,≥	单块值,≥
MU30	30.0	24.0	6.2	5.0
MU25	25.0	20.0	5.0	4.0
MU20	20.0	16.0	4.0	3.2
MU15	15.0	12.0	3.3	2.6
MU10	10.0	8.0	2.5	2.0

表 5-40 粉煤灰砖抗冻性指标

强度级别	抗压强度(MPa) 平均值，≥	砖的干质量损失(%) 单块值，≤
MU30	24.0	2.0
MU25	20.0	
MU20	16.0	
MU15	12.0	
MU10	8.0	

(5)粉煤灰砌块。

1)粉煤灰砌块的立方体抗压强度、碳化后强度、抗冻性能和密度见表 5-41。

表 5-41 粉煤灰砌块的立方体抗压强度、碳化后强度、抗冻性能和密度

项　目	指　标	
	10 级	13 级
抗压强度(MPa)	3 块试件平均值不小于 10.0 单块最小值 8.0	3 块试件平均值不小于 13.0 单块最小值 10.5
人工碳化后强度(MPa)	不小于 6.0	不小于 7.5
抗冻性	冻融循环结束后，外观无明显疏松，剥落或裂缝，强度损失不大于 20%	

2)粉煤灰砌块的干缩值见表 5-42。

表 5-42 粉煤灰砌块的干缩值

一　等　品(B)	合　格　品(C)
≤0.75	≤0.90

(6)蒸压灰砂砖。

1)蒸压灰砂砖力学性能见表 5-43。

表 5-43 蒸压灰砂砖力学性能(MPa)

强度级别	抗压强度		抗折强度	
	平均值不小于	单块值不小于	平均值不小于	单块值不小于
MU25	25.0	20.0	5.0	4.0
MU20	20.0	16.0	4.0	3.2
MU15	15.0	12.0	3.3	2.6
MU10	10.0	8.0	2.5	2.0

注：优等品的强度级别不得小于 MU15。

2)蒸压灰砂砖抗冻性指标见表 5-44。

表 5-44　蒸压灰砂砖抗冻性指标

强度级别	冻后抗压强度(MPa)平均值不小于	单块砖的干质量损失(%)不大于
MU25	20.0	2.0
MU20	16.0	2.0
MU15	12.0	2.0
MU10	8.0	2.0

注:优等品的强度级别不得小于 MU15。

(7)蒸压灰砂空心砖。

1)蒸压灰砂空心砖的抗压强度见表 5-45。

表 5-45　蒸压灰砂空心砖的抗压强度(MPa)

强度级别	抗压强度		强度级别	抗压强度	
	五块平均值,≥	单块值,≥		五块平均值,≥	单块值,≥
25	25.0	20.0	10	10.0	8.0
20	20.0	16.0	7.5	7.5	6.0
15	15.0	12.0			

2)蒸压灰砂空心砖的抗冻性见表 5-46。

表 5-46　蒸压灰砂空心砖的抗冻性

强度级别	冻后抗压强度(MPa)平均值,≥	单块砖的干质量损失(%),≥	强度级别	冻后抗压强度(MPa)平均值,≥	单块砖的干质量损失(%),≥
25	20.0		10	8.0	
20	16.0	2.0	7.5	6.0	2.0
15	12.0				

(8)普通混凝土空心砌块。

1)普通混凝土空心砌块外观质量应符合表 5-47 规定。

表 5-47　普通混凝土空心砌块外观质量

项目名称		技术指标
弯曲(mm),≤		2
掉角缺棱	个数(个),≤	1
	三个方向投影尺寸的最小值(mm),≤	20
裂纹延伸的投影尺寸累计(mm),≤		30

2)普通混凝土空心砌块强度等级应符合表 5-48 的规定。

表 5-48 普通混凝土空心砌块强度等级(MPa)

强度等级	砌块抗压强度	
	平均值不小于	单块最小值不小于
MU5.0	5.0	4.0
MU7.5	7.5	6.0
MU10.0	10.0	8.0
MU15.0	15.0	12.0
MU20.0	20.0	16.0

3)普通混凝土空心砌块相对含水率应符合表 5-49 规定。

表 5-49 普通混凝土空心砌块相对含水率(%)

使用地区	潮湿	中等	干燥
相对含水率不大于	45	40	35

注:潮湿指年平均相对湿度大于 75%的地区,中等指年平均要对湿度 50%~75%的地区,干燥指年平均相对湿度小于 50%的地区。

4)抗渗性:用于清水墙的砌块,其抗渗性应满足表 5-50 的规定。

表 5-50 普通混凝土空心砌块抗渗性(mm)

项目名称	指标
水面下降高度	三块中任意一块不大于 10

5)抗冻性:应符合表 5-51 的规定。

表 5-51 普通混凝土空心砌块抗冻性

使用环境条件		抗冻标号	指标
非采暖地区		不规定	—
采暖地区	一般环境	D15	强度损失≤25% 质量损失≤5%
	干湿交替环境	D25	

注:非采暖地区指最冷月份平均气温高-5℃的地区,采暖地区指最冷月份平均气温低于或等于-5℃的地区。

(9)轻集料混凝土小型空心砌块。

1)轻集料混凝土小型空心砌块强度等级见表 5-52。

表 5-52 轻集料混凝土小型空心砌块强度等级(MPa)

强度等级	砌块抗压强度		密度等级范围
	平均值	最小值	
MU2.5	≥2.5	2.0	≤800

续表 5-52

强度等级	砌块抗压强度		密度等级范围
	平均值	最小值	
MU3.5	≥3.5	2.8	≤1000
MU5.0	≥5.0	4.0	≤1200
MU7.5	≥7.5	6.0	≤1400
MU10.0	≥10.0	8.0	

2)轻集料混凝土小型空心砌块干缩率和相对含水率见表 5-53。

表 5-53 轻集料混凝土小型空心砌块干缩率和相对含水率

干缩率(%)	相对含水率(%)		
	潮湿	中等	干燥
<0.03	≤45	≤40	≤35
0.03~0.045	≤40	≤35	≤30
0.045~0.065	≤35	≤30	≤25

注:1. 相对含水率即砌块出厂含水率与吸水率之比:

$$W=\frac{\omega_1}{\omega_2}\times 100$$

式中 W—砌块的相对含水率(%);

ω_1——砌块出厂时的含水率(%);

ω_2——砌块的吸水率(%)。

2. 使用地区的湿度条件:潮湿指年平均相对湿度大于 75%的地区,中等指年平均相对湿度 50%~75%的地区,干燥指年平均相对湿度小于 50%的地区。

3)轻集料混凝土小型空心砌块抗冻性见表 5-54。

表 5-54 轻集料混凝土小型空心砌块抗冻性

使用条件	抗冻标号	质量损失(%)	强度损失(%)
温和与夏热冬暖地区	D15	≤3	≤25
夏热冬冷地区	D25		
寒冷地区	D35		
寒冷地茈	D50		

注:1. 非采暖地区指最冷月份平均气温高于-5℃的地区,采暖地区系指最冷月份平均气温低于或等于-5℃的地区。

2. 抗冻性合格的砌块的外观质量也应符合相关规定的要求。

(10)蒸压加气混凝土砌块。

1)蒸压加气混凝土砌块的抗压强度应符合表 5-55 的规定。

表5-55 蒸压加气混凝土砌块的立方体抗压强度(MPa)

强度级别	立方体抗压强度	
	平均值不小于	单组最小值不小于
A1.0	1.0	0.8
A2.0	2.0	1.6
A2.5	2.5	2.0
A3.5	3.5	2.8
A5.0	5.0	4.0
A7.5	7.5	6.0
A10.0	10.0	8.0

2)蒸压加气混凝土砌块的干密度应符合表5-56的规定。

表5-56 蒸压加气混凝土砌块的干密度(kg/m^3)

干密度级别		B03	B04	B05	B06	B07	B08
干密度	优等品(A),≤	300	400	500	600	700	800
	合格品(B),≤	325	425	525	625	725	825

3)蒸压加气混凝土砌块的强度级别应符合表5-57的规定。

表5-57 蒸压加气混凝土砌块的强度级别

干密度级别		B03	B04	B05	B06	B07	B08
强度级别	优等品(A)	A1.0	A2.0	A3.5	A5.0	A7.5	A10.0
	合格品(B)			A2.5	A3.5	A5.0	A7.5

4)蒸压加气混凝土砌块的干燥收缩、抗冻性和导热系数(干态)应符合表5-58的规定。

表5-58 蒸压加气混凝土砌块干燥收缩、抗冻性和导热系数

干密度级别			B03	B04	B05	B06	B07	B08
干燥收缩值①	标准法(mm/m),≤		0.50					
	快速法(mm/m),≤		0.80					
抗冻性	质量损失(%),≤		5.0					
	冻后强度(MPa),≥	优等品(A)	0.8	1.6	2.8	4.0	6.0	8.0
		合格品(B)			2.0	2.8	4.0	6.0
导热系数(干态)[W/(m·K)],≤			0.10	0.12	0.14	0.16	0.18	0.20

注:①规定采用标准法、快速法测定砌块干燥收缩值,若测定结果发生矛盾不能判定时,则以标准法测定的结果为准。

第三节 屋面工程施工物资资料

一、《防水涂料试验报告》填写范例

防水涂料试验报告

委托单位：××建设集团有限公司　　　　试验编号：×××

工程名称及使用部位	××工程　屋面	委托日期	2015年10月10日
试样名称及规格型号	聚氨酯防水涂料(单组分)	报告日期	2015年10月12日
生产厂家	××防水材料有限公司	检验类别	委托
代表数量	5t	批　号	×××

试验结果	一、延伸性					mm
						MPa
						%
	二、拉伸强度	1.93				MPa
	三、断裂伸长率	976				%
	四、黏结性	潮湿基面黏结强度≥0.50				
	五、耐热度	温度(℃)		评定		
	六、不透水性	0.3MPa,30min,不透水				
	七、柔韧性(低温)	温度(℃)	≤-40 ℃,裂纹	评定	合格	
	八、固体含量	≥80%				
	九、其他					

依据标准：

《聚氨酯防水涂料》GB/T 19250—2013

检验结论：

依据《聚氨酯防水涂料》GB/T 19250—2013标准符合单组分聚氨酯防水涂料合格品要求

备　注：

本报告未经书面同意不得部分复制

见证单位：××建设监理有限公司

见证人：×××

试验单位：××检测中心　　技术负责人：×××　　审核：×××　　试(检)验：×××

二、《防水涂料试验报告》填写说明

防水涂料试验报告是为保证建筑工程质量，对用于工程中的防水涂料的耐热度、不透水性、拉伸强度、柔度等指标进行测试后由试验单位出具的质量证明文件。

1.表格解析

(1)责任部门：生产厂家提供出厂产品合格证、有相应资质等级检测部门出具的性能检测报告和放射性检测报告，产品性能和使用说明书。外观检查合格后按规定进行复试，试验报告由试验单位提供，项目试验员收集，项目资料员汇总整理。

(2)提交时限：检验报告随物资进场提交，复试报告在正式使用前提交，复试时间为7d左右。

(3)检查要点。

1)防水涂料必须有出厂合格证，合格证内容应包括品种、规格、型号、数量及有关的技术指标。

2)防水涂料进场后必须复试，严禁先用后试。

3)新型防水涂料的性能必须符合设计要求并应有材料合格证和有效鉴定资料，进场后应复试。

4)试验、审核、技术负责人签字齐全并加盖试验单位公章。

2.相关规定及要求

(1)规范名称。

1)《聚氨酯防水涂料》GB/T 19250—2013；

2)《溶剂型橡胶沥青防水涂料》JC/T 852—1999；

3)《水性沥青基防水涂料》JC/T 408—2005；

4)《聚合物乳液建筑防水涂料》JC/T 864—2008；

5)《地下防水工程施工质量验收规程》GB 50208—2011。

(2)技术要求。

1)溶剂型橡胶沥青防水涂料。溶剂型橡胶沥青防水涂料物理力学性能见表5-59。

表5-59 溶剂性橡胶沥青防水涂料物理力学性能

项目		技术指标	
		一等品	合格品
固体含量(%)，≥		48	
抗裂性	基层裂缝(mm)	0.3	0.2
	涂膜状态	无裂纹	
低温柔性(ϕ10mm，2h)		−15℃	−10℃
		无裂纹	
黏结性(MPa)，≥		0.20	
耐热性(80℃，5h)		无流淌、鼓包、滑动	
不透水性(0.2MPa，30min)		不渗水	

2)水性沥青基防水涂料。水性沥青基防水涂料物理力学性能见表5-60。

表5-60 水乳型沥青防水涂料物理力学性能

<table>
<tr><th colspan="2">项　目</th><th>L</th><th>H</th></tr>
<tr><td colspan="2">固体含量(%),≥</td><td colspan="2">45</td></tr>
<tr><td colspan="2" rowspan="2">耐热度(℃)</td><td>80±2</td><td>110±2</td></tr>
<tr><td colspan="2">无流淌、滑动、滴落</td></tr>
<tr><td colspan="2">不透水性</td><td colspan="2">0.10MPa,30min无渗水</td></tr>
<tr><td colspan="2">黏结强度(MPa),≥</td><td colspan="2">0.30</td></tr>
<tr><td colspan="2">表干时间(h),≤</td><td colspan="2">8</td></tr>
<tr><td colspan="2">实干时间(h),≤</td><td colspan="2">24</td></tr>
<tr><td rowspan="4">低温柔度①(℃)</td><td>标准条件</td><td>-15</td><td>0</td></tr>
<tr><td>碱处理</td><td rowspan="3">-10</td><td rowspan="3">5</td></tr>
<tr><td>热处理</td></tr>
<tr><td>紫外线处理</td></tr>
<tr><td rowspan="4">断裂伸长率(%),≥</td><td>标准条件</td><td colspan="2" rowspan="4">600</td></tr>
<tr><td>碱处理</td></tr>
<tr><td>热处理</td></tr>
<tr><td>紫外线处理</td></tr>
</table>

注:①供需双方可以商定温度更低的低温柔度指标。

3)聚氨酯防水涂料。聚氨酯防水涂料基本性能应符合表5-61。

表5-61 基本性能

<table>
<tr><th rowspan="2">序号</th><th rowspan="2" colspan="2">项　目</th><th colspan="3">技术指标</th></tr>
<tr><th>Ⅰ</th><th>Ⅱ</th><th>Ⅲ</th></tr>
<tr><td rowspan="2">1</td><td rowspan="2">固体含量(%),≥</td><td>单组分</td><td colspan="3">85.0</td></tr>
<tr><td>多组分</td><td colspan="3">92.0</td></tr>
<tr><td>2</td><td colspan="2">表干时间(h),≤</td><td colspan="3">12</td></tr>
<tr><td>3</td><td colspan="2">实干时间(h),≤</td><td colspan="3">24</td></tr>
<tr><td>4</td><td colspan="2">流平性①</td><td colspan="3">20min时,无明显齿痕</td></tr>
<tr><td>5</td><td colspan="2">拉伸强度(MPa),≥</td><td>2.00</td><td>6.00</td><td>12.0</td></tr>
</table>

续表 5-61

序号	项目		技术指标		
			Ⅰ	Ⅱ	Ⅲ
6	断裂伸长率(%),≥		500	450	250
7	撕裂强度(N/mm),≥		15	30	40
8	低温弯折性		−35℃,无裂纹		
9	不透水性		0.3MPa,120min,不透水		
10	加热伸缩率(%)		−4.0～+1.0		
11	黏结强度(MPa),≥		1.0		
12	吸水率(%),≤		5.0		
13	定伸时老化	加热老化	无裂纹及变形		
		人工气候老化②	无裂纹及变形		
14	热处理(80℃,168h)	拉伸强度保持率(%)	80～150		
		断裂伸长率(%),≥	450	400	200
		低温弯折性	−30℃,无裂纹		
15	碱处理[0.1% NaOH+饱和 $Ca(OH)_2$ 溶液,168h]	拉伸强度保持率(%)	80～150		
		断裂伸长率(%),≥	450	400	200
		低温弯折性	−30℃,无裂纹		
16	酸处理(2% H_2SO_4 溶液,168h)	拉伸强度保持率(%)	80～150		
		断裂伸长率(%),≥	450	400	200
		低温弯折性	−30℃,无裂纹		
17	人工气候老化②(1000h)	拉伸强度保持率(%)	80～150		
		断裂伸长率(%),≥	450	400	200
		低温弯折性	−30℃,无裂纹		
18	燃烧性能②		B_2-E(点火 15s,燃烧 20s,F_s≤150mm),无燃烧滴落物引燃滤纸		

注:①该项性能不适用于单组分和喷涂施工的产品。流平性时间也可根据工程要求和施工环境由供需双方商定并在订货合同与产品包装上明示。
②仅外露产品要求测定。

4)聚合物乳液建筑防水涂料。聚合物乳液建筑防水涂料物理力学性能见表 5-62。

表 5-62 物理力学性能

<table>
<tr><th rowspan="2">序号</th><th colspan="2" rowspan="2">试验项目</th><th colspan="2">指标</th></tr>
<tr><th>Ⅰ</th><th>Ⅱ</th></tr>
<tr><td>1</td><td colspan="2">拉伸强度(MPa),≥</td><td>1.0</td><td>1.5</td></tr>
<tr><td>2</td><td colspan="2">断裂延伸率(%),≥</td><td colspan="2">300</td></tr>
<tr><td>3</td><td colspan="2">低温柔性,绕 ϕ10mm 棒弯 180°</td><td>−10℃,无裂纹</td><td>−20℃,无裂纹</td></tr>
<tr><td>4</td><td colspan="2">不透水性(0.3MPa,30min)</td><td colspan="2">不透水</td></tr>
<tr><td>5</td><td colspan="2">固体含量(%),≥</td><td colspan="2">65</td></tr>
<tr><td rowspan="2">6</td><td rowspan="2">干燥时间/h</td><td>表干时间,≤</td><td colspan="2">4</td></tr>
<tr><td>实干时间,≤</td><td colspan="2">8</td></tr>
<tr><td rowspan="4">7</td><td rowspan="4">处理后的拉伸强度保持率(%)</td><td>加热处理,≥</td><td colspan="2">80</td></tr>
<tr><td>碱处理,≥</td><td colspan="2">60</td></tr>
<tr><td>酸处理,≥</td><td colspan="2">40</td></tr>
<tr><td>人工气候老化处理[①]</td><td>—</td><td>80~150</td></tr>
<tr><td rowspan="4">8</td><td rowspan="4">处理后的断裂延伸率(%)</td><td>加热处理,≥</td><td colspan="2" rowspan="3">200</td></tr>
<tr><td>碱处理,≥</td></tr>
<tr><td>酸处理,≥</td></tr>
<tr><td>人工气候老化处理[①]≥</td><td>—</td><td>200</td></tr>
<tr><td rowspan="2">9</td><td rowspan="2">加热伸缩率(%)</td><td>伸长,≤</td><td colspan="2">1.0</td></tr>
<tr><td>缩短,≤</td><td colspan="2">1.0</td></tr>
</table>

注:①仅用于外露使用产品。

三、《防水卷材试验报告》填写范例

防水卷材试验报告

委托单位:××建设集团有限公司　　　　试验编号:×××

工程名称	××工程		委托日期	2015 年 4 月 10 日		
生产厂家	××厂		报告日期	2015 年 4 月 13 日		
使用部位	屋面防水		检验类别	委托		
代表数量	500 卷	规格型号	SBS Ⅰ型	批号	××	
试验结果	一、拉力试验	1. 拉力(N)	纵	≥500N,实际 540N	横	≥500N,实际 570N
		2. 拉伸强度	纵	MPa	横	MPa
	二、断裂伸长率(延伸率)		纵	≥30%,实际 45%	横	≥30%,实际 39%
	三、剥离强度(屋面)	≥1.5N/mm,实际 2.0N/mm				
	四、黏合性(地下)					
	五、耐热度	温度(℃)	85℃,2h	评定	无流淌,合格	
	六、不透水性(抗渗透性)	0.2MPa,30min 不透水;符合要求,合格				
	七、柔韧性(低温柔性、低温弯折性)	温度(℃)	−18℃,30min	评定	无裂纹,合格	
	八、其他					

依据标准:

《弹性体改性沥青防水卷材》GB 18242—2008

检验结论:

所检项目符合 SBS 防水卷材Ⅰ型标准要求

备　注:

见证取样,见证人:×××

试验单位:××检测中心　　技术负责人:×××　　审核:×××　　试(检)验:×××

四、《防水卷材试验报告》填写说明

防水卷材试验报告是为保证建筑工程质量，对用于工程中的防水卷材的耐热度、不透水性、拉力、柔度等指标进行测试后由试验单位出具的质量证明文件。

1. 表格解析

(1)责任部门。生产厂家提供出厂产品合格证、有相应资质等级检测部门出具的性能检测报告和放射性检测报告，产品性能和使用说明书。外观检查合格后按规定进行复试，试验报告由试验单位提供，项目试验员收集，项目资料员汇总整理。

(2)提交时限。检验报告随物资进场提交，试验报告在正式使用前提交，复试时间为7d左右。

(3)检查要点。

1)出厂合格证及检测报告。

检查其内容是否齐全，包括产地、品种、标号、各项试验指标、合格证编号、出厂检验部印章，以证明其质量是否符合标准。

2)复试报告。

①数据要真实，结论要明确，盖章签字齐全。

②填写试验编号，以备查找。

③将试验结果与性能指标对比，以确定其是否符合规范的技术要求。

④检查试验报告日期，严禁先施工后试验。

2. 相关规定及要求

(1)规范名称。

1)《屋面工程质量验收规范》GB 50207—2012；

2)《石油沥青纸胎油毡》GB 326—2007；

3)《聚氯乙烯(PVC)防水卷材》GB 12952—2011；

4)《氯化聚乙烯防水卷材》GB 12953—2003；

5)《高分子防水材料　第1部分：片材》GB 18173.1—2012；

6)《高分子防水材料　第2部分：止水带》GB 18173.2—2014；

7)《高分子防水材料　第3部分：遇水膨胀橡胶》GB 18173.3—2014；

8)《弹性体改性沥青防水卷材》GB 18242—2008；

9)《塑性体改性沥青防水卷材》GB 18243—2008；

10)《石油沥青玻璃纤维胎防水卷材》GB/T 14686—2008；

11)《石油沥青玻璃布胎油毡》JC/T 84—1996；

12)《铝箔面石油沥青防水卷材》JC/T 504—2007；

13)《三元丁橡胶防水卷材》JC/T 645—2012；

14)《氯化聚乙烯——橡胶共混防水卷材》JC/T 684—1997；

15)《沥青复合胎柔性防水卷材》JC/T 690—2008；

(2)技术要求。

1)沥青防水卷材。

①石油沥青纸胎油毡物理性能见表 5-63。

表 5-63 物理性能

项目		指标		
		Ⅰ型	Ⅱ型	Ⅲ型
单位面积浸涂材料总量(g/m^2),≥		600	750	1000
不透水性	压力(MPa),≥	0.02	0.02	0.10
	保持时间(min),≥	20	30	30
吸水率(%),≤		3.0	2.0	1.0
耐热度		(85±2)℃,2h 涂盖层无滑动、流淌和集中性气泡		
拉力(纵向)(N/50mm),≥		240	270	340
柔度		(18±2)℃,绕 ϕ20mm 棒弯,无裂纹		

注:本标准Ⅲ型产品物理性能要求为强制性的,其余为推荐性的。

②石油沥青玻璃纤维胎防水卷材见表 5-64。

表 5-64 石油沥青玻璃纤维胎防水卷材材料性能

序号	项目		指标	
			Ⅰ型	Ⅱ型
1	可溶物含量(g/m^2),≥	15 号	700	
		25 号	1200	
		试验现象	胎基不燃	
2	拉力(N/50mm),≥	纵向	350	50C
		横向	250	40C
3	耐热性		85℃	
			无滑动、流淌、滴落	
4	低温柔性		10℃	5℃
			无裂缝	
5	不透水性		0.1MPa,30min 不透水	
6	钉杆撕裂强度(N),≥		40	50
7	热老化	外观	无裂纹、无起泡	
		拉力保持率(%),≥	85	
		质量损失率(%),≤	2.0	
		低温柔性	15℃	10℃
			无裂缝	
可溶物含量(g/m^2),≥			420	380

③石油沥青玻璃布胎油毡物理性能见表 5-65。

表 5-65 石油沥青玻璃布胎油毡物理性能

项目 \ 等级		一等品	合格品
耐热度(85±2)℃,2h		无滑动、起泡现象	
不透水性	压力(MPa)	0.2	0.1
	时间不小于 15min	无渗漏	
拉力 25±2℃时纵向(N),≥		400	360
柔　度	温度(℃),≤	0	5
	弯曲直径 30mm	无裂纹	
耐霉菌腐蚀性	重量损失(%),≤	2.0	
	拉力损失(%),≤	15	

2)高聚物改性沥青防水卷材。

①弹性体改性沥青防水卷材材料性能见表 5-66。

表 5-66 弹性体改性沥青防水卷材材料性能

序号	项目		指标 Ⅰ PY	Ⅰ G	Ⅱ PY	Ⅱ G	Ⅱ PYG
1	可溶物含量(g/m^3),≥	3mm	2100				—
		4mm	2900				—
		5mm	3500				
		试验现象	—	胎基不燃	—	胎基不燃	—
2	耐热性	温度	90℃		105℃		
		≤	2mm				
		试验现象	无流淌、滴落				
3	低温柔性(℃)		−20		−25		
			无裂缝				
4	不透水性 30min		0.3MPa	0.2MPa	0.3MPa		
5	拉力	最大峰拉力(N/50mm),≥	500	350	800	500	900
		次高峰拉力(N/50mm),≥	—	—	—	—	800
		试验现象	拉伸过程中,试件中部无沥青涂盖层开裂或与胎基分离现象				
6	延伸率	最大峰时延伸率(%),≥	30	—	40	—	—
		第二峰时延伸率(%),≥	—		—		15

续表 5-66

序号	项目		指标				
			Ⅰ		Ⅱ		
			PY	G	PY	G	PYG
7	浸水后质量增加(%),≤	PE、S	1.0				
		M	2.0				
8	热老化	拉力保持率(%),≥	90				
		延伸率保持率(%),≥	80				
		低温柔性(℃)	−15		−20		
			无裂缝				
		尺寸变化率(%),≤	0.7	—	0.7	—	0.8
		质量损失(%),≤	1.0				
9	渗油性	张数,≤	2				
10	接缝剥离强度(N/mm),≥		1.5				
11	钉杆撕裂强度①(N),≥		—				300
12	矿物粒料黏附性②(g),≤		2.0				
13	卷材下表面沥青涂盖层厚度③(mm),≥		1.0				
14	人工气候加速老化	外观	无滑动、流淌、滴落				
		拉力保持率(%),≥	80				
		低温柔性(℃)	−15		−20		
			无裂缝				

注：①仅适用于单层机械固定施工方式卷材。

②仅适用于矿物粒料表面的卷材。

③仅适用于热熔施工的卷材。

②塑性体改性沥青防水卷材材料性能见表 5-67。

表 5-67 塑性体改性沥青防水卷材材料性能

序号	项目		指标				
			Ⅰ		Ⅱ		
			PY	G	PY	G	PYG
1	可溶物含量(g/m^3),≥	3mm	2100				—
		4mm	2900				—
		5mm	3500				
		试验现象	—	胎基不燃	—	胎基不燃	—
2	耐热性	温度	110℃		130℃		
		≤	2mm				
		试验现象	无流淌、滴落				

续表 5-67

序号	项目		指标				
			Ⅰ		Ⅱ		
			PY	G	PY	G	PYG
3	低温柔性(℃)		−7		−15		
			无裂缝				
4	不透水性 30min		0.3MPa	0.2MPa	0.3MPa		
5	拉力	最大峰拉力(N/50mm),≥	500	350	800	500	900
		次高峰拉力(N/50mm),≥	—	—	—	—	800
		试验现象	拉伸过程中,试件中部无沥青涂盖层开裂或与胎基分离现象				
6	延伸率	最大峰时延伸率(%),≥	25	—	40	—	—
		第二峰时延伸率(%),≥	—		—		15
7	浸水后质量增加(%),≤	PE、S	1.0				
		M	2.0				
8	热老化	拉力保持率(%),≥	90				
		延伸率保持率(%),≥	80				
		低温柔性(℃)	−2		−10		
			无裂缝				
		尺寸变化率(%),≤	0.7	—	0.7	—	0.8
		质量损失(%),≤	1.0				
9	接缝剥离强度(N/mm),≥		1.0				
10	钉杆撕裂强度①(N),≥		—				300
11	矿物粒料黏附性②(g),≤		2.0				
12	卷材下表面沥青涂盖层厚度③(mm),≥		1.0				
13	人工气候加速老化	外观	无滑动、流淌、滴落				
		拉力保持率(%),≥	80				
		低温柔性(℃)	−2		−10		
			无裂缝				

注:①仅适用于单层机械固定施工方式卷材。

②仅适用于矿物粒料表面的卷材。

③仅适用于热熔施工的卷材。

③沥青复合胎柔性防水卷材材料性能见表 5-68。

表 5-68 沥青复合胎柔性防水卷材材料性能

序号	项目		指标	
			Ⅰ	Ⅱ
1	可溶物含量(g/m^2),≥	3mm	1600	
		4mm	2200	
2	耐热性(℃)		90	
			无滑动、流淌、滴落	
3	低温柔性(℃)		−5	−10
			无裂纹	
4	不透水性		0.2MPa、30min 不透水	
5	最大拉力(N/50mm),≥	纵向	500	600
		横向	400	500
6	黏结剥离强度(N/mm),≥		0.5	
7		拉力保持率(%),≥	90	

3)合成高分子防水卷材。

①聚氯乙烯防水卷材材料性能指标应符合表 5-69 的规定。

表 5-69 材料性能指标

序号	项目		指标				
			H	L	P	G	GL
1	中间胎基上面树脂层厚度(mm),≥		—		0.40		
2	拉伸性能	最大拉力(N/cm),≥	—	120	250	—	120
		拉伸强度(MPa),≥	10.0	—	—	10.0	—
		最大拉力时伸长率(%),≥	—	—	15	—	—
		断裂伸长率(%),≥	200	150	—	200	100
3	热处理尺寸变化率(%),≤		2.0	1.0	0.5	0.1	0.1
4	低温弯折性		−25℃无裂纹				
5	不透水性		0.3MPa,2h 不透水				
6	抗冲击性能		0.5kg·m,不渗水				
7	抗静态荷载①		—	—	20kg 不渗水		
8	接缝剥离强度(N/mm),≥		4.0 或卷材破坏		3.0		
9	直角撕裂强度(N/mm),≥		50	—	—	50	—
10	梯形撕裂强度(N),≥		—	150	250	—	220
11	吸水率(70℃,168h)(%)	浸水后,≤	4.0				
		晾置后,≥	−0.40				

续表 5-69

序号	项目		指标				
			H	L	P	G	GL
12	热老化(80℃)	时间(h)	672				
		外观	无起泡、裂纹、分层、黏结和孔洞				
		最大拉力保持率(%),≥	—	85	85	—	85
		拉伸强度保持率(%),≥	85	—	—	85	—
		最大拉力时伸长率保持率(%),≥	—	—	80	—	—
		断裂伸长率保持率(%),≥	80	80	—	80	80
		低温弯折性	−20℃无裂纹				
13	耐化学性	外观	无起泡、裂纹、分层、黏结和孔洞				
		最大拉力保持率(%),≥	—	85	85	—	85
		拉伸强度保持率(%),≥	85	—	—	85	—
		最大拉力时伸长率保持率(%),≥	—	—	80	—	—
		断裂伸长率保持率(%),≥	80	80	—	80	80
		低温弯折性	−20℃无裂纹				
14	人工气候加速老化③	时间(h)	1500②				
		外观	无起泡、裂纹、分层、黏结和孔洞				
		最大拉力保持率(%),≥	—	85	85	—	85
		拉伸强度保持率(%),≥	85	—	—	85	—
		最大拉力时伸长率保持率(%),≥	—	—	80	—	—
		断裂伸长率保持率(%),≥	80	80	—	80	80
		低温弯折性	−20℃无裂纹				

注:①抗静态荷载仅对用于压铺屋面的卷材要求。
②单层卷材屋面产品的人工气候加速老化时间为 2500h。
③非外露使用的卷材不要求测定人工气候加速老化。

②三元丁橡胶防水卷材物理力学性能见表 5-70。

表 5-70 三元丁橡胶防水卷材物理力学性能

序号	项目		技术指标	
			Ⅰ型	Ⅱ型
1	不透水性		0.3MPa,90min 不透水	
2	拉伸性能	纵向拉伸强度(MPa),≥	2.0	2.2
		纵向断裂伸长率(%),≥	150	220

续表 5-70

序号	项目			技术指标	
				Ⅰ型	Ⅱ型
3	低温弯折性			-30℃，无裂纹	
4	耐碱性 [饱和 $Ca(OH)_2$，168h]	纵向拉伸强度保持率(%)，≥		80	
		纵向断裂伸长率保持率(%)，≥		80	
5	热老化处理 (80℃，168h)	纵向拉伸强度保持率(%)，≥		80	
		纵向断裂伸长率保持率(%)，≥		70	
6	热处理尺寸变化率(%)		收缩，≤	4	
			伸长，≤	2	
7	人工加速气候老化 (594h)	外观		无裂纹，无气泡，不黏结	
		纵向拉伸强度保持率(%)，≥		80	
		纵向断裂伸长率保持率(%)，≥		70	
		低温弯折性		-20℃，无裂纹	

③氯化聚乙烯-橡胶共混防水卷材物理力学性能见表 5-71。

表 5-71 氯化聚乙烯-橡胶共混防水卷材物理力学性能

序号	项目		指标	
			S型	N型
1	拉伸强度(MPa)，≥		7.0	5.0
2	断裂伸长率(%)，≥		400	250
3	直角形撕裂强度(kN/m)，≥		24.5	20.0
4	不透水性(30min)		0.3MPa 不透水	0.2MPa 不透水
5	热老化保持率 (80±2℃，168h)	拉伸强度(%)，≥	80	
		断裂伸长率(%)，≥	70	
6	脆性温度(℃)，≤		-40	-20
7	臭氧老化 500pphm，168h×40℃，静态		伸长率 40% 无裂纹	伸长率 20% 无裂纹
8	黏结剥离强度 (卷材与卷材)	≥	2.0kN/m	
		浸水 168h，保持率(%)，≥	70	
9	热处理尺寸变化率(%)，≤		+1	+2
			-2	-4

④高分子防水材料物理性能见表 5-72。

表 5-72 均质片的物理性能

项目		指标									
		硫化橡胶类				非硫化橡胶类			树脂类		
		JL1	JL2	JL3	JL4	JF1	JF2	JF3	JS1	JS2	JS3
断裂拉伸强度(MPa)	常温,≥	7.5	6.0	6.0	2.2	4.0	3.0	5.0	10	16	14
	60℃,≥	2.3	2.1	1.8	0.7	0.8	0.4	1.0	4	6	5
扯断伸长率(%)	常温,≥	450	400	300	200	400	200	200	200	550	500
	−20℃,≥	200	200	170	100	200	100	100	15	350	300
撕裂强度(kN/mm),≥		25	24	23	15	18	10	10	40	60	60
不透水性(30min)		0.3MPa无渗漏		0.2MPa无渗漏		0.3MPa无渗漏		0.2MPa无渗漏		0.3MPa无渗漏	
低温弯折温度(℃),≤		−40	−30	−30	−20	−30	−20	−20	−20	−35	−35
加热伸缩量(mm)	延伸,≤	2	2	2	2	2	4	4	2	2	2
	收缩,≤	4	4	4	4	4	6	10	6	6	6
热空气老化(80℃×168h)	断裂拉伸强度保持率(%),≥	80	80	80	80	90	60	80	80	80	80
	扯断伸长率保持率(%),≥	70	70	70	70	70	70	70	70	70	70
耐碱性[饱和 $Ca(OH)_2$ 溶液常温×168h]	断裂拉伸强度保持率(%),≥	80	80	80	80	80	70	70	80	80	80
	扯断伸长率保持率(%),≥	80	80	80	80	90	80	70	80	90	90
臭氧老化(40℃×168h)	伸长率40%,500×10^{-8}	无裂纹	—	—	—	无裂纹	—	—	—	—	—
	伸长率20%,500×10^{-8}	—	无裂纹	—	—	—	—	—	—	—	—
	伸长率20%,100×10^{-8}	—	—	无裂纹	无裂纹	—	无裂纹	无裂纹	—	—	—
人工气候老化	断裂拉伸强度保持率(%),≥	80	80	80	80	80	70	80	80	80	80
	扯断伸长率保持率(%),≥	70	70	70	70	70	70	70	70	70	70
粘接剥离强度(片材与片材)	标准试验条件,≥	1.5N/mm									
	浸水保持率(常温×168h)(%),≥	70									

注:1. 人工气候老化和黏合性能工卡为推荐项目。

2. 非外露使用可以不考核臭氧老化、人工气候老化、加热伸缩量、60℃断裂拉伸强度性能。

第六章

建筑结构工程施工记录（C5）

本章内容包括下列资料：

- 施工检查记录（通用）
- 测量记录
- 混凝土结构施工记录
- 砌体结构施工记录
- 屋面工程施工记录

第一节　施工检查记录(通用)

一、《施工检查记录》填写范例

施工检查记录(通用)		资料编号	×××
工程名称	××工程	检查项目	砌筑工程
检查部位	三层①～⑫/Ⓑ～Ⓚ轴墙体	检查日期	××年×月×日
检查依据： 1. 施工图纸：结施 1、结施 5。 2.《砌体工程施工质量验收规范》GB 50203—2011			
检查内容： 瓦工班 15 人砌筑①～⑫/Ⓑ～Ⓚ轴填充墙，材料采用蒸压加气混凝土砌块。在填充墙砌体施工过程中，严格按设计要求留设构造柱，填充墙与构造柱之间以 ϕ6 拉结筋连接。该部位填充墙于当日全部砌筑完成			
检查结论： 质检员检查时发现一处填充墙砌筑不合格(⑥/Ⓓ～Ⓔ轴　卧室)。经实测，该处墙体的垂直度、表面平整度的检查点实际偏差超过允许偏差的 1.5 倍；拉结筋埋入每边墙的长度小于 500mm，不符合规范要求。已责令瓦工班进行返工处理			
复查意见： 经检查：⑥/Ⓓ～Ⓔ轴卧室处填充墙返工重新砌筑，检查内容已整改完成，符合设计要求及《砌体工程施工质量验收规范》GB 50203—2011 规定 复查人：×××　　　　复查日期：××年×月×日			
施工单位	北京××建筑有限公司		
专业技术负责人	专业质检员	专业工长	
×××	×××	×××	

注：本表由施工单位填写。

二、《施工检查记录》填写说明

1. 表格解析

(1)责任部门：项目工程部、项目技术部。

(2)提交时限：检查合格后 1d 内完成，检验批验收前提交。

(3)填写与主要签认责任：质检员、工长。

2. 相关规定及要求

按照现行规范要求应进行施工检查的重要工序，且无相应施工记录表格的，应填写本表，本表适用于各专业。对于施工过程中影响质量、观感、安装、人身安全的工序，尤其是建筑与结构工程中的砌筑工程、装饰装修工程等应在过程中做好过程控制检查并填写本表。

第二节 测 量 记 录

一、《工程定位测量记录》填写范例

<table>
<tr><td colspan="2">工程定位测量记录</td><td>资料编号</td><td>×××</td></tr>
<tr><td>工程名称</td><td>××工程</td><td>委托单位</td><td>××房地产开发公司</td></tr>
<tr><td>图纸编号</td><td>总平面、首层建筑平面、基础平面</td><td>施测日期</td><td>××年×月×日</td></tr>
<tr><td>平面坐标依据</td><td>北京市测绘院×××普测×××号</td><td>复测日期</td><td>××年×月×日</td></tr>
<tr><td>高程依据</td><td>北京市测绘院×××普测×××号</td><td>使用仪器</td><td>GTS-3002N(OS0284)
NA724(5230718)</td></tr>
<tr><td>允许误差</td><td>$i<1/7500,\alpha<\pm 26'',h\leqslant\pm 5\sqrt{n}$ mm</td><td>仪器
校验日期</td><td>GTS-3002N ××年×月×日
NA724 ××年×月×日</td></tr>
<tr><td colspan="4">定位抄测示意图：
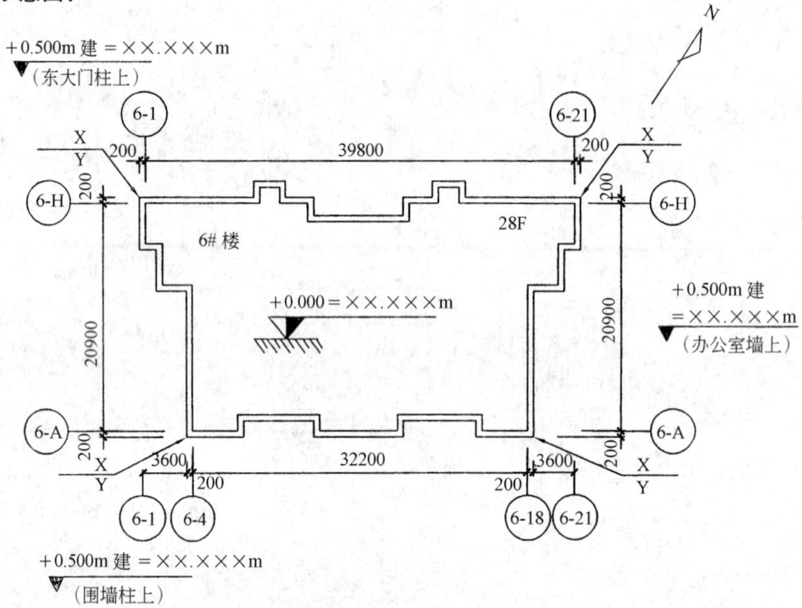
</td></tr>
<tr><td colspan="4">复测结果：
经核对：上图楼座坐标；规划总图、施工图、测绘成果一致资料合格。
经实测：1. 现场桩点最大误差小于±3mm；角度小于±15″；
2. 引测施工现场的三个施工标高+0.500m 建=××.×××m 误差均在 2mm 以内</td></tr>
</table>

<table>
<tr><td rowspan="3">签字栏</td><td rowspan="2">施工单位</td><td rowspan="2">××建筑
有限公司</td><td>专业技术负责人</td><td>测量负责人</td><td>复测人</td><td>施测人</td></tr>
<tr><td>×××</td><td>×××</td><td>×××</td><td>×××</td></tr>
<tr><td>监理(建设)
单位</td><td colspan="3">××建设监理有限公司</td><td>专业工程师</td><td>×××</td></tr>
</table>

注：本表由施工单位填写。

工程定位测量记录		资料编号	×××
工程名称	××工程	委托单位	××房地产开发公司
图纸编号	建 01、建 04、结 05	施测日期	××年×月×日
平面坐标依据	北京××测绘公司××号导 1、导 2、导 3	复测日期	××年×月×日
高程依据	北京××测绘公司××号 BM1、BM2、BM3	使用仪器	GTS-3002N(OS0284) NA724(5230718)
允许误差	$i<1/7500$；$\alpha<\pm26''$；$h\leqslant\pm5\sqrt{n}$ mm	仪器 校验日期	GTS-3002N ××年×月×日 NA724 ××年×月×日

定位抄测示意图:

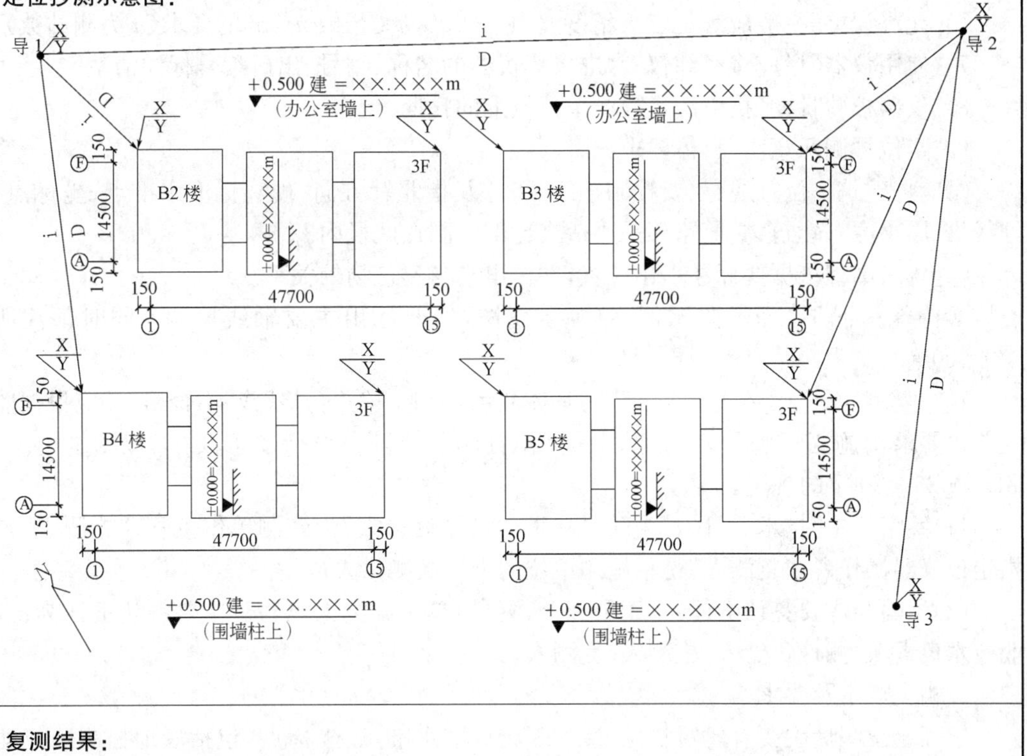

复测结果:

1. 经核对:上述楼座坐标、规划总图、施工图一致。

2. 用导 1、导 2、导 3 实测楼座桩后经复测最大误差在±3mm 以内,角度小于±10″。

3. 经北京××××测绘公司规划验线(见×××验线成果单),桩位误差均在 10mm 以内。

符合设计施工图尺寸及建筑工程施工测量规程精度要求

签字栏						
签字栏	施工单位	××建筑有限公司	专业技术负责人	测量负责人	复测人	施测人
			×××	×××	×××	×××
	监理(建设)单位	××建设监理有限公司			专业工程师	×××

注:本表由施工单位填写。

二、《工程定位测量记录》填写说明

1. 表格解析

(1)提交时限:定位完成后 2d 内提交。

(2)填写要点。

1)“工程名称”与施工图纸中的图签一致。

2)“委托单位”指业主或总承包单位。

3)“图纸编号”填写施工图纸编号,如总平面、首层建筑平面、基础平面。

4)“施测日期、复测日期”按实际日期填写。

5)“平面坐标依据、高程依据”是由测绘院或建设单位提供,应以市规划委员会钉桩坐标为标准。在填写时要写明点位编号,且与交桩资料中的点位编号一致。

6)“允许误差”一般应满足三级精度 $i<1/10000$,$h\leqslant\pm6\sqrt{n}$mm 的要求(n 为测站数)。

7)“使用仪器”栏应将经纬仪、水准仪等仪器的名称、型号、出厂编号标注清楚。

8)“仪器校验日期”指由法定检测单位校准的日期。

9)“定位抄测示意图”具体要求:

①应将建筑物位置线、重要控制轴线、尺寸及指北针方向、现场标准水准点、坐标点、红线桩、周边原有建筑物、道路等采用适当比例绘制在此栏内。

②坐标、高程依据要标注引出位置,并标出它与建筑物的关系。

③特殊情况下,可不按比例,只画示意图,但要标出主要轴线尺寸。同时须注明±0.000绝对高程。

10)“复测结果”栏必须填写复测的具体数字,不能只写“合格”或“不合格”。应根据监理单位要求由施工(测量)单位采用计算机打印。如符合设计要求及《工程测量规范》GB 50026—2007 的规定。

11)签字栏中“技术负责人”为项目总工;“测量负责人”为施测单位主管;“施测人”是指定位仪器操作者,“复测人”是指施测单位的上一级测量人员。

(3)填写与主要签认责任:本表由施工(测量)单位施测人填写。主要签认责任为:专业技术负责人、测量负责人、施测人、复测人。

2. 相关规定及要求

工程定位测量主要有建筑物位置线、现场标准水准点、坐标点(包括场地控制网或建筑物控制网、标准轴线桩等)。测绘部门根据《建设工程规划许可证》(含附件、附图)批准的建筑工程位置及标高依据,测定出建筑物红线桩。

建筑物位置线:施工测量单位(指专业测量单位)应根据测绘部门提供的放线成果、红线桩及场地控制网(或建筑物控制网),测定建筑物位置、主控轴线及尺寸,做出平面控制网并绘制成图。

标准水准点:标准水准点由规划部门提供,用来作为引入拟建建筑物标高的水准点,一般为 2～3 点,在使用前必须进行校核,测定建筑物±0.000 绝对高程。

三、《楼层平面放线及标高实测记录》填写范例

<table>
<tr><td colspan="2">楼层平面放线及标高实测记录</td><td>资料编号</td><td>×××</td></tr>
<tr><td>工程名称</td><td>××工程</td><td>日　期</td><td>××年×月×日</td></tr>
<tr><td>放线部位</td><td>首层⑥～⑩/(1/B)～(1/N)轴</td><td>放线内容</td><td>墙柱轴线、边线、门窗洞口线</td></tr>
<tr><td colspan="4">放线依据：
1. 定位控制桩⑥⑦⑩(1/B)(1/G)(1/M)。
2. 施工高程控制网 BM1、BM2。
3. 首层建筑平面图××、结构图××。
4. 施工测量方案。
5. 建筑工程施工测量规程</td></tr>
</table>

放线简图：

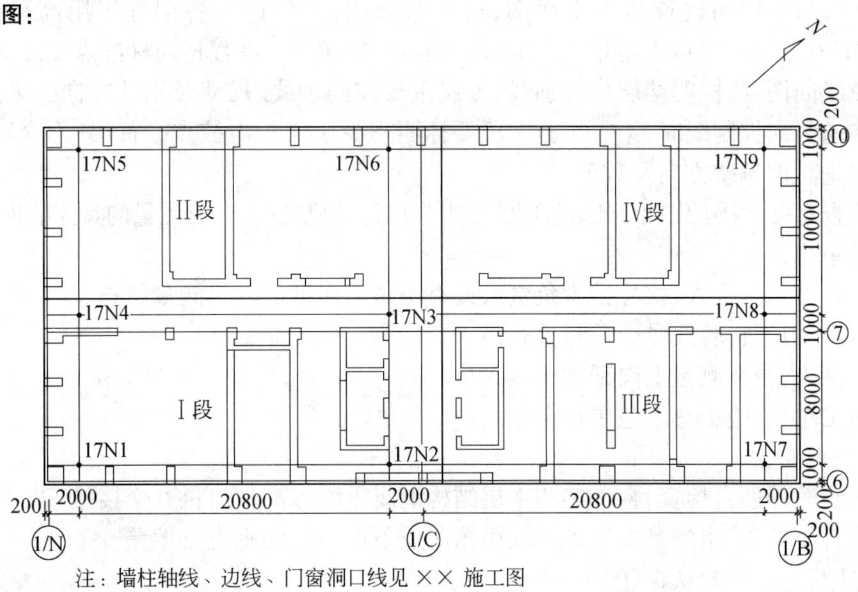

注：墙柱轴线、边线、门窗洞口线见 ×× 施工图

检查意见：

经核对：外控桩（坐标）尺寸、设计施工图及放线成果资料一致无误。

经查验：1. 控制段轴线尺寸误差在±5mm 以内，角度±10″以内；

2. 各轴线、墙柱边线、借线、门窗洞口线误差均在±2mm 以内；

3. 内控点间距尺寸误差在 2mm，角度±5″以内；

4. 本层结构面标高－0.100m 误差在±5mm 以内。

符合建筑工程施工测量规程精度要求

<table>
<tr><td rowspan="3">签字栏</td><td rowspan="2">施工单位</td><td rowspan="2">北京××建筑有限公司</td><td>专业技术负责人</td><td>专业质检员</td><td>施测人</td></tr>
<tr><td>×××</td><td>×××</td><td>×××</td></tr>
<tr><td>监理（建设）单位</td><td colspan="2">北京××建设监理有限公司</td><td>专业工程师</td><td>×××</td></tr>
</table>

注：本表由施工单位填写。

四、《楼层平面放线及标高实测记录》填写说明

1. 表格解析

(1)提交时限:放线完成后1d内提交。

(2)填写要点。

1)工程名称:与竣工图图签一致。

2)放线部位:标明某层及实测施工的轴线段。

3)放线内容:基础板底防水保护层面层及首层(含)以下各层:墙、柱轴线、边线、门窗洞口线;地上二层(含)、以上各层:墙、柱轴线、边线、门窗洞口线、垂直度偏差。

4)放线依据:

①采用外控投线方法的楼层。施工测量方案;建筑工程施工测量规程;定位外控桩×、×、×、×;×层的建筑××平面图、结构××图;首层用测绘院高程BM1、BM2、BM3。

②采用内控法竖向传递轴线的楼层。施工测量方案;建筑工程施工测量规程;内控点×、×、×、×;×层的建筑××平面图、结构××图;首层以下各层施工用高程控制网H1、H2、H3;二层(含)以上各层+0.500m=××.×××m高程传递标准点1、2、3。

5)放线简图:应标明楼层外轮廓线、楼层重要控制轴线、尺寸及指北方向。采用内控法向上传递竖向控制线时,第一个施工段要标明不少于4个内控点。首层(不含)以上各层应标明垂直度偏差方向及数值。

6)检查意见:由施工单位根据监理的要求采用计算机打印,应有测量的具体数据误差。

7)签字栏:

①专业技术负责人:栋号技术负责人或有测量上岗证的项目测量组长。

②专业质检员:验线员或质量检查员。

③实测人:指有测量上岗证的实测人员。

④施工单位:施工总承包单位全称。

(3)核查要点。

1)报验时辅助自检资料:①实测本层结构混凝土面标高;②自检(交接检)表。

2)垂直度偏差:指的是本层施工段阳角对应下面一层的垂直度偏差。

(4)填写与主要签认责任。

本表由施测人填写。主要签认责任为:施工单位专业技术负责人、专业质检员、施测人。

2. 相关规定及要求

结构施工期间、施工单位应依据施工图和施工测量方案、按照施工进度安排及时进行平面放线。

(1)楼层平面放线部位含基础板底,即垫层防水保护层上基础摞底线;地下、地上各楼层平面。

(2)当施工单位结构±0.000层完成后,业主应请有资质的测绘单位按规划位置进行实测并出具测绘成果,业主请规划行政主管部门进行验线,施工单位配合,在结构±0.000层经规划验线合格,方可继续向上施工。

(3)当主体结构完成封顶后,业主应报相应工程资料到规划行政主管部门进行工程主体建筑的总平面位置、层数和高度进行审核,审核合格后方可进行装修、装饰阶段。

五、《楼层平面标高抄测记录》填写范例

楼层平面标高抄测记录		资料编号	×××
工程名称	××工程	日　期	××年×月×日
抄测部位	五层⑥～⑫/Ⓐ～Ⓕ轴	抄测内容	墙柱＋0.500m建＝××.×××m

抄测依据：

1. 首层＋0.500m建＝××.×××m水平控制点。
2. 五层建筑平面图××××。
3. 施工测量方案。
4. 建筑工程施工测量规程

抄测说明：

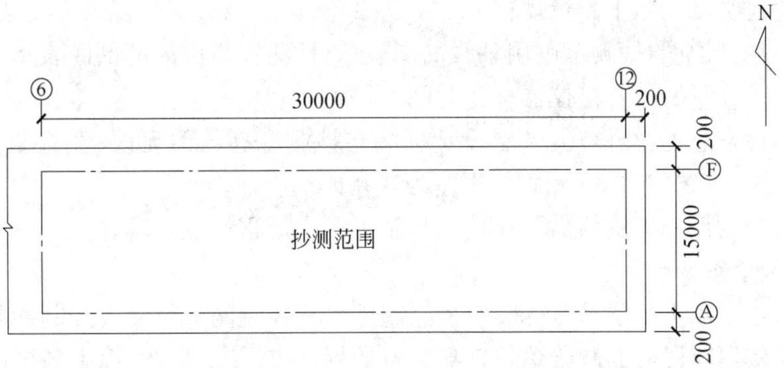

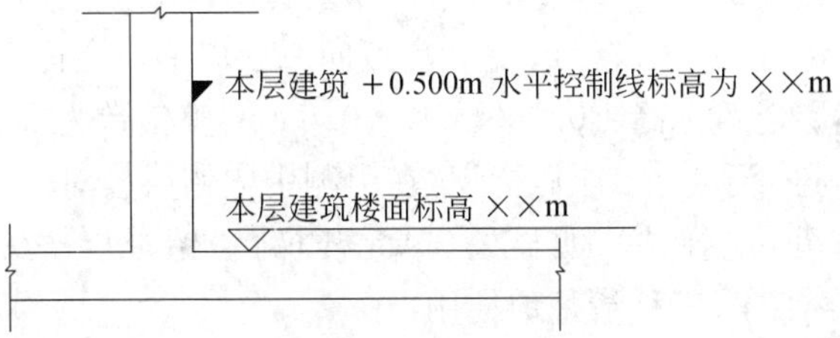

抄测仪器：NA724
出厂编号：5145654
检定日期：2015.03.18

检查意见：

经核对：楼层设计标高与抄测标高数值无误。

经查验：墙柱上抄测＋0.500m建＝××.×××m标高线误差在±2mm以内。

符合设计施工图标高及建筑工程施工测量规程精度要求

签字栏	施工单位	××建筑有限公司	专业技术负责人	专业质检员	施测人
			×××	×××	×××
	监理（建设）单位	××建设监理有限公司		专业工程师	×××

注：本表由施工单位填写。

六、《楼层平面标高抄测记录》填写说明

1. 表格解析

(1)提交时限:放线完成后 1d 内提交。

(2)填写要点。

1)编号:首层以下分部用 01-C3-001 顺码;首层以上分部用 02-C3-001 顺码;若分段抄测也应按顺码排序。

2)抄测部位:抄测的层数及抄测的施工段的轴线范围。

3)抄测内容:墙、柱上本层+0.500m 建=××.×××m 或+1.000m 建=××.×××m。

4)抄测依据:

①首层以下各层用施工高程控制网 H1、H2、H3;首层用有资质测绘单位抄测的 BM1、BM2、BM3 高程点;二层(含)以上各层+0.500m 建=×.×××m 高程传递控制点。

②所抄测楼层的建筑平面图××。

③施工测量方案。

④建筑工程施工测量规程。

5)抄测说明:抄测范围用轴线简图表示;抄测标高用局部剖面表示;抄测工具:注明仪器型号、出厂编号,合格仪器检定时间。

6)检查意见:经核对:楼层设计标高与抄测标高数值无误;经查验:墙柱上抄测+0.500m 建=××.××m 标高线误差为××mm。

符合设计施工图标高及建筑工程施工测量规程精度要求。

(3)检查要点。

1)首层以下各层抄测标高可依据施工高程控制网进行高程控制抄测。首层抄测标高控制点依据有资质的测绘单位现场留置的标高点。二层(含)以上各层部位抄测标高依据首层抄测的±0.000m 建或+0.500m 建或+1.000m 建标高点向二层以上传递标高。

2)各楼层抄测的标高均应以本层建筑标高±0.000m 的+0.500m 整倍数为准。

3)各楼层施工段引测标高点不应少于二个,应做标识,在引测中应错层校对。

4)楼层所抄测标高线应在关键处(电梯井)、明显处(单元楼梯口)留×层+0.500m 建××.×××m 标识供施工现场各工序、工种清楚地使用。

5)多层或高层建筑应事先详细查阅建筑剖面图中各层建筑标高与各楼层建筑标高是否一致,并做出楼层标高实测明细表,避免干一层查一层可能出现的隐患。

(4)填写与主要签认责任。

本表由施测人填写。主要签认责任:施工单位专业技术负责人、专业质检员、施测人。

2. 相关规定及要求

结构施工期间、施工单位应依据施工图和施工测量方案、按照施工进度安排及时进行标高抄测。施工单位应在完成标高抄测后,填写《标高抄测记录》报请监理单位审核。

控制楼层标高的抄测有两种方式:一种是在钢筋上、模板上抄测标高,供支模板、拆模板用;另一种是在墙、柱上抄测标高(0.500m 整倍数),结构、装修等各工种较长时限使用的标高线。

七、《建筑物垂直度、标高观测记录》填写范例

建筑物垂直度、标高观测记录		资料编号	×××
工程名称	××工程		
施工阶段	结构完成或工程竣工	观测日期	××年×月×日

观测说明(附观测示意图)：

1. 本工程为现浇混凝土框架结构。
2. 用2″精度铅直仪配合量距测得全高、垂直度。
3. 用检定合格50m钢尺外加三项改正量得总高偏差

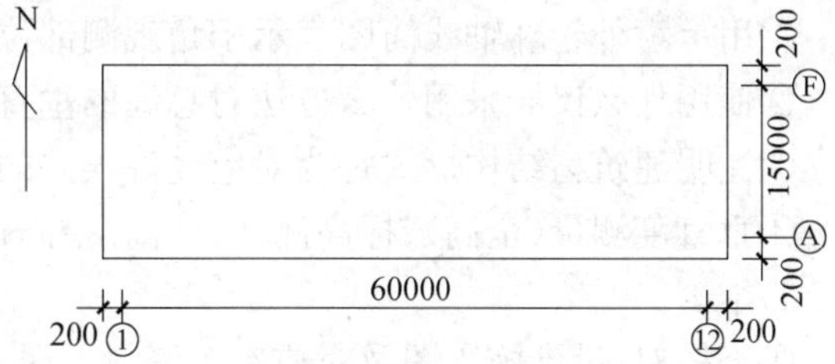

垂直度测量(全高) 60.800m		标高测量(全高) 60.800m	
观测部位	实测偏差(mm)	观测部位	实测偏差(mm)
①/Ⓐ	偏南 3	①/Ⓐ	+4
①/Ⓐ	偏西 3		
①/Ⓕ	偏北 2	①～Ⓕ	+3
①/Ⓕ	偏西 4		
⑫/Ⓐ	偏东 3	⑫/Ⓐ	+2
⑫/Ⓐ	偏南 3		
⑫/Ⓕ	偏北 4	⑫/Ⓕ	+3
⑫/Ⓕ	偏东 4		

结论：

经核对：设计施工图及对应有关资料无误。

经查验：总高垂直度偏差值及标高高差值在允许范围之内。

符合设计施工图及建筑工程施工测量规程精度要求

签字栏	施工单位	××建筑有限公司	专业技术负责人	专业质检员	施测人
			×××	×××	×××
	监理(建设)单位	××建设监理有限公司		专业工程师	×××

注：本表由施工单位填写。

八、《建筑物垂直度、标高观测记录》填写说明

1.表格解析

(1)提交时限:在每次测量后7d内提交。

(2)填写要点。

1)工程名称:同竣工图中图签一致。

2)施工阶段:结构完成或工程竣工。

3)观测说明:

①用示意外轮廓轴线简图表示阳角观测部位。

②使用什么仪器采用什么方法对总高的垂直度和总高进行了实测实量简明标注。

③注明建筑物结构形式是为对应允许误差的分类。

④垂直度测量(全高)、标高测量(全高)指阳角外檐总高度。

4)结论:

①经核对:设计施工图及对应有关资料无误。

②经查验:总高垂直度偏差值及标高高差值在允许范围之内。

③符合设计施工图及建筑工程施工测量规程精度要求。

(3)核查要点。

1)垂直度一个阳角有两个偏差值。

2)标高一个阳角有一个偏差值。

3)允许误差见表6-1~表6-3。

表6-1 建筑总高度(H)的铅垂度限差

建筑总高度(m)	限　　差(mm)
$30<H\leqslant 60$	10
$60<H\leqslant 90$	15
$90<H\leqslant 120$	20
$120<H\leqslant 150$	25
$150<H\leqslant 180$	30
$180<H$	符合设计要求

表6-2 建筑总高度(H)限差

建筑总高度(m)	限　　差(mm)
$30<H\leqslant 60$	±10
$60<H\leqslant 90$	±15
$90<H\leqslant 120$	±20

续表 6-2

建筑总高度(m)	限　差(mm)
120＜H≤150	±25
150＜H≤180	±30
180＜H	符合设计要求

表 6-3　混凝土工程、钢结构工程、砌体工程垂直度、标高允许偏差

项　目			允许偏差值(mm) 国家规范标准	允许偏差值(mm) 结构长城杯标准	检查方法
混凝土工程	垂直度	层高≤5m	8	5	经纬仪
混凝土工程	垂直度	层高＞5m	8	5	吊线
混凝土工程	垂直度	全高(H)	H/1000,且≤30	H/1000,且≤30	尺量
混凝土工程	标高	层高	±10	+5	水准仪
混凝土工程	标高	全高	±30	±30	水准仪
钢结构工程	垂直度	杯口、单节柱	H/1000,且≤10	8	经纬仪
钢结构工程	垂直度	单层结构跨中	H/250,且≤15	10	经纬仪
钢结构工程	垂直度	多层、高层整体结构	H/1000,且≤25	20	尺量
砌体工程	垂直度	每层	5	5	经纬仪
砌体工程	垂直度	全高 ≤10m	10	8	吊线
砌体工程	垂直度	全高 ＞10m	20	15	尺量

(4)填写与主要签认责任:本表由施测人填写。主要签认责任为:施工单位专业技术负责人、专业质检员、施测人。

2.相关规定及要求

为了控制建筑物垂直度、标高偏差、在结构工程完成和工程承竣工时对建筑物垂直度和全高进行测量和记录,并报监理单位审核。

(1)建筑物垂直度、标高是指完成建筑物主体结构和竣工时的外檐总高前提下的垂直度和标高偏差。

(2)《建筑物垂直度、标高观测记录》楼总高垂直度偏差与楼层《楼层平面放线》中楼层垂直度偏差不同。

(3)楼座外檐装修时应统一考虑楼总高垂直度偏差值及各楼层对应的垂直度偏差值。

(4)结构完成时总高度的垂直度偏差值及标高高差值肯定大于经过装修后的竣工时的垂直度偏差值和标高高差值。

第三节　混凝土结构施工记录

一、《隐蔽工程验收记录》填写范例

隐蔽工程验收记录(一)

工程名称	××工程	编　　号	×××
隐检项目	钢筋绑扎	隐检日期	××年×月×日
隐检部位	地上八层墙体　　Ⓐ～Ⓒ/①～⑤ 轴线　　25.40m 标高		

隐检依据：施工图号　结施 3　，设计变更/洽商/技术核定单(编号　　　　)及有关现行国家标准等。

主要材料名称及规格/型号：钢筋φ6、φ8、Φ12、Φ14

隐检内容：

1. 钢筋表面清洁无锈，无污染物；

2. 墙厚 300mm；墙体水平筋 HRB335Φ12@200 双排双向，拉筋φ6@600×600；墙体钢筋采用搭接连接，搭接长度为 49d(Φ12 取 588mm)，搭接范围内绑扎三个螺距，三道水平筋，接头错开 50%，接头中心错开 1.3 倍搭接长度(Φ12 取 765mm)。钢筋锚固长度为 35d(Φ12 取 420mm)；

3. 暗柱钢筋为 HRB335Φ14，箍筋为φ8@200，采用搭接连接，搭接率为 50%，接头错开 500mm；

4. 墙体保护层厚度为 15mm，柱保护层厚度为 30mm。采用塑料垫块，间距 600mm×600mm，梅花形布置，卡子开头向里；

5. 钢筋交叉点绑扎牢固，无脱钩、顺螺纹和松动现象，墙体设控制截面和间距的横竖梯子铁定位，竖向梯子铁立筋为 HRB 335Φ14，代替墙竖向钢筋；

6. 墙体水平筋距结构面 50mm 起步，立筋距暗柱主筋 50mm 起步，暗柱箍筋距结构面 50mm 起步

检查结论：

经检查钢筋品种、规格型号等符合设计要求，钢筋保护层、绑扎接头等符合施工质量验收规范的规定

☑同意隐蔽　　　　□不同意隐蔽，修改后复查

复查结论：

复查人：　　　　　　　　复查日期：

签字栏	施工单位	××建设集团有限公司	专业技术负责人	专业质检员	专业工长
			×××	×××	×××
	监理或建设单位	××工程建设监理有限公司		专业工程师	×××

隐蔽工程验收记录(二)

工程名称	××工程	编　号	×××
隐检项目	钢筋绑扎	隐检日期	××年×月×日
隐检部位	首层框架柱　Ⓐ～Ⓒ/①～⑤ 轴线　0.000～4.000m 标高		

隐检依据:施工图号 结施 3 ,设计变更/洽商/技术核定单(编号 　　)及有关现行国家标准等。

主要材料名称及规格/型号: 钢筋Φ30、Φ25、Φ12

隐检内容:

1. 钢筋表面清洁无锈,无污染物;
2. 柱规格为:800mm×800mm,角筋为4Φ30,其余主筋为16Φ25,箍筋为φ12、φ6肢箍。箍筋弯钩135°,平直段长度为12cm。箍筋加密区长度为800mm,加密区箍筋间距100mm,非加密区箍筋间距为150mm,角柱全程加密,梁柱核心区内钢筋加密,间距为100mm。柱钢筋连接采用直螺纹接头。上下钢筋偏移不得超过0.1d,接头轴线不得倾斜4°以上。接头距地面高度大于500mm;
3. 柱钢筋距结构面50mm高起步;
4. 柱保护层为30mm,使用塑料垫块,600mm×600mm梅花形布置;
5. 钢筋绑扎牢固,无脱螺纹及松动现象,柱顶设定位框

检查结论:

经检查钢筋品种、规格型号等符合设计要求,钢筋保护层、绑扎接头等符合施工质量验收规范的规定

☑同意隐蔽　　　□不同意隐蔽,修改后复查

复查结论:

复查人:　　　　　　复查日期:

签字栏	施工单位	××建设集团有限公司	专业技术负责人	专业质检员	专业工长
			×××	×××	×××
	监理或建设单位	××工程建设监理有限公司		专业工程师	×××

隐蔽工程验收记录(三)

<table>
<tr><td>工程名称</td><td>××工程</td><td>编　　号</td><td>×××</td></tr>
<tr><td>隐检项目</td><td>钢筋绑扎</td><td>隐检日期</td><td>××年×月×日</td></tr>
<tr><td>隐检部位</td><td colspan="3">二层顶板、梁　　Ⓐ～Ⓒ/①～⑤ 轴线　　8.00m 标高</td></tr>
</table>

隐检依据:施工图号　结施 3　,设计变更/洽商/技术核定单(编号＿＿＿＿)及有关现行国家标准等

主要材料名称及规格/型号:　钢筋ϕ 12、Φ 14、Φ 16、Φ 25、Φ 28

隐检内容:

1. 钢筋表面清洁无锈,无污染物;
2. 钢筋规格及间距:板厚 200mm,上铁 ϕ12@200,下铁Φ 14@180,板钢筋采用搭接连接,搭接长度为 49d(ϕ 12 为 588mm,Φ 14 为 686mm),板筋上下层之间用焊接马凳支撑,马凳高度为 128mm。马凳间距 1000mm;
3. 梁规格为 600mm×800mm,上铁为 6 Φ 25,下铁为 10 Φ 28,下铁分两层,上层 2 根,下层 8 根,上下两层钢筋间距 28mm。腰筋为 4 Φ 16,每侧两根,间距 200mm,梁主筋连接采用直螺纹连接。箍筋为ϕ 12,加密区长度为 2000mm,加密区箍筋间距 100mm,非加密区箍筋间距为 200mm;
4. 板保护层为 15mm,板筋下垫水泥砂浆垫块,垫块间距 1000mm,梅花形布置。梁保护层厚度 25mm,板下垫水泥砂浆垫块,沿梁方向垫两排;
5. 板钢筋由梁主筋外皮 50mm 处起步,梁箍筋由柱钢筋外皮 50cm 处起步;
6. 钢筋绑扎牢固,无脱螺纹及松动现象

检查结论:

经检查钢筋品种、规格型号等符合设计要求,钢筋保护层、绑扎接头等符合施工质量验收规范的规定

☑同意隐蔽　　　　□不同意隐蔽,修改后复查

复查结论:

复查人:　　　　　　　　复查日期:

<table>
<tr><td rowspan="3">签字栏</td><td rowspan="2">施工单位</td><td rowspan="2">××建设集团有限公司</td><td>专业技术负责人</td><td>专业质检员</td><td>专业工长</td></tr>
<tr><td>×××</td><td>×××</td><td>×××</td></tr>
<tr><td>监理或建设单位</td><td colspan="2">××工程建设监理有限公司</td><td>专业工程师</td><td>×××</td></tr>
</table>

隐蔽工程验收记录(四)

工程名称	××工程	编　　号	×××
隐检项目	钢筋接头(滚压直螺纹)	隐检日期	××年×月×日
隐检部位	地上二层墙柱　　⑨～⑳/Ⓑ～Ⓘ 轴线　　×× 标高		

隐检依据：施工图号　结施 1、结施 4、结施 9　，设计变更/洽商/技术核定单(编号　/　)及有关现行国家标准等

主要材料名称及规格/型号：Φ20、Φ22、Φ28 直螺纹套筒；钢筋 HRB 335　Φ20、Φ22、Φ28

隐检内容：

1. 套筒、钢筋的合格证等质量证明文件齐全。套筒表面有规格标记，两端螺纹孔有保护盖；
2. 钢筋端头螺纹加工按照标准规定，且牙形逐个进行量规检查，有螺纹加工检验记录，经检验合格；
3. 连接钢筋时，钢筋规格和连接套的规格一致，钢筋螺纹的形式、螺距、螺纹外径与连接套匹配。并确保钢筋和连接套的丝扣干净，完好无损；
4. 柱主筋>Φ18 时，采用滚压直螺纹，钢筋接头位置错开≥900mm，受压区同一截面接头的接头百分率不大于 50%；
5. 接头拼接完成后，应使两个丝头在套筒中央位置互相顶紧，套筒每端不得有 1 扣以上的完整丝扣外露，经力矩扳手抽样检验全部合格；

隐检内容已做完，请予以检查

检查结论：

经检查：套筒的规格、型号以及钢筋的品种、规格符合设计要求；钢筋连接符合《钢筋机械连接技术规程》JGJ 107—2010 的规定，同意进入下道工序

☑同意隐蔽　　　　□不同意隐蔽，修改后复查

复查结论：

复查人：　　　　　　　　复查日期：

签字栏	施工单位	××建设集团有限公司	专业技术负责人	专业质检员	专业工长
			×××	×××	×××
	监理或建设单位	××工程建设监理有限公司		专业工程师	×××

隐蔽工程验收记录(五)

工程名称	××工程	编　号	×××
隐检项目	预应力筋制作与安装	隐检日期	××年×月×日
隐检部位	地上一层　①～⑨/Ⓑ～Ⓖ 轴线　－0.050m 标高		

隐检依据:施工图号 结施 6 ,设计变更/洽商/技术核定单(编号 /)及有关现行国家标准等

主要材料名称及规格/型号: 钢绞线(1860MPa)、挤压锚(BSMJ 15)

隐检内容:

1. 预应力筋的规格、数量、位置、形状符合设计及规范要求;
2. 端部预埋垫板的数量、位置符合设计及规范要求;
3. 预应力筋下料长度 1# 63.7m、2# 51.1m、3# 19m、14# 12m、16# 26.2m、21# 21.4m、22# 44.1m、23# 9.2m、30# 14.4m、31# 27.3m;
4. 预应力筋下料用砂轮切割机切断;
5. 预应力筋竖向位置偏差符合设计及规范要求;
6. 预应力筋固定牢固,护套完整;

隐检内容已做完,请予以检查

检查结论:

经检查,上述项目均符合设计要求及《混凝土结构工程施工质量验收规范》GB 50204—2015 的规定

☑同意隐蔽　　☐不同意隐蔽,修改后复查

复查结论:

复查人:　　　　复查日期:

签字栏					
签字栏	施工单位	××建设集团有限公司	专业技术负责人	专业质检员	专业工长
			×××	×××	×××
	监理或建设单位	××工程建设监理有限公司		专业工程师	×××

二、《交接检查记录》填写范例

<table>
<tr><td colspan="3">交接检查记录</td><td>资料编号</td><td>×××</td></tr>
<tr><td>工程名称</td><td colspan="4">××工程</td></tr>
<tr><td>移交单位名称</td><td colspan="2">×××</td><td>接收单位名称</td><td>×××</td></tr>
<tr><td>交接部位</td><td colspan="2">地下一层水泵房水泵基础</td><td>检查日期</td><td>××年×月×日</td></tr>
<tr><td colspan="5">交接内容：
检查××建设集团有限公司施工的水泵房内水泵基础的坐标、标高、几何尺寸、预留螺栓孔的尺寸情况以及基础混凝土强度等项目。</td></tr>
<tr><td colspan="5">检查结果：
经双方检查，水泵基础坐标、标高均符合设计和施工质量验收规范的要求；基础长 1500 mm、宽 700 mm、高 350 mm，符合水泵产品说明书的要求；预留螺栓孔的深度、大小符合水泵产品要求；基础混凝土强度已达到设计要求。
双方同意移交。由××机电工程有限公司接收并进行成品保护，可以进行水泵稳装施工工序的施工</td></tr>
<tr><td colspan="5">复查意见：

复查人：　　　　复查日期：</td></tr>
<tr><td rowspan="2">签字栏</td><td colspan="2">移交单位</td><td colspan="2">接收单位</td></tr>
<tr><td colspan="2">×××</td><td colspan="2">×××</td></tr>
</table>

注：本表由移交单位填写。

三、《交接检查记录》填写说明

本表用于某工序完成后，移交下道工序时；某分项（分部）工程完成后，由一个施工单位向另一施工单位进行移交；工程施工未完，施工单位变换，应办理交接检查时责任部门检查用表。

1. 表格解析

(1)责任部门：移交单位，接收单位。

(2)提交时限：交接完毕后 1d 内提交。

(3)填写要点。

1)“交接检查记录”由移交单位形成，其中表头和“交接内容”由移交单位填写，“检查结论”由接收单位填写，“复查结论”由接收单位填写。

2)移交、接收和见证单位应根据实际检查情况，对质量情况、遗留问题、工序要求、注意事项、成品保护等进行记录。

3)见证单位：在总包管理范围内的分包单位之间移交时，见证单位为总包单位；当总包单位和其他专业分包单位之间移交时，见证单位为建设（监理）单位。

4)由移交、接收和见证单位共同签认的“交接检查记录”方可生效。

2. 相关规定及要求

(1)建筑与结构工程应做交接检查的项目。

1)支护与桩基工程完工移交给结构工程。

2)初装修完工移交给精装修工程。

3)设备基础完工移交给机电设备安装。

4)结构工程完工移交给幕墙工程等。

(2)交接内容。

1)桩（地）基工程与混凝土结构工程之间的交接。主要检查桩（地）基是否完成、桩（地）基检验检测、桩位偏移和桩顶标高、桩头处理、缺陷桩的处理、竣工图与现场的对应关系、场地平整夯实，是否完全具备进行混凝土结构工程施工的条件等。

2)混凝土结构工程与钢结构工程之间的交接。主要检查：结构的标高、轴线偏差，结构构件的实际偏差及外观质量情况，钢结构预埋件规格、数量、位置，混凝土的实际强度是否满足钢结构施工对相关混凝土强度的要求，是否具备进行钢结构工程施工的条件等。如钢结构工程移交给混凝土结构施工重点检查内容，构件轴线位置、标高的复查，构件外观质量，焊缝探伤检测，与混凝土构件对应关系（如钢筋穿孔位置等）、混凝土构件的外观完好等情况。

3)初装修工程与精装修工程之间的交接。主要检查：结构标高、轴线偏差，结构构件尺寸偏差，填充墙体、抹灰工程质量，相邻楼地面标高，门窗洞口尺寸及偏差，水、暖、电等预埋或管线是否到位，是否具备进行精装修工程施工的条件等。

4)建筑地面工程施工前，应有承接方与完成方进行交接检查，检查垫层下沟槽、暗管等是否已通过隐蔽工程验收，基层标高是否符合设计要求。防水施工人员应有有效岗位证书。

5)吊顶工程施工前,应由承接方与完成方对房间净高、洞口标高和吊顶内的管道、设备及其支架的标高进行交接检查。

6)轻质隔墙施工前,应由承接方与完成方进行交接检查,检查顶棚和墙体抹灰是否完成,基底含水率是否达到装饰要求。

7)饰面板(砖)工程施工前,应有承接方与完成方进行交接检查,检查顶棚和墙体抹灰是否完成,基底含水率是否达到装饰要求,水电及设备、墙上预留埋件是否安装完毕。

8)涂饰工程施工前,应有承接方与完成方对墙面的干燥度(含水率)、各种穿墙管洞抹灰处理进行交接检查。

9)裱糊与软包工程施工前,应由承接方与完成方对墙面的干燥度(含水率)、管线和埋件等预留预埋、吊顶和地面工程是否完成等进行交接检查。

10)细部工程施工前,应由承接方与完成方对门窗洞口长宽尺寸、垂直度、平整度、连接件位置、墙面及地面抹灰等进行交接检查。

11)幕墙工程施工前,主体结构分部工程应通过质量验收。可能对幕墙造成严重污染的分项工程应完成,土建已移交控制线和基准线。

四、《混凝土浇灌申请书》填写范例

混凝土浇灌申请书		资料编号	×××
工程名称	××工程	申请浇灌日期	××年×月×日 8 时
申请浇灌部位	地上五层⑨～⑮/①～Ⓟ轴墙柱	申请方量(m^3)	89
技术要求	坍落度 180mm，初凝时间 2h	强度等级	C45
搅拌方式 (搅拌站名称)	××混凝土公司	申请人	×××
依据：施工图纸(施工图纸号 结施 9)、设计变更/洽商(编号 /)和有关规范、规程。			
施工准备检查		专业工长 (质量员)签字	备　注
1. 隐检情况：☑已　□ 未完成隐检。		×××	
2. 预检情况：☑已　□ 未完成预检。		××	
3. 水电预埋情况：☑ 已　□ 未完成并未经检查。		×××	
4. 施工组织情况：☑已　□ 未完备。		×××	
5. 机械设备准备情况：☑ 已　□ 未准备。		××	
6. 保温及有关准备：☑ 已　□ 未完备。		×××	
审批意见： 原材料、机械设备及施工人员已就位。 施工方案及技术交底工作已落实。 计量设备已准备完毕。 各种隐检、水电预埋工作已完成 审批结论：　☑ 同意浇筑　□ 整改后自行浇筑　□ 不同意，整改后重新申请 审批人：×××　　审批日期：　××年×月×日 施工单位名称：××建设集团有限公司			

注：1. 本表由施工单位填写。

2. “技术要求”栏应依据混凝土合同的具体要求填写。

五、《混凝土开盘鉴定》填写范例

<table>
<tr><td colspan="5">混凝土开盘鉴定</td><td colspan="2">编　　号</td><td colspan="2">×××</td></tr>
<tr><td>工程名称及部位</td><td colspan="4">××工程
四层①～⑤/Ⓙ～Ⓝ轴框架柱</td><td colspan="2">鉴定编号</td><td colspan="2">×××</td></tr>
<tr><td>施工单位</td><td colspan="4">×××项目部</td><td colspan="2">搅拌方式</td><td colspan="2">强制式搅拌机</td></tr>
<tr><td>强度等级</td><td colspan="4">C35</td><td colspan="2">要求坍落度(mm)</td><td colspan="2">160～180</td></tr>
<tr><td>配合比编号</td><td colspan="4">××××-0682</td><td colspan="2">试配单位</td><td colspan="2">××中心实验室</td></tr>
<tr><td>水灰比</td><td colspan="4">0.46</td><td colspan="2">砂率（%）</td><td colspan="2">42</td></tr>
<tr><td>材料名称</td><td>水泥</td><td>砂</td><td>石</td><td>水</td><td colspan="2">外加剂</td><td colspan="2">掺合料</td></tr>
<tr><td>每立方米用料(kg)</td><td>323</td><td>773</td><td>1053</td><td>180</td><td>8.7</td><td></td><td>91</td><td></td></tr>
<tr><td rowspan="2">调整后每盘用料(kg)</td><td colspan="4">砂含水率　5.4%</td><td colspan="4">石含水率　0.2%</td></tr>
<tr><td>162</td><td>407</td><td>528</td><td>68</td><td>44</td><td></td><td>46</td><td></td></tr>
</table>

<table>
<tr><td rowspan="4">鉴定结果</td><td rowspan="2">鉴定项目</td><td colspan="3">混凝土拌合物性能</td><td rowspan="2">混凝土试块抗压强度(MPa)</td><td rowspan="2">原材料与申请单是否相符</td></tr>
<tr><td>坍落度(mm)</td><td>保水性</td><td>黏聚性</td></tr>
<tr><td>设计</td><td>160～180</td><td></td><td></td><td rowspan="2">42.2</td><td rowspan="2">相符合</td></tr>
<tr><td>实测</td><td>170</td><td>良好</td><td>合格</td></tr>
<tr><td colspan="7">鉴定结论：
混凝土配合比中，组成材料与现场施工所用材料相符合，混凝土拌合物性能满足要求。
同意 C35 混凝土开盘鉴定结果，鉴定合格</td></tr>
</table>

建设(监理)单位	混凝土试配单位负责人	施工单位技术负责人	搅拌机组负责人
×××	×××	×××	×××
鉴定日期	××年×月×日		

六、《混凝土开盘鉴定》填写说明

1.表格解析

(1)表中各项都应根据实际情况填写清楚、齐全,不得有缺项、漏项。要有明确的鉴定结果和鉴定结论,签字齐全。

(2)坍落度和维勃稠度都是混凝土拌合物稠度指标,坍落度适用于塑性和流动性混凝土拌合物,维勃稠度适用于干硬性拌合物。坍落度和维勃稠度只能填写一个,坍落度或维勃稠度的允许偏差应分别符合表6-4、表6-5中的规定。

表6-4 坍落度允许偏差

坍落度(mm)	允许偏差(mm)
≤40	±10
50～90	±20
≥100	±30

表6-5 维勃稠度允许偏差

维勃稠度(s)	允许偏差(mm)
≤10	±3
11～20	±4
21～30	±6

(3)混凝土所用的主要原材料:水泥、砂、石、外加剂等应与配合比中材料吻合,如有变化应调整配合比。

(4)混凝土试配配合比应换算为实际使用配合比。

根据现场砂、石的含水率,换算出实际单方混凝土加水量及砂、石用量。

实际加水量=配合比中的用水量-砂用量×砂含水率-石用量×石含水率。

砂实际用量=配合比中砂用量×(1+砂含水率)。

石实际用量=配合比中石用量×(1+石含水率)。

2.相关规定及要求

(1)用于承重结构及抗渗防水工程使用的混凝土,开盘鉴定是指第一次使用的配合比,第一盘搅拌时的鉴定。

(2)采用预拌混凝土的,应对首次使用的混凝土配合比在混凝土出厂前,由混凝土供应单位自行组织相关人员进行开盘鉴定。

(3)采用现场搅拌混凝土的,应由项目部组织监理单位、搅拌机组、混凝土试配单位进行开盘鉴定工作,共同认定实验室签发的混凝土配合比确定的组成材料是否与现场施工所用材料相符,以及混凝土拌合物性能是否满足设计要求和施工需要。开始生产时应至少留置一组标准养护试件,作为验证配合比的依据。

(4)混凝土开盘鉴定的主要内容。

1)施工单位。

2)工程名称及部位。

3)强度等级、要求坍落度。

4)配合比编号、试配单位、水灰比、砂率。

5)原材料、配合比。

6)计量和搅拌、拌合物坍落度。

7)鉴定结果、试块抗压强度。

8)参加开盘鉴定各单位代表签字或盖章。

七、《混凝土拆模申请单》填写范例

混凝土拆模申请单				资料编号	×××
工程名称		××工程			
申请拆模部位		地上二层①～⑨/Ⓑ～Ⓔ轴顶板、梁			
混凝土强度等级	C25	混凝土浇筑完成时间	××年×月×日	申请拆模日期	××年×月×日
构件类型 （注：在所选择构件类型的□内划“√”）					
□墙	□柱	板： □跨度≤2m ☑2m＜跨度≤8m □跨度＞8m	梁： ☑跨度≤8m □跨度＞8m	□悬壁构件	______ ______ ______
拆模时混凝土强度要求		龄期 （d）	同条件混凝土抗压强度 （MPa）	达到设计强度等级 （%）	强度报告编号
应达到设计强度__75__% （或____MPa）		18	21.5	86	××－01880
审批意见： 地上二层①～⑨/Ⓑ～Ⓔ轴顶板、梁的同条件养护试件强度达到设计强度等级的86%（附同条件混凝土强度报告），符合《混凝土结构工程施工质量验收规范》GB 50204—2015规定，同意拆模 批准拆模日期：××年×月×日					
施工单位		××建设集团有限公司			
专业技术负责人		专业质检员		申请人	
×××		×××		×××	

注：本表由施工单位填写。

八、《混凝土拆模申请单》填写说明

1. 表格解析

(1)责任部门:项目工程部、质量部。

(2)填写要点。

1)"申请拆模部位":按实际拆模部位填写。

2)"构件类型":在所选择构件类型的□内划"√";表内"拆模时混凝土强度要求,龄期,同条件混凝土抗压强度,达到设计强度等级,强度报告编号"按同条件混凝土强度报告试验结果填写。

3)"审批意见":应由项目技术负责人或专业质检员填写。对是否同意拆模、施工禁忌、注意事项等提出意见。

4)如结构形式复杂(结构跨度变化较大)或平面不规则,应附拆模平面示意图。

2. 相关规定及要求

(1)在拆除现浇混凝土结构板、梁、悬臂构件等底模和柱墙侧模前,项目模板责任工长应进行拆模申请,报项目专业技术负责人审批,通过后方可拆模,形成《混凝土拆模申请单》(水平结构构件模板拆除应附同条件混凝土强度报告)。按照《混凝土结构工程施工质量验收规范》GB 50204—2015 的规定,施工单位与监理单位应及时在拆模后共同对现浇混凝土的外观质量和尺寸偏差进行全数检查。

(2)梁、板模板拆除应具备的条件。底模及其支架拆除时的混凝土强度应符合设计要求;当设计无具体要求时,混凝土强度应符合表 6-6 的规定。

表 6-6 底模拆除时的混凝土强度要求

构件类型	构件跨度(m)	达到设计的混凝土立方体抗压强度标准值的百分率(%)
板	≤2	≥50
	>2,≤8	≥75
	>8	≥100
梁、拱、壳	≤8	≥75
	>8	≥100
悬臂构件	—	≥100

(3)墙、柱模板拆除应具备的条件。

1)在常温下,墙、柱侧模应保证结构不变形,棱角完整的情况下拆除。

2)冬施侧模拆除,要求混凝土强度达到 1MPa 可松动螺栓,待混凝土强度达到 4MPa 方可拆模;或者拆除模板后立即覆盖,待混凝土强度达到 4MPa 时拆除保温,严防低温下模板拆除过早,出现混凝土粘连。

(4)对后张法预应力混凝土结构构件,侧模宜在预应力张拉前拆除;底模支架的拆除应按施工技术方案执行,当无具体要求时,不应在结构构件建立预应力前拆除。

(5)后浇带模板拆除应具备的条件。后浇带处混凝土不连续,较易出现安全和质量问题,故此部分模板拆除和支顶应在施工技术方案中明确规定。

九、《混凝土搅拌测温记录》填写范例

混凝土搅拌测温记录								资料编号		×××	
工程名称				××工程							
混凝土强度等级				C25				坍落度		80mm	
水泥品种及强度等级				P·O 42.5				搅拌方式		机械	
测温时间				大气温度(℃)	原材料温度(℃)				出罐温度(℃)	入模温度(℃)	备注
年	月	日	时		水泥	砂	石	水			
××	12	1	10	+5	+5	+16	+4	+62	+18	+16	现场搅拌
××	12	1	12	+6	+5	+15	+4	+61	+18	+16	现场搅拌
××	12	1	14	+8	+5	+12	+5	+65	+20	+17	现场搅拌
××	12	1	16	+6					+18	+15	预拌混凝土
××	12	1	18	+5					+19	+16	预拌混凝土
××	12	1	20	+2					+17	+15	预拌混凝土
××	12	1	22	0					+18	+16	预拌混凝土
××	12	1	24	−2					+19	+16	预拌混凝土
施工单位				××建设集团有限公司							
专业技术负责人				专业质检员					记录人		
×××				×××					×××		

注：本表由施工单位填写。

十、《混凝土搅拌测温记录》填写说明

1. 表格解析

(1)责任部门:项目工程部。

(2)提交时限:冬期施工期间按周或月提交。

(3)填写要点。

1)应按照工作班进行记录。

2)同一配合比编号的混凝土,每一工作班测温不宜少于 4 次。

3)温度测试精确至 0.1℃。

4)对于预拌混凝土只作大气温度、出罐温度、入模温度的测温记录。

5)“备注”栏应填写“现场搅拌”或“预拌混凝土”。表格中各温度值需标注正负号。

(4)填写与主要签认责任:工长、测温员。

2. 相关规定及要求

(1)冬期混凝土施工时,应进行搅拌测温(包括现场搅拌、预拌混凝土)并记录。混凝土冬施搅拌测温记录包括大气温度、原材料温度、出罐温度、入模温度等。测温的具体要求应有书面技术交底,执行人必须按照规定操作。

(2)原材料加热的原则。

冬期施工混凝土原材料一般需要加热,加热时应优先采用加热水的方法。加热温度根据热工计算确定,但不得超过表 6-7 的规定。如果将水加热到最高温度,还不能满足混凝土温度的要求,再考虑加热骨料。

表 6-7 拌和水及骨料加热最高温度(℃)

项次	项　目	拌和水	骨料
1	强度等级＜52.5 的普通硅酸盐水泥、矿渣硅酸盐水泥	80	60
2	强度等级≥52.5 的普通硅酸盐水泥、硅酸盐水泥	60	40

对拌和水加热的要求是水温准确,供应及时,保持先后用水温度一致。

当自然气温较低,只加热拌和水尚无法满足拌合物出机温度的要求时,对于骨料,首先是砂,其次是石子也要加热。

在骨料中,不应夹杂有冰屑、雪团和冻块。水泥在任何情况下都不准加热,但在使用前应存放在棚内预温,这对混凝土达到规定的温度是有利的。

十一、《混凝土养护测温记录》填写范例

混凝土养护测温记录														资料编号			×××		
工程名称			××工程																
部　　位			二层Ⅰ段内墙					养护方法				综合蓄热法				测温方式		温度计	
测温时间			大气温度(℃)	各测孔温度(℃)												平均温度(℃)	间隔时间(h)	成熟度	
月	日	时		1#	2#	3#	4#	5#	6#	7#	8#	9#	10#	11#	12#			本次	累计
12	1	10	+5	14	13	15	16	14	13	12	14	16	13	13	12	13.5			
12	1	12	+6	14	12	14	15	14	12	12	13	15	13	12	12	13.1	2	56.6	56.6
12	1	14	+8	12	12	13	15	13	12	11	13	14	12	12	11	12.1	2	55.2	111.8
12	1	16	+6	11	12	11	14	13	11	11	12	13	12	12	10	11.8	2	53.9	165.7
12	1	18	+5	11	11	10	13	12	11	10	11	13	11	11	10	11.1	2	52.9	218.6
12	1	20	+2	10	9	10	12	11	10	10	11	12	10	11	9	10.4	2	51.5	270.1
12	1	22	0	9	9	9	11	11	10	9	10	11	10	10	9	9.8	2	50.2	320.3
12	1	24	−2	9	8	9	10	10	9	9	10	11	9	9	8	9.2	2	49	369.3
12	2	2	−3	7	6	8	8	9	8	7	9	10	7	8	7	7.8	2	47	416.3
施工单位								××建设集团有限公司											
专业技术负责人								专业工长						测温员					
×××								×××						×××					

注：本表由施工单位填写。

十二、《混凝土养护测温记录》填写说明

1. 表格解析

(1)责任部门:项目工程部。

(2)提交时限:冬期施工期间按周或月提交。

(3)填写与主要签认责任:工长、测温员。

2. 相关规定及要求

(1)混凝土的冬期施工应符合国家现行标准《建筑工程冬期施工规程》JGJ/T 104—2011 和施工技术方案的规定。

(2)测温起止时间指室外日平均气温连续 5d 低于 5℃时起,至室外日平均气温连续 5d 高于 5℃冬施结束。掺加防冻剂的混凝土未达到抗冻临界强度(4MPa)之前每隔 2h 测量一次,达到抗冻临界强度(4MPa)且温度变化正常,测温间隔时间可由 2h 调整为 6h。

(3)混凝土冬施养护测温应先绘制测温点布置图,包括测温点的部位、深度等。测温记录应包括大气温度、各测温孔的实测温度、同一时间测得的各测温孔的平均温度和间隔时间等。此外还应进行成熟度计算(本次、累计)。表格中各温度值需标注正负号。

每次测得的各测温孔的温度平均值与测试间隔时间的积为本次成熟度(℃·h),与上次的累计成熟度相加,为累计到本次的成熟度。通过查混凝土成熟度曲线,可大致推测对应于不同成熟度的混凝土预测强度。

《混凝土养护测温记录》中测温孔温度精确至 1℃,成熟度精确至 0.1℃·h。

(4)蓄热法及综合蓄热法养护。

1)蓄热法养护。

①定义。混凝土浇筑后,利用原材料加热及水泥水化热的热量,通过适当保温延缓混凝土冷却,使混凝土冷却到 0℃以前达到预期要求强度的施工方法。

②适用范围。蓄热法施工,混凝土养护不需要外加热源,冬施费用比较低廉,故在冬期施工时应优先考虑采用。只有技术上不易满足热工计算要求或施工期限紧迫时才采用其他方法。一般初冬或早春季节日平均气温为−10℃,最低气温不低于−15℃的期间,混凝土表面系数不大于 5 或地面以下结构都适宜采用蓄热法施工。

③养护要求。蓄热法施工的混凝土养护,其关键是需计算设计和确定混凝土冷却到 0℃时所需要的保温材料、冷却时间和所达到的强度。

a. 根据既定的保温模板、混凝土入模温度及室外气温来计算混凝土降到 0℃时所需要的时间。

b. 根据混凝土温度降至 0℃这段时间及其平均温度来计算混凝土是否达到要求的强度。

c. 如满足不了要求,再采取增加或改变保温材料的品种或厚度,改变水泥品种或提高入模温度等措施,使之达到要求。

2)综合蓄热法养护。

①定义。掺化学外加剂的混凝土浇筑后,利用原材料加热及水泥水化热的热量,通过适当保温延缓混凝土冷却,使混凝土温度降到 0℃或设计规定温度前,达到预期要求强度

的施工方法。

②适用范围。一般适用于表面系数 $M=5\sim15$，最低气温－18℃（或平均气温－12℃）以上的地区的全冬期阶段施工，也适用于较寒冷地区在上述气温期间的施工。

③材料要求。水泥宜选用硅酸盐水泥，普通硅酸盐水泥，或其他R型（早强型）水泥。

④养护要求。在混凝土综合蓄热法施工中，混凝土养护冷却到0℃的时间平均约36h左右。冷却过程的平均温度约为3～7℃。在此条件下强度范围大致在3～6MPa。当用现场试块测定早期强度时，由于混凝土一直处于降温过程，降温速度与结构和试块的表面系数有关，也与保温情况有关。由于结构和试块的表面系数不同，加之保温情况差异，致使试块的温度和结构的实际温度差异较大，这样就造成同条件的试块代表性差的问题。如果取用结构的实际测温数据为依据的成熟度法来推测混凝土早期养护的强度，则更具有现实意义。

（5）测温的项目、测温次数见表6-8。

表6-8　测温的项目、测温次数

测温项目	测温次数
1.室外温度	每昼夜不少于4次，此外还需测最高、最低气温
2.工作环境温度	
3.水泥、水、砂、石、外加剂溶液温度	每一工作班不少于4次
4.混凝土、砌筑砂浆出罐温度	每一工作班不少于4次
5.混凝土入模、砂浆上墙温度	每一工作班不少于4次
6.混凝土养护温度	
1)综合蓄热法 2)蒸汽养护法	每隔6h测量一次｛未掺防冻剂6h 掺防冻剂①
升温、降温阶段	每隔1h测量一次
恒温阶段	每隔2h测量一次
3)干热养护	
升温、降温阶段	每隔1h测量一次
恒温阶段	每隔2h测量一次

注：①掺防冻剂的混凝土未达到受冻临界强度之前每隔2h测量一次，达到受冻临界强度以后每隔6h测量一次。

（6）测温孔的设置要求。

1)全部测温孔均应由现场技术部门编号，并绘制布置图（包括位置和深度）。

2)测温时，测温仪表应采取与外界气温隔离措施，并留置在测温孔内不少于3min。

3)测温孔的设置：

①测温孔的设置一般应选择温度变化较大、容易散失热量、构件易于受冻结的部位（西北部或背阴的地方）设置。

②现浇混凝土。

a. 梁(包括简支梁和连续梁)。测温孔应垂直于梁轴线。梁每 3m 长设置 1 个,每跨至少 1 个,孔深 1/3 梁高;圈梁每 3m 长设置 1 个,每跨至少 1 个,孔深 10cm。

b. 楼板(包括基础底板)。每 $15cm^2$ 设置 1 个,每间至少设置 1 个,孔深 1/2 板厚,测孔垂直于板面。箱型底板,每 $20m^2$ 设置测孔 1 个,孔深 15cm。厚大的底板应在底板的中、下部增设一层或两层测温点,以掌握混凝土的内部温度,测孔垂直于板面。

c. 柱。在柱头和柱脚各设置测温孔 2 个,与柱面成 30°倾斜角。孔深 1/2 柱断面边长。独立柱基,每个设置测温孔 2 个,孔深 15cm。

③砖混结构。

a. 砖混结构构造柱。每根柱上、下各设置测温孔 1 个,与柱面成 30°倾斜角,孔深 10cm。

b. 条形基础。每 5m 长设置测温孔 1 个,孔深 15cm。

④现浇框架结构的墙体。

当墙体厚度≤20cm 时,应单面设置测温孔,孔深 1/2 墙厚;当墙体厚度>20cm 时,可双面设置测温孔,孔深 1/3 墙厚且不小于 10cm。测温孔与板面成 30°倾斜角。

a. 每 $15m^2$ 设置测温孔 1 个,每道墙至少设置 1 个,孔深 10cm。

b. 大面积墙体测温孔按纵、横方向不大于 5m 的间距设置。

⑤框架剪力墙结构(大模板工艺)。

墙体横墙每条轴线测一块模板,纵墙轴线之间采取梅花形布置,每块板单面设置测温孔 3 个,对角线布置,上、下测孔距大模板上、下边缘 30~50cm,孔深 10cm。

⑥预制框架柱现浇接头。

每根柱上端接头设置测温孔 1 个,与柱面成 30°倾斜角。孔深 1/2 混凝土接头高度。每根柱下端接头设置测温孔 2 个,与柱面成 30°倾斜角。孔深 1/2 柱断面边长。

⑦预制大梁的叠合层板缝宽度大于 12cm 配筋的钢筋混凝土。

每根梁设置测孔 1 个,最大间距不超过 10m 长,孔深 10cm。

⑧现浇阳台挑檐、雨罩及室外楼梯休息平台等零星构件。

a. 凡是以个为单位的,每个设置测温孔 2 个。

b. 凡是以长度为单位的,宜每隔 3~4m 左右设置 1 个测温孔。

⑨室内抹灰工程。

将最高最低温度计或普通温度计放在楼北面房间距地面 50cm 处,每 50~$100m^2$ 设置 1 个。

⑩现场预制构件。

现场预制构件测温孔的设置,参照相应的现浇构件要求设置测温点。

十三、《大体积混凝土养护测温记录》填写范例

大体积混凝土养护测温记录								资料编号		×××		
工程名称			××工程				施工单位			××建设集团有限公司		
测温部位			一层①～⑤/Ⓑ～Ⓔ轴底板				测温方式		温度计		养护方法	综合蓄热法
测温时间			大气温度(℃)	入模温度(℃)	孔号	各测温孔温度(℃)		$t_{中}-t_{上}$(℃)	$t_{中}-t_{下}$(℃)	$t_{气}-t_{上}$(℃)	内外最大温差记录(℃)	裂缝宽度(mm)
月	日	时										
12	3	10	−2	15	8	上	17	3		19	16	无
						中	20					
						下						
12	3	12	−1	15	8	上	18	4		19	15	无
						中	22					
						下						
						上						
						中						
						下						
						上						
						中						
						下						
						上						
						中						
						下						
						上						
						中						
						下						
						上						
						中						
						下						
						上						
						中						
						下						

审核意见：

混凝土测温点布置正确，测温措施控制严格，经测温计算各项数据符合设计及规范要求

施工单位	××建设集团有限公司	
专业技术负责人	专业工长	测温员
×××	×××	×××

注：本表由施工单位填写。

十四、《构件吊装记录》填写范例

构件吊装记录					资料编号	×××	
工程名称		××工程					
使用部位		一层大厅			吊装日期	××年×月×日	
序号	构件名称及编号	安装位置	安装检查				备　注
			搁置与搭接尺寸	接头(点)处理	固定方法	标高检查	
1	钢梁 GL2c	Ⓔ～Ⓕ/④～⑤轴	合格	喷沙	高强度螺栓	合格	
2	钢梁 GL2b	Ⓔ～Ⓗ/④～⑤轴	合格	喷沙	高强度螺栓	合格	
3	钢梁 GL2	Ⓔ～Ⓗ/④～⑤轴	合格	喷沙	高强度螺栓	合格	
4	钢梁 GL2a	Ⓔ～Ⓗ/④～⑤轴	合格	喷沙	高强度螺栓	合格	
结论： 合格							
施工单位			××钢结构工程有限公司				
专业技术负责人			专业质检员			记录人	
×××			×××			×××	

注：本表由施工单位填写。

十五、《构件吊装记录》填写说明

本表适用于大型预制混凝土构件、钢构件、木构件的吊装。吊装记录内容包括：构件名称、编号及安装部位、节点处理、固定方式、标高偏差、搭接长度等。

1. 表格解析

(1)责任部门：施工项目经理部工程部、项目监理机构及其相关责任人等。

(2)提交时限：吊装期间按周或月提交。

2. 相关规定及要求

(1)填写依据。

1)《混凝土结构工程施工规范》GB 50666—2011；

2)《混凝土结构工程施工质量验收规范》GB 50204—2015；

3)《钢结构工程施工规范》GB 50755—2012；

4)《钢结构工程施工质量验收规范》GB 50205—2001；

5)《木结构工程施工质量验收规范》GB 50206—2012；

6)《建筑工程资料管理标准》DB22/JT 127—2014。

(2)混凝土构件安装。

1)预制构件吊装前，应按设计要求在构件和相应的支承结构上标志中心线、标高等控制尺寸，按标准图或设计文件校核预埋件及连接钢筋等，并做出标志。

2)预制构件应按标准图或设计的要求吊装。起吊时绳索与构件水平面的夹角不宜小于45°，否则应采用吊架或经验算确定。

3)预制构件安装就位后，应采取保证构件稳定的临时固定措施，并应根据水准点和轴线校正位置。

4)装配式结构中的接头和拼缝应符合设计要求；当设计无具体要求时，应符合下列规定：

①对承受内力的接头和拼缝应采用混凝土浇筑，其强度等级应比构件混凝土强度等级提高一级。

②对不承受内力的接头和拼缝应采用混凝土或砂浆浇筑，其强度等级不应低于C15或M15。

③用于接头和拼缝的混凝土或砂浆，宜采取微膨胀措施和快硬措施，在浇筑过程中应振捣密实，并应采取必要的养护措施。

(3)钢柱安装应符合下列规定：

1)柱脚安装时，锚栓宜使用导入器或护套；

2)首节钢柱安装后应及时进行垂直度、标高和轴线位置校正，钢柱的垂直度可采用纬仪或线锤测量；校正合格后钢柱应可靠固定，并应进行柱底二次灌浆，灌浆前应清除柱底板与基础面间杂物；

3)首节以上的钢柱定位轴线应从地面控制轴线直接引上，不得从下层柱的轴线引上；钢柱校正垂直度时，应确定钢梁接头焊接的收缩量，并应预留焊缝收缩变形值；

4)倾斜钢柱可采用三维坐标测量法进行测校，也可采用柱顶投影点结合标高进行测校，校正合格后宜采用刚性支撑固定。

(4)钢梁安装应符合下列规定：

1)钢梁宜采用两点起吊；当单根钢梁长度大于21m，采用两点吊装不能满足构件强度和变形要求时，宜设置3～4个吊装点吊装或采用平衡梁吊装，吊点位置应通过计算确定。

2)钢梁可采用一机一吊或一机串吊的方式吊装，应位后应立即临时固定连接。

3)钢梁面的标高及两端高差可采用水准仪与标尺进行测量，校正完成后应进行永久性连接。

(5)支撑安装应符合下列规定：

1)交叉支撑宜按从下到上的顺序组合吊装；

2)无特殊规定时，支撑构件的校正宜在相邻结构校正固定后进行；

3)屈曲约束支撑应按设计文件和产品说明书的要求进行安装。

(6)桁架(屋架)安装应在钢柱校正合格后进行，并应符合下列规定：

1)钢桁架(屋架)可采用整榀或分段安装；

2)钢桁架(屋架)应在起板和吊装过程中防止产生变形；

3)单榀钢桁架(屋架)安装时采用缆绳或刚性支撑增加侧向临时约束。

(7)钢板剪力墙安装应符合下列规定：

1)钢板剪力墙吊装时应采取防止平面外的变形措施；

2)钢板剪力墙的安装时间和顺序应符合设计文件要求。

(8)关节轴承节点安装应符合下列规定：

1)关节轴承节点应采用专门的工装进行吊装和安装；

2)轴承点成不宜解体安装，应位后应采取临时固定措施；

3)连接销轴与孔装配时应密贴接触，宜采用锥形孔、轴，应采用专用工具顶紧安装；

4)安装完毕后应做好成品保护。

(9)钢铸件或铸钢节点安装应符合下列规定：

1)出厂时应标识清晰的安装其准标记；

2)现场焊接应严格按焊接工艺专项方案施焊和检验。

(10)由多相构件在地面组拼的重型组合构件吊装时，吊点位置和数量应经计算确定。

(11)后安装构件应根据设计文件或吊装工况的要求进行安装，其加工长度宜根据现场实际测量确定；当后安装构件与已完成结构采用焊接连接时，应采取减少焊接变形和焊接残余力措施。

十六、《焊接材料烘焙记录》填写范例

焊接材料烘焙记录		资料编号	×××

工程名称	××工程				
焊材牌号	E 4303	规格(mm)	3.2×350	焊材厂家	××材料厂
钢材材质	热轧带肋 HRB 335	烘焙方法	电炉烘干法	烘焙日期	××年×月×日

序号	施焊部位	烘焙数量(kg)	烘焙要求					保温要求		备注
			烘干温度(℃)	烘干时间(h)	实际烘焙			降至恒温(℃)	保温时间(h)	
					烘焙日期	从时分	至时分			
1	三层①～⑨/Ⓐ～Ⓓ轴框架柱	20	265	1	××年×月×日	8:30	9:30	30	0.5	

说明：

1. 焊接、焊条等在使用前，应按产品说明书及有关工艺文件规定的技术要求进行烘干。

2. 焊接材料烘干后应存放在保温箱内，随用随取，焊条由保温箱(筒)取出到施焊的时间不得超过2h，酸性焊条不宜超过4h；烘干温度250～300℃

施工单位	××建设集团有限公司	
专业技术负责人	专业质检员	记录人
×××	×××	×××

注：本表由施工单位填写。

十七、《焊接材料烘焙记录》填写说明

1.表格解析

(1)责任部门:项目工程部。

(2)提交时限:焊材使用前完成。

(3)填写与主要签认责任:专业技术负责人、专业质检员。

2.相关规定及要求

(1)焊条、熔嘴、焊剂和药芯焊丝在使用前,必须按产品使用说明书及有关工艺文件的规定进行烘干。

(2)低氢型焊条烘干温度应为350～380℃,保温时间应为1.5～2h,烘干后应缓冷放置于110～120℃的保温箱中存放、待用;使用时应放置于保温筒中;烘干后的低氢型焊条在大气中放置时间超过4h应重新烘干;焊条重复烘干次数不宜超过2次;受潮的焊条不应使用。

(3)对于酸性焊条,在焊接规程中没有明确规定。一般对于未受潮的酸性焊条可以不烘焙,但现场施工条件有限,焊条存放容易受潮,对受潮的酸性焊条应进行烘干,烘干温度150℃左右,烘干时间1.5～2h。含有纤维素型焊条(如J 425)的烘干温度应控制在100～120℃左右。

(4)烘焙记录应由现场焊接操作人员进行记录。

(5)烘焙记录内容包括:烘焙方法、烘干温度、要求烘干时间、实际烘焙时间和保温要求等。

十八、《预应力筋张拉记录》填写范例

<table>
<tr><td colspan="2">预应力筋张拉记录(一)</td><td>编　号</td><td>×××</td></tr>
<tr><td>工程名称</td><td>××工程</td><td>张拉日期</td><td>××年×月×日</td></tr>
<tr><td>施工部位</td><td>地上二层预应力板⑤～⑥轴</td><td>预应力筋规格
及抗拉强度</td><td>ϕ15.24mm
1860MPa</td></tr>
<tr><td colspan="4">预应力张拉程序及平面示意图：
预量预应力筋长度→安装锚具→装千斤顶，开始张拉→预应力达到 1.03σ_{con}→顶紧锚具→退出千斤顶→量预应力筋长度→实测伸长值与计算伸长值比较
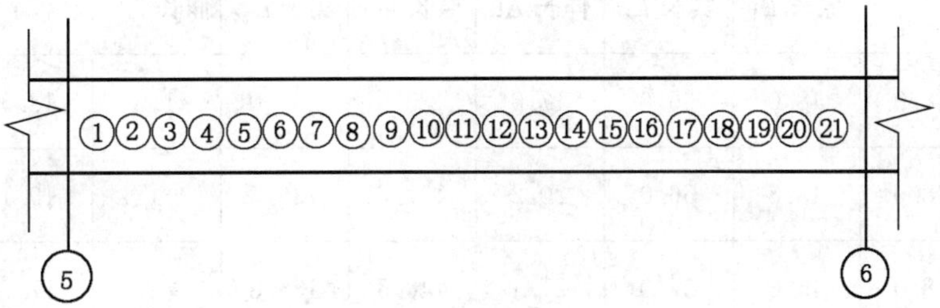

□有　☑无附页</td></tr>
<tr><td>张拉端锚具类型</td><td></td><td>固定端锚具类型</td><td>夹片式</td></tr>
<tr><td>设计控制应力(MPa)</td><td>1302</td><td>实际张拉力(kN)</td><td>187.7</td></tr>
<tr><td rowspan="2">千斤顶编号</td><td>012</td><td rowspan="2">压力表编号</td><td>051</td></tr>
<tr><td>—</td><td>—</td></tr>
<tr><td>混凝土设计强度(%)</td><td>C35</td><td>张拉时混凝土
实际强度</td><td>140%</td></tr>
<tr><td colspan="4">预应力筋计算伸长值：
180mm</td></tr>
<tr><td colspan="4">预应力筋伸长值范围：
－5%～＋10%</td></tr>
<tr><td>施工单位</td><td colspan="3">××建设集团有限公司</td></tr>
<tr><td>专业技术负责人</td><td colspan="2">专业质检员</td><td>记录人</td></tr>
<tr><td>×××</td><td colspan="2">×××</td><td>×××</td></tr>
</table>

预应力筋张拉记录(二)						编　号		×××	
工程名称		××工程				张拉日期		××年×月×日	
施工部位		地上二层预应力板筋⑤～⑥轴							
张拉顺序编号	计算值	预应力筋张拉伸长实测值(cm)							备注
		一端张拉			另一端张拉			总伸长	
		原长 L_1	实长 L_2	伸长 ΔL	原长 L'_1	实长 L'_2	伸长 $\Delta L'$		
1	18.0	48.0	65.0	17.0	133.5	135.0	1.5	18.5	
2	18.0	45.8	66.0	20.2	137.6	136.5	−1.1	19.1	
3	18.0	45.6	67.0	21.4	140.5	136.8	−3.7	17.7	
4	18.0	35.5	55.0	19.5	152.9	151.5	−1.4	18.1	
5	18.0	38.8	60.0	21.2	136.1	132.5	−3.6	17.6	
6	18.0	58.0	75.5	17.5	119.0	119.1	0.1	17.6	
7	18.0	40.3	60.1	19.8	141.6	139.2	−2.4	17.4	
8	18.0								
9	18.0	53.0	74.0	21.0	121.6	118.2	−3.4	17.6	
10	18.0	68.5	85.2	16.7	109.8	110.5	0.7	17.4	
☑有　□无见证			见证单位		××公司		见证人	×××	
施工单位			××建设集团有限公司						
专业技术负责人			专业质检员			记录人			
×××			×××			×××			

十九、《预应力筋张拉记录》填写说明

1. 表格解析

(1)责任部门：专业分包提供。

(2)提交时限：张拉束后的 2d 内完成，预应力张拉检验批验收前 1d 提交。

(3)填写与主要签认责任：专业分包工长、质量员。

2. 相关规定及要求

预应力工程的张拉施工是影响施工质量、安全的重要工序，必须加强过程质量控制，做好张拉施工记录。按《混凝土结构工程施工质量验收规范》GB 50204—2015 中"预应力分项工程"的规定执行。

(1)后张法预应力工程的施工应由具有相应资质等级的预应力专业施工单位承担。

(2)预应力筋张拉机具设备及仪表，应定期维护和校验。张拉设备应配套标定，并配套使用。张拉设备的标定期限不应超过半年。当在使用过程中出现反常现象时或在千斤顶检修后，应重新标定。

(3)预应力筋张拉或放张时，混凝土强度应符合设计要求；当设计无具体要求时，不应低于设计的混凝土立方体抗压强度标准值的 75%。

(4)预应力筋张拉方式。根据预应力混凝土结构特点、预应力筋形状与长度，以及施工方法的不同，预应力筋张拉方式有以下几种：

1)一端张拉方式：张拉设备放置在预应力筋一端的张拉方式。适用于长度≤30m 的直线预应力筋与锚固损失影响长度 $L_f \geqslant L/2$(L 为预应力筋长度)的曲线预应力筋；如设计人员根据计算资料或实际条件认为可以放宽以上限制的，也可采用一端张拉，但张拉端宜分别设置在构件的两端。

2)两端张拉方式：张拉设备放置在预应力筋两端的张拉方式。适用于长度>30m 的直线预应力筋与锚固损失影响长度 $L_f < L/2$ 的曲线预应力筋。当张拉设备不足或由于张拉顺序安排关系，也可先在一端张拉完成后，再移至另一端张拉，补足张拉力后锚固。

3)分批张拉方式：对配有多束预应力筋的构件或结构分批进行张拉的方式。由于后批预应力筋张拉所产生的混凝土弹性压缩对先批张拉的预应力筋造成预应力损失，所以先批张拉的预应力筋张拉力应加上该弹性压缩损失值或将弹性压缩损失平均值统一增加到每根预应力筋的张拉力内。

4)分段张拉方式：在多跨连续梁板分段施工时，通长的预应力筋需要逐面进行张拉。对大跨度多跨连续梁，在第一段混凝土浇筑与预应力筋张拉锚固后，第二段预应力筋利用锚头连接器接长，以形成通长的预应力筋。

5)分阶段张拉方式：在后张传力梁等结构中，为了平衡各阶段的荷载，采取分阶段逐步施加预应力的方式。所加荷载不仅是外载(如楼层重量)，也包括由内部体积变化(如弹性缩短、收缩与徐变)产生的荷载。梁的跨中处下部与上部纤维应力应控制在容许范围内。这种张拉方式具有应力、挠度与反拱容易控制、省材料等优点。

6)补偿张拉方式：在早期预应力损失基本完成后，再进行张拉的方式。采用这种补偿张拉，可克服弹性压缩损失，减少钢材应力松弛损失，混凝土收缩徐变损失等，以达到预期

的预应力效果。此法在水利工程与岩土锚杆中应用较多。

(5)预应力筋的张拉力、张拉或放张顺序及张拉工艺应符合设计及施工技术方案的要求，并应符合下列规定：

1)当施工需要超张拉时，最大张拉应力不应大于现行国家标准《混凝土结构设计规范》GB 50010—2010 的规定。

2)张拉工艺应能保证同一束中各根预应力筋的应力均匀一致。

3)后张法施工中，当预应力筋是逐根或逐束张拉时，应保证各阶段不出现对结构不利的应力状态；同时宜考虑后批张拉预应力筋所产生的结构构件的弹性压缩对先批张拉预应力筋的影响，确定张拉力。

4)先张法预应力筋放张时，宜缓慢放松锚固装置，使各根预应力筋同时缓慢放松。

5)当采用应力控制方法张拉时，应校核预应力筋的伸长值。实际伸长值与设计计算理论伸长值的相对允许偏差为±6%。

(6)预应力筋张拉锚固后实际建立的预应力值与工程设计规定检验值的相对允许偏差为±5%。

(7)张拉过程中应避免预应力筋断裂或滑脱；当发生断裂或滑脱时，必须符合下列规定：

1)对后张法预应力结构构件，断裂或滑脱的数量严禁超过同一截面预应力筋总根数的 3%，且每束钢丝不得超过一根；对多跨双向连续板，其同一截面应按每跨计算。

2)对先张法预应力构件，在浇筑混凝土前发生断裂或滑脱的预应力筋必须予以更换。

二十、《有黏结预应力结构灌浆记录》填写范例

<table>
<tr><td colspan="4">有黏结预应力结构灌浆记录</td><td>编号</td><td>×××</td></tr>
<tr><td>工程名称</td><td colspan="3">××工程</td><td>灌浆日期</td><td>××年×月×日</td></tr>
<tr><td>施工部位</td><td colspan="5">首层①～⑪/Ⓐ～Ⓕ轴预应力框架梁</td></tr>
<tr><td>灌浆配合比</td><td colspan="3">0.35</td><td>灌浆要求压力值(MPa)</td><td>0.4～0.6</td></tr>
<tr><td>水泥强度等级</td><td>P·O 42.5</td><td>进厂日期</td><td>××年×月×日</td><td>复试报告编号</td><td>××××-0108</td></tr>
<tr><td colspan="6">灌浆点简图与编号：
1. 灌浆点简图</td></tr>
</table>

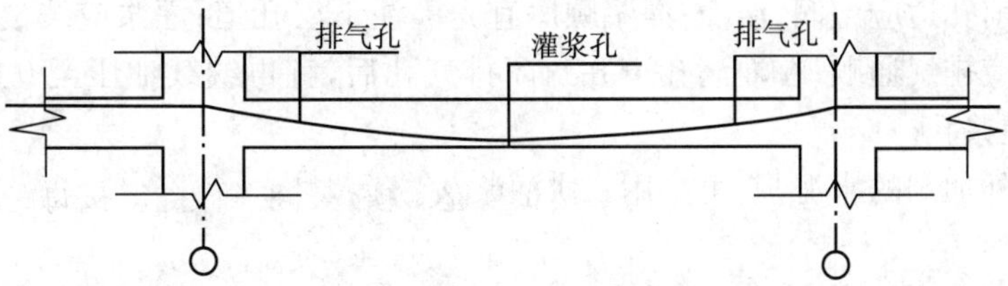

2. 灌浆点编号由梁号、预应力筋编号和每道梁中对应的孔道顺序号组成

灌浆点编号	灌浆压力值(MPa)	灌浆量(L)	灌浆点编号	灌浆压力值(MPa)	灌浆量(L)
YKL—2—1①1	0.44	93.6	YKL—2—7④1	0.44	42.0
YKL—2—2①1	0.46	93.5	YKL—2—8④1	0.44	41.8
YKL—2—3②1	0.40	68.8	YKL—2—9⑫1	0.40	85.9
YKL—2—3③1	0.44	71.1			
YKL—2—4②1	0.46	68.7			
YKL—2—4③1	0.42	71.0			
YKL—2—5①1	0.44	93.7			
YKL—2—6④1	0.40	42.1			

备注：

<table>
<tr><td>施工单位</td><td colspan="2">××建设集团有限公司</td></tr>
<tr><td>专业技术负责人</td><td>专业质检员</td><td>记录人</td></tr>
<tr><td>×××</td><td>×××</td><td>×××</td></tr>
</table>

二十一、《有黏结预应力结构灌浆记录》填写说明

1. 表格解析

(1)责任部门:专业分包提供。

(2)提交时限:灌浆结束后的 2d 内完成,预应力灌浆检验批验收前 1d 提交。

2. 相关规定及要求

(1)预应力筋张拉后,孔道应及时灌浆;当采用电热法时,孔道灌浆应在钢筋冷却后进行。孔道内水泥浆应饱满、密实。

(2)用连接器连接的多跨连续预应力筋的孔道灌浆,应张拉完一跨随即灌注一跨,不得在各跨全部张拉完毕后,一次连续灌浆。

(3)灌浆用水泥应采用普通硅酸盐水泥且水泥浆的抗压强度不应小于 $30N/mm^2$。灌浆用水泥浆的水灰比不应大于 0.45,搅拌后 3h 泌水率不宜大于 2%,且不应大于 3%,泌水应能在 24h 内全部重新被水泥浆吸收。当需要增加孔道灌浆的密实性时,水泥浆可掺入对预应力筋无腐蚀作用的外加剂。

(4)灌浆前孔道应湿润、洁净;灌浆顺序宜先灌注下层孔道;灌浆应缓慢均匀地进行,不得中断,并应排气通顺;在灌满孔道并封闭排气孔后,宜再继续加压至 0.5~0.6MPa,稍后再封闭灌浆孔。

(5)不掺外加剂的水泥浆,可采用二次灌浆法。

二十二、《预拌混凝土施工记录》填写范例

预拌混凝土施工记录

天气： 晴　　　气温　26℃

工程名称	××综合楼工程			第 一 层	①～⑫/Ⓐ～Ⓖ轴
施工单位	××建设工程有限公司	施工班组	混凝土班组	标高	5.800m顶板梁
混凝土强度等级、抗渗等级	C:35 S:/	配合比报告编号	××××—××	当班浇捣量(m^3)	110
商品混凝土生产厂名称	××混凝土有限公司	质量证明文件是否齐全	齐全	实测坍落度(mm)	130
当班开始时间	××年×月×日×时×分	停歇时间	1.不间断 2.从　时　分停止 至　时　分开始	当班终止时间	××年×月×日×时×分
模板及支撑体系是否已验收，是否牢固，是否可能漏浆	已验收，具有足够承载能力、刚度和稳定性，板间接缝采用海绵条防止漏浆	钢筋及其他预埋、预留是否已验收	已验收，符合设计要求	原材料是否已验收、是否符合要求	已验收，符合要求
钢筋定位措施是否可靠（板负筋及底筋、柱插筋、预留筋）	定位措施可靠	是否已有控制板标高、厚度的措施	拉对角水平线控制	模板是否已涂隔离剂，已淋湿，已清理干净	符合要求
振捣方式	插入式（　√　），平板式（　　）				
中途有否停歇	—	停歇部位	—	停歇原因	—
施工缝（如果有）位置	—	施工缝处理方法	—		
标准养护试块	编号：×× 28d强度：47.3MPa	同条件养护试块	编号：×× 28d强度：39.1MPa	拆模判别试块	编号：×× 拆模时强度：29.8MPa
初次淋水养护时间	××年×月×日×时×分	覆盖养护措施	铺麻袋片浇水养护	结束养护时间	××年×月×日结束，共7天
拆侧模日期	预计：××年×月×日 实际：××年×月×日		拆底模日期	预计：××年×月×日 实际：××年×月×日	
其他情况（包括事故处理、必要时附图）：					

振捣手： （签名） ×××	施工缝处理人： （签名） ×××	班组长： （签名） ×××	值班质量检查员： （签名） ×××	旁站监理员： （签名） ×××

注："第　层，标高　m"栏是施工部位，上栏以轴号表明范围，下栏填写浇捣的具体内容，如楼面、柱、墙或其他构件。

二十三、《清水混凝土模板安装检查表》填写范例

清水混凝土模板安装检查表

使用部位		三层	施工时间	××年×月×日
施工班组		××组	模板数量	××
项次	检查内容	要求	检查情况及处理结果	检查人
1	基层及杂物	清理干净	√	×××
2	模板编号及控制线	符合施工方案要求	√	×××
3	明缝条安装情况	位置正确、咬合紧密	√	×××
4	模板拼缝偏差	不大于2mm	√	×××
5	明缝及模板拼缝防漏浆措施	海绵条粘贴严密	√	×××
6	大模板之间拼缝交圈情况	不大于5mm/10m	√	×××
7	模板垂直度	不大于3mm	√	×××
8	模板就位后保护层厚度检查	符合规范要求	√	×××
9	堵头是否贴海绵垫	符合施工方案要求	√	×××
10	隔离剂涂刷情况	符合施工方案要求	√	×××
11	面板几何尺寸	±2mm	√	×××
12	阴阳角方正	3mm	√	×××
13	阴阳角顺直	3mm	√	×××
14	预留洞口中心线偏移	5mm	√	×××
15	预留洞口尺寸	+5mm,0	√	×××
16	门窗洞口中心线位移	3mm	√	×××
17	门窗洞口宽、高	±5mm	√	×××
18	门窗洞口对角线	3mm	√	×××

二十四、《钢筋机械连接接头加工检查记录》填写范例

钢筋机械连接接头加工检查记录

<table>
<tr><td>工程名称</td><td>××工程</td><td>施工单位</td><td colspan="2">××建设工程有限公司</td></tr>
<tr><td>使用结构部位</td><td>一层框架柱</td><td>接头加工数量</td><td colspan="2">××</td></tr>
<tr><td colspan="5">检 查 内 容</td></tr>
<tr><td colspan="5">1.钢材的品种及规格：热轧带肋钢筋　HRB 335　Φ 22、Φ 25、Φ 28</td></tr>
<tr><td colspan="5">2.接头螺纹外径及螺纹外观质量：Φ 22：21.6mm；Φ 25：24.6mm；Φ 28：27.6mm；螺纹外观质量合格</td></tr>
<tr><td colspan="5">3.接头螺纹加工长度：Φ 22：32mm；Φ 25：35mm；Φ 28：38mm</td></tr>
<tr><td colspan="5">4.接头外露丝扣：无</td></tr>
<tr><td colspan="5">5.接头同轴度：符合要求</td></tr>
<tr><td colspan="5">6.其他：　—</td></tr>
<tr><td colspan="5">7.接头的型式检验：单向拉伸试验、高应力反复拉压试验、大变形反复拉压试验所检测的项目均符合《钢筋机械连接技术规程》JGJ 107—2010 中规定的“Ⅰ”级性能要求</td></tr>
<tr><td>检查结论</td><td colspan="4">合格</td></tr>
<tr><td>施工单位</td><td>项目技术负责人：×××
工种负责人：×××
记录人：×××

××年×月×日</td><td>监理（建设）单位</td><td colspan="2">监理工程师(建设单位代表)：
×××

××年×月×日</td></tr>
</table>

二十五、《钢筋焊接连接接头检查记录》填写范例

钢筋焊接连接接头检查记录

工程名称	××工程	施工单位	××建设工程有限公司
结构部位	三层柱	接头数量	180个
检查内容			
1.接头的种类、形式:钢筋电渣压力焊接头			
2.接头钢材的品种及规格:热轧带肋钢筋　HRB 335　Φ18			
3.接头位置及同一连接区段接头百分率:			
4.连接材料情况:焊剂　HJ431型			
5.接头长度:			
6.接头外观质量: 焊包较均匀,突出部分最少高出钢筋表面4mm,无气孔、无烧边、无焊包下流现象。焊渣清理干净。钢筋与电极接触处,表面无明显的烧伤等缺陷。接头处钢筋轴线的偏移不超过钢筋直径的10%,同时不大于2mm。接头处的弯折角不大于3°			
7.连接区段箍筋设置:φ10@100			
8.其他:　—			
9.接头试验单编号及试验结果: 接头试验单编号:××××—××,试验结果合格			
检查结论	合格		
施工单位	项目技术负责人:××× 工种负责人:××× 记录人:××× ××年×月×日	监理(建设)单位	监理工程师(建设单位代表): ××× ××年×月×日

二十六、《混凝土原材料称量记录》填写范例

混凝土原材料称量记录

工程名称	××工程					强度等级		C30		
部　　位	五层墙体 ①～⑫/Ⓐ～Ⓖ轴	施工日期	××年×月×日　13时至　××年×月×日　17时							
现场配合比	原　材　料	水泥	石	砂	水	掺合料		外加剂		
						FA		SA－1		
	每盘用量(kg)	100	345	272	43	32		4		
	规范规定允许偏差率(%)	±2	±3	±3	±2	±2		±2		
	按允许偏差率计算每盘允许偏差量(±)(kg)	2	10.35	8.16	0.86	0.64		0.08		

施工现场每盘实际称量偏差记录(±)(kg)

序号	水泥	石	砂	水	掺合料		外加剂		
1	1	4	3	0.5	0.1		−0.03		
2	1	3	4	−0.1	−0.2		0.02		
3	−1	6	7	0.3	0.2	0.02			
4	0.5	5	5	0.3	0.5		0.05		

设计配合比	原材料	水泥	石	砂	水	掺合料		外加剂		
						FA		SA－1		
	每盘用量(kg)	100	345	260	59	32		4		

司磅员：×××　　　　监理员：×××　　　　第　1　页　共　1　页

注：1. 按设计配合比报告计算出每盘原材料的设计配合比用量，填入相应栏内。

2. 按施工现场材料的含水量调整出每盘原材料现场配合比用量，填入相应栏内。

3. 每盘原材料的称量偏差必须在允许偏差范围之内。

4. 使用掺合料、外加剂时，在相应栏中填入所用的材料名称、如粉煤灰、早强剂等。

二十七、《混凝土坍落度现场检查记录》填写范例

混凝土坍落度现场检查记录				编　　号	×××
工程名称及浇筑部位	××工程　3层①轴～④轴顶板			浇筑日期	××年×月×日
混凝土强度等级	C25	设计坍落度(mm)	18±2	申请方量(m^3)	36

序号	车号	方量(m^3)	到场时间	抽测时间		实测坍落度(mm)	偏差值(mm)	备注
				时	分			
1	10	6	11:23	11	24	19		

签字栏	施工单位	××建筑工程公司××项目部	
	技术负责人	专业工长	记录人员
	×××	×××	×××

二十八、《混凝土坍落度现场检查记录》填写说明

和易性系指混凝土硬化前的混凝土拌合料的性能，它包括流动性（或维勃稠度），黏聚性和保水性。

流动性好，操作方便易于捣实，便于能密实地填满模板各个角落成型。若配合不当，黏聚性差，易分层、离析、泌水造成蜂窝、麻面；若保水性差，除水泥水化水外（占20%～25%），其余泌水使混凝土疏松，形成孔隙。因此，和易性不仅关系到施工操作的难易，更关系到混凝土硬化后的强度和耐久性。用坍落度来测其流动性，再凭经验判断其黏聚性和保水性。流动性即稠度，用坍落度来表示。

1）坍落度试验取样。适用于塑性和低塑性混凝土（即坍落度大于10mm的）。

取样地点：应从混凝土浇筑地点随机取样。从同一盘搅拌机或同一车运送的混凝土中取样。商品混凝土是在交货地点取样。

2）取样频率。每个作业班开盘时检查坍落度，合格后才能浇筑，中间要随时检查；抗压强度试块制作，采样时先检查坍落度，合格后再制模；要作记录并写入"混凝土抗压强度试验报告"委托书；商品混凝土在施工现场应有坍落度检验记录写入委托单。

3）现场测定坍落度的方法。将混凝土拌合料分三层装入标准尺寸的圆锥坍落度筒中，每一层用直径为16mm的捣棒垂直地、均匀地自外向里插捣25次，三层捣完后将圆筒口刮平，然后将筒垂直提起。这时混凝土便由于自重发生坍落现象。量出向下坍落的尺寸（mm）就叫坍落度。坍落度越大表示混凝土流动性越大。

4）黏聚性、保水性检查。在做完坍落度试验后，可以同时观察混凝土的黏聚性、保水性。如果混凝土底部不出现过多的稀浆或离析、泌水，说明保水性好，并用捣棒从侧面轻轻敲击混凝土拌合料，黏聚性好的混凝土，混凝土慢慢脱落，不发生离析坍落或崩溃。否则黏聚性、保水性不好。

5）维勃稠度测定。适应于干硬性混凝土，用于表示拌合物的稠度值。

二十九、《混凝土外观质量一般缺陷处理记录》填写范例

混凝土外观质量一般缺陷处理记录

<table>
<tr><td>工程名称</td><td>××工程</td><td>工程部位</td><td>2层</td><td>验收日期</td><td>××年×月×日</td></tr>
<tr><td colspan="6">缺陷情况：
1. ④～⑤与Ⓐ～Ⓑ间现浇板板底角有蜂窝，面积为200mm×120mm，深度为14mm；
2. ⑦/Ⓑ交点构造柱柱头夹渣，长度为80mm，深度为10mm</td></tr>
<tr><td colspan="6">处理的技术措施：
1. 现浇板蜂窝处，将不密实混凝土剔凿干净，用钢丝刷将松动砂石清理掉，提前24h用水润湿，表面用界面剂进行处理，再用高标号砂浆抹平、压实。并用保温材料进行养护；
2. 构造柱柱头夹渣处，将杂物清理干净，并将混凝土表面浮浆剔掉，将夹渣处剔成外大内小的楔形形状。提前24h用水润湿，涂刷界面剂，用高标号水泥砂浆进行抹平、压实，并用保温材料保温养护</td></tr>
<tr><td colspan="6">处理结果：
1. 现浇板蜂窝处理后表面平整、与原混凝土接触密实、无空鼓及开裂现象；
2. 构件柱夹渣处理后表面平整、密实、无开裂现象</td></tr>
<tr><td colspan="6">验收意见：
1. 现浇板蜂窝处理表面平整、密实、达到规范要求；
2. 构造柱夹渣处理后接缝无开裂现象，表面平整、密实、达到规范要求</td></tr>
</table>

监理(建设)单位		施工单位		
监理工程师	总监理工程师	单位工程技术负责人	施工员	质检员
×××	×××	×××	×××	×××

三十、《混凝土外观质量严重缺陷处理记录》填写范例

混凝土外观质量严重缺陷处理记录

工程名称	××工程	工程部位	一层

缺陷情况：

1. ②/Ⓑ承重柱根存在孔洞，面积为 40mm×80mm，深度为 50mm；

2. 东 2 单元西户 L－1 支座处梁角混凝土振捣不实，主筋 2 根露筋，露筋长度为 120mm

处理的技术措施：

1. 承重柱混凝土孔洞，对混凝土孔洞进行剔凿，将不密实的混凝土凿掉，并将孔洞凿成一定形状，以便于混凝土浇筑。支倾斜敞口侧模，用高一强度等级的细石混凝土浇筑，并掺加微膨胀剂。浇筑前 24h 浇水润湿，浇筑混凝土时用小振捣棒振捣密实。浇筑完挂薄海绵进行养护，要定时浇水确保混凝土表面润湿，时间不少于 7d；

2. 东 2 单元西户 L－1 支座处梁角混凝土振捣不实，将不密实混凝土剔掉，将浮砂清理干净。用环氧树脂砂浆进行修补，必须保证环氧树脂砂浆密实

施工单位技术负责人：×××

监理单位意见：同意按此方案进行处理

监理工程师：××× **总监理工程师：**××× **监理单位（公章）**

××年×月×日

处理结果：

1. 承重柱孔洞新旧混凝土接触密实、无缝隙，修补混凝土表面平整、密实，未改变截面尺寸；

2. 环氧树脂砂浆修补与原混凝土接触密实、无缝隙，环氧树脂砂浆密实、表面平整，未改变截面尺寸

验收意见：

经检查，混凝土缺陷处理后未改变截面尺寸，混凝土之间及与环氧树脂砂浆间的接缝密实，无裂缝及空鼓现象，后补混凝土及环氧树脂砂浆密实，强度符合要求

施工单位负责人：××× **监理工程师：**××× **总监理工程师：**×××

××年×月×日

三十一、《预应力筋封锚记录》填写范例

预应力筋封锚记录

工程名称	××大厦	记录日期	××年×月×日
施工单位	××建设工程有限公司	结构部位	二层①～⑪/Ⓐ～Ⓕ轴预应力框架
封锚处理简图及说明	灌浆完成后，及时对锚具进行防护处理或浇筑封锚混凝土，对封锚混凝土加强养护，并符合下列规定： 1.应采取防止锚具腐蚀和遭受机械损伤的有效措施； 2.凸出式锚固端锚具的保护层厚度不应小于 50mm； 3.外露预应力筋的保护层厚度：在正常环境时，不应小于 20mm；处于易受腐蚀的环境时，不应小于 50mm （封锚处理简图略）		
结论	符合设计要求和《混凝土结构工程施工质量验收规范》GB 50204—2015 的规定		
监理工程师：（建设单位代表）：×××	施工技术负责人：×××	施工质检员：×××	记录人：×××

三十二、《同条件养护试块测温记录》填写范例

同条件养护试块测温记录

编号：××

工程名称		××工程		混凝土浇筑量	30m³
序号	日期	试块代表部位	平均养护温度（℃）	等效养护龄期累计(d)	累计养护温度（℃·d）
1	2008.5.27	首层柱⑦～⑪/Ⓑ～Ⓔ轴	15	1	15
2	2008.5.28	首层柱⑦～⑪/Ⓑ～Ⓔ轴	18	2	33
3	2008.5.29	首层柱⑦～⑪/Ⓑ～Ⓔ轴	18.5	3	51.5
4	2008.5.30	首层柱⑦～⑪/Ⓑ～Ⓔ轴	19.5	4	71
5	2008.5.31	首层柱⑦～⑪/Ⓑ～Ⓔ轴	20.25	5	91.25
6	2008.6.1	首层柱⑦～⑪/Ⓑ～Ⓔ轴	19.5	6	110.75
7	2008.6.2	首层柱⑦～⑪/Ⓑ～Ⓔ轴	19.25	7	130
8	2008.6.3	首层柱⑦～⑪/Ⓑ～Ⓔ轴	21.5	8	151.5
9	2008.6.4	首层柱⑦～⑪/Ⓑ～Ⓔ轴	18.75	9	170.25
10	2008.6.5	首层柱⑦～⑪/Ⓑ～Ⓔ轴	18.25	10	188.5
11	2008.6.6	首层柱⑦～⑪/Ⓑ～Ⓔ轴	13.5	11	202
12	2008.6.7	首层柱⑦～⑪/Ⓑ～Ⓔ轴	13.75	12	215.75
13	2008.6.8	首层柱⑦～⑪/Ⓑ～Ⓔ轴	14.75	13	230.5
14	2008.6.9	首层柱⑦～⑪/Ⓑ～Ⓔ轴	13.75	14	244.25
15	2008.6.10	首层柱⑦～⑪/Ⓑ～Ⓔ轴	13.75	15	258
16	2008.6.11	首层柱⑦～⑪/Ⓑ～Ⓔ轴	15.25	16	273.25
17	2008.6.12	首层柱⑦～⑪/Ⓑ～Ⓔ轴	18	17	291.25
18	2008.6.13	首层柱⑦～⑪/Ⓑ～Ⓔ轴	19.5	18	310.75
19	2008.6.14	首层柱⑦～⑪/Ⓑ～Ⓔ轴	23.25	19	334
20	2008.6.15	首层柱⑦～⑪/Ⓑ～Ⓔ轴	22.75	20	356.75
21	2008.6.16	首层柱⑦～⑪/Ⓑ～Ⓔ轴	22.75	21	379.5
22	2008.6.17	首层柱⑦～⑪/Ⓑ～Ⓔ轴	19.5	22	399
23	2008.6.18	首层柱⑦～⑪/Ⓑ～Ⓔ轴	19.75	23	418.75
24	2008.6.19	首层柱⑦～⑪/Ⓑ～Ⓔ轴	18.75	24	437.5
25	2008.6.20	首层柱⑦～⑪/Ⓑ～Ⓔ轴	17.25	25	454.75
26	2008.6.21	首层柱⑦～⑪/Ⓑ～Ⓔ轴	18.25	26	473
27	2008.6.22	首层柱⑦～⑪/Ⓑ～Ⓔ轴	20.75	27	493.75
28	2008.6.23	首层柱⑦～⑪/Ⓑ～Ⓔ轴	20.75	28	514.5
29	2008.6.24	首层柱⑦～⑪/Ⓑ～Ⓔ轴	18.5	29	533
30	2008.6.25	首层柱⑦～⑪/Ⓑ～Ⓔ轴	18	30	551
31	2008.6.26	首层柱⑦～⑪/Ⓑ～Ⓔ轴	17.5	31	568.5
32	2008.6.27	首层柱⑦～⑪/Ⓑ～Ⓔ轴	15.75	32	584.25
33	2008.6.28	首层柱⑦～⑪/Ⓑ～Ⓔ轴	18.5	33	602.75

测温人（签字）	×××	记录人（签字）	×××	技术负责人（签字）	×××

注：平均气温低于0℃时，不计入等效养护龄期；平均养护温度宜取每日2时、8时、14时、20时四次实测温度的平均值；等效养护龄期的取值范围宜在14～60d之间；逐日累计养护温度达到600℃·d时，方可对同条件养护试块进行强度试验。

第四节　砌体结构施工记录

一、《隐蔽工程验收记录》填写范例

隐蔽工程验收记录

<table>
<tr><td>工程名称</td><td colspan="3">××工程</td><td>编　号</td><td>×××</td></tr>
<tr><td>隐检项目</td><td colspan="3">配筋砌体</td><td>隐检日期</td><td>××年×月×日</td></tr>
<tr><td>隐检部位</td><td colspan="5">一层墙　①～⑫/Ⓑ～Ⓚ 轴线　××标高</td></tr>
<tr><td colspan="6">隐检依据：施工图号　结施－3　，设计变更/洽商/技术核定单(编号　/　)及有关现行国家标准等。
主要材料名称及规格/型号：　HPB 300 Φ12</td></tr>
<tr><td colspan="6">隐检内容：
1. 配筋砌体主筋：
品种及直径：HPB 300 Φ12
钢筋数量：4
搭接长度：55d(55×12mm＝660mm)
2. 配筋砌体箍筋：
品种及直径：HPB 300 Φ6
间距：200mm
压在灰缝中保护层厚度：2mm
3. 砌体拉结筋、构造筋：
品种及直径：HPB 300 Φ6
沿墙高间距：500mm
锚固长度：55d[55×6＝330(mm)]
与基体连接方式：拉结钢筋两边伸入墙内 1m，拉结钢筋穿过构造柱部位与受力钢筋绑牢</td></tr>
<tr><td colspan="6">检查结论：
经检查，符合设计要求和《砌体工程施工质量验收规范》GB 50203—2011 的规定
☑同意隐蔽　　□不同意，修改后进行复查</td></tr>
<tr><td colspan="6">复查结论：

复查人：　　　　复查日期：</td></tr>
<tr><td rowspan="3">签字栏</td><td rowspan="2">施工单位</td><td rowspan="2">××钢结构工程有限公司</td><td>专业技术负责人</td><td>专业质检员</td><td>专业工长</td></tr>
<tr><td>×××</td><td>×××</td><td>×××</td></tr>
<tr><td>监理(建设)单位</td><td colspan="2">××工程建设监理有限公司</td><td>专业工程师</td><td>×××</td></tr>
</table>

二、《砂浆原材料称量记录》填写范例

砂浆原材料称量记录

工程名称	××工程				强度等级	M5.0
部位	二层填充墙	施工日期	××年×月×日9时至××年×月×日11时			
现场配合比 原材料	水泥	石	砂	水	掺合料(石灰膏)	外加剂
每盘用量(kg)	100	—	659	37	27	—

施工现场每盘实际称量偏差记录(± kg)

序号	水泥	石	砂	水	掺合料	外加剂	序号	水泥	石	砂	水	掺合料	外加剂
1	−1	—	4	0.2	−0.1	—							
2	0.5	—	6	0.1	0.3	—							
3	1	—	3	0.6	0.1	—							
4	1	—	4	0.2	0.2	—							

设计配合比 原材料	水泥	石	砂	水	掺合料(石灰膏)	外加剂
每盘用量(kg)	100	—	650	45	27	—

司磅员:××× 监理员:××× 第 1 页 共 1 页

三、《通风(烟)道检查记录》填写范例

通风(烟)道检查记录				资料编号	×××	
工程名称	××大厦			检查日期	××年×月×日	
检查部位和检查结果					检查人	复查人
检查部位	主烟(风)道		副烟(风)道			
	烟道	风道	烟道	风道		
⑦~⑩/Ⓖ~Ⓗ	√		√		×××	
④~⑥/Ⓕ~Ⓗ		√		√	××	
④~⑥/Ⓘ~Ⓙ		√		×√	×××	××
①~④/Ⓙ~Ⓜ	√		√		×××	
⑤~⑥/Ⓓ~Ⓗ		×√		√	×××	×××
⑦~⑨/Ⓙ~Ⓜ	√		√		×××	
⑩~⑫/Ⓖ~Ⓗ	×√		√		×××	×××
⑭~⑯/Ⓕ~Ⓗ		√	√		×××	
⑭~⑮/Ⓘ~Ⓙ		√		√	××	
⑯~⑲/Ⓙ~Ⓜ	√		√		×××	
⑭~⑮/Ⓓ~Ⓗ		√		√	×××	
⑬~⑪/Ⓔ~Ⓘ	√		√		×××	
施工单位	××建设集团有限公司					
专业技术负责人	专业质检员			专业工长		
×××	×××			×××		
注:1.主烟(风)道可先检查,检查部位按轴线记录;副烟(风)道可按户门编号记录。 2.检查合格记(√),不合格记(×)。 3.第一次检查不合格记录(×),复查合格后在(×)后面记录(√)。						

注:本表由施工单位填写。

第五节 屋面工程施工记录

一、《隐蔽工程验收记录》填写范例

隐蔽工程验收记录(一)

<table>
<tr><td>工程名称</td><td colspan="4">××工程</td><td>编　号</td><td>×××</td></tr>
<tr><td>隐检项目</td><td colspan="4">卷材防水屋面</td><td>隐检日期</td><td>××年×月×日</td></tr>
<tr><td>隐检部位</td><td colspan="6">Ⅰ段屋面防水层　　①～⑨/Ⓐ～Ⓓ 轴线　　49.700m 标高</td></tr>
<tr><td colspan="7">隐检依据：施工图号 建施 1，结施 18 ，设计变更/洽商/技术核定单（编号 / ）及有关现行国家标准等
主要材料名称及规格/型号： 氯化聚乙烯防水卷材　×× </td></tr>
<tr><td colspan="7">隐检内容：
1. 采用氯化聚乙烯防水卷材，有出厂合格证、检测报告、产品性能和使用说明书、复试报告，合格。
2. 卷材采用热熔法满粘满铺施工，厚度为 1.5mm，卷材长边搭接 100mm，短边搭接 150mm 并辊压黏结牢固。
3. 屋面细部的排水孔、通风孔、阴阳角、转角处均铺设附加层。
4. 防水卷材在立面收头。将卷材压入檐口槽内，并压紧压实。
隐检内容已做完，请予以检查</td></tr>
<tr><td colspan="7">检查结论：
经检查，防水卷材质量证明文件齐全，合格；铺贴平整、顺直，搭接尺寸准确，无扭曲、皱折、空鼓；屋面细部的附加层施工符合《屋面工程质量验收规范》GB 50207—2012 的相关要求

☑同意隐蔽　　　□不同意隐蔽，修改后复查</td></tr>
<tr><td colspan="7">复查结论：

复查人：　　　　　　复查日期：</td></tr>
<tr><td rowspan="3">签字栏</td><td rowspan="2">施工单位</td><td rowspan="2" colspan="2">××建设集团有限公司</td><td>专业技术负责人</td><td>专业质检员</td><td>施测员</td></tr>
<tr><td>×××</td><td>×××</td><td>×××</td></tr>
<tr><td>监理或建设单位</td><td colspan="3">××工程建设监理有限公司</td><td>专业工程师</td><td>×××</td></tr>
</table>

隐蔽工程验收记录(二)

<table>
<tr><td>工程名称</td><td>××工程</td><td>编　　号</td><td>×××</td></tr>
<tr><td>隐检项目</td><td>卷材防水屋面</td><td>隐检日期</td><td>××年×月×日</td></tr>
<tr><td>隐检部位</td><td colspan="3">Ⅰ段屋面保温层　　①～⑫/Ⓐ～Ⓖ 轴线　　49.700m 标高</td></tr>
<tr><td colspan="4">隐检依据:施工图号　建施 49,施工方案　,设计变更/洽商/技术核定单(编号　/　)及有关现行国家标准等
主要材料名称及规格/型号:　高强憎水(珍珠岩)板 FN-290　。</td></tr>
<tr><td colspan="4">隐检内容:
1.保温材料选用 FN-290 高强憎水珍珠岩,有出厂合格证、样品的试验报告及材料的性能检测报告,合格。
2.隔汽层卷材铺贴已验收合格。
3.按设计要求用体积比 1∶10 的水泥珍珠岩按一定的比例掺水拌和分层干铺,用滚筒压实,坡度符合设计要求。
4.排汽口的数量为 36m² 屋面面积设置 1 个</td></tr>
<tr><td colspan="4">检查结论:
经检查,保温层的材料性能及保温层的含水率均符合设计要求,保温材料紧贴隔汽层,找坡正确,上下层错缝并嵌填密实,板状保温材料施工符合《屋面工程质量验收规范》GB 50207—2012 的规定

☑同意隐蔽　　　□不同意隐蔽,修改后复查</td></tr>
<tr><td colspan="4">复查结论:

复查人:　　　　　　　　复查日期:</td></tr>
</table>

<table>
<tr><td rowspan="3">签字栏</td><td rowspan="2">施工单位</td><td rowspan="2">××建设集团有限公司</td><td>专业技术负责人</td><td>专业质检员</td><td>施测员</td></tr>
<tr><td>×××</td><td>×××</td><td>×××</td></tr>
<tr><td>监理或建设单位</td><td colspan="2">××工程建设监理有限公司</td><td>专业工程师</td><td>×××</td></tr>
</table>

隐蔽工程验收记录(三)

<table>
<tr><td>工程名称</td><td colspan="3">××工程</td><td>编　号</td><td>×××</td></tr>
<tr><td>隐检项目</td><td colspan="3">卷材防水屋面</td><td>隐检日期</td><td>××年×月×日</td></tr>
<tr><td>隐检部位</td><td colspan="5">Ⅰ段屋面找平层　　①～⑫/Ⓐ～Ⓖ 轴线　　59.700m 标高</td></tr>
<tr><td colspan="6">隐检依据:施工图号　建施 56,施工方案　,设计变更/洽商/技术核定单(编号　/　)及有关国家现行标准等
主要材料名称及规格/型号:　水泥砂浆</td></tr>
<tr><td colspan="6">隐检内容:
1.找平层用 20mm 厚 1∶3 水泥砂浆,坡度按设计要求为 2%。
2.基层与突出屋面结构的交接处和基层的转角处均做成半径为 50mm 圆弧。立面抹灰高度＞250mm,卷材收头处的凹槽内抹灰呈 45°。排水口周围做半径为 500mm 坡度不小于 5%的环形洼坑。
3.找平层设分格缝,并嵌填密封材料。其留设位置和间距符合设计要求。
4.抹面层、压光</td></tr>
<tr><td colspan="6">检查结论:
经检查,符合设计要求和《屋面工程质量验收规范》GB 50207—2012 的规定

☑同意隐蔽　　　□不同意隐蔽,修改后复查</td></tr>
<tr><td colspan="6">复查结论:

复查人:　　　　　　复查日期:</td></tr>
<tr><td rowspan="3">签字栏</td><td rowspan="2">施工单位</td><td rowspan="2">××建设集团有限公司</td><td>专业技术负责人</td><td>专业质检员</td><td>施测员</td></tr>
<tr><td>×××</td><td>×××</td><td>×××</td></tr>
<tr><td>监理或建设单位</td><td colspan="2">××工程建设监理有限公司</td><td>专业工程师</td><td>×××</td></tr>
</table>

隐蔽工程验收记录(四)

工程名称	××工程	编　　号	×××
隐检项目	涂膜防水屋面	隐检日期	××年×月×日
隐检部位	E区屋面防水层　①～⑳/Ⓐ～Ⓗ 轴线　59.600m 标高		

隐检依据:施工图号　建施56　施工方案　,设计变更/洽商/技术核定单(编号　/　)及有关现行国家标准等

主要材料名称及规格/型号:　LB－20SBS　单组分橡胶防水涂料　××

隐检内容:

1.防水涂料有出厂质量合格证、检测报告、产品性能和使用说明书、进场复试报告,合格;

2.防水找平层基面干燥、干净的情况下,做LB-20SBS专用防水底涂施工,见基面黑色即可,均匀薄涂且不露底、不漏涂,底涂干固3～4h后,进行防水层大面积施工(25℃以上);

3.施工总厚度为2mm,分5～6遍完成,第1遍厚0.2～0.3mm,其余各遍0.3～0.4mm,每层间隔时间不少于6h,干固后方可进行下一遍施工;

4.涂刷要求每层薄涂均匀,且施工方向垂直,涂层间每遍涂布退槎和接槎控制在50～100mm;

5.涂膜收头用防水涂料多遍涂刷密实

检查结论:

经检查,符合设计要求和《屋面工程质量验收规范》GB 50207—2012的规定

☑同意隐蔽　□不同意隐蔽,修改后复查

复查结论:

复查人:　　　　复查日期:

签字栏					
施工单位	××建设集团有限公司	专业技术负责人	专业质检员	施测员
		×××	×××	×××
监理或建设单位	××工程建设监理有限公司		专业工程师	×××

隐蔽工程验收记录(五)

<table>
<tr><td>工程名称</td><td>××工程</td><td>编　号</td><td>×××</td></tr>
<tr><td>隐检项目</td><td>刚性防水屋面细石混凝土防水层</td><td>隐检日期</td><td>××年×月×日</td></tr>
<tr><td>隐检部位</td><td colspan="3">屋面　①～⑫/Ⓐ～Ⓖ 轴线　60.800m 标高</td></tr>
<tr><td colspan="4">隐检依据：施工图号 建施 45 ，设计变更/洽商/技术核定单（编号 / ）及有关现行国家标准等。
主要材料名称及规格/型号：细石混凝土 C20　冷拔低碳钢丝 φ6@200mm</td></tr>
<tr><td colspan="4">隐检内容：
1. 找平层、隔离层已施工完毕并验收合格。
2. 钢筋网片采用 φ6mm 冷拔低碳钢丝，间距为 200mm 的绑扎双向钢筋网片。钢筋网片放在防水层上部，绑扎钢丝收口向下，不露出防水层表面。钢筋保护层厚度为 10mm。钢筋网片位置正确，在分格缝处断开。
3. 60mm 厚的 C20 细石混凝土防水层，外观质量厚度一致、表面平整、压实抹光、无裂缝、无起壳、无起砂等缺陷，坡度为 2%</td></tr>
<tr><td colspan="4">检查结论：
经检查，符合设计要求和《屋面工程质量验收规范》GB 50207—2012 的规定

☑同意隐蔽　□不同意隐蔽，修改后复查</td></tr>
<tr><td colspan="4">复查结论：

复查人：　　　　复查日期：</td></tr>
</table>

<table>
<tr><td rowspan="3">签字栏</td><td rowspan="2">施工单位</td><td rowspan="2">××建设集团有限公司</td><td>专业技术负责人</td><td>专业质检员</td><td>施测员</td></tr>
<tr><td>×××</td><td>×××</td><td>×××</td></tr>
<tr><td>监理或建设单位</td><td colspan="2">××工程建设监理有限公司</td><td>专业工程师</td><td>×××</td></tr>
</table>

隐蔽工程验收记录(六)

工程名称	××工程	编　　号	×××
隐检项目	刚性防水屋面(密封材料嵌缝)	隐检日期	××年×月×日
隐检部位	屋面　①～⑨/Ⓑ～Ⓔ 轴线　60.800m 标高		

隐检依据:施工图号　建施 1、建施 52　,设计变更/洽商/技术核定单(编号　/　)及有关现行国家标准等

主要材料名称及规格/型号:　改性沥青嵌缝油膏

隐检内容:

1. 密封材料有产品合格证,检查合格。
2. 基层清理情况。基层牢固,表面平整密实、干净干燥。
3. 采用冷嵌法施工,先将少量密封材料批刮到缝槽两侧,分次将密封材料嵌填在缝内,用力压嵌密实,嵌填时密封材料与缝壁不得留有空隙,并防止裹入空气,接头采用斜槎。
4. 密封材料表面呈凹状,中部比周围低 3～5mm。
5. 检查接缝宽度允许偏差在±10%以内,接缝深度为宽度的 50%～70%

检查结论:

经检查,密封材料嵌填饱满、无间隙、无气泡,符合设计要求和《屋面工程质量验收规范》GB 50207—2012 的规定

☑同意隐蔽　　□不同意隐蔽,修改后复查

复查结论:

复查人:　　　　　　　　复查日期:

签字栏	施工单位	××建设集团有限公司	专业技术负责人	专业质检员	施测员
			×××	×××	×××
	监理或建设单位	××工程建设监理有限公司		专业工程师	×××

隐蔽工程验收记录(七)

工程名称	××工程	编　　号	×·××
隐检项目	屋面工程(分格缝)	隐检日期	××年×月×日
隐检部位	Ⅰ段屋面层　①～⑨/Ⓐ～Ⓓ 轴线　59.700m 标高		

隐检依据:施工图号 建施 192　施工方案 ,设计变更/洽商/技术核定单(编号 /)及有关现行国家标准等

主要材料名称及规格/型号: FN－290 高强憎水(珍珠)板;SBS 防水卷材;聚合物水泥基防水涂料;水泥砂浆

隐检内容:

1. 分格缝的留置数量;
2. 分格缝留置的间距不大于 6m,缝宽 20mm;
3. 分格缝构造见下图:

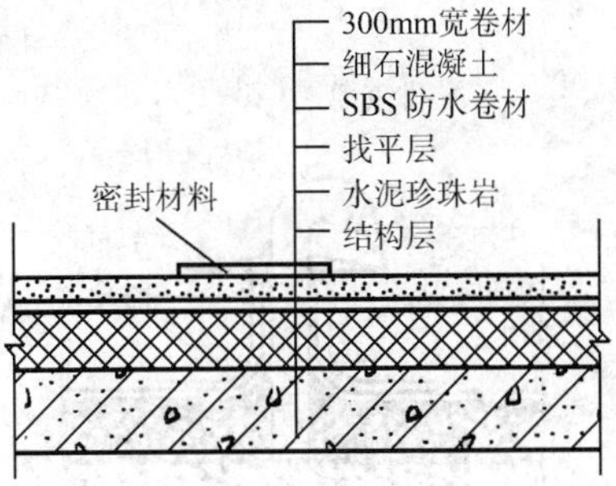

检查结论:

经检查,分格缝的留置间距、数量、构造符合设计要求,施工符合《屋面工程质量验收规范》GB 50207—2012 的规定

☑同意隐蔽　□不同意隐蔽,修改后复查

复查结论:

复查人:　　　　复查日期:

签字栏	施工单位	××建设集团有限公司	专业技术负责人	专业质检员	施测员
			×××	×××	×××
	监理或建设单位	××工程建设监理有限公司		专业工程师	×××

隐蔽工程验收记录(八)

工程名称	××工程	编　　号	×××
隐检项目	卷材防水屋面排气口	隐检日期	××年×月×日
隐检部位	Ⅰ段屋面层　①～⑨/Ⓐ～Ⓓ 轴线　49.700m 标高		

隐检依据：施工图号 建施 192，施工方案 ，设计变更/洽商/技术核定单(编号 /)及有关现行国家标准等

主要材料名称及规格/型号： SBS 改性沥青防水卷材

隐检内容：

1. 确定排气道的位置、走向及排气孔的位置；
2. 在保温层施工时，当粘铺板块时，应在已定的排气道位置处拉开 80～140mm 的通缝，缝内用大粒径、大孔洞炉渣填平，中间留设 12～15mm 的通缝，再抹找平层；
3. 铺设防水层前，在排气槽位置处找平层上部附加宽度为 300mm 单边单粘的卷材覆盖层；
4. 排气口的构造见下图：

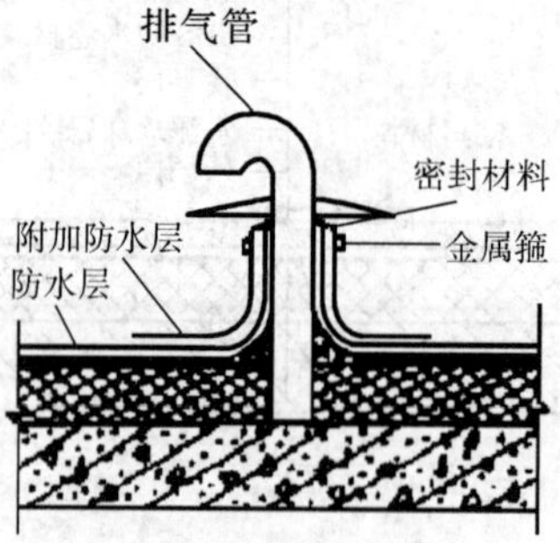

检查结论：

经检查，排气口处的构造符合设计要求，施工符合《屋面工程质量验收规范》GB 50207—2012 的规定

☑同意隐蔽　　☐不同意隐蔽，修改后复查

复查结论：

复查人：　　　　　　　　复查日期：

签字栏	施工单位	××建设集团有限公司	专业技术负责人	专业质检员	施测员
			×××	×××	×××
	监理或建设单位	××工程建设监理有限公司		专业工程师	×××

隐蔽工程验收记录(九)

工程名称	××工程	编　号	×××
隐检项目	涂膜防水屋面细部构造	隐检日期	××年×月×日
隐检部位	E 区屋面水落口　①～㉚/Ⓑ～Ⓗ 轴线　59.600m 标高		

隐检依据：施工图号＿建施 96，施工方案＿，设计变更/洽商/技术核定单(编号＿/＿)及有关现行国家标准等

主要材料名称及规格/型号：＿ϕ10mm 聚乙烯泡沫棒，5mmLB-10D 密封胶，LB-20SBS 防水涂料＿

隐检内容：

水落口及穿混凝土板管口周边开凿 10mm×15mm(宽×深)凹槽，槽内放置 ϕ10mm 聚乙烯泡沫棒做背衬材料，并嵌填 5mm 厚 LB-10D 聚氨酯建筑密封胶做节点密封，密封后对水落口直径 500mm 范围内涂刷 LB-20SBS 专用基面处理剂及 1mm 厚 LB-20SBS 防水涂料，并向水落口反入 50mm 深(如下图所示)

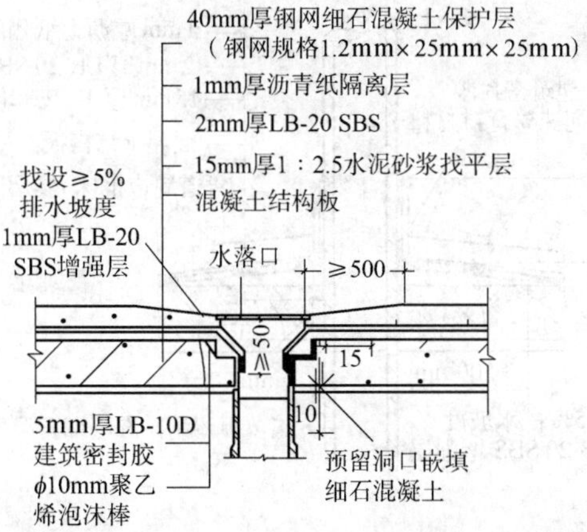

检查结论：

经检查，屋面水落口的构造形式符合设计要求，施工符合《屋面工程质量验收规范》GB 50207—2012 的规定

☑同意隐蔽　□不同意隐蔽，修改后复查

复查结论：

复查人：　　　　　　复查日期：

签字栏	施工单位	××建设集团有限公司	专业技术负责人	专业质检员	施测员
			×××	×××	×××
	监理或建设单位	××工程建设监理有限公司		专业工程师	×××

隐蔽工程验收记录(十)

工程名称	××工程	编　　号	×××
隐检项目	涂膜防水屋面细部构造	隐检日期	××年×月×日
隐检部位	E 区屋面(穿墙管道防水节点)　①~㉚/Ⓑ~Ⓗ 轴线　59.600m 标高		

隐检依据:施工图号 建施 96,施工方案 ,设计变更/洽商/技术核定单(编号 /)及有关现行国家标准等

主要材料名称及规格/型号: ϕ10mm 聚乙烯泡沫棒,5mmLB-10D 密封胶,LB20SBS 防水涂料 。

隐检内容:

穿混凝土管道直径 500mm 范围内涂刷 LB－20SBS 专用基面处理剂及 1mm 厚 LB-20SBS 防水涂料,并反上穿板管,其高度高出防水保护层 20mm 以上(如下图所示)

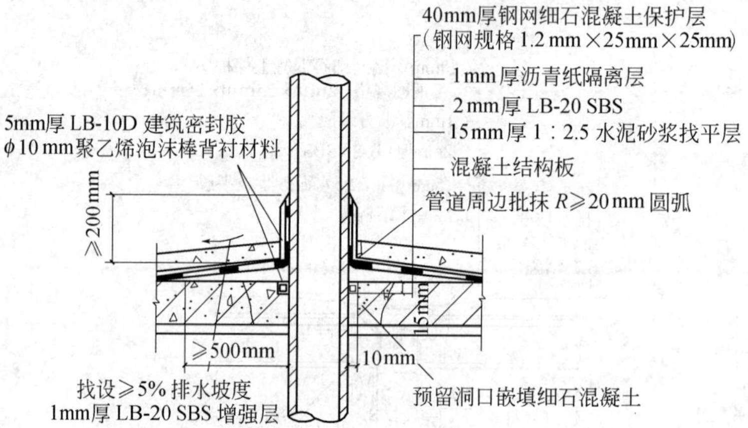

检查结论:

经检查,穿墙管道处构造符合设计要求,施工符合《屋面工程质量验收规范》GB 50207—2012 的规定

☑同意隐蔽　　□不同意隐蔽,修改后复查

复查结论:

复查人:　　　　　　　　　　复查日期:

签字栏	施工单位	××建设集团有限公司	专业技术负责人	专业质检员	施测员
			×××	×××	×××
	监理或建设单位	××工程建设监理有限公司		专业工程师	×××

隐蔽工程验收记录(十一)

工程名称	××工程	编　号	×××
隐检项目	涂膜防水屋面细部构造	隐检日期	××年×月×日
隐检部位	E区屋面(女儿墙泛水部位)　①～㉚/Ⓑ～Ⓗ 轴线		59.600m 标高

隐检依据:施工图号　建施96　施工方案　,设计变更/洽商/技术核定单(编号　/　)及有关国家现行标准等

主要材料名称及规格/型号: ϕ10mm聚乙烯泡沫棒,5mmLB-10D密封胶,LB20-SBS防水涂料

隐检内容:

施工前涂刷LB-20SBS专用基面处理剂,气温25℃以上、3～4h后,进行1mm厚LB-20SBS防水涂料施工。施工范围要求泛水立墙面至防水凹槽内,平面至泛水立面300mm宽部位,并在泛水阴角加设ϕ10mm聚乙烯泡沫棒做缓冲变形带,其上优先采用200mm宽SBS自粘卷材做覆盖密封,完成后对节点施工范围涂刷1mm厚LB-20SBS(如下图所示)

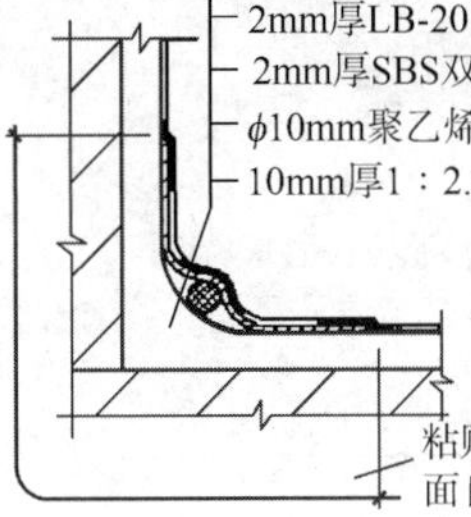

检查结论:

经检查,上述项目符合设计要求及《屋面工程质量验收规范》GB 50207—2012的规定

☑同意隐蔽　☐不同意隐蔽,修改后复查

复查结论:

复查人:　　　　复查日期:

签字栏	施工单位	××建设集团有限公司	专业技术负责人	专业质检员	施测员
			×××	×××	×××
	监理或建设单位	××工程建设监理有限公司		专业工程师	×××

二、《防水工程试水检查记录》填写范例

防水工程试水检查记录(一)

<table>
<tr><td>工程名称</td><td colspan="2">××工程</td><td>编　　号</td><td colspan="2">×××</td></tr>
<tr><td>检查部位</td><td colspan="2">屋面①～⑫/Ⓐ～Ⓖ轴</td><td>检查日期</td><td colspan="2">××年×月×日</td></tr>
<tr><td rowspan="2">检查方式</td><td colspan="2">☑第一次蓄水　□第二次蓄水</td><td>蓄水时间</td><td colspan="2">从 ××年×月×日 × 时
至 ××年×月×日 × 时</td></tr>
<tr><td colspan="5">□淋水　□雨期观察</td></tr>
<tr><td colspan="6">检查方法及内容：
屋面蓄水时间试验在卷材防水层施工完成并验收合格后进行，排水坡度为2%。将水落口用球塞堵严密，且不影响试水，蓄水深度50mm，蓄水时间为24h</td></tr>
<tr><td colspan="6">检查结论：
经24h，蓄水部位未发现渗漏水，蓄水排除后卷材防水层无积水，排水坡向正确，排水畅通，符合设计要求和施工质量验收规范规定，合格</td></tr>
<tr><td colspan="6">复查结论：

复查人：　　　　　　　　复查日期：</td></tr>
<tr><td rowspan="3">签字栏</td><td rowspan="2">施工单位</td><td rowspan="2">××建设集团有限公司</td><td>专业技术负责人</td><td>专业质检员</td><td>施测员</td></tr>
<tr><td>×××</td><td>×××</td><td>×××</td></tr>
<tr><td>监理或建设单位</td><td colspan="2">××工程建设监理有限公司</td><td>专业工程师</td><td>×××</td></tr>
</table>

防水工程试水检查记录(二)

<table>
<tr><td>工程名称</td><td>××工程</td><td>编　　号</td><td colspan="2">×××</td></tr>
<tr><td>检查部位</td><td>屋面</td><td>检查日期</td><td colspan="2">××年×月×日</td></tr>
<tr><td rowspan="2">检查方式</td><td>□第一次蓄水　　□第二次蓄水</td><td>蓄水时间</td><td colspan="2">从 ××年×月×日 × 时
至 ××年×月×日 × 时</td></tr>
<tr><td colspan="4">☑淋水　　□雨期观察</td></tr>
<tr><td colspan="5">检查方法及内容：
1. 沿屋脊方向布置与屋脊同长度的花管(钢管直径 38mm 左右，管上部钻 3～5mm 的孔，布置两排，孔距80～100mm)，用有压力的自来水管接通进行淋水(呈人工降水状)
2. 高出屋面的烟道、风道、出气管、女儿墙、出入孔等突出屋面的部分泛水，防水层上口布设了淋水管
3. 淋水时间为 2.25h</td></tr>
<tr><td colspan="5">检查结论：
对所有顶层房间进行了逐间检查，无渗漏现象。符合设计要求及规范规定，合格</td></tr>
<tr><td colspan="5">复查结论：

复查人：　　　　　　　　复查日期：</td></tr>
</table>

<table>
<tr><td rowspan="3">签字栏</td><td rowspan="2">施工单位</td><td rowspan="2">××建设集团有限公司</td><td>专业技术负责人</td><td>专业质检员</td><td>施测员</td></tr>
<tr><td>×××</td><td>×××</td><td>×××</td></tr>
<tr><td>监理或建设单位</td><td colspan="2">××工程建设监理有限公司</td><td>专业工程师</td><td>×××</td></tr>
</table>

三、《防水工程试水检查记录》填写说明

1. 相关规定及要求

(1)屋面蓄水试验方法及要求。有女儿墙的屋面防水工程，能做蓄水试验的宜做蓄水试验。

1)蓄水试验应在防水层施工完成并验收后进行。

2)将水落口用球塞堵严密，且不影响试水。

3)蓄水深度最浅处不应小于 20mm。

4)蓄水时间为 24h。

(2)屋面淋水试验方法及要求。高出屋面的烟、风道、出气管、女儿墙、出入孔根部防水层上口应做淋水试验。

1)屋面防水层应进行持续 2h 淋水试验。

2)沿屋脊方向布置与屋脊同长度的花管(钢管直径 38cm 左右，管上部钻 3～5mm 的孔，布置两排，孔距 80～100mm 左右)，用有压力的自来水管接通进行淋水(呈人工降水状)。

3)风道、出气管、女儿墙、出入孔根部防水层上口应做淋水试验，并做好记录。

(3)雨期观察记录。冬期施工的工程，应在来年雨期之前补做淋水、蓄水试验，或做好雨期观察记录。

记录主要包括:降雨级数、次数、降雨时间、检查结果、检查日期及检查人。

(4)不具备蓄水和淋水试验的条件。对于不具备全部屋面进行蓄水和淋水试验条件的屋面防水工程，除做好雨期观察记录外，对屋面细部、节点的防水应进行局部蓄水和淋水试验。

1)水落口应做蓄水检验，时间不少于 2h。

2)女儿墙高出屋面管道、烟(风)道防水卷材的上卷部位等应做淋水试验，时间不少于 2h。

2. 填写要点

表格中“检查方法及内容”应注意特殊部位蓄水检查方法，如厕浴间管根处、地漏处和屋面细部构造等。

第七章

建筑结构工程施工试验记录及检测报告资料（C6）

本章内容包括下列资料：

- 混凝土结构施工试验记录及检测报告
- 砌体结构施工试验记录及检测报告

第一节 混凝土结构施工试验记录及检测报告

一、《钢筋机械连接型式检验报告》填写范例

钢筋机械连接型式检验报告

委托单位	××机械集团有限公司		产品名称	Ⅱ级带肋钢筋锥螺纹连接接头	
工程名称	型式检验		规格型号	Ⅱ级带肋螺纹钢Φ25	
检验依据	原材力学性能、接头单向拉伸、高应力、大变形反复拉压				
检验依据	JGJ 107—2010	送样数量	15根	送样日期	×年×月×日
试验编号	××××	检验日期	×年×月×日	设计接头等级	A级

接头试件基本参数	钢筋母材编号			1	2	3	4	5	6
	钢筋直径(25mm)原材力学性能	实际面积(mm^2)		490.9	490.9	490.9	490.9	490.9	490.9
		屈服强度(N/mm^2)		365	345	370			
		抗拉强度(N/mm^2)		580	550	580			
		弹性模量(N/mm^2)		25	27	28			
		断后伸长率(%)		2.02	2.05	2.05			
试验结果	接头单向拉伸	割线模量	$E_{0.9}$(N/mm^2)	1.87	1.86	1.96	1.88	1.80	1.75
			$E_{0.7}$(N/mm^2)	2.04	2.11	2.15	2.03	2.00	1.94
		残余变形(mm)		0.04	0.045	0.03	0.047	0.043	0.044
		极限强度(N/mm^2)		565	570	540	555	570	545
		极限应变(%)		16	17	17	21	22	14
		破坏情况		断母材	断母材	断母材	断母材	断母材	断母材
	高应力反复拉压	割线模量	E_1(N/mm^2)	1.66	1.62	1.59			
			E_{20}(N/mm^2)	1.58	1.51	1.48			
			$E_1:E_{20}$	0.95	0.93	0.93			
		残余变形(mm)		0.025	0.064	0.075			
		极限强度(N/mm^2)		555	540	550			
		破坏情况		断母材	断母材	断母材			
	大变形反复拉压	残余变量	u_4	0.025	0.046	0.039			
			u_8	0.053	0.07	0.083			
		极限强度(N/mm^2)		535	555	555			
		破坏情况		断母材	断母材	断母材			
备注									

结论：该规格钢筋锥螺纹连接接头达到《钢筋机械连接技术规程》JGJ 107—2010规定的A级接头性能指标，合格

质量监督部门章

主任：×× 审核：×× 检验人员：×××

检 验 报 告
TEST REPORT

BETC-CL1-2011-1445

工程/产品名称
Name of Engineering/Product 滚轧直螺纹钢筋接头（型式检验）

委托单位
Client ××机械集团有限公司

检验类别
Test Category 委托检验

国家建筑工程质量监督检验中心
NATIONAL CENTER FOR QUALITY SUPERVISION
AND TEST OF BUILDING ENGINEERING

国家建筑工程质量监督检验中心检验报告

TEST REPORT OF CHINA NATIONAL CENTER FOR QUALITY SUPERVISION AND TEST OF CONSTRUCTION ENGINEERING

报告编号(No. of Report):BETC-CL1-2011-1445　　共 3 页　第 1 页(Page 1 of 3)

<table>
<tr><td colspan="2">委托单位(Client)</td><td colspan="3">××机械集团有限公司</td></tr>
<tr><td colspan="2">地址(ADD)</td><td>××市××区××路</td><td>电话(Tel)</td><td>××××</td></tr>
<tr><td rowspan="2">样品
(Sample)</td><td>名称(Name)</td><td>热轧带肋钢筋(母材)
滚轧直螺纹钢筋接头</td><td>状态
(State)</td><td>正常</td></tr>
<tr><td>规格型号
(Type/Model)</td><td>28</td><td>商标
(Brand)</td><td>—</td></tr>
<tr><td colspan="2">生产单位(Manufacturer)</td><td colspan="3">××机械集团有限公司</td></tr>
<tr><td colspan="2">送样/抽样日期
(Date of delivery/Sampling)</td><td>××/×/×</td><td>地点
(Place)</td><td>—</td></tr>
<tr><td colspan="2">工程名称
(Name of engineering)</td><td colspan="3">××工程</td></tr>
<tr><td rowspan="4">检验
(Test)</td><td>项目
(Item)</td><td>1. σ_s、σ_b
2. 单向拉伸性能
3. 高应力反复拉压性能
4. 大变形反复拉压性能</td><td>数量
(Quantity)</td><td>1. 3 根
2. 3 根
3. 3 根
4. 3 根</td></tr>
<tr><td>地点
(Place)</td><td>实验室</td><td>日期
(Date)</td><td>××/×/×</td></tr>
<tr><td>依据
(Reference documents)</td><td colspan="3">GB 1499. 2—2007、JGJ 107—2010</td></tr>
<tr><td>设备
(Equipment)</td><td colspan="3">1MN 试验机及 JBK 测试系统、INSTRON 500kN 试验机</td></tr>
<tr><td colspan="5">检验结论(Conclusion)</td></tr>
<tr><td colspan="5">1. 母材试验所检验的项目符合 GB 1449. 2—2007 中规定的 HRB 400 的强度要求。
2. 单向拉伸试验、高应力反复拉压试验、大变形反复拉压试验所检验的项目均符合 JGJ 107—2010 中规定的“Ⅰ”级性能要求</td></tr>
<tr><td>备注</td><td colspan="4">各项检验数据见本报告的第 2 页,附表见本报告的第 3 页
钢筋牌号 HRB 400,钢筋螺纹采用剥肋滚轧工艺(Ⅰ级型检)</td></tr>
</table>

批准(Approval):×××　　审核(Verification):×××　　主检(Chief tester):×××

报告日期(Date):××. ×. ×

国家建筑工程质量监督检验中心检验报告

TEST REPORT OF CHINA NATIONAL CENTER FOR QUALITY SUPERVISION AND TEST OF CONSTRUCTION ENGINEERING

母材检验数据					
母材试件编号	CL1-2011-1445-1	CL1-2011-1445-2	CL1-2011-1445-3	平均值	标准值
钢筋直径(mm)	28	28	28	—	—
屈服强度 σ_s(N/mm²)	480	480	485	—	≥400
抗拉强度 σ_b(N/mm²)	665	670	685	—	≥570
破坏情况	—	—	—	—	—
单向拉伸性能检验数据					
单向拉伸试件编号	CL1-2011-1445-4	CL1-2011-1445-5	CL1-2011-1445-6	平均值	标准值
抗拉强度 f^0_{mst}(N/mm²)	665	670	670	—	$f^0_{mst} \geq f^0_{st}$ 或 $\geq 1.10 f_{uk}$
非弹性变形 u(mm)	0.105	0.095	0.045	0.082	$u \leq 0.10$
总伸长率 δ_{sgt}(%)	7.0	7.5	7.5	7.5	$\delta_{sgt} \geq 4.0$
破坏情况	断母材	断母材	断母材	—	—
高应力反复拉压性能检验数据					
高应力反复拉压试件编号	CL1-2011-1445-7	CL1-2011-1445-8	CL1-2011-1445-9	平均值	标准值
抗拉强度 f^0_{mst}(N/mm²)	665	670	670	—	$f^0_{mst} \geq f^0_{st}$ 或 $\geq 1.10 f_{uk}$
残余变形 u_{20}(mm)	0.13	0.08	0.15	0.12	$u_{20} \leq 0.3$
破坏情况	断母材	断母材	断母材	—	—
大变形反复拉压性能检验数据					
大变形反复拉压试件编号	CL1-2011-1445-10	CL1-2011-1445-11	CL1-2011-1445-12	平均值	标准值
抗拉强度 f^0_{mst}(N/mm²)	685	685	685	—	$f^0_{mst} \geq f^0_{st}$ 或 $\geq 1.10 f_{uk}$
残余变形 u_4(mm)	0.14	0.14	0.26	0.18	$u_4 \leq 0.3$
残余变形 u_8(mm)	0.28	0.21	0.42	0.30	$u_8 \leq 0.6$
破坏情况	断母材	断母材	断母材	—	—

附录:

共 3 页　第 3 页(Page 3 of 3)

委托单位	××机械集团有限公司				
产品名称	滚轧直螺纹钢筋接头		公称直径(mm)		28
设计接头等级	Ⅰ级		送检日期		××.×.×
连接件基本参数					
连接件各部位尺寸	长度(mm)	70.0	连接件原材料		45# 钢
	外径(mm)	44.0	螺距		3.0
	内径(mm)	23.75	牙型角状态		60°

连接件示意图:

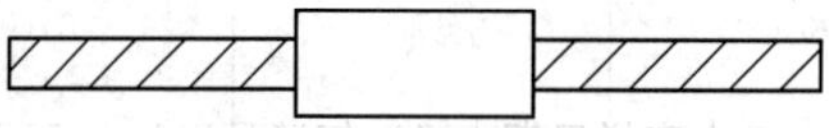

国家建筑工程质量监督检验中心

××年×月×日

二、《钢筋连接工艺检验评定报告》填写范例

钢筋连接工艺检验评定报告

钢筋连接工艺检验评定报告			
		编　　号	×××
		试验编号	××××-0018
		委托编号	××××-01685
工程名称及部位	××工程　二层顶板及墙柱	试件编号	002
委托单位	×××项目部	试验委托人	×××
接头类型	直螺纹连接	检验形式	工艺检验
设计要求接头性能等级	Ⅰ级	代表数量	—

连接钢筋种类及牌号	热轧带肋 HRB 335	公称直径(mm)	25	原材试验编号	××××-0021
操作人	×××	来样日期	××年×月×日	试验日期	××年×月×日

接头试件			母材试件		弯曲试件			备注
公称面积(mm²)	抗拉强度(MPa)	断裂特征及位置	实测面积(mm²)	抗拉强度(MPa)	弯心直径	角度	结果	
490.9	600	母材拉断 105	—	585				
490.9	605	母材拉断 123	—	595				
490.9	605	母材拉断 109	—	565				

结论：

依据《钢筋机械连接技术规程》JGJ 107—2010 标准，以上所检项目工艺检验符合机械连接Ⅰ级接头要求

××工程检测试验有限公司 试验专用章

批　　准	×××	审　　核	×××	试　　验	×××
试验单位	××工程检测试验有限公司				
报告日期	××年×月×日				

三、《钢筋连接试验报告》填写范例

钢筋连接试验报告				编　　号	×××
				试验编号	××××-0126
				委托编号	××××-01685
工程名称及部位	××工程　二层顶板			试件编号	018
委托单位	×××项目部			试验委托人	×××
接头类型	直螺纹连接			检验形式	现场检验
设计要求接头性能等级	Ⅰ级			代表数量(个)	500
连接钢筋种类及牌号	热轧带肋 HRB 335	公称直径(mm)	20mm	原材试验编号	××××-0086
操作人	×××	来样日期	××年×月×日	试验日期	××年×月×日

接头试件			母材试件		弯曲试件			备注
公称面积(mm^2)	抗拉强度(MPa)	断裂特征及位置	实测面积(mm^2)	抗拉强度(MPa)	弯心直径	角度	结果	
314.2	610	滑脱						
314.2	570	母材拉断 128mm						
314.2	575	母材拉断 59mm						

结论：

依据《钢筋机械连接技术规程》JGJ 107—2010 标准，以上所检项目符合机械连接Ⅰ级接头要求

××工程检测试验有限公司 试验专用章

批　　准	×××	审　　核	×××	试　　验	×××
试验单位	××工程检测试验有限公司				
报告日期	××年×月×日				

钢筋连接试验报告

钢筋连接试验报告		编　号	×××
		试验编号	××××-0413
		委托编号	××××-03341
工程名称及部位	××工程　二层顶板	试件编号	014
委托单位	×××项目部	试验委托人	×××
接头类型	电弧焊　双面搭接焊	检验形式	现场检验
设计要求接头性能等级	—	代表数量(个)	300

连接钢筋种类及牌号	热轧带肋 HRB 335	公称直径(mm)	22	原材试验编号	××××-0196
操作人	×××	来样日期	××年×月×日	试验日期	××年×月×日

接头试件			母材试件		弯曲试件			备注
公称面积(mm^2)	抗拉强度(MPa)	断裂特征及位置	实测面积(mm^2)	抗拉强度(MPa)	弯心直径	角度	结果	
380.1	620	延性断裂 84mm						
380.1	530	延性断裂 72mm						
380.1	580	延性断裂 78mm						

结论：

依据《钢筋焊接及验收规程》JGJ 18—2012 标准，符合电弧焊要求

××工程检测试验有限公司 试验专用章

批　准	×××	审　核	×××	试　验	×××
试验单位	××工程检测试验有限公司				
报告日期	××年×月×日				

四、《钢筋连接试验报告》填写说明

1. 表格解析

(1)责任部门:有资质的试验单位提供,试验员收集。

(2)填写要点。

1)试验报告中应写明工程名称、钢筋级别、接头类型、规格、代表数量、检验形式、试验数据、试验日期及试验结果。

2)"委托单位"栏要写具体,名称应与图签、施工组织设计一致。

3)"工程名称及部位"栏工程名称应与图签、施工组织设计一致的名称,部位按楼层或施工段填写具体。

4)"接头类型"栏要写具体,如直螺纹连接。

5)"连接钢筋种类及牌号"栏应填写钢筋的品种和规格,如热轧带肋钢筋 HRB 335。

6)"操作人"栏应与焊工上岗证上的名称相吻合。

7)"代表数量"栏应按规定据实填写。

2. 相关规定及要求

(1)一般规定。

1)用于焊接、机械连接的钢筋接头,其接头的力学性能和工艺性能应符合现行国家标准。

2)在工程开工正式焊(连)接之前及施工过程中,应对每批进场的钢筋,在现场条件下进行焊接工艺试验(可焊性),机械连接应进行工艺检验。可焊性试验、工艺检验合格后方可进行焊接或机械连接的施工。

3)钢筋焊接、机械连接的工艺检验、现场检验、型式检验验收批的划分、取样数量及必试项目按现行国家有关标准、规范的规定执行。

4)承重结构工程中的钢筋连接接头按规定实行有见证取样和送检的管理。

5)焊(连)接工人必须具有有效的岗位证书。

(2)钢筋焊接。

1)钢筋焊接施工之前,应清除钢筋、钢板焊接部位以及钢筋与电极接触处表面上的锈斑、油污、杂物等;钢筋端部当有弯折、扭曲时,应予以矫直或切除。

2)带肋钢筋进行闪光对焊、电弧焊、电渣压力焊和气压焊时,宜将纵肋对纵肋安放和焊接。

3)当采用低氢型碱性焊条时,应按使用说明书的要求烘焙,且宜放入保温筒内保温使用;酸性焊条若在运输或存放中受潮,使用前亦应烘焙后方能使用。

4)焊剂应存放在干燥的库房内,当受潮时,在使用前应经 250～300℃烘焙 2h。使用中回收的焊剂应清除熔渣和杂物,并应与新焊剂混合均匀后使用。

5)在环境温度低于－5℃条件下施焊时,焊接工艺应符合下列要求:

①闪光对焊时,宜采用预热闪光焊或闪光—预热闪光焊;可增加调伸长度,采用较低变压器级数,增加预热次数和间歇时间。

②电弧焊时,宜增大焊接电流,减低焊接速度。

电弧帮条焊或搭接焊时，第一层焊缝应从中间引弧，向两端施焊；以后各层控温施焊，层间温度控制在150～350℃。多层施焊时，可采用回火焊道施焊。

③当环境温度低于−20℃时，不宜进行各种焊接。

6)雨天、雪天不宜在现场进行施焊；必须施焊时，应采取有效遮蔽措施。焊后未冷却接头不得碰到冰雪。

在现场进行闪光对焊或电弧焊，当风速超过7.9m/s时，应采取挡风措施。进行气压焊，当风速超过5.4m/s时，应采取挡风措施。

7)进行电阻定位焊、闪光对焊、电渣压力焊、埋弧压力焊时，应随时观察电源电压的波动情况，当电源电压下降大于5%、小于8%，应采取提高焊接变压器级数的措施；当大于或等于8%时，不得进行焊接。

8)焊机应经常维护保养和定期检修，确保正常使用。

9)对从事钢筋焊接施工的班组及有关人员应经常进行安全生产教育，执行国家现行标准《焊接与切割安全》GB 9448—1999中的有关规定，对氧、乙炔、液化石油气等易燃、易爆材料，应妥善管理，注意周边环境，制定和实施各项安全技术措施，加强焊工的劳动保护，防止发生烧伤、触电、火灾、爆炸以及烧坏焊接设备等事故。

10)钢筋电阻定位焊。

①混凝土结构中的钢筋焊接骨架和钢筋焊接网，宜采用电阻定位焊制作。

②电阻定位焊的工艺过程中应包括预压、通电、锻压三个阶段。

11)钢筋闪光对焊。钢筋的对接焊接宜采用闪光对焊；其焊接工艺方法按下列规定选择：

①当钢筋直径较小，钢筋牌号较低，在下表的规定范围内，可采用"连续闪光焊"。

②当超过下表中的规定，且钢筋端面较平整，宜采用"预热闪光焊"。

③当超过表7-1中的规定，且钢筋端面不平整，应采用"闪光-预热闪光焊"。

表7-1 连续闪光焊钢筋上限直径

焊机容量(kV·A)	钢筋牌号	钢筋直径(mm)
160 (150)	HRB 335 HRB 400 RRB 400	22 20 20
100	HRB 335 HRB 400 RRB 400	18 16 16
80 (75)	HRB 335 HRB 400 RRB 400	14 12 12
40	HRB 335 HRB 400 RRB 400	10

12)钢筋电弧焊包括帮条焊、搭接焊、坡口焊、窄间隙焊和熔槽帮条焊5种接头形式。焊接时,应符合下列要求:

①应根据钢筋牌号、直径、接头形式和焊接位置,选择焊条、焊接工艺和焊接参数。

②焊接时,引弧应在垫板、帮条或形成焊缝的部位进行,不得烧伤主筋。

③焊接地线与钢筋应接触紧密。

④焊接过程中应及时清渣,焊缝表面应光滑,焊缝余高应平缓过渡,弧坑应填满。

13)钢筋电渣压力焊。

①电渣压力焊适用于现浇钢筋混凝土结构中竖向或斜向(倾斜度在4∶1范围内)钢筋的连接。

②电渣压力焊工艺过程应符合下列要求:

a.焊接夹具的上下钳口应夹紧于上、下钢筋上;钢筋一经夹紧,不得晃动。

b.引弧可采用直接引弧法,或铁丝圈(焊条芯)引弧法。

c.引燃电弧后,应先进行电弧过程,然后,加快上钢筋下送速度,使钢筋端面与液态渣池接触,转变为电渣过程。最后在断电的同时,迅速下压上钢筋,挤出熔化金属和熔渣。

d.接头焊毕,应稍作停歇,方可回收焊剂和卸下焊接夹具;敲去渣壳后,四周焊包凸出钢筋表面的高度不得小于4mm。

③电渣压力焊焊接参数应包括焊接电流、焊接电压和通电时间。

14)钢筋气压焊。

①气压焊可用于钢筋在垂直位置、水平位置或倾斜位置的对接焊接。当两钢筋直径不同时,其两直径之差不得大于7mm。

②气压焊按加热温度和工艺方法的不同,可分为熔态气压焊(开式)和固态气压焊(闭式)两种;在一般情况下,宜优先采用熔态气压焊。

③采用固态气压焊时,其焊接工艺应符合下列要求:

a.焊前钢筋端面应切平、打磨,使其露出金属光泽,钢筋安装夹牢,预压顶紧后,两钢筋端面局部间隙不得大于3mm。

b.气压焊加热开始至钢筋端面密合前,应采用碳化焰集中加热;钢筋端面密合后可采用中性焰宽幅加热;焊接全过程不得使用氧化焰。

c.气压焊顶压时,对钢筋施加的顶压力应为30～40N/mm^2。

④采用熔态气压焊时,其焊接工艺应符合下列要求:

a.安装前,两钢筋端面之间应预留3～5mm的间隙。

b.气压焊开始时,首先使用中性焰加热,待钢筋端头至熔化状态,附着物随熔滴流走,端部呈凸状时,即加压,挤出熔化金属,并密合牢固。

c.使用氧液化石油气火焰进行熔态气压焊时,应适当增大氧气用量。

15)预埋件钢筋埋弧压力焊。

①埋弧压力焊工艺过程应符合下列要求:

a.钢板应放平,并与铜板电极接触紧密。

b.将锚固钢筋夹于夹钳内,应夹牢;并放好挡圈,注满焊剂。

c. 接通高频引弧装置和焊接电源后，应立即将钢筋上提，引燃电弧，使电弧稳定燃烧，再渐渐下送。

d. 迅速顶压时不得用力过猛。

e. 敲去渣壳，四周焊包凸出钢筋表面的高度不得小于 4mm。

②埋弧压力焊的焊接参数应包括引弧提升高度、电弧电压、焊接电流和焊接通电时间。

16）质量检验与验收。

①钢筋焊接接头或焊接制品应按检验批进行质量检验与验收，并划分为主控项目和一般项目两类。质量检验时，应包括外观检查和力学性能检验。

②焊接接头外观检查时，首先应由焊工对所焊接头或制品进行自检；然后由施工单位专业质量检查员检验；监理（建设）单位进行验收记录。

纵向受力钢筋焊接接头外观检查时，每一检验批中应随机抽取 10%的焊接接头。检查结果，当外观质量各小项不合格数均小于或等于抽检数的 10%，则该批焊接接头外观质量评为合格。

当某一小项不合格数超过抽检数的 10%时，应对该批焊接接头该小项逐个进行复检，并剔除不合格接头；对外观检查不合格接头采取修整或焊补措施后，可提交二次验收。

③力学性能检验时，应在接头外观检查合格后随机抽取试件进行试验。试验方法应按现行行业标准《钢筋焊接接头试验方法标准》JGJ/T 27—2014 的有关规定执行。

④钢筋闪光对焊接头、电弧焊接头、电渣压力焊接头、气压焊接头拉伸试验结果均应符合下列要求：

a. 3 个热轧钢筋接头试件的抗拉强度均不得小于该牌号钢筋规定的抗拉强度；RRB 400钢筋接头试件的抗拉强度均不得小于 $570N/mm^2$。

b. 至少应有 2 个试件断于焊缝之外，并应呈延性断裂。

当达到上述 2 项要求时，应评定该批接头为抗拉强度合格。

当试验结果有 2 个试件抗拉强度小于钢筋规定的抗拉强度，或 3 个试件均在焊缝或热影响区发生脆性断裂时，则一次判定该批接头为不合格品。

当试验结果有 1 个试件的抗拉强度小于规定值，或 2 个试件在焊缝或热影响区发生脆性断裂，其抗拉强度均小于钢筋规定抗拉强度的 1.10 倍时，应进行复验。

复验时，应再切取 6 个试件。复验结果，当仍有 1 个试件的抗拉强度小于规定值，或有 3 个试件断于焊缝或热影响区，呈脆性断裂，其抗拉强度小于钢筋规定抗拉强度的 1.10 倍时，应判定该批接头为不合格品。

注：当接头试件虽断于焊缝或热影响区，呈脆性断裂，但其抗拉强度大于或等于钢筋规定抗拉强度的 1.10 倍时，可按断于焊缝或热影响区之外，呈延性断裂对待。

⑤闪光对焊接头、气压焊接头进行弯曲试验时，应将受压面的金属毛刺和镦粗凸起部分消除，且应与钢筋的外表平齐。

弯曲试验可在万能试验机、手动或电动液压弯曲试验器上进行，焊缝应处于弯曲中心点，弯心直径和弯曲角应符合表 7-2 的规定。

表 7-2　接头弯曲试验指标

钢筋牌号	弯心直径	弯曲角
HRB 335	4d	90°
HRB 400、RRB 400	5d	90°
HRB 500	7d	90°

注：1. d 为钢筋直径(mm)。

2. 直径大于 25mm 的钢筋焊接接头，弯心直径应增加 1 倍钢筋直径。

当试验结果，弯至 90°，有 2 个或 3 个试件外侧(含焊缝和热影响区)未发生破裂，应评定该批接头弯曲试验合格。

当 3 个试件均发生破裂，则一次判定该批接头为不合格品。

当有 2 个试件发生破裂，应进行复验。

复验时，应再切取 6 个试件。复验结果，当有 3 个试件发生破裂时，应判定该批接头为不合格品。

注：当试件外侧横向裂纹宽度达到 0.5mm 时，应认定已经破裂。

⑥钢筋焊接接头或焊接制品质量验收时，应在施工单位自行质量评定合格的基础上，由监理(建设)单位对检验批有关资料进行核查，组织项目专业质量检查员等进行验收，对焊接接头合格与否做出结论。

(3)钢筋机械连接。

1)接头的设计原则和性能等级。

①接头的设计应满足强度及变形性能的要求。

②接头连接件的屈服承载力和抗拉承载力的标准值应不小于被连接钢筋的屈服承载力和抗拉承载力标准值的 1.10 倍。

③接头应根据其等级和应用场合，对单向拉伸性能、高应力反复拉压、大变形反复拉压、抗疲劳、耐低温等各项性能确定相应的检验项目。

④根据抗拉强度以及高应力和大变形条件下反复拉压性能的差异，接头应分为下列三个等级：

Ⅰ级：接头抗拉强度不小于被连接钢筋实际抗拉强度或 1.10 倍钢筋抗拉强度标准值，并具有高延性及反复拉压性能；

Ⅱ级：接头抗拉强度不小于被连接钢筋抗拉强度标准值，并具有高延性及反复拉压性能；

Ⅲ级：接头抗拉强度不小于被连接钢筋屈服强度标准值的 1.35 倍，并具有一定的延性及反复拉压性能。

⑤Ⅰ级、Ⅱ级、Ⅲ级接头的抗拉强度应符合表 7-3 的规定。

表 7-3 接头的抗拉强度

接头等级	Ⅰ级	Ⅱ级	Ⅲ级
抗拉强度	$f_{mst}^{0} \geqslant f_{st}^{0}$ 或$\geqslant 1.10 f_{uk}$	$f_{mst}^{0} \geqslant f_{uk}$	$f_{mst}^{0} \geqslant 1.35 f_{yk}$

注：f_{mst}^{0}——接头试件实际抗拉强度；

f_{st}^{0}——接头试件中钢筋抗拉强度实测值；

f_{uk}——钢筋抗拉强度标准值；

f_{yk}——钢筋屈服强度标准值。

⑥Ⅰ级、Ⅱ级、Ⅲ级接头应能经受规定的高应力和大变形反复拉压循环，且在经历拉压循环后，其抗拉强度仍应符合表 7-3 中的规定。

⑦Ⅰ级、Ⅱ级、Ⅲ级接头的变形性能应符合表 7-4 的规定。

表 7-4 接头的变形性能

接 头 等 级		Ⅰ级、Ⅱ级	Ⅲ级
单向拉伸	非弹性变形(mm)	$u \leqslant 0.10\ (d \leqslant 32)$ $u \leqslant 0.15\ (d > 32)$	$u \leqslant 0.10\ (d \leqslant 32)$ $u \leqslant 0.15\ (d > 32)$
	总伸长率(%)	$\delta_{sgt} \geqslant 4.0$	$\delta_{sgt} \geqslant 2.0$
高应力反复拉压	残余变形(mm)	$u_{20} \leqslant 0.3$	$u_{20} \leqslant 0.3$
大变形反复拉压	残余变形(mm)	$u_4 \leqslant 0.3$ $u_8 \leqslant 0.6$	$u_4 \leqslant 0.6$

注：u——接头的非弹性变形；

u_{20}——接头经高应力反复拉压 20 次后的残余变形；

u_4——接头经大变形反复拉压 4 次后的残余变形；

u_8——接头经大变形反复拉压 8 次后的残余变形；

δ_{sgt}——接头试件总伸长率。

⑧对直接承受动力荷载的结构构件，接头应满足设计要求的抗疲劳性能：当无专门要求时，对连接 HRB 335 级钢筋的接头，其疲劳性能应能经受应力幅为 $100N/mm^2$，最大应力为$180N/mm^2$的 200 万次循环加载。对连接 HRB 400 级钢筋的接头，其疲劳性能应能经受应力幅为 $100N/mm^2$，最大应力为 $190N/mm^2$ 的 200 万次循环加载。

⑨当混凝土结构中钢筋接头部位的温度低于－10℃时，应进行专门的试验。

2)接头的应用。

①接头等级的选定应符合下列规定：

a. 混凝土结构中要求充分发挥钢筋强度或对接头延性要求较高的部位，应采用Ⅰ级或Ⅱ级接头。

b. 混凝土结构中钢筋应力较高但对接头延性要求不高的部位，可采用Ⅲ级接头。

②结构构件中纵向受力钢筋的接头宜相互错开，钢筋机械连接的连接区段长度应按 35d 计算（d 为被连接钢筋中的较大直径）。在同一连接区段内有接头的受力钢筋截面面

积占受力钢筋总截面面积的百分率(以下简称接头百分率),应符合下列规定:

a. 接头宜设置在结构构件受拉钢筋应力较小部位,当需要在高应力部位设置接头时,在同一连接区段内Ⅲ级接头的接头百分率不应大于25%;Ⅱ级接头的接头百分率不应大于50%;Ⅰ级接头的接头百分率可不受限制。

b. 接头宜避开有抗震设防要求的框架的梁端、柱端箍筋加密区;当无法避开时,应采用Ⅰ级接头或Ⅱ级接头,且接头百分率不应大于50%。

c. 受拉钢筋应力较小部位或纵向受压钢筋,接头百分率可不受限制。

d. 对直接承受动力荷载的结构构件,接头百分率不应大于50%。

3)接头的型式检验。

施工中采用机械连接接头形式施工时,技术提供单位应提交法定检测机构出具的型式检验报告。法定检测机构应是国家、省部级主管部门认可的检测机构。

①在下列情况下应进行型式检验:

a. 确定接头性能等级时。

b. 材料、工艺、规格进行改动时。

c. 质量监督部门提出专门要求时。

②用于型式检验的钢筋应符合有关标准的规定,当钢筋抗拉强度实测值大于抗拉强度标准值的1.10倍时,Ⅰ级接头试件的抗拉强度尚不应小于钢筋抗拉强度实测值 f_{st}^0 的95%;Ⅱ级接头试件的抗拉强度尚不应小于钢筋抗拉强度实测值 f_{st}^0 的90%。

③型式检验的变形测量标距应符合下列规定(见图7-1):

$$L_1 = L + 4d$$

$$L_2 = L + 8d$$

式中 L_1——非弹性变形、残余变形测量标距;

L_2——总伸长率测量标距;

L——机械接头长度;

d——钢筋公称直径。

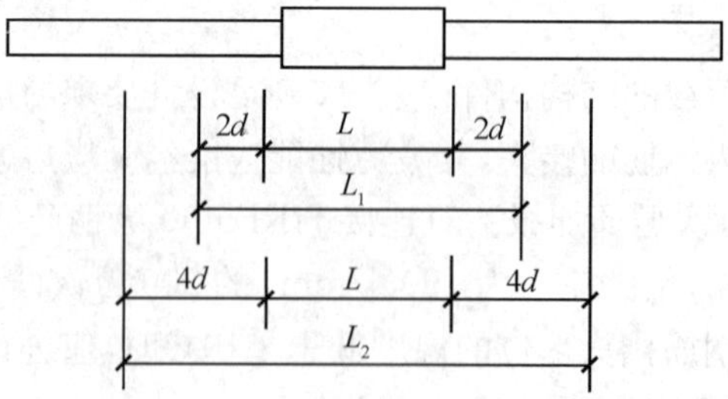

图7-1 接头试件变形测量标距

④对每种形式、级别、规格、材料、工艺的钢筋机械连接接头,型式检验试件不应少于9个。其中单向拉伸试件不应少于3个,高应力反复拉压试件不应少于3个,大变形反复拉压试件不应少于3个,同时应另取3根钢筋试件做抗拉强度试验;全部试件均应在同一根钢筋上截取。

⑤型式检验的加载制度应按《钢筋机械连接技术规程》JGJ 107—2010 附录 A 的规定进行，其合格条件为：

a. 强度检验：每个接头试件的强度实测值均应符合表 7-3 的规定。

b. 变形检验：对非弹性变形、总伸长率和残余变形，3 个试件的平均实测值应符合表 7-4 的规定。

4）接头的工艺检验。

①每种规格钢筋的接头试件不应少于 3 根。

②钢筋母材抗拉强度试件不应少于 3 根，且应取自接头试件的同一根钢筋。

③3 根接头试件的抗拉强度均应符合表 7-3 的规定；对于Ⅰ级接头，试件抗拉强度尚应大于或等于钢筋抗拉强度实测值的 95%；对于Ⅱ级接头，应大于 90%。

5）接头的现场检验。

①现场检验应进行外观质量检查和单向拉伸试验；对接头有特殊要求的结构，应在设计图纸中另行注明相应的检验项目。

②接头的现场检验按验收批进行，同一施工条件下采用同一批材料的同等级、同形式、同规格接头，以 500 个为一个验收批进行检验与验收，不足 500 个也作为一个验收批。

③对接头的每一验收批，必须在工程结构中随机截取 3 个接头试件做抗拉强度试验，按设计要求的接头等级进行评定；当 3 个接头试件的抗拉强度均符合表 7-3 中相应等级的要求时，该验收批评为合格；如有 1 个试件的强度不符合要求，应再取 6 个试件进行复检，复检中如仍有 1 个试件的强度不符合要求，则该验收批评为不合格。

④现场检验连续 10 个验收批抽样试件抗拉强度试验 1 次合格率为 100%时，验收批接头数量可以扩大 1 倍。

⑤外观质量检验的质量要求、抽样数量、检验方法、合格标准以及螺纹接头所必需的最小拧紧力矩值由各类型接头的技术规程确定。

⑥现场截取抽样试件后，原接头位置的钢筋允许采用同等规格的钢筋进行搭接连接，或采用焊接及机械连接方法补接。

⑦对抽检不合格的接头验收批，应由建设方会同设计等有关方面研究后提出处理方案。

五、《混凝土配合比申请单、通知单》填写范例

<table>
<tr><td colspan="5" rowspan="2">混凝土配合比申请单</td><td>资料编号</td><td>×××</td></tr>
<tr><td>委托编号</td><td>××—01560</td></tr>
<tr><td>工程名称及部位</td><td colspan="6">××工程　地上四层①～⑤/①～Ⓝ轴框架柱</td></tr>
<tr><td>委托单位</td><td colspan="4">×××项目部</td><td>试验委托人</td><td>×××</td></tr>
<tr><td>设计强度等级</td><td colspan="4">C35</td><td>要求坍落度或扩展度</td><td>160～180mm</td></tr>
<tr><td>其他技术要求</td><td colspan="6">—</td></tr>
<tr><td>搅拌方法</td><td>机械</td><td>浇捣方法</td><td colspan="2">机械</td><td>养护方法</td><td>标准养护</td></tr>
<tr><td>水泥品种及强度等级</td><td>P·O　42.5R</td><td>厂别牌号</td><td colspan="2">琉璃河　长城</td><td>试验编号</td><td>××—0143</td></tr>
<tr><td>砂产地及种类</td><td colspan="4">龙凤山　中砂</td><td>试验编号</td><td>××—0065</td></tr>
<tr><td>石产地及种类</td><td>三河　碎石</td><td>最大粒径(mm)</td><td colspan="2">25mm</td><td>试验编号</td><td>××—0060</td></tr>
<tr><td>外加剂名称</td><td colspan="4">PHF—3泵送剂</td><td>试验编号</td><td>××—0042</td></tr>
<tr><td>掺合料名称</td><td colspan="4">Ⅱ级粉煤灰</td><td>试验编号</td><td>××—0041</td></tr>
<tr><td>申请日期</td><td>××年×月×日</td><td>使用日期</td><td colspan="2">××年×月×日</td><td>联系电话</td><td>××××××××</td></tr>
</table>

<table>
<tr><td colspan="6" rowspan="2">混凝土配合比通知单</td><td>配合比编号</td><td colspan="2">××—0082</td></tr>
<tr><td>试配编号</td><td colspan="2">××—128</td></tr>
<tr><td>强度等级</td><td>C35</td><td>水胶比</td><td>0.43</td><td>水灰比</td><td>0.46</td><td>砂率</td><td colspan="2">42%</td></tr>
<tr><td>材料名称
项目</td><td>水泥</td><td>水</td><td>砂</td><td>石</td><td>外加剂</td><td>掺合料</td><td colspan="2">其　他</td></tr>
<tr><td>每 m³ 用量(kg/m³)</td><td>323</td><td>180</td><td>773</td><td>1053</td><td>8.7</td><td>91</td><td colspan="2"></td></tr>
<tr><td>每盘用量(kg)</td><td>646</td><td>361.76</td><td>1543.94</td><td>2105.96</td><td>19.38</td><td>180.88</td><td colspan="2"></td></tr>
<tr><td rowspan="2">混凝土碱含量(kg/m³)</td><td colspan="8"></td></tr>
<tr><td colspan="8">注：此栏只有遇Ⅱ类工程(按京建科〔1999〕230号规定分类)时填写</td></tr>
<tr><td colspan="9">说明：本配合比所使用材料均为干材料，使用单位应根据材料含水情况随时调整。</td></tr>
<tr><td colspan="3">批　准</td><td colspan="3">审　核</td><td colspan="3">试　验</td></tr>
<tr><td colspan="3">×××</td><td colspan="3">×××</td><td colspan="3">×××</td></tr>
<tr><td colspan="3">报告日期</td><td colspan="6">××年×月×日</td></tr>
</table>

注：本表由检测机构提供。

六、《混凝土配合比申请单、通知单》填写说明

1.表格解析

(1)责任部门:有资质检测单位提供,试验员收集。

(2)提交时限:混凝土浇筑开始前提交。

(3)核查要点。

1)混凝土配合比申请单。

工程结构需要的混凝土配合比,必须经有资质的试验室通过计算和试配来确定。配合比要用重量比。

混凝土施工配合比应根据设计的混凝土强度等级和质量检验以及混凝土施工和易性的要求确定,由施工单位现场取样送试验室,填写混凝土配合比申请单并向试验室提出试配申请。对抗冻、抗渗混凝土,应提出抗冻、抗渗要求。

混凝土配合比申请单中的项目都应填写,不要有空项,没有的项目填写“无”或斜杠。混凝土配合比申请单至少一式3份。

其中工程名称要具体,施工部位要注明。

2)混凝土配合比通知单。

配合比通知单是由试验室经试配,选取最佳配合比填写签发的。施工中要严格按此配合比计量施工,不得随意修改。

施工单位领取配合比通知单后,要验看是否字迹清晰、签章齐全、无涂改、与申请要求吻合,并注意配合比通知单上的备注说明。

(4)填写与主要签认责任:试(检)验单位签认。

2.相关规定及要求

现场搅拌混凝土应有配合比申请单和配合比通知单。预拌混凝土应有试验室签发的配合比通知单。委托单位应依据设计强度等级、技术要求、施工部位、原材料情况等向试验部门提出配合比申请单,试验部门依据配合比申请单签发配合比通知单。

(1)取样:应从现场取样,一般水泥20kg,砂80kg,石子150kg。

(2)相关要求:

1)混凝土应采用质量配合比,施工中应严格按配合比计量施工,不得随意变更;

2)混凝土拌制前,应测定砂石含水率,根据测试结果调整材料用量,提出施工配合比;

3)如混凝土的组成材料(水泥,骨料、外加剂等)有变化,其配合比应从新适配选定。不同品种水泥不得混用;

4)适配混凝土的各组成材料应经检验符合有关规定的要求;

5)现场施工时的混凝土配合比,应根据砂、石的含水率做相应调整并做好记录。

七、《混凝土抗压强度试验报告》填写范例

混凝土抗压强度试验报告			
		资料编号	×××
		试验编号	××—0017
		委托编号	××—02450
工程名称及部位	××工程　一层顶板	试件编号	003
委托单位	×××项目部	试验委托人	×××
设计强度等级	C30　P8	实测坍落度、扩展度	160mm
水泥品种及强度等级	P·O　42.5	试验编号	××—0123
砂种类	中砂	试验编号	××—0065
石种类、公称直径	碎石　5～10mm	试验编号	××—0059
外加剂名称	UEA	试验编号	××—0044
掺合料名称	粉煤灰Ⅱ级	试验编号	××—0038
配合比编号	××—0082	混凝土生产企业名称	××公司

成型日期	××年×月×日	要求龄期(d)	28天	要求试验日　期	××年×月×日
养护方法	标准养护	收到日期	××年×月×日	试块制作人	×××

试验结果	试验日期	实际龄期(d)	试件边长(mm)	受压面积(mm^2)	荷载(kN)		平均抗压强度(MPa)	折合150mm立方体抗压强度(MPa)	达到设计强度等级(%)
					单块值	平均值			
	××年×月×日	28	100	10000	460	463	46.3	44.0	147
					450				
					480				

备注：

符合《混凝土强度检验评定标准》GB/T 50107—2010的要求，合格

批　准	×××	审　核	×××	试　验	×××
试验单位	××工程检测试验有限公司				
报告日期	××年×月×日				

注：本表由检测机构提供。

混凝土抗压强度试验报告				资料编号	×××
				试验编号	××—1326
				委托编号	××—15379
工程名称及部位	××工程首层框架柱⑦～⑪/Ⓒ～Ⓕ轴			试件编号	018
委托单位	×××项目部			试验委托人	×××
设计强度等级	C40			实测坍落度、扩展度	160mm
水泥品种及强度等级	P·O 42.5			试验编号	××—0152
砂种类	中砂			试验编号	××—0071
石种类、公称直径	碎石 25mm			试验编号	××—0069
外加剂名称	RS—6 泵送剂			试验编号	××—0050
掺合料名称	复合掺合料			试验编号	××—0048
配合比编号	××—0098			混凝土生产企业名称	××公司
成型日期	××年×月×日	要求龄期	33 天	要求试验日期	××年×月×日
养护方法	结构实体检验	收到日期	××年×月×日	试块制作人	×××

试验结果	试验日期	实际龄期(d)	试件边长(mm)	受压面积(mm^2)	荷载(kN) 单块值	荷载(kN) 平均值	平均抗压强度(MPa)	折合 150mm 立方体抗压强度(MPa)	达到设计强度等级(%)
	××年×月×日	33	100	10000	537	556	55.6	52.8	145
					568				
					563				

备注：

符合《混凝土强度检验评定标准》GB/T 50107—2010、《混凝土结构工程施工质量验收规范》GB 50204—2015 的要求，合格

批准	×××	审核	×××	试验	×××
试验单位	××工程检测试验有限公司				
报告日期	××年×月×日				

注：本表由检测机构提供。

八、《混凝土抗压强度试验报告》填写说明

1. 表格解析

(1)责任部门:有资质检测单位提供,试验员收集。

(2)提交时限:标养 30d 内提交,同条件视龄期而定。

(3)核查要点。

1)按照《混凝土结构工程施工质量验收规范》GB 50204—2015 的规定,应有 C20 以上每个强度等级的结构实体强度检验报告。

2)承重结构的混凝土抗压强度试块,应按规定实行有见证取样和送检。

3)结构混凝土出现不合格检验批的,或未按规定留置试块的,应有结构处理的相关资料;需要检测的,应有相应资质检测机构的检测报告,并有设计单位出具的认可文件。

(4)填写与主要签认责任:试(检)验单位签认。

2. 相关规定及要求

对涉及混凝土结构安全的重要部位应进行结构实体的混凝土强度检验。检验应在建立工程师(建设单位项目专业技术负责人)见证下,由施工项目技术负责人组织实施。对混凝土强度的检验,应以在混凝土浇筑地点制备并与结构实体同条件养护的试件强度为依据。

(1)混凝土强度试件留置及组批原则。

1)每拌制 100 盘且不超过 $100m^3$ 的同配合比的混凝土,取样不得少于一次;

2)每工作班拌制的同一配合比的混凝土不足 100 盘时,取样不得少于一次;

3)当一次连续浇筑超过 $1000m^3$ 时,同一配合比的混凝土每 $200m^3$,取样不得少于一次;

4)每一楼层、同一配合比的混凝土,取样不得少一次;

5)每次取样应至少留置一组标准养护试件;

6)同条件养护试件的留置组数应根据实际需要确定,供结构构件拆模、出池、吊装及施工期间临时负荷确定混凝土强度用;

7)留置适量的结构实体检验用同条件养护试件(以下简称"ST 试件");

8)冬期施工的混凝土试件的留置,除应符合上述规定外,还应增设不少于两组与结构同条件养护的试件,包括检验混凝土抗冻临界强度和与工程同条件养护 28d 再转标准养护 28d 强度试件。

(2)结构实体检验用同条件养护试件的留置规定。

1)留置 ST 试件的结构部位为涉及混凝土结构安全的重要部位,这些结构部位应由监理(建设)、施工等方共同选定。一般仅限于涉及混凝土结构安全的柱、墙、梁等结构构件。通常选择同类构件中跨度较大,负荷较大的构件。而底板和顶板混凝土一般不考虑,因为在施工中养护条件(温度和湿度)容易保证。

2)重要部位的每一强度等级的混凝土,均应留置结构实体同条件混凝土试件。同一强度等级留置数量依据混凝土量和结构重要性确定,但不宜少于 10 组,且最少不应少于 3 组。

3)ST试件在浇筑地点制作，并做到完全与结构实体同条件养护，即要求放置在相应结构构件或结构部位的适当位置，要求试压前的养护条件始终与结构一致。

(3)要求。

1)同条件养护试件应在达到等效养护龄期时进行强度试验。

2)同条件自然养护试件的等效养护龄期及相应的试件强度代表值，宜根据当地的气温和养护条件，按下列规定确定：

①等效养护龄期可取按日平均温度逐日累计达到600℃·d时所对应的龄期，0℃及以下的龄期不计入；等效养护龄期不应小于14d，也宜大于60d；

②同条件养护试件的强度代表值应根据强度试验结果按现行国家标准《混凝土强度检验评定标准》GB/T 50107—2010的规定确定后，乘以折算系数取用；折算系数宜取为1.10，也可根据当地的试验统计结果作适当调整。

九、《混凝土试块强度统计、评定记录》填写范例

混凝土试块强度统计、评定记录		资料编号	×××
工程名称	××工程	强度等级	C30
施工单位	×××项目部	养护方法	标准养护
统计期	××年×月×日至××年×月×日	结构部位	主体1～5层墙柱

试块组 n	强度标准值 $f_{cu,k}$ (MPa)	平均值 m_{fcu} (MPa)	标准差 S_{fcu} (MPa)	最小值 $f_{cu,min}$ (MPa)	合格判定系数 λ_1	合格判定系数 λ_2
13	30.0	46.52	8.84	36.1	1.70	0.90

每组强度值 MPa									
50.4	36.1	40.8	39.4	58.0	37.7	36.8	57.3	56.7	51.6
57.5	42.5	39.9							

评定界限	☑ 统计方法(二)			□ 非统计方法	
	$0.90f_{cu,k}$	$m_{fcu}-\lambda_1\times S_{fcu}$	$\lambda_2\times f_{cu,k}$	$1.15f_{cu,k}$	$0.95f_{cu,k}$
	27	31.49	27		

判定式	$m_{fcu}-\lambda_1\times S_{fcu}\geqslant 0.90f_{cu,k}$	$f_{cu,min}\geqslant\lambda_2\times f_{cu,k}$	$m_{fcu}\geqslant 1.15f_{cu,k}$	$f_{cu,min}\geqslant 0.95f_{cu,k}$
结果	31.49>27	36.1>27		

结论：

符合《混凝土强度检验评定标准》GB/T 50107—2010的要求，合格

批　准	审　核	统　计
×××	×××	×××
报告日期	××年×月×日	

注：本表由施工单位填写。

<table>
<tr><td colspan="5">混凝土试块强度统计、评定记录</td><td colspan="2">资料编号</td><td colspan="3">×××</td></tr>
<tr><td>工程名称</td><td colspan="4">××工程</td><td colspan="2">强度等级</td><td colspan="3">C40</td></tr>
<tr><td>施工单位</td><td colspan="4">×××项目部</td><td colspan="2">养护方法</td><td colspan="3">结构实体检验</td></tr>
<tr><td>统计期</td><td colspan="4">××年×月×日至××年×月×日</td><td colspan="2">结构部位</td><td colspan="3">主体结构</td></tr>
<tr><td rowspan="2">试块组 n</td><td rowspan="2">强度标准值 $f_{cu,k}$ (MPa)</td><td rowspan="2">平均值 m_{fcu} (MPa)</td><td rowspan="2">标准差 S_{fcu} (MPa)</td><td rowspan="2" colspan="3">最小值 $f_{cu,min}$ (MPa)</td><td colspan="3">合格判定系数</td></tr>
<tr><td colspan="2">λ_1</td><td>λ_2</td></tr>
<tr><td>6</td><td>40</td><td>51.9</td><td></td><td colspan="3">46.2</td><td colspan="2"></td><td></td></tr>
<tr><td rowspan="6">每组强度值 MPa</td><td>58.1</td><td>49.3</td><td>54.0</td><td>50.2</td><td>46.2</td><td>53.6</td><td></td><td></td><td></td></tr>
<tr><td></td><td></td><td></td><td></td><td></td><td></td><td></td><td></td><td></td></tr>
<tr><td></td><td></td><td></td><td></td><td></td><td></td><td></td><td></td><td></td></tr>
<tr><td></td><td></td><td></td><td></td><td></td><td></td><td></td><td></td><td></td></tr>
<tr><td></td><td></td><td></td><td></td><td></td><td></td><td></td><td></td><td></td></tr>
<tr><td></td><td></td><td></td><td></td><td></td><td></td><td></td><td></td><td></td></tr>
<tr><td rowspan="3">评定界限</td><td colspan="5">□ 统计方法(二)</td><td colspan="4">☑ 非统计方法</td></tr>
<tr><td colspan="2">$0.90 f_{cu,k}$</td><td colspan="2">$m_{fcu}-\lambda_1 \times S_{fcu}$</td><td>$\lambda_2 \times f_{cu,k}$</td><td colspan="2">$1.15 f_{cu,k}$</td><td colspan="2">$0.95 f_{cu,k}$</td></tr>
<tr><td colspan="2"></td><td colspan="2"></td><td></td><td colspan="2">46.0</td><td colspan="2">38.0</td></tr>
<tr><td>判定式</td><td colspan="3">$m_{fcu}-\lambda_1 \times S_{fcu} \geqslant 0.90 f_{cu,k}$</td><td colspan="2">$f_{cu,min} \geqslant \lambda_2 \times f_{cu,k}$</td><td colspan="2">$m_{fcu} \geqslant 1.15 f_{cu,k}$</td><td colspan="2">$f_{cu,min} \geqslant 0.95 f_{cu,k}$</td></tr>
<tr><td>结果</td><td colspan="3"></td><td colspan="2"></td><td colspan="2">51.9>46.0</td><td colspan="2">46.2>38.0</td></tr>
<tr><td colspan="10">结论：
符合《混凝土强度检验评定标准》GB/T 50107—2010 的要求，合格</td></tr>
<tr><td colspan="3">批 准</td><td colspan="4">审 核</td><td colspan="3">统 计</td></tr>
<tr><td colspan="3">×××</td><td colspan="4">×××</td><td colspan="3">×××</td></tr>
<tr><td colspan="3">报告日期</td><td colspan="7">××年×月×日</td></tr>
</table>

注：本表由检测机构提供。

十、《混凝土试块强度统计、评定记录》填写说明

1. 表格解析

(1)责任部门:项目质量部。

(2)提交时限:同一验收批报告齐全后评定,混凝土分项质量验收前1d提交。

(3)核查要点。

1)确定单位工程中需统计评定的混凝土验收批,找出所有同一强度等级的各组试件强度值,分别填入表中。

2)填写所有已知项目。

3)分别计算出该批混凝土试件的强度平均值、标准差,找出合格判定系数和混凝土试件强度最小值填入表中。

4)计算出各评定数据并对混凝土试件强度进行判定,结论填入表中。

5)签字、上报、存档。

6)凡按《混凝土强度检验评定标准》进行强度统计达不到要求的,应有结构处理措施,需要检测的,应经法定检测单位检测并应征得设计部门认可。检测、处理资料应存档。

(4)填写与主要签认责任:由项目专业质量员负责填报、项目技术负责人审核。

2. 相关规定及要求

(1)强度等级相同、龄期相同、配合比基本相同(是指施工配制强度相同,并能在原材料有变化时,及时调整配合比使其施工配制强度目标值不变)、生产工艺条件基本相同的混凝土为一验收批。

(2)对于混凝土结构尚应按同一验收工程的不同的验收阶段(如桩基础、地基基础、主体结构、砌体结构)划分验收批,进行强度统计评定。

(3)对同一验收批的混凝土强度,应以同一批内标准试件(边长为150mm的立方体试件)的全部强度代表值来评定。

(4)掺粉煤灰的地面、地下和大体积混凝土龄期可采用60天、90天或180天;结构实体检验混凝土采用等效养护龄期。

(5)结构实体检验用同条件养护试件的留置规定。1)留置ST试件的结构部位为涉及混凝土结构安全的重要部位,这些结构部位应由监理(建设)、施工等方共同选定。一般仅限于涉及混凝土结构安全的柱、墙、梁等结构构件。通常选择同类构件中跨度较大,负荷较大的构件。而底板和顶板混凝土一般不考虑,因为在施工中养护条件(温度和湿度)容易保证。2)重要部位的每一强度等级的混凝土,均应留置结构实体同条件混凝土试件。同一强度等级留置数量依据混凝土量和结构重要性确定,但不宜少于10组,且最少不应少于3组。3)ST试件在浇筑地点制作,并做到完全与结构实体同条件养护,即要求放置在相应结构构件或结构部位的适当位置,要求试压前的养护条件始终与结构一致。

(6)混凝土强度评定方法和合格判定条件见表7-5。

表 7-5 混凝土强度评定方法和合格判定条件

<table>
<tr><th>合格评定方法</th><th>合格评定条件</th><th>备　注</th></tr>
<tr><td>统计方法（一）</td><td>1. $m_{fou} \geqslant f_{cu,k} + 0.7\sigma_0$
2. $f_{cu,min} \geqslant f_{cu,k} - 0.7\sigma_0$
当强度等级>C20 时，$f_{cu,min} \geqslant 0.90 f_{cu,k}$。
式中 m_{fou}——同批三组试件抗压强度平均值（N/mm^2）；
$f_{cu,min}$——同批三组试件抗压强度中的最小值（N/mm^2）；
$f_{cu,k}$——混凝土立方体抗压强度标准值；
σ_0——验收批的混凝土强度标准差，可依据前一个检验期的同类混凝土试件强度数据确定</td><td>验收批混凝土强度标准差按下式确定：
$$\sigma_0 = \frac{0.5}{m}\sum \Delta f_{cu,i}$$
其中 $\sum \Delta f_{cu,i}$ 为以三组试件为一批，第 i 批混凝土强度的极差；m 为用以确定该验收批混凝土强度标准差 σ_0 数据总批数。
在确定混凝土强度批标准差（σ_0）时，其检验期限不应超过三个月且在该期间内验收批总数不应少于 15 批</td></tr>
<tr><td>统计方法（二）</td><td>1. $m_{feu} - \lambda_1 S f_{cu} \geqslant 090 f_{cu,k}$
2. $f_{cu,min} \geqslant \lambda_2 f_{cu,k}$
式中 m_{feu}——n 组混凝土试件强度的平均值（N/mm^2）；
$f_{cu,min}$——n 组混凝土试件强度的最小值（N/mm^2）；
λ_1、λ_2——合格判定系数，按右表取用；
S_{fcu}——n 组混凝土试件强度标准差（N/mm^2）；
当计算值 $S_{fcu} < 0.06 f_{cu,k}$ 时，
取 $S_{fcu} = 0.06 f_{cu,k}$</td><td>一个验收批混凝土试件组数 $n \geqslant 10$ 组，n 组混凝土试件强度标准差（S_{fcu}）按下式计算：
$$S_{fcu} = \sqrt{\frac{\sum_{i=1}^{n} f_{cu,i}^2 - n m_{fcu}^2}{n-1}}$$
其中：f_{cui} 为第 i 组混凝土试件强度。
合格判定系数（λ_1、λ_2）表
<table><tr><th>n</th><th>10～14</th><th>15～24</th><th>≥20</th></tr><tr><td>λ_1</td><td>1.70</td><td>1.65</td><td>1.60</td></tr><tr><td>λ_2</td><td>0.5</td><td colspan="2">0.85</td></tr></table></td></tr>
<tr><td>非统计方法</td><td>1. $m_{fcu} \geqslant 1.15 f_{cu,k}$
2. $f_{cu,min} \geqslant 0.95 f_{cu,k}$</td><td>一个验收试件组数 $n=2$～9 组；当一个验收批的混凝土试件仅有一组时，则该组试件强度应不低于强度标准的 115%</td></tr>
</table>

十一、《混凝土抗渗试验报告》填写范例

混凝土抗渗试验报告				资料编号	×××
				试验编号	××－0058
				委托编号	××－01245
工程名称及部位	××大厦　基础底板			试件编号	003
委托单位	××项目部			试验委托人	×××
抗渗等级	P8			配合比编号	××－0022
强度等级	C30	养护条件	标准养护	收样日期	××年×月×日
成型日期	××年×月×日	龄期(d)	32	试验日期	××年×月×日

试验情况

由 0.1MPa 顺序加压至 0.9MPa，保持 8h，试件表面无渗水。

试验结果：抗渗等级＞P8

结论：

根据《普通混凝土长期性能和耐久性能试验方法标准》GB/T 50082—2009 标准，符合 P8 设计要求

××工程检测试验有限公司
试验专用章

批　准	×××	审　核	×××	试　验	×××
试验单位	××工程检测试验有限公司				
报告日期	××年×月×日				

注：本表由检测机构提供。

十二、《混凝土抗渗试验报告》填写说明

1.表格解析

(1)责任部门:有资质检测单位提供,试验员收集。

(2)提交时限:混凝土分项工程质量验收前提交,抗渗试验30～90d。

(3)资料归档。

本表一式三份,由施工单位填写,施工单位、建设单位归档保存,监理单位过程保存。

2.相关规定及要求

(1)规范名称：

1)《普通混凝土长期性能和耐久性能试验方法标准》GB/T 50082—2009；

2)《地下防水工程质量验收规范》GB 50208—2011。

(2)相关要求：

1)防水混凝土和有特殊要求的混凝土,应有配合比申请单和配合比通知单及抗渗试验报告和其他专项试验报告,应符合《地下防水工程质量验收规范》GB 50208—2011中的有关规定。防水混凝土要进行稠度、强度和抗渗性能三项试验。稠度和强度试验同普通混凝土,防水混凝土抗渗性能应采用标准条件下养护的防水混凝土抗渗试块的试验结果评定。

2)有抗渗要求的混凝土应留置检验抗渗性能的试块,留置原则可依据《地下防水工程质量验收规范》GB 50208—2011中第4.1.5条,对连续浇筑混凝土每500m^3应留置一组抗渗试块,且每项工程不得少于两组。其中至少一组在标准条件下养护。抗渗等级以每组6个试块中有3个试件端面呈有渗水现象时的水压(H)计算出的P值进行评定。若按委托抗渗等级P评定(6个试件均无透水现象),应试压至$P+1$时的水压,方可评为大于P。采用预拌混凝土的抗渗试块,留置组数应视结构的规模和要求而定。

3)抗渗性能试验应符合现行《普通混凝土长期性和耐久性能试验方法标准》GB/T 50082—2009的有关规定。

①试件的制作。

a.试件的制作和养护应符合现行国家标准《普通混凝土力学性能试验方法标准》GB/T 50081—2002中的规定。

b.在制作混凝土长期性能和耐久性能试验用试件时,不应采用憎水性脱模剂。

②渗水高度法。

本方法适用于以测定硬化混凝土在恒定水压力下的平均渗水高度来表示的混凝土抗水渗透性能。

a.抗水渗透试验应按照下列步骤进行：

(a)应先按规范规定的方法进行试件的制作和养护。抗水渗透试验应以6个试件为一组。

(b)试件拆模后,应用钢丝刷刷去两端面的水泥浆膜,并应立即将试件送入标准养护室进行养护。

(c)抗水渗透试验的龄期宜为28d。应在到达试验龄期的前一天,从养护室取出试

件，并擦拭干净。待试件表面晾干后，应按下列方法进行试件密封：

a)当用石蜡密封时，应在试件侧面裹涂一层熔化的内加少量松香的石蜡。然后应用螺旋加压器将试件压入经过烘箱或电炉预热过的试模中，使试件与试模底平齐，并应在试模变冷后解除压力。试模的预热温度，应以石蜡接触试模，即缓慢熔化，但不流淌为准。

b)用水泥加黄油密封时，其质量比应为(2.5～3)：1。应用三角刀将密封材料均匀地刮涂在试件侧面上，厚度应为1～2mm。应套上试模并将试件压入，应使试件与试模底齐平。

c)试件密封也可以采用其他更可靠的密封方式。

(d)试件准备好之后，启动抗渗仪，并开通6个试位下的阀门，使水从6个孔中渗出，水应充满试位坑，在关闭6个试位下的阀门后应将密封好的试件安装在抗渗仪上。

(e)试件安装好以后，应立即开通6个试位下的阀门，使水压在24h内恒定控制在(1.2±0.05)MPa，且加压过程不应大于5min，应以达到稳定压力的时间作为试验记录起始时间(精确至1min)。在稳压过程中随时观察试件端面的渗水情况，当有某一个试件端面出现渗水时，应停止该试件的试验并应记录时间，并以试件的高度作为该试件的渗水高度。对于试件端面未出现渗水的情况，应在试验24h后停止试验，并及时取出试件。在试验过程中，当发现水从试件周边渗出时，应重新按标准规定进行密封。

(f)将从抗渗仪上取出来的试件放在压力机上，并应在试件上下两端面中心处沿直径方向各放一根直径为6mm的钢垫条，并应确保它们在同一竖直平面内。然后开动压力机，将试件沿纵断面劈裂为两半。试件劈开后，应用防水笔描出水痕。

(g)应将梯形板放在试件劈裂面上，并用钢尺沿水痕等间距量测10个测点的渗水高度值，读数应精确至1mm。当读数时若遇到某测点被骨料阻挡，可以靠近骨料两端的渗水高度算术平均值来作为该测点的渗水高度。

b.试验结果计算及处理应符合下列规定：

(a)试件渗水高度应按式(7-1)进行计算：

$$\bar{h}_i = \frac{1}{10}\sum_{j=1}^{10} h_j \tag{7-1}$$

式中 h_j——一组i个试件第j个测点处的渗水高度(mm)；

$\bar{h}_i$——第i个试件的平均渗水高度(mm)。应以10个测点渗水高度的平均值作为该试件渗水高度的测定值。

(b)一组试件的平均渗水高度应按式(7-2)进行计算。

$$\bar{h} = \frac{1}{6}\sum_{i=1}^{6} \bar{h}_i \tag{7-2}$$

式中 $\bar{h}$——一组6个试件的平均渗水高度(mm)。应以一组6个试件渗水高度的算术平均值作为该组试件渗水高度的测定值。

十三、《单方混凝土氯离子含量计算书》填写范例

单方混凝土氯离子含量计算书	编号	×××
	试验编号	××××-0663
	委托编号	—

工程名称及部位	××工程　一层⑭～㉓/Ⓑ～Ⓖ轴梁板		
委托单位	××建设集团有限公司		
混凝土强度等级	C30	配合比编号	××××-0663
水泥品种及强度等级	P·O 42.5	氯离子含量(%)	0.0060
外加剂名称	UNF—5AS2# 减水剂	氯离子含量(%)	
掺合料种类	粉煤灰(Ⅱ级)	氯离子含量(%)	
外加剂名称		氯离子含量(%)	

用量	材料名称						
	水泥	水	砂	石	外加剂	掺合料	外加剂
每 m^3 用量(kg)	289	176	783	1083	7.30	95	

氯离子计算结果

	水泥	掺合料	外加剂 1	外加剂 2
每立方米用量(kg)	289	95	7.30	
含氯离子量(%)	0.0060			
每立方米氯离子量(kg)	0.017			
每立方米混凝土总氯离子含量	0.0044%			

工程种类	Ⅱ类	砂种类	中砂	石种类	碎石

结论：

氯离子含量为 0.0044%，符合《混凝土结构设计规范》GB 50010—2010 的标准

报告日期：××年×月×日

十四、《单方混凝土氯离子含量计算书》填写说明

1. 表格解析

(1)责任部门:有资质的试验单位提供,试验员收集。

(2)提交时限:配合比基本相同的混凝土第一次使用时提供。

(3)填写与主要签认责任:试(检)验单位签认。

2. 相关规定及要求

为分析钢筋混凝土中钢筋的腐蚀情况,往往要分析混凝土中氯离子的含量与侵入深度,混凝土中氯离子含量可用硝酸银滴定法测定。测试方法如下:

(1)混凝土的取样:清除混凝土结构表面的污垢、粉刷层等,用取芯机在混凝土构件有代表性的部位钻取混凝土试样,芯样直径不小于50mm。检测氯离子侵入深度时,芯样直径应在70～100mm之间。取样部位应在均质无钢筋处及距构件端部50～100mm处。

(2)试样的制取:将混凝土试样剔除大颗粒石子,研磨至全部通过孔径0.08mm筛子,然后置于105℃烘箱烘干2h,取出后放入干燥器皿中冷却至室温备用。

(3)氯离子含量测定:

1)方法一:称取20g(精确至0.01g)试样,放入三角烘瓶中并加入200mL蒸馏水,剧烈摇晃1～2min,然后浸泡24h或在90℃的水浴锅中浸泡3h,用定性滤纸过滤,将提取液的pH值调整到7～8。调整pH值时用硝酸溶液调酸度,用碳酸氢钠溶液调碱度。然后加5%铬酸钾指示剂10～12滴,用0.02N硝酸银溶液滴定,边滴边摇,到溶液出现不消失的橙红色为止。

氯离子含量的计算式为

$$P = 0.03545NVm/V_2V_1 \tag{7-3}$$

式中 N——硝酸银溶液的当量浓度;

V——滴定时消耗的硝酸银溶液量(mL);

m——样品的质量(g);

V_1——浸样品的水量(mL);

V_2——每次滴定时提取的滤液量(mL)。

2)方法二:称取5g(精确至0.01g)试样,放入三角烧瓶中,缓缓加入200mL、0.5N的硝酸银溶液,盖上瓶塞防止蒸发,在电炉上加热至微沸,待冷却至室温后,用定性滤纸过滤。滤液20mL中加入0.02N的硝酸银溶液20mL,加入铁矾指示剂20mL,用硫氰酸钾溶液滴定,轻轻摇动溶液,至溶液呈淡红色且颜色消失为止。

氯离子含量的计算式为:

$$P = 0.03545(NV - N_1V_1)(mV_2/V_3) \tag{7-4}$$

式中 N——硝酸银标准溶液的当量浓度;

V——加入的硝酸银溶液(mL);

N_1——硫氰酸钾标准溶液的当量浓度(mL);

V_1——消耗的硫氰酸钾溶液(mL)；

V_2——每次滴定时提取的滤液量(mL)；

V_3——浸样品的水量(mL)；

m——样品的质量(g)。

(4)氯离子侵入深度的测定：

将所取的芯样分层，分别测定各层的氯离子含量，从而可确定氯离子的侵入深度。每层氯离子的含量测定要求取同层的3个以上样品分别测定氯离子含量，然后取其平均值作为该层的氯离子含量代表值。根据各层的氯离子含量即可找出氯离子含量沿深度的变化规律。

《混凝土质量控制标准》GB 50164—2011规定，混凝土拌合物中水溶性氯离子最大含量应符合表7-6的要求。混凝土拌合物中水溶性氯离子含量应按照现行行业标准《水运工程混凝土试验规程》JTJ 270—98中混凝土拌合物中氯离子含量的快速测定方法或其他准确度更好的方法进行测定。

表7-6 混凝土拌合物中水溶性氯离子最大含量(水泥用量的质量百分比,%)

环境条件	水溶性氯离子最大含量		
	钢筋混凝土	预应力混凝土	素混凝土
干燥环境	0.30	0.06	1.00
潮湿但不含氯离子的环境	0.20		
潮湿且含有氯离子的环境、盐渍土环境	0.10		
除冰盐等侵蚀性物质的腐蚀环境	0.06		

十五、《单方混凝土碱含量计算书》填写范例

<table>
<tr><td colspan="4" rowspan="3">单方混凝土碱含量计算书</td><td colspan="2">编　号</td><td colspan="2">×××</td></tr>
<tr><td colspan="2">试验编号</td><td colspan="2">××××-0663</td></tr>
<tr><td colspan="2">委托编号</td><td colspan="2">—</td></tr>
<tr><td>工程名称及部位</td><td colspan="7">××工程　一层⑭～㉓/Ⓑ～Ⓖ轴梁板</td></tr>
<tr><td>委托单位</td><td colspan="7">××建设集团有限公司</td></tr>
<tr><td>混凝土强度等级</td><td colspan="4">C30</td><td>配合比编号</td><td colspan="2">××××-0663</td></tr>
<tr><td>水泥品种及强度等级</td><td colspan="4">P·O　42.5</td><td>碱含量(%)</td><td colspan="2">0.4900</td></tr>
<tr><td>外加剂名称</td><td colspan="4">UNF－5AS2[#]减水剂</td><td>碱含量(%)</td><td colspan="2">2.57</td></tr>
<tr><td>掺合料种类</td><td colspan="4">粉煤灰(Ⅱ级)</td><td>碱含量(%)</td><td colspan="2">1.220</td></tr>
<tr><td>外加剂名称</td><td colspan="4"></td><td>碱含量(%)</td><td colspan="2"></td></tr>
<tr><td rowspan="2">用量</td><td colspan="7">材 料 名 称</td></tr>
<tr><td>水泥</td><td>水</td><td>砂</td><td>石</td><td>外加剂</td><td>掺合剂</td><td>外加剂</td></tr>
<tr><td>每立方米用量(kg)</td><td>289</td><td>176</td><td>783</td><td>1083</td><td>7.30</td><td>95</td><td></td></tr>
</table>

<table>
<tr><td colspan="6">碱含量计算结果</td></tr>
<tr><td colspan="2"></td><td>水泥</td><td>掺合料</td><td>外加剂1</td><td>外加剂2</td></tr>
<tr><td colspan="2">每立方米用量(kg)</td><td>289</td><td>95</td><td>7.30</td><td></td></tr>
<tr><td colspan="2">含碱量(%)</td><td>0.4900</td><td>1.2200</td><td>2.57</td><td></td></tr>
<tr><td colspan="2">每立方米含碱量(kg)</td><td>1.42</td><td>0.17</td><td>0.19</td><td></td></tr>
<tr><td colspan="2">每立方米混凝土总碱含量</td><td colspan="4">1.78kg</td></tr>
<tr><td>工程种类</td><td>Ⅱ类</td><td>砂种类</td><td>中砂</td><td>石种类</td><td>碎石</td></tr>
<tr><td colspan="6">结论：
符合《预防混凝土碱骨料反应技术规范》GB/T 50733—2011的规定</td></tr>
<tr><td colspan="6">报告日期：××年×月×日</td></tr>
</table>

十六、《单方混凝土碱含量计算书》填写说明

(1)混凝土结构工程按所处环境分为三类：

Ⅰ类工程：处于干燥环境、不直接接触水、相对湿度长期低于80%的工业与民用建筑工程。如居室、办公室、处于非潮湿条件下的工业厂房、仓库等建筑。

Ⅱ类工程：处于潮湿环境或干湿交替环境，直接与水或潮湿土壤接触的混凝土工程。如水处理工程、水坝、水池、桥墩、护坡；混凝土道路、桥梁、飞机跑道、铁道轨枕；地铁工程、隧道、地下构筑物；建筑物桩基础、底板、地下室等。

Ⅲ类工程：有外部碱源，并处于潮湿环境的混凝土结构工程。如处于高含盐碱地区的混凝土工程、接触化冰雪盐的城市混凝土道路、桥梁、下水管道，以及处于盐碱化学工业污染范围内的工程。

(2)预防措施。

1)Ⅰ类工程可不采取预防碱-骨料反应措施，但混凝土结构外露部分需采取有效防水措施，如采用防水涂料、面砖等，确保雨水不渗进混凝土结构，否则，须采取Ⅱ类工程的预防措施。

2)Ⅱ类工程混凝土碱含量不得超过$5kg/m^3$，且不得采用具有高碱活性的骨料配制混凝土。Ⅱ类工程应采取下列措施预防碱-骨料反应：

①用非碱活性骨料配制混凝土，对混凝土碱含量无须进行控制。

②用低碱活性骨料配制混凝土时，混凝土碱含量控制在$3kg/m^3$以内，或混凝土碱含量控制在$5kg/m^3$以内，同时采取第2)项规定的掺加矿物掺合料抑制措施。

③用碱活性骨料配制混凝土，混凝土碱含量应控制在$3kg/m^3$以内，并应同时采取第(2)项规定的矿物掺合料抑制措施。

3)Ⅲ类工程除采取Ⅱ类工程的措施外，还要采取混凝土隔离措施，防止环境中盐碱渗入混凝土结构。否则，必须使用非碱活性骨料或用低碱活性骨料，并控制混凝土碱含量在$3kg/m^3$以内，同时按第2)项规定的掺加矿物掺合料抑制措施配制混凝土。

(3)矿物掺合料抑制措施。

1)采用矿物掺合料抑制措施时，各种矿物掺合料须符合相关标准，粉煤灰须使用符合Ⅰ级或Ⅱ级粉煤灰，且氧化钙含量≤8%，游离氧化钙含量≤1%；粒化高炉矿渣粉的比表面积不小于$400m^2/kg$，活性指数7d≥75%，28d≥95%；沸石粉的胶砂需水量比不大于120%，吸铵值≥100mmol/100g，硅灰中SiO_2含量应不小于85%。

2)采用矿物掺合料抑制措施时，粉煤灰或沸石粉须取代水泥20%以上，或高炉矿渣粉取代水泥50%以上，或硅灰取代水泥10%以上，同时控制混凝土碱含量。

3)复合掺合料抑制碱硅酸反应的最低取代水泥量，以粉煤灰抑制效应为基准进行折算。折算公式为：

$$\text{复合掺合料的最低取代水泥量}=\frac{\text{粉煤灰的最低水泥取代量(即20\%)}}{\text{等效折算系数}}$$

等效折算系数即抑制效果相同时复合掺合料相当于粉煤灰的百分数，其计算式为：

等效折算系数＝∑(复合掺合料中某组分的组成百分数×该组分的抑制效应相当于

粉煤灰的倍数）

其中，某组分的抑制效应相当于粉煤灰的倍数为：

粉煤灰或沸石粉为：20％/20％＝1，高炉矿渣粉为：20％/50％＝0.4，硅灰为：20％/10％＝2。

(4)混凝土原材料碱含量检验及计算。

1)矿物掺合料有效碱含量的计算。

矿物掺合料有效碱含量可按下式计算：

$$E_k = \beta \times R_k \tag{7-5}$$

式中 E_k——矿物掺合料的有效碱含量；

β——矿物掺合料有效碱含量计算系数；

R_k——矿物掺合料碱含量。

β值可根据掺合料的种类，由表 7-7 确定。

表 7-7 矿物掺合料有效碱含量计算系数 β

掺合料种类	粉煤灰	粒化高炉矿渣粉	硅灰	沸石粉	复合掺合料
β(％)	15	50	50	15	β_0

注：1. 粉煤灰与沸石粉复合时，β_0 按照 15％计算。

2. 粒化高炉矿渣粉与硅灰复合时，β_0 按照 50％计算。

3. 其他两种或两种以上材料复合时，β_0 按照 50％计算。

2)混凝土碱含量的计算。

每立方米混凝土的碱含量可以由下式计算：

$$A_c = m_c R_c + m_a R_a + m_k E_k + m_w R_w \tag{7-6}$$

式中 A_c——每立方米混凝土的碱含量(kg)；

m_c——每立方米混凝土中水泥用量(kg)；

R_c——水泥碱含量；

m_a——每立方米混凝土中外加剂用量(kg)；

R_a——外加剂碱含量；

m_k——每立方米混凝土中掺合料用量(kg)；

E_k——掺合料有效碱含量；

m_w——每立方米混凝土拌和水用量(kg)；

R_w——拌和水碱含量。

3)混凝土原材料检验。

①骨料进行碱活性检验取样时，应在砂石料场的至少 4 个不同部位各随机取样一份，每份不少于 15kg，混合均匀，并用四分法缩取出 15kg 进行检验。

②应用于Ⅱ、Ⅲ类混凝土结构工程的骨料每年均应进行碱活性检验，其他材料均应按批进行碱含量检验。

十七、《混凝土抗折强度试验报告》填写范例

混凝土抗折强度试验报告

委托单位：××建设集团有限公司　　　　来样日期：××年×月×日

检验编号：××××-00621　　　　报告日期：××年×月×日

工程名称	××工程			工程部位	首层⑪～⑲/Ⓐ～Ⓗ轴墙体								
试样编号	养护条件	检验日期	检验依据		检验条件								
005	标准养护	××年×月×日	《普通混凝土力学性能试验方法标准》GB/T 50081—2002		室温(℃)：23 设备型号：抗折试验机								
强度设计(MPa)	配合比编号		配合比(kg/m³)										
			水泥	砂	石	水	外加剂						
C40 P6 4.5	××××-0079		358	694	1104	175	10.45						
检验结果													
成型日期	试压日期	龄期(d)	试块尺寸(mm)	单块破坏荷载(kN)	单块抗折强度(MPa)	尺寸换算系数	抗折强度(MPa)	达到设计强度标准值(%)					
××年×月×日	××年×月×日	28	400×100×100	20.7		0.85	5.7	127					
				22.5									
				23.6									
备注	抽样单位：××建设集团有限公司　　抽样人：××× 见证单位：××工程建设监理有限公司　　见证人：×××												
检验单位：××实验室　批准：×××　审核：×××　编写：×××													
注意事项	1.委托检验未加盖“检验报告专用章”无效 2.复制报告未重新加盖“检验报告专用章”无效 3.检验报告无编写、审核、批准人员签章无效 4.检验报告涂改无效 5.对检验报告结论若有异议，请于收到检验报告之日起15日内提出，以便及时处理												

检验单位地址：×××　　　　电话：×××　　　　邮编：×××

十八、《混凝土抗折强度试验报告》填写说明

(1)抗折强度试验步骤应按下列方法进行：

1) 试件从养护地取出后应及时进行试验，将试件表面擦干净。

2) 按图 7-2 装置试件，安装尺寸偏差不大于 1mm。试件的承压面应为试件成型时的侧面。支座及承压面与圆柱的接触面应平稳、均匀，否则应垫平。

3) 施加荷载应保持均匀、连续。当混凝土强度等级＜C30 时，加荷速度取每秒钟 0.02～0.05MPa；当混凝土强度等级≥C30 且＜C60 时，取每秒钟 0.05～0.08MPa；当混凝土强度等级≥C60 时，取每秒钟 0.08～0.10MPa，至试件接近破坏时，应停止调整试验机油门，直至试件破坏，然后记录破坏荷载。

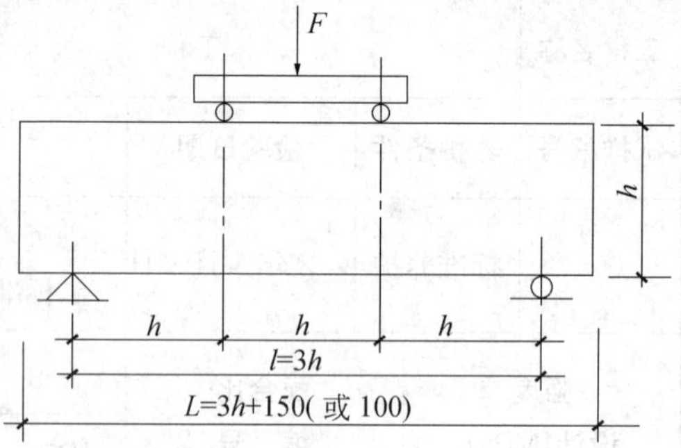

图 7-2 抗折试件装置

4) 记录试件破坏荷载的试验机示值及试件下边缘断裂位置。

(2)抗折强度试验结果计算及确定按下列方法进行：

1)若试件下边缘断裂位置处于两个集中荷载作用线之间，则试件的抗折强度 f_f(MPa)按下式计算：

$$f_f = \frac{Fl}{bh^2} \tag{7-7}$$

式中 f_f——混凝土抗折强度(MPa)；

F——试件破坏荷载(N)；

l——支座间跨度(mm)；

h——试件截面高度(mm)；

b——试件截面宽度(mm)。

抗折强度计算应精确至 0.1MPa。

2)强度值的确定应符合下列规定：

①三个试件测值的算术平均值作为该组试件的强度值(精确至 0.1MPa)。

②三个测值中的最大值或最小值中如有一个与中间值的差值超过中间值的 15%时，则把最大及最小值一并舍除，取中间值作为该组试件的抗压强度值。

③如最大值和最小值与中间值的差均超过中间值的 15%，试件的试验结果无效。

3) 三个试件中若有一个折断面位于两个集中荷载之外，则混凝土抗折强度值按另两个试件的试验结果计算。若这两个测值的差值不大于这两个测值的较小值的 15%时，则该组试件的抗折强度值按这两个测值的平均值计算，否则该组试件的试验无效。若有两个试件的下边缘断裂位置位于两个集中荷载作用线之外，则该组试件试验无效。

4) 当试件尺寸为 400mm×100mm×100mm 非标准试件时，应乘以尺寸换算系数 0.85；当混凝土强度等级≥C60 时，宜采用标准试件；使用非标准试件时，尺寸换算系数应由试验确定。

十九、《混凝土抗冻性检验报告》填写范例

混凝土抗冻性检验报告

委托单位：××建设集团有限公司　　来样日期：××年×月×日

检验编号：××××-00312　　报告日期：××年×月×日

工程名称	××工程			工程部位	9层⑫～⑲/Ⓔ～Ⓚ轴剪力墙柱	
试样编号	强度等级	抗冻等级	养护条件	成型日期	破型日期	检验依据
014	C30	F25	标准养护	××年×月×日	××年×月×日	《普通混凝土长期性能和耐久性能试验方法》GB/T 50002—2009

检验条件（制备型号）	配合比编号	配合比（kg/m³）						
		水泥	砂	石	水	外加剂	掺合料	
混凝土冻融试验机	××××-0129	388	736	1063	193	13.6	68	

检验结果

龄期（d）	冻融循环次数	抗压强度（MPa）		强度损失率（%）	质量（kg）		质量损失率（%）
		对比试件	冻融试件		冻融前	冻融后	
28	25	46.3	42.58	10	10	9.7	3
		46.3	41.67		10	9.72	
		46.3	40.76		10	9.68	

结论	试件经检测，其结果符合《普通混凝土长期性能和耐久性能试验方法》GB/T 50002—2009的规定，评定合格
备注	抽样单位：××建设集团有限公司　　抽样人：××× 见证单位：××工程建设监理有限公司　　见证人：×××

检验单位：×××实验室　　批准：×××　　审核：×××　　编写：×××

注意事项	1. 委托检验未加盖“检验报告专用章”，无效 2. 复制报告未重新加盖“检验报告专用章”，无效 3. 检验报告无编写、审核、批准人员签章，无效 4. 检验报告涂改，无效 5. 对检验报告结论若有异议，请于收到检验报告之日起15日内提出，以便及时处理

检验单位地址：×××　　电话：×××　　邮编：×××

二十、《混凝土抗冻性检验报告》填写说明

(1)混凝土的抗冻性是指其在饱和水状态下遭受冰冻时，抵抗冰冻破坏的能力。抗冻性是评定混凝土耐久性的重要指标。它以抗冻等级(F)表示。它是按标准方法将试件进行冻融循环，以强度降低不超过25%或重量损失不大于5%时所能承受的最多冻融循环次数来确定。抗冻等级可分为F25、F50、F100、F150、F200、F250、F300等。影响混凝土抗冻性的主要因素除使用原材料本身的条件外，还与混凝土的孔隙率有关。因此常常采用小水灰比以提高混凝土的密实度和采用加气混凝土等办法来提高混凝土的抗冻性能。

(2)混凝土抗冻性能试验可采用慢冻法和快冻法进行测定。

1) 慢冻法。本方法适用于检验以混凝土试件所能经受的冻融循环次数为指标的抗冻等级。

①慢冻法混凝土抗冻性能试验的试件。应采用立方体试件。试件的尺寸应根据混凝土中骨料的最大粒径按表7-8选定。

表7-8 慢冻法所用试件尺寸选用表

试 件 尺 寸	骨料最大粒径(mm)	试 件 尺 寸	骨料最大粒径(mm)
100mm×100mm×100mm 150mm×150mm×150mm	30 40	200mm×200mm×200mm	60

每次试验所需的试件组数应符合表7-9的规定，每组试件应为3块。

表7-9 慢冻法试验所需的试件组数

设计抗冻标号	D25	D50	D100	D150	D200	D250	D300
检查强度时的冻融循环次数	25	50	50及100	100及150	150及200	200及250	250及300
鉴定28d强度所需试件组数	1	1	1	1	1	1	1
冻融试件组数	1	1	2	2	2	2	2
对比试件组数	1	1	2	2	2	2	2
总计试件组数	3	3	5	5	5	5	5

② 计算。混凝土冻融试验后应按下式计算其强度损失率：

$$\Delta f_c = \frac{f_{c_0} - f_{c_n}}{f_{c_0}} \times 100 \tag{7-8}$$

式中 Δf_c——N次冻融循环后的混凝土强度损失率，以三个试件的平均值计算(%)；

f_{c_0}——对比试件的抗压强度平均值(MPa)；

f_{c_n}——经N次冻融循环后的三个试件抗压强度平均值(MPa)。

混凝土试件冻融后的重量损失率可按下式计算：

$$\Delta \omega_n = \frac{G_0 - G_n}{G_0} \times 100\% \tag{7-9}$$

式中 $\Delta\omega_n$——N 次冻融循环后的重量损失率，以三个试件的平均值计算（%）；

G_0——冻融循环试验前的试件重量（kg）；

G_n——N 次冻融循环后的试件重量（kg）。

混凝土的抗冻标号，以同时满足强度损失率不超过 25%，重量损失率不超过 5%时的最大循环次数来表示。

2）快冻法。适用于在水中经快速冻融来测定混凝土的抗冻性能。快冻法抗冻性能的指标可以用能经受快速冻融循环的次数或耐久性系数来表示。本方法特别适用于抗冻性要求高的混凝土。

①试件。试验采用 100mm×100mm×400mm 的棱柱体试件。混凝土试件每组 3 块，在试验过程中可连续使用，除制作冻融试件外，尚应制备同样形状尺寸、中心埋有热电偶的测温试件，制作测温试件所用混凝土的抗冻性能应高于冻融试件。

②混凝土试件的相对动弹性模量可按下式计算：

$$P = \frac{f_n^2}{f_0^2} \times 100\% \tag{7-10}$$

式中 P——经 N 次冻融循环后试件的相对动弹性模量，以三个试件的平均值计算（%）；

f_n——N 次冻融循环后试件的横向基频（Hz）；

f_0——冻融循环试验前测得的试件横向基频初始值（Hz）。

混凝土耐快速冻融循环次数应以同时满足相对动弹性模量值不小于 60%和重量损失率不超过 5%时的最大循环次数来表示。

混凝土耐久性系数应按下式计算：

$$K_n = P \times N/300 \tag{7-11}$$

式中 K_n——混凝土耐久性系数；

N——停止试验时的冻融循环次数；

P——经 N 次冻融循环后试件的相对动弹性模量。

二十一、《回弹法检测混凝土抗压强度报告》填写范例

回弹法检测混凝土强度

检 测 报 告

工程名称:××工程
委托单位:××建设工程有限公司
检测日期:××年×月×日
(共3页,含本页)

检测单位:××建设工程质量检测中心

报告编号:××××-×××　　　　本报告共 3 页 第 2 页

<table>
<tr><td>工程名称</td><td colspan="2">××工程</td><td>委托日期</td><td>××年×月×日</td></tr>
<tr><td>委托单位</td><td colspan="2">××建设工程有限公司</td><td>检测日期</td><td>××年×月×日</td></tr>
<tr><td>建设单位</td><td colspan="2">××房地产开发有限公司</td><td>报告日期</td><td>××年×月×日</td></tr>
<tr><td>施工单位</td><td colspan="2">××建设工程有限公司</td><td>混凝土设计等级</td><td>C25</td></tr>
<tr><td>设计单位</td><td colspan="2">××勘察设计研究院</td><td>混凝土输送方式</td><td>泵送</td></tr>
<tr><td>监理单位</td><td colspan="2">××工程建设监理有限公司</td><td>水泥编号</td><td>××××-×××</td></tr>
<tr><td>监督单位</td><td colspan="2">××市建设工程质量监督站</td><td rowspan="2">混凝土生产单位</td><td rowspan="2">××混凝土
有限公司</td></tr>
<tr><td>检测原因</td><td colspan="2">混凝土标准养护试件报告值
小于标准值,不合格</td></tr>
<tr><td>检测部位</td><td colspan="2">一层剪力墙柱</td><td>检测方式</td><td>委托检验</td></tr>
<tr><td rowspan="2">回弹仪</td><td>生产厂家</td><td>××仪器厂</td><td>出厂编号</td><td>0254</td></tr>
<tr><td>型号</td><td>ZC 3－A</td><td>检定证号</td><td>E2008-265</td></tr>
<tr><td colspan="2">检测人员资质证书号</td><td colspan="3">×××</td></tr>
<tr><td>1</td><td colspan="2">抽样构件数(件)</td><td colspan="2">10</td></tr>
<tr><td>2</td><td colspan="2">测区总数量 n</td><td colspan="2">100</td></tr>
<tr><td>3</td><td colspan="2">测区强度最小值(MPa)</td><td colspan="2">26.1</td></tr>
<tr><td>4</td><td colspan="2">测区强度平均值(MPa)</td><td colspan="2">29.6</td></tr>
<tr><td>5</td><td colspan="2">强度标准差(MPa)</td><td colspan="2">2.14</td></tr>
<tr><td>6</td><td colspan="2">现龄期混凝土强度推定值(MPa)</td><td colspan="2">26.1</td></tr>
<tr><td>检验依据</td><td colspan="4">《回弹法检测混凝土抗压强度技术规程》JGJ/T 23—2011</td></tr>
<tr><td>备　　注</td><td colspan="4">本报告未经本中心书面批准不得复制</td></tr>
</table>

××建设工程质量检测中心

单位:××建设工程质量检测中心(公章)　　负责人:×××　　审核:×××　　试验:×××

报告编号:××××-××× 本报告共3页 第3页

工程名称	××工程		委托日期	××年×月×日
委托单位	××建设工程有限公司		检测日期	××年×月×日
建设单位	××房地产开发有限公司		报告日期	××年×月×日
施工单位	××建设工程有限公司		混凝土设计等级	C25
设计单位	××勘察设计研究院		混凝土输送方式	泵送
监理单位	××工程建设监理有限公司		水泥编号	××××-×××
监督单位	×××建设工程质量监督站		混凝土生产单位	××建设工程有限公司
检测原因	混凝土标准试块抗压强度不合格			
检测部位	1层柱及剪力墙		检测方式	批量检测
回弹仪	生产厂家	×××回弹仪器厂	出厂编号	0254
	型号	ZC3－A	检定证号	E2008-265
检测人员资质证书号		×××		

构件号	构件名称	测区混凝土抗压强度换算值(MPa)			构件现龄期混凝土强度推定值(MPa)
		平均值	标准差	最小值	
1	一层1/F柱	30.0	1.99	27.0	26.7
2	一层9/B柱	30.6	1.43	28.2	28.2
3	一层3/F柱	29.4	1.37	28.0	27.1
4	一层12/A柱	29.3	1.02	29.0	27.6
5	一层2/D柱	28.6	2.04	27.1	25.2
6	一层13/B柱	29.6	1.77	27.8	26.7
7	一层2/A柱	33.2	2.99	28.6	28.3
8	一层14/D柱	28.0	1.04	26.1	26.3
9	一层3/B-D剪力墙	29.2	1.39	27.7	26.9
10	一层7/F柱	28.3	0.72	27.2	27.1
检测依据	《回弹法检测混凝土抗压强度技术规程》JGJ/T 23—2011				
备注	本报告未经本中心批准复制无效				

单位:××建筑工程质量检测中心(公章) 负责人:××× 审核:××× 检测:×××

二十二、《回弹法检测混凝土抗压强度报告》填写说明

(1)检测目的。根据国家标准《建筑工程施工质量验收统一标准》GB 50300—2013 的规定，在混凝土结构子分部工程验收前应进行结构实体检验。结构实体检验的范围仅限于涉及安全的柱、墙、梁等结构构件的重要部位。结构实体检验采用由各方参与的见证抽样形式，以保证检验结果的公正性。

(2)检测内容。考虑到目前的检测手段，并为了控制检验工作量，结构实体检验主要对混凝土强度、重要结构构件的钢筋保护层厚度两个项目进行。当工程合同有约定时，可根据合同确定其他检验项目和相应的检验方法、检验数量、合格条件，但其要求不得低于混凝土施工质量验收规范的规定。当有专门要求时，也可以进行其他项目的检验，如混凝土的内部缺陷、构件尺寸偏差及外观质量、钢筋的配置等，必要时，可进行现场结构荷载试验。但应在合同中做出相应的规定。

由于混凝土是非均质性材料，各种物质随机交织在一起，形成复杂的内部结构，再加上混凝土通常是在工地进行配料、搅拌、成型、养护，每个环节稍有不慎就会影响其质量，因此对钢筋混凝土结构，其首选的检测项目往往是混凝土的强度。其次是根据工程的质量情况来选择检测项目。譬如，当混凝土梁、板、柱、墙构件存在裂缝时，须检测裂缝的宽度和深度；有时为进一步了解裂缝出现的原因，还须在裂缝附近区域检测其配筋情况；当混凝土中钢筋锈蚀较严重时，须检测钢筋的锈蚀程度，必要时，检测混凝土 Cl^- 的含量；总之，检测项目需根据工程的实际情况进行确定。

(3)常用的混凝土检测方法见表 7-10。

表 7-10 常用的混凝土检测方法

<table>
<tr><th>检测目的</th><th colspan="2">常用方法</th><th>测试量</th><th>换算原理</th></tr>
<tr><td rowspan="5">混凝土强度</td><td rowspan="3">非破损法</td><td>超声法</td><td>超声脉冲传播速度</td><td rowspan="3">根据混凝土应力应变性质与强度的关系，用弹性模量或黏塑性指标推算标准抗压强度及特征强度</td></tr>
<tr><td>回弹法</td><td>回弹值</td></tr>
<tr><td>超声回弹综合法</td><td>回弹值与声速</td></tr>
<tr><td rowspan="2">局部破损法</td><td>钻芯法</td><td>芯样抗压强度</td><td rowspan="2">局部区域的抗压、抗剪、抗拉或抗冲击强度推算成标准抗压强度及特征强度</td></tr>
<tr><td>后装拔出法</td><td>抗拔力</td></tr>
<tr><td rowspan="3">钢筋位置与保护层厚度</td><td rowspan="2">非破损法</td><td>磁测法</td><td>磁场强度</td><td>钢筋对磁场的影响</td></tr>
<tr><td>雷达法</td><td>雷达波</td><td>雷达波遇金属反射</td></tr>
<tr><td>局部破损法</td><td>剔凿法</td><td>钢筋位置</td><td>直观测量</td></tr>
</table>

(4)回弹法。回弹法是根据混凝土的回弹值、碳化深度与抗压强度之间的相关关系来推定其抗压强度的一种非破损方法。

1)适用条件。混凝土强度的检验与评定应按现行国家标准——《混凝土强度检验评定标准》GB/T 50107—2010 执行。当对结构混凝土强度有怀疑或评定为不合格时，可进行回弹法检测，检测结果可作为处理混凝土质量的一个依据。

回弹法不适用于表层与内部质量有明显差异或内部存在缺陷的混凝土构件的检测，

对测试前遭受冻结或表层湿润的混凝土，应待解冻或经风干后再进行测试。

对龄期超过1000d的混凝土，用回弹法进行检测时，需钻取不少于6个芯样的混凝土抗压强度进行修正。修正系数是芯样(直径为100mm)强度与芯样所对应测区的回弹强度之比，取各修正系数的平均值作为其回弹法修正系数。必须注意的是，不可以将较长芯样沿长度方向截取为多个芯样来计算修正系数。

2)测区及测面的要求。被测构件和测试部位应具有代表性，试样的抽样原则为：当推定单个构件的混凝土强度时，可根据混凝土质量的实际情况确定检测数量；当用抽样法推定整个结构或成批构件的混凝土强度时，随机抽样的数量不应少于同批、同类构件总数的30%，且构件数量不得少于10件。

在每个抽样构件上均匀布置测区，其测区数不应少于10个。对某一方向尺寸小于4.5m且另一方向尺寸小于0.3m的构件，其测区数不应少于5个。相邻测区的间距不宜大于2m，每个测区宜选在构件的两个对称可测面上，也可选在一个可测面上，测区的面积宜控制在0.04m^{2}以内。检测面应为原状混凝土面，并应清洁、平整，不应有疏松层、浮浆、油垢以及蜂窝、麻面，必要时可用砂轮清除疏松层和杂物，不应有残留的粉末碎屑，且不能用清水清洗。

3)回弹仪的操作。检测时，回弹仪的轴线应垂直于测试面，缓慢均匀施压，待弹击杆反弹后测读回弹值。每个测区弹击16点(当一个测区有两个测面时，则每一测面弹击8点)。测点宜在测区范围内均匀分布，相邻两测点的净距一般不小于20mm。测点距构件边缘或外露钢筋、预埋件的距离不宜小于30mm。测点不应在气孔或外露石子上，同一测点只允许弹击一次。

4)碳化深度值的测量。回弹测试完毕后，用凿子或冲击钻在测区内凿或钻出直径约15mm，深度不小于6mm的孔洞。然后，除净孔洞的粉末和碎屑，不得用水冲洗。将浓度为1%的酚酞酒精溶液滴在孔洞内壁的边缘处，再用碳化深度测量规或游标卡尺测量自混凝土表面至变色部分的垂直距离(未碳化的混凝土呈粉红色)，该距离即为混凝土的碳化深度值。通常，测量不应少于3次，求出平均碳化深度d_m，每次读数精确至0.5mm。

5)数据分析。分别剔除测区16个测点回弹值中的3个较大值和3个较小值，然后按下式计算测区平均回弹值：

$$R_m = (\sum_{i=1}^{10} R_i)/10 \tag{7-11}$$

式中 R_m——测区平均回弹值，精确至0.1；

R_i——第i个测点的回弹值。

除回弹仪水平方向检测外，其他非水平方向检测时应对测区平均回弹值进行角度修正；当测试面不是混凝土的浇筑侧面时，应对测区平均回弹值进行浇筑面修正；当测试时回弹仪既非呈水平方向，测区又非混凝土的浇筑侧面时，应先对测区平均回弹值进行角度修正，然后再进行浇筑面修正。回弹值的修正见《回弹法检测混凝土抗压强度技术规程》JGJ/T 23—2011的附录C和附录D。从一般的工程检测经验来看，回弹法经过角度或浇筑面修正后，其测试误差有所增大，因此检测混凝土强度时，应尽可能在构件的浇筑侧面进行检测。

二十三、《钻芯法检测混凝土抗压强度报告》填写范例

钻芯法检测混凝土抗压强度报告

委托单位	××公司	委托日期	××年×月×日
工程名称	××××综合楼	委托编号	××—××
设计等级	C25	报告日期	××年×月×日
依据标准	CECS 03:88	检测日期	××年×月×日

检 测 结 果

成型日期	原编号(部位)	试压龄期(天)	芯样尺寸(mm)		承压面积(mm^2)	破坏荷载(kN)	抗压强度(MPa)	
			直径	高度			单块值	代表值
××年×月×日	一层①轴线剪力墙	50	150	151	17.663	450.4	25.5	25.8
			150	149	17.663	460.3	26.1	
			150	151	17.663	455.1	25.7	
备 注	芯样在自然干燥状态下进行检测							

签发:××× 审核:××× 检测:×××

二十四、《钻芯法检测混凝土抗压强度报告》填写说明

(1)"检测目的、检测内容和常用混凝土检测方法"参见"《回弹法检测混凝土抗压强度报告》填写说明"相关内容。

(2)钻芯法。钻芯法是使用专用钻机从结构上钻取芯样,并根据芯样的抗压强度推定结构混凝土强度的一种局部破损的检测方法。

1)适用条件。与非破损方法相比,钻芯法还可用来检测长龄期混凝土和遭受火灾、冻害及化学侵蚀等的混凝土。对混凝土强度等级低于 C10 的结构,不宜采用钻芯法检测。

2)钻芯位置选择。由于钻芯法对结构有所损伤,钻芯的位置应选择在结构受力较小、没有主筋或预埋件的部位。为避开混凝土中钢筋,钻芯位置先用磁感仪或雷达仪测出钢筋位置,画出标线。就梁、柱构件而言,由于构件端头一般为箍筋加密区,应尽可能避开在端头钻芯;对于矩形柱子,可选在柱长边一侧靠近柱中线位置钻取芯样。当同一柱中钻取多个芯样时,宜选各芯样在同一铅直线上取芯,避免各芯样在同一水平上取芯,而过多地减弱柱的截面积;对于框架梁的取芯,为便于钻芯操作进行,可选楼梯间的主梁进行抽芯检测,并在梁侧面靠近梁中和轴附近钻取芯样。

用钻芯法对单个构件检测时,每个构件的钻芯数量不应少于 3 个;对于较小构件,钻芯数量可取 2 个。钻取的芯样直径一般不宜小于骨料最大粒径的 3 倍,在任何情况下都不得小于骨料最大粒径的 2 倍。

3)芯样加工要求。从结构中取出的混凝土芯样往往是长短不齐的,应采用锯切机把芯样切成一定长度,一般试件的高度与直径之比应在 1～2 的范围内。芯样试件内不宜有钢筋,如不能满足此要求,每个试件内最多只允许含有两根直径小于 10mm 的钢筋,且钢筋应与芯样轴线基本垂直并不得露出端面。锯切后的芯样,当不能满足平整度及垂直度要求时,应用磨平机磨平或硫黄胶泥等材料补平。

4)数据分析。芯样在做抗压强度试验时的状态应与实际构件的使用状态接近。如结构工作条件比较干燥,芯样试件在抗压试验前应在室内自然干燥 3d;如结构工作条件比较潮湿,芯样试件应在 20℃±5℃的清水中浸泡 2d,从水中取出后应立即进行抗压试验。

芯样试件的混凝土强度换算值按下式计算:

$$f_{cu}^{c}=\alpha\frac{4F}{\pi\cdot d^{2}} \tag{7-12}$$

式中 f_{cu}^{c}——芯样试件混凝土强度换算值(MPa);

F——芯样试件抗压试验测得的最大压力(N);

d——芯样试件的平均直径(mm);

α——不同高径比的芯样试件混凝土强度换算系数(见表 7-11)。

表 7-11 芯样试件混凝土强度换算系数

高径比 h/d	1.0	1.1	1.2	1.3	1.4	1.5	1.6	1.7	1.8	1.9	2.0
系数 α	1.00	1.04	1.07	1.10	1.13	1.15	1.17	1.19	1.21	1.22	1.24

单个构件或单个构件的局部区域,可取芯样试件混凝土强度换算值中的最小值作为其代表值。

5)芯样孔的修补。钻孔取芯后,结构上留下的圆孔必须及时修补。通常采用微膨胀水泥细石混凝土填实,修补时应清除孔内污物,修补后应及时养护,并保证新填混凝土与原结构混凝土结构良好。一般来说,即使是修补后结构的承载力仍有可能低于未钻孔时的承载力,因此钻芯法不宜普遍使用,更不宜在一个受力区域内集中钻孔。建议将钻芯法与其他非破损方法结合使用,一方面利用非破损方法来减少钻芯的数量,另一方面又利用钻芯法来提高非破损方法的测试精度。

第二节　砌体结构施工试验记录及检测报告

一、《砂浆配合比申请单、通知单》填写范例

砂浆配合比申请单				资料编号	×××
				委托编号	××—01370
工程名称及部位	××工程　二层砌体				
委托单位	×××项目部			试验委托人	×××
砂浆种类	混合砂浆			强度等级	M5
水泥品种	P·O　42.5			厂别	××水泥厂
水泥进场日期	××年×月×日			试验编号	××C—0059
砂产地	卢沟桥	粗细级别	中砂	试验编号	××S—0065
掺合料种类	白灰膏			外加剂种类	—
申请日期	××年×月×日			要求使用日期	××年×月×日

砂浆配合比通知单				配合比编号	××—0082
				试配编号	5
强度等级	M5		试验日期	××年×月×日	
配　合　比					
材料名称	水泥	砂	白灰膏	掺合料	外加剂
每立方米用量 (kg/m^3)	238	1571	95.00		
比例	1	6.6	0.40		
注:砂浆稠度为 70～100mm,白灰膏稠度为 120mm。					
批　准	×××	审　核	×××	试　验	×××
试验单位	××工程检测试验有限公司				
报告日期	××年×月×日				

注:本表由检测机构提供。

二、《砂浆配合比申请单、通知单》填写说明

1. 表格解析

(1)责任部门：有资质检测单位提供，试验员收集。

(2)核查要点。

1)水泥：应有出厂合格证明。用于承重结构的水泥，无出厂证明，水泥出厂超过该品种存放规定期限，或对质量有怀疑的水泥及进口水泥等应在试配前进行水泥复试，复试合格后才可使用。

2)砂：砌筑砂浆用砂宜采用中砂，并应过筛，不得含有草根等杂物。

水泥砂浆和强度等级等于或大于 M5 的水泥混合砂浆。砂的含泥量不应超过 5%；强度等级小于 M5 的水泥混合砂浆，砂的含泥量不应超过 10%。

3)石灰膏：砌筑砂浆用石灰膏应由生石灰充分熟化而成，熟化时间不得少于 7d。要防止石灰膏干燥、冻结和污染，脱水硬化的石灰膏要严禁使用。

4)水：拌制砂浆的水应采用不含有害物质的纯净水。

5)"砂浆种类"栏应填写清楚，如水泥砂浆、混合砂浆。

6)"强度等级"栏应按照设计要求填写。

7)所用的水泥、砂、掺合料、外加剂等要具实填写，并要在复试合格后再做试配，填好试验编号。

8)配合比通知单应字迹清楚，无涂改，签字齐全。

(3)填写与主要签认责任：试(检)验单位签认。

2. 相关规定及要求

委托单位应依据设计强度等级、技术要求、施工部位、原材料情况等，向有资质的试验部门提出配合比申请单，试验部门依据配合比申请单签发配合比通知单。

(1)砌筑砂浆应采用经试验室确定的重量配合比，施工中要严格按配合比计量施工，不得随意变列。

(2)如砂浆的组成材料(水泥、骨料、外加剂等)有变化，其配合比应重新试配选定。

(3)砂浆的品种、强度等级、稠度、分层度、强度必须满足设计要求及《砌筑砂浆配合比设计规程》JGJ/T 98—2010，如品种、强度等级有变动，应征得设计的同意，并办理洽商。

(4)混合砂浆所用生石灰、黏土及电石渣均应化膏使用，其使用稠度宜为(120±5)mm 计量。

(5)水泥砂浆和水泥石灰砂浆中掺用微沫剂，其掺量应事先通过试验确定。水泥黏土砂浆中，不得掺入有机塑化剂。

(6)砌筑砂浆应采用经试验确定的重量配合比，施工中要严格按配合比计量施工，不得随意变更。

(7)如砂浆的组成材料(水泥、骨料、外加剂等)有变化，其配合比应重新试配选定。

(8)砂浆的品种、强度等级、稠度、分层度、强度必须满足设计要求及《砌筑砂浆配合比设计规程》JGJ/T 98—2010，如品种、强度等级有变动，应征得设计的同意，并办理洽商。

(9)混合砂浆所用生石灰、黏土及电石渣均应化膏使用，其使用稠度宜为(120±5)mm 计量。

水泥砂浆和水泥石灰砂浆中掺用微沫剂，其掺量应事先通过试验确定。水泥黏土砂浆中，不得掺入有机塑化剂。

三、《砂浆抗压强度试验报告》填写范例

砂浆抗压强度试验报告								
							资料编号	×××
							试验编号	××－0039
							委托编号	××－01375
工程名称及部位	××工程 地上六层①～⑧/Ⓑ～Ⓖ轴砌体						试件编号	007
委托单位	×××项目部						试验委托人	×××
砂浆种类	水泥混合砂浆		强度等级		M10		稠度	70mm
水泥品种及强度等级	P·O　42.5						试验编号	××－0017
砂产地及种类	潮白河　中砂						试验编号	××－0012
掺合料种类	白灰膏						外加剂种类	—
配合比编号	××－0206							
试件成型日期	××年×月×日		要求龄期		28天		要求试验日期	××年×月×日
养护条件	标准养护		试件收到日期		××年×月×日		试件制作人	×××
试验结果	试压日期	实际龄期(d)	试件边长(mm)	受压面积(mm^2)	荷载(kN) 单块	荷载(kN) 平均	抗压强度(MPa)	达设计强度等级(%)
	××年×月×日	28	70.7	5000	54.6	62.7	12.5	125
					56.3			
					69.8			
					65.5			
					60.7			
					69.4			

结论：

符合《砌体工程施工质量验收规范》GB 50203－2011规定，评定为合格

××工程检测试验有限公司
试验专用章

批　准	×××	审　核	×××	试　验	×××
试验单位	××工程检测试验有限公司				
报告日期	××年×月×日				

注：本表由检测机构提供。

四、《砂浆抗压强度试验报告》填写说明

1.表格解析

(1)责任部门。

承重结构的砌筑砂浆试块,应按规定进行有见证取样和送检。试验报告由有资质的试验室试验并出具试验报告,但不参加基础分部砂浆强度统计评定。砂浆试块试压报告单上半部分项目由施工单位试验人员填写,项目试验员应确认报告内容完整无误后,把试验报告移交项目资料员。

(2)提交时限:标养 30d 内提交,同条件视龄期而定。

(3)核查要点。

1)"工程名称及部位"要填写详细具体。

2)砂浆种类、强度等级、稠度、水泥品种强度等级、砂产地及种类、掺合料、外加剂种类要据实填写,并应与材料试验单、配合比通知单相吻合。

3)"配合比编号"要依据配合比通知单填写。

4)作为强度评定的试块,必须是以龄期为 28d 标养试块抗压试验结果为准。

5)"试验结果"栏由试验室填写,项目经理部在收到试验报告后应查看试验数据是否达到规范规定标准值;若发现问题应及时取双倍试样做复试或报有关部门处理,并将复试合格单或处理结论附于此单后一并存档。

6)"结论"栏应填写符合《砌体工程施工质量验收规范》GB 50203—2011 的相关规定,评定为合格(或不合格)。

(4)填写与主要签认责任:试(检)验单位签认。

2.相关规定及要求

(1)组批原则:每一楼层或 250m^3 砌体的各种类型及强度等级的砌筑砂浆,每台搅拌机应至少抽检一次,每次至少应制作一组试块,每组由 6 个试块组成。如砂浆等级或配合比变更时,还应制作试块。

(2)相关要求。

1)对冬期施工期间还应留置与工程同条件养护 28 天再转标准养护 28 天强度试件。

2)根据砂浆试块的龄期,项目试验员向检测单位查询其结果是否符合要求;在达到砂浆试样的试验周期后,凭试验委托合同单到检测单位领取完整的砂浆抗压强度试验报告。

(3)合格标准。

1)砌筑砂浆试块强度验收时其强度合格标准必须符合以下规定:同一验收批砂浆块抗压强度平均值必须大于或等于设计强度等级所对应的立方体抗压强度,同一验收批砂浆试块抗压强度的最小一组平均值必须大于或等于设计强度等级所对应的立方体抗压强度的 75%。

2)当施工中或验收时出现下列情况,可采用现场检验方法对砂浆和砌体强度进行原位检测或取样检测,并判定其强度:砂浆试块缺乏代表性或试块数量不足;对砂浆试块的试验结果有怀疑或有争议;砂浆试块的试验结果,不能满足设计要求。

五、《砌筑砂浆试块强度统计、评定记录》填写范例

砌筑砂浆试块强度统计、评定记录							资料编号		×××	
工程名称	××工程						强度等级		M7.5	
施工单位	×××项目部						养护方法		标准养护	
统计期	××年×月×日至××年×月×日						结构部位		主体围护墙	
试块组数 n	强度标准值 f_2（MPa）			平均值 $f_{2,m}$（MPa）			最小值 $f_{2,min}$（MPa）		$0.75f_2$	
8	7.5			11.5			9.1		5.6	
每组强度值 MPa	12.6	10.6	9.8	10.6	14.6	11.0	9.1	13.4		
判定式	$f_{2,m} \geqslant f_2$					$f_{2,min} \geqslant 0.75f_2$				
结果	11.5＞7.5					9.1＞5.6				
结论： 依据《砌体工程施工质量验收规范》GB 50203—2011 的规定，评定为合格										
批准				审核				统计		
×××				×××				×××		
报告日期				××年×月×日						

注：本表由施工单位填写。

六、《砌筑砂浆试块强度统计、评定记录》填写说明

1. 表格解析

(1)责任部门:项目质量部。

(2)提交时限:同一验收批强度报告齐全后评定,分项质量验收前1d提交。

(3)填写与主要签认责任:由项目专业质量员负责填报、项目技术负责人审核。

2. 相关规定及要求

结构验收(基础或主体结构完成后)前,按单位工程同品种、同强度等级砂浆为同一验收批,参加评定的必须是标准养护28d试块的抗压强度,工程中所用各品种、各强度等级的砂浆强度都应分别进行统计评定。

(1)合格标准。砌筑砂浆试块强度验收时,同一验收批的砌筑砂浆试块强度合格评定必须符合以下规定:

1)同一验收批砂浆试块抗压强度平均值,必须大于或等于设计强度等级所对应的立方体抗压强度。

2)同一验收批砂浆试块抗压强度最小一组强度值,必须大于或等于设计强度等级所对应的立方体抗压强度的75%。

3)砌筑砂浆的验收批,同一类型、强度等级的砂浆试块不应少于3组。当同一验收批只有1组(含两组)试块时,该组试块抗压强度的平均值必须大于或等于设计强度等级所对应的立方体抗压强度。

4)砂浆强度应以标准养护,龄期为28d的试块抗压试验结果为准。但只要有一组砂浆试块的强度小于设计强度标准值的75%时,则该批砂浆评定为不合格。

当施工中或验收时出现下列情况,可采用非破损和微破损检测方法对砂浆和砌体强度进行原位检测或取样检测,判定其强度,并应由有资质等级检测单位出具检测报告。

1)砂浆试块缺乏代表性或试块数量不足;

2)对砂浆试块的试验结果有怀疑或争议;

3)砂浆试块的试验结果,已判定不能满足设计要求,需要确定砂浆或砌体强度。

当砂浆试块强度评定不合格或试块留置组数严重不足或砂浆强度的代表性有怀疑,应由具有相应资质的检测机构采用非破损或局部破损的检测方法,按国家现行有关标准的规定对砂浆和砌体强度进行鉴定,并作为处理的依据。鉴定处理应有处理记录,并经设计单位设计同意签认。

(2)组批原则。砌筑砂浆的验收批,同一类型、同一强度等级的砂浆试块应不小于3组。当同一验收批只有一组试块时,该组试块抗压强度的平均值必须大于或等于设计强度等级所对应的立方体抗压强度。

第八章

建筑结构工程施工质量验收记录（C7）

本章内容包括下列资料：

- 结构实体验收记录
- 混凝土工程检验批质量验收记录
- 砌体工程检验批质量验收记录
- 钢管混凝土结构工程检验批质量验收记录
- 铝合金结构工程检验批质量验收记录
- 木结构工程检验批质量验收记录
- 屋面工程检验批质量验收记录

第一节　结构实体验收记录

一、《结构实体混凝土强度验收记录》填写范例

<table>
<tr><td colspan="11">结构实体混凝土强度验收记录</td><td>编　号</td><td>×××</td></tr>
<tr><td>工程名称</td><td colspan="10">××工程</td><td>结构类型</td><td>全现浇剪力墙</td></tr>
<tr><td>施工单位</td><td colspan="10">××建设集团有限公司</td><td>验收日期</td><td>××年×月×日</td></tr>
<tr><td>强度等级</td><td colspan="10">试件强度代表值(MPa)</td><td>强度评定结果</td><td>监理建设单位验收结果</td></tr>
<tr><td rowspan="2">C30</td><td>45.5</td><td>42.3</td><td>40.2</td><td>39.7</td><td></td><td></td><td></td><td></td><td></td><td></td><td rowspan="2">合格</td><td rowspan="6">合格</td></tr>
<tr><td>50.1</td><td>46.5</td><td>44.2</td><td>43.7</td><td></td><td></td><td></td><td></td><td></td><td></td></tr>
<tr><td rowspan="2">C40</td><td>51.8</td><td>58.2</td><td>52.8</td><td>57</td><td>58.6</td><td>58.1</td><td>49.3</td><td>54</td><td>50.2</td><td>46.2</td><td rowspan="2">合格</td></tr>
<tr><td>57.0</td><td>64.0</td><td>58.1</td><td>62.7</td><td>64.5</td><td>63.9</td><td>54.2</td><td>59.4</td><td>55.2</td><td>50.8</td></tr>
<tr><td rowspan="2"></td><td></td><td></td><td></td><td></td><td></td><td></td><td></td><td></td><td></td><td></td><td rowspan="2"></td></tr>
<tr><td></td><td></td><td></td><td></td><td></td><td></td><td></td><td></td><td></td><td></td></tr>
<tr><td colspan="13">结论：
结构实体混凝土强度经数值统计，其强度评定结果合格，符合《混凝土结构工程施工质量验收规范》GB 50204—2015 的规定，验收合格</td></tr>
<tr><td rowspan="2">签字栏</td><td colspan="6">项目专业技术负责人</td><td colspan="6">专业监理工程师
或建设单位项目专业技术负责人</td></tr>
<tr><td colspan="6">×××</td><td colspan="6">×××</td></tr>
</table>

二、《结构实体混凝土强度验收记录》填写说明

1. 表格解析

(1)责任部门：项目质量部。

(2)提交时限：地基、主体分部工程验收前提交。

(3)主要责任人签认：项目技术负责人。

2. 相关规定及要求

(1)同条件养护试件的留置方式和取样数量应符合下列要求：

1) 同条件养护试件所对应的结构构件或结构部位，应由监理(建设)、施工等各方共同选定。

2) 对混凝土结构工程中的各混凝土强度等级，均应留置同条件养护试件。

3) 同一强度等级的同条件养护试件，其留置的数量应根据混凝土工程量和重要性确定，不宜少于 10 组，且不应少于 3 组。

4) 同条件养护试件拆模后，应放置在靠近相应结构构件或结构部位的适当位置，并应采取相同的养护方法。

(2)同条件养护试件应在达到等效养护龄期时进行强度试验。

等效养护龄期应根据同条件养护试件强度与在标准养护条件下 28d 龄期试件强度相等的原则确定。

(3)同条件自然养护试件的等效养护龄期及相应的试件强度代表值，宜根据当地的气温和养护条件，按下列规定确定：

1) 等效养护龄期可取按日平均温度逐日累计达到 600℃ · d 时所对应的龄期，0℃及以下的龄期不计入；等效养护龄期不应小于 14d，也不宜大于 60d。

2) 同条件养护试件的强度代表值应根据强度试验结果按现行国家标准《混凝土强度检验评定标准》GB/T 50107—2010 的规定确定后，乘以折算系数取用；折算系数宜取为 1.10，也可根据当地的试验统计结果作适当调整。

(4)冬期施工、人工加热养护的结构构件，其同条件养护试件的等效养护龄期可按结构构件的实际养护条件，由监理(建设)、施工等各方根据第 2)条的规定共同确定。

(5)结构实体检验报告应由有相应资质等级的试验(检测)单位提供。

三、《结构实体钢筋保护层厚度验收记录》填写范例

<table>
<tr><td colspan="9">结构实体钢筋保护层厚度检验记录</td><td>编　号</td><td>×××</td></tr>
<tr><td colspan="2">工程名称</td><td colspan="7">××工程</td><td>结构类型</td><td>框架</td></tr>
<tr><td colspan="2">施工单位</td><td colspan="7">××建设集团有限公司</td><td>验收日期</td><td>××年×月×日</td></tr>
<tr><td rowspan="2">构件类别</td><td rowspan="2">序号</td><td colspan="7">钢筋保护层厚度(mm)</td><td rowspan="2">合格点率</td><td rowspan="2">评定结果</td><td rowspan="2">监理/建设单位验收结果</td></tr>
<tr><td>设计值</td><td colspan="6">实测值</td></tr>
<tr><td rowspan="6">梁</td><td>框架梁</td><td>30</td><td>26</td><td>25</td><td>26</td><td>26</td><td></td><td></td><td rowspan="6">100%</td><td rowspan="6">合格</td><td rowspan="6">钢筋保护层厚度试验报告实测值符合要求,合格率100%</td></tr>
<tr><td>框架梁</td><td>30</td><td>25</td><td>26</td><td>25</td><td>25</td><td></td><td></td></tr>
<tr><td>框架梁</td><td>30</td><td>24</td><td>25</td><td>24</td><td>24</td><td></td><td></td></tr>
<tr><td>框架梁</td><td>30</td><td>25</td><td>25</td><td>26</td><td>25</td><td></td><td></td></tr>
<tr><td>LL梁</td><td>30</td><td>24</td><td>25</td><td>25</td><td>26</td><td></td><td></td></tr>
<tr><td></td><td></td><td></td><td></td><td></td><td></td><td></td><td></td></tr>
<tr><td rowspan="6">板</td><td>顶板</td><td>15</td><td>18</td><td>17</td><td>18</td><td>18</td><td>17</td><td>18</td><td rowspan="6">100%</td><td rowspan="6">合格</td><td rowspan="6">钢筋保护层厚度试验报告实测值符合要求,合格率100%</td></tr>
<tr><td>顶板</td><td>15</td><td>18</td><td>19</td><td>18</td><td>18</td><td>18</td><td>17</td></tr>
<tr><td>顶板</td><td>15</td><td>16</td><td>17</td><td>17</td><td>18</td><td>17</td><td>17</td></tr>
<tr><td>雨篷板</td><td>15</td><td>21</td><td>22</td><td>21</td><td>21</td><td>21</td><td>22</td></tr>
<tr><td>雨篷板</td><td>15</td><td>22</td><td>22</td><td>21</td><td>22</td><td>22</td><td>21</td></tr>
<tr><td></td><td></td><td></td><td></td><td></td><td></td><td></td><td></td></tr>
<tr><td colspan="12">结论:
经实验室现场检查,符合设计要求及《混凝土结构工程施工质量验收规范》GB 50204—2015 的规定,验收合格</td></tr>
<tr><td rowspan="2">签字栏</td><td colspan="8">项目专业技术负责人</td><td colspan="3">专业监理工程师
或建设单位项目专业技术负责人</td></tr>
<tr><td colspan="8">×××</td><td colspan="3">×××</td></tr>
</table>

四、《钢筋保护层厚度试验报告》填写范例

钢筋保护层厚度试验报告				编　号		×××	
				试验编号		××××-0012	
				委托编号		××××-02185	
工程名称及部位	××工程　地上1层						
委托单位	××建设集团有限公司						
试验委托人	×××			见证人		×××	
构件名称	⑥～⑦/Ⓐ～Ⓑ轴顶板						
测试点编号	1	2	3	4	5	6	
保护层厚度设计值(mm)	15						
保护层厚度实测值(mm)	18	17	18	18	17	18	

测试位置示意图：

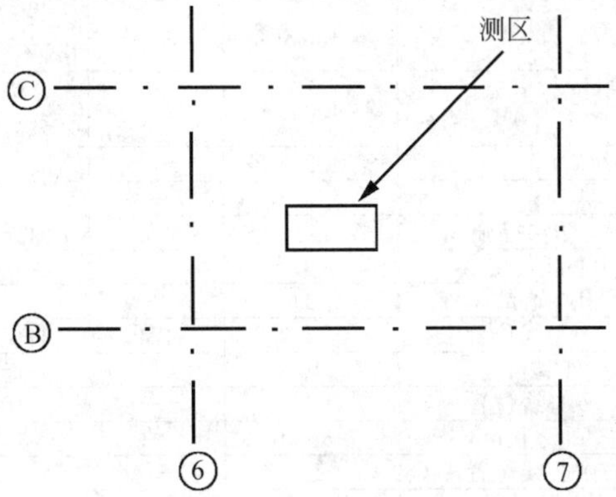

结论：

依据《混凝土结构工程施工质量验收规范》GB 50204—2015，此板共检测6个点，实测保护层厚度在设计值的允许偏差内

批　准	×××	审　核	×××	试　验	×××
试验单位	××工程检测试验有限公司				
报告日期	××××年×月×日				

第二节　混凝土工程检验批质量验收记录

一、《模板安装检验批质量验收记录》填写范例

模板安装检验批质量验收记录

02010101 001

单位(子单位)工程名称	××工程	分部(子分部)工程名称	主体结构(混凝土结构)	分项工程名称	现浇结构
施工单位	××建筑有限公司	项目负责人	×××	检验批容量	34根
分包单位	—	分包单位项目负责人	—	检验批部位	二层柱A～E/1～6+2.5m轴
施工依据	《混凝土结构工程施工规范》GB 50666—2011		验收依据	《混凝土结构工程施工质量验收规范》GB 50204—2015	

验收项目					设计要求及规范规定	最小/实际抽样数量	检查记录	检查结果
主控项目	1	模板及支架用材料			第4.2.1条	—	合格,质量证明文件编号:×××	√
	2	模板及支架安装质量			第4.2.2条	4/4	抽查4处、全部合格	√
	3	后浇带处模板及支架设置			第4.2.3条	—	—	—
	4	支架竖杆或竖向模板安装			第4.2.4条	—	—	—
一般项目	1	模板安装			第4.2.5条	全/34	共34处,全部检查,32处合格,不合格处已整改,复查合格	100%
	2	隔离剂的品种与涂刷			第4.2.6条	—	合格,质量证明文件编号:×××	√
	3	模板的起拱			第4.2.7条	—	—	—
	4	多层连续支模			第4.2.8条	—	—	—
	5	预埋件和预留孔洞留置与防渗措施			第4.2.9条	4/4	抽查4处,全部合格	100%
		预埋件、预留孔洞允许偏差	预埋板中心线位置		3	—	—	—
			预埋管、预留孔中心线位置		3	—	—	—
			插筋	中心线位置	5	4/4	抽查4处,全部合格	100%
				外露长度	+10,0	4/4	抽查4处,全部合格	100%
			预埋螺栓	中心线位置	2	—	—	—
				外露长度	+10,0	—	—	—
			预留洞	中心线位置	10	—	—	—
				尺寸	+10,0	—	—	—
	6	现浇结构模板安装	轴线位置		5	4/4	抽查4处,全部合格	100%
			底模上表面标高		±5	4/4	抽查4处,全部合格	100%
			模板内部尺寸	基础	±10	—	—	—
				柱、墙、梁	±5	4/4	抽查4处,全部合格	100%
				楼梯相邻踏步高差	5	—	—	—
			墙、柱垂直度	层高≤6m	8	4/4	抽查4处,全部合格	100%
				层高>6m	10	—	—	—
			相邻模板表面高差		2	4/4	抽查4处,全部合格	100%
			表面平整度		5	4/4	抽查4处,全部合格	100%
施工单位检查结果	符合要求 专业工长:××× 项目专业质量检查员:××× ××年×月×日							
监理单位验收结论	合格 专业监理工程师:××× ××年×月×日							

二、《钢筋原材料检验批质量验收记录》填写范例

钢筋原材料检验批质量验收记录

02010201 001

<table>
<tr><td>单位(子单位)工程名称</td><td colspan="2">××工程</td><td>分部(子分部)工程名称</td><td>主体结构(混凝土结构)</td><td>分项工程名称</td><td>现浇结构</td></tr>
<tr><td>施工单位</td><td colspan="2">××建筑有限公司</td><td>项目负责人</td><td>×××</td><td>检验批容量</td><td>60t</td></tr>
<tr><td>分包单位</td><td colspan="2">—</td><td>分包单位项目负责人</td><td>—</td><td>检验批部位</td><td>二层墙、柱</td></tr>
<tr><td>施工依据</td><td colspan="3">《混凝土结构工程施工规范》GB 50666—2011</td><td>验收依据</td><td colspan="2">《混凝土结构工程施工质量验收规范》GB 50204—2015</td></tr>
<tr><td colspan="3">验 收 项 目</td><td>设计要求及规范规定</td><td>最小/实际抽样数量</td><td>检 查 记 录</td><td>检查结果</td></tr>
<tr><td rowspan="3">主控项目</td><td>1</td><td>钢筋原材力学性能和重量偏差检验</td><td>第 5.2.1 条</td><td>—</td><td>HRB335E（28）、HRB335(22、16)钢筋，质量证明文件编号：××××；力学性能和重量偏差合格，试验编号：××××，××××，××××</td><td>√</td></tr>
<tr><td>2</td><td>成型钢筋力学性能和重量偏差检验</td><td>第 5.2.2 条</td><td>—</td><td>—</td><td>—</td></tr>
<tr><td>3</td><td>抗震用钢筋的选用与力学性能检验</td><td>第 5.2.3 条</td><td>—</td><td>HRB335E(28)钢筋，力学性能和重量偏差合格，试验编号：××××</td><td>√</td></tr>
<tr><td rowspan="3">一般项目</td><td>1</td><td>钢筋原材外观质量</td><td>第 5.2.4 条</td><td>—</td><td>全数检查，钢筋平直、无损伤，表面无裂纹、油污与锈蚀现象</td><td>√</td></tr>
<tr><td>2</td><td>成型钢筋外观质量和尺寸偏差</td><td>第 5.2.5 条</td><td>—</td><td>—</td><td>—</td></tr>
<tr><td>3</td><td>机械连接套筒、钢筋锚固板及预埋件的外观质量</td><td>第 5.2.6 条</td><td>—</td><td>—</td><td>—</td></tr>
<tr><td>施工单位检查结果</td><td colspan="6">符合要求
专业工长：×××
项目专业质量检查员：×××
××年×月×日</td></tr>
<tr><td>监理单位验收结论</td><td colspan="6">合格
专业监理工程师：×××
××年×月×日</td></tr>
</table>

三、《钢筋加工检验批质量验收记录》填写范例

钢筋加工检验批质量验收记录

02010202 001

<table>
<tr><td>单位(子单位)工程名称</td><td colspan="3">××工程</td><td>分部(子分部)工程名称</td><td>主体结构(混凝土结构)</td><td>分项工程名称</td><td>现浇结构</td></tr>
<tr><td>施工单位</td><td colspan="3">××建筑有限公司</td><td>项目负责人</td><td>×××</td><td>检验批容量</td><td>2123 件</td></tr>
<tr><td>分包单位</td><td colspan="3">—</td><td>分包单位项目负责人</td><td>—</td><td>检验批部位</td><td>二层柱 A～E/1～6+2.5m 轴</td></tr>
<tr><td>施工依据</td><td colspan="4">《混凝土结构工程施工规范》GB 50666—2011</td><td>验收依据</td><td colspan="2">《混凝土结构工程施工质量验收规范》GB 50204—2015</td></tr>
<tr><td colspan="4">验 收 项 目</td><td>设计要求及规范规定</td><td>最小/实际抽样数量</td><td>检 查 记 录</td><td>检查结果</td></tr>
<tr><td rowspan="4">主控项目</td><td>1</td><td colspan="2">钢筋弯弧内直径</td><td>第 5.3.1 条</td><td>21/25</td><td>抽查 25 处,全部合格</td><td>√</td></tr>
<tr><td>2</td><td colspan="2">纵向受力钢筋弯钩平直段长度</td><td>第 5.3.2 条</td><td>15/15</td><td>抽查 15 处,全部合格</td><td>√</td></tr>
<tr><td>3</td><td colspan="2">箍筋、拉筋末端构造</td><td>第 5.3.3 条</td><td>36/40</td><td>抽查 40 处,全部合格</td><td>√</td></tr>
<tr><td>4</td><td colspan="2">盘卷钢筋调直后的力学性能和重量偏差</td><td>第 5.3.4 条</td><td>—</td><td>力学性能和重量偏差检验合格,试验报告编号:××××</td><td>√</td></tr>
<tr><td rowspan="4">一般项目</td><td rowspan="4">1</td><td colspan="2">钢筋加工的形状尺寸</td><td>第 5.3.5 条</td><td>51/55</td><td>抽查 55 处,全部合格</td><td>100%</td></tr>
<tr><td rowspan="3">钢筋加工允许偏差</td><td>受力钢筋沿长度方向的净尺寸</td><td>±10</td><td>51/51</td><td>抽查 51 处,全部合格</td><td>100%</td></tr>
<tr><td>弯起钢筋的弯折位置</td><td>±20</td><td>51/60</td><td>抽查 60 处,合格 57 处</td><td>95%</td></tr>
<tr><td>箍筋外廓尺寸</td><td>±5</td><td>51/55</td><td>抽查 55 处,合格 50 处</td><td>91%</td></tr>
<tr><td>施工单位检查结果</td><td colspan="7">符合要求
专业工长:×××
项目专业质量检查员:×××
××年×月×日</td></tr>
<tr><td>监理单位验收结论</td><td colspan="7">合格
专业监理工程师:×××
××年×月×日</td></tr>
</table>

四、《钢筋连接检验批质量验收记录》填写范例

钢筋连接检验批质量验收记录

02010203 001

<table>
<tr><td>单位(子单位)工程名称</td><td colspan="3">××工程</td><td>分部(子分部)工程名称</td><td>主体结构(混凝土结构)</td><td>分项工程名称</td><td colspan="2">现浇结构</td></tr>
<tr><td>施工单位</td><td colspan="3">××建筑有限公司</td><td>项目负责人</td><td>×××</td><td>检验批容量</td><td colspan="2">168 处</td></tr>
<tr><td>分包单位</td><td colspan="3">—</td><td>分包单位项目负责人</td><td>—</td><td>检验批部位</td><td colspan="2">二层柱 A～E/1～6+2.5m 轴</td></tr>
<tr><td>施工依据</td><td colspan="4">《混凝土结构工程施工规范》GB 50666—2011</td><td>验收依据</td><td colspan="3">《混凝土结构工程施工质量验收规范》GB 50204—2015</td></tr>
<tr><td colspan="3">验收项目</td><td>设计要求及规范规定</td><td colspan="2">最小/实际抽样数量</td><td colspan="2">检查记录</td><td>检查结果</td></tr>
<tr><td rowspan="3">主控项目</td><td>1</td><td>钢筋连接方式</td><td>第 5.4.1 条</td><td colspan="2">全/168</td><td colspan="2">共 168 处，全部检查，168 处合格</td><td>√</td></tr>
<tr><td>2</td><td>钢筋连接接头的力学性能与弯曲性能</td><td>第 5.4.2 条</td><td colspan="2">—</td><td colspan="2">焊接连接，试验合格，试验报告编号：××××</td><td>√</td></tr>
<tr><td>3</td><td>螺纹接头拧紧扭矩值或挤压接头压痕直径</td><td>第 5.4.3 条</td><td colspan="2">—</td><td colspan="2">—</td><td>—</td></tr>
<tr><td rowspan="5">一般项目</td><td>1</td><td>钢筋接头位置</td><td>第 5.4.4 条</td><td colspan="2">全/168</td><td colspan="2">共 168 处，全部检查，168 处合格</td><td>100%</td></tr>
<tr><td>2</td><td>钢筋接头外观质量</td><td>第 5.4.5 条</td><td colspan="2">3/5</td><td colspan="2">抽查 5 处，全部合格</td><td>100%</td></tr>
<tr><td>3</td><td>同一连接区段内纵向受力钢筋的接头面积百分率</td><td>第 5.4.6 条</td><td colspan="2">4/5</td><td colspan="2">抽查 5 处，全部合格</td><td>100%</td></tr>
<tr><td>4</td><td>绑扎搭接接头设置</td><td>第 5.4.7 条</td><td colspan="2">—</td><td colspan="2">—</td><td>—</td></tr>
<tr><td>5</td><td>纵向受力钢筋搭接长度范围内箍筋的设置</td><td>第 5.4.8 条</td><td colspan="2">4/5</td><td colspan="2">抽查 5 处，全部合格</td><td>100%</td></tr>
<tr><td>施工单位检查结果</td><td colspan="8">符合要求
专业工长：×××
项目专业质量检查员：×××
××年×月×日</td></tr>
<tr><td>监理单位验收结论</td><td colspan="8">合格
专业监理工程师：×××
××年×月×日</td></tr>
</table>

五、《钢筋安装检验批质量验收记录》填写范例

钢筋安装检验批质量验收记录

02010204 001

单位(子单位)工程名称	××工程	分部(子分部)工程名称	主体结构(混凝土结构)	分项工程名称	现浇结构
施工单位	××建筑有限公司	项目负责人	×××	检验批容量	34 根
分包单位	—	分包单位项目负责人	—	检验批部位	二层柱 A～E/1～6+2.5m 轴
施工依据	《混凝土结构工程施工规范》GB 50666—2011		验收依据	《混凝土结构工程施工质量验收规范》GB 50204—2015	

验收项目				设计要求及规范规定	最小/实际抽样数量	检查记录	检查结果
主控项目	1	受力钢筋的牌号、规格、数量		第 5.5.1 条	—	受力钢筋为 RB335E(28)、数量与设计一致	√
	2	受力钢筋的安装位置、锚固方式		第 5.5.2 条	—	安装牢固，安装位置与锚固方式与设计一致	√
一般项目	1	绑扎钢筋网	长、宽	±10	—	—	—
			网眼尺寸	±20	—	—	—
		绑扎钢筋骨架	长	±10	—	—	—
			宽、高	±5	—	—	—
		纵向受力钢筋	锚固长度	−20	24/24	抽查 24 处，合格 24 处	100%
			间距	±10	24/24	抽查 24 处，合格 22 处	96%
			排距	±5	—	—	—
		纵向受力钢筋、箍筋的混凝土保护层厚度	基础	±10	—	—	—
			柱、梁	±5	64/70	抽查 70 处，合格 68 处	97%
			板、墙、壳	±3	—	—	—
		绑扎钢筋、横向钢筋间距		±20	—	—	—
		钢筋弯起点位置		20	—	—	—
		预埋件	中心线位置	5	—	—	—
			水平高差	+3,0	—	—	—

施工单位检查结果	符合要求 专业工长：××× 项目专业质量检查员：××× ××年×月×日
监理单位验收结论	合格 专业监理工程师：××× ××年×月×日

六、《混凝土原材料检验批质量验收记录》填写范例

混凝土原材料检验批质量验收记录

02010301 001

单位(子单位)工程名称	××工程	分部(子分部)工程名称	主体结构（混凝土结构）	分项工程名称	现浇结构
施工单位	××建筑有限公司	项目负责人	×××	检验批容量	226.12m³
分包单位	—	分包单位项目负责人	—	检验批部位	二层墙、柱
施工依据	《混凝土结构工程施工规范》GB 50666—2011		验收依据	《混凝土结构工程施工质量验收规范》GB 50204—2015	

验收项目			设计要求及规范规定	最小/实际抽样数量	检查记录	检查结果
主控项目	1	水泥进场检验	第7.2.1条	—	水泥品种 P·O 42.5，质量证明文件编号：××××；试验合格，试验报告编号：××××	√
主控项目	2	外加剂进场检验	第7.2.2条	—	—	—
一般项目	1	混凝土用矿物掺合料进场检验	第7.2.3条	—	—	—
一般项目	2	粗细骨料质量检验	第7.2.4条	—	5～31.5碎石，试验合格，试验报告编号：××××；中粗砂，试验合格，试验报告编号：××××	√
一般项目	3	混凝土拌制及养护用水的质量检验	第7.2.5条	—	饮用水，试验合格，报告编号：××××	√

施工单位检查结果	符合要求 专业工长：××× 项目专业质量检查员：××× ××年×月×日
监理单位验收结论	合格 专业监理工程师：××× ××年×月×日

七、《混凝土拌合物检验批质量验收记录》填写范例

混凝土拌合物检验批质量验收记录

02010302 001

<table>
<tr><td>单位(子单位)工程名称</td><td colspan="2">××工程</td><td>分部(子分部)工程名称</td><td>主体结构(混凝土结构)</td><td>分项工程名称</td><td colspan="2">现浇结构</td></tr>
<tr><td>施工单位</td><td colspan="2">××建筑有限公司</td><td>项目负责人</td><td>×××</td><td>检验批容量</td><td colspan="2">26.12m³</td></tr>
<tr><td>分包单位</td><td colspan="2">—</td><td>分包单位项目负责人</td><td>—</td><td>检验批部位</td><td colspan="2">二层柱A～E/1～6+2.5m轴</td></tr>
<tr><td>施工依据</td><td colspan="3">《混凝土结构工程施工规范》GB 50666—2011</td><td>验收依据</td><td colspan="3">《混凝土结构工程施工质量验收规范》GB 50204—2015</td></tr>
<tr><td colspan="3">验收项目</td><td>设计要求及规范规定</td><td>最小/实际抽样数量</td><td colspan="2">检查记录</td><td>检查结果</td></tr>
<tr><td rowspan="4">主控项目</td><td>1</td><td>预拌混凝土进场检验</td><td>第7.3.1条</td><td>—</td><td colspan="2">全部检查，质量证明文件编号：××××</td><td>√</td></tr>
<tr><td>2</td><td>混凝土拌合物是否离析</td><td>第7.3.2条</td><td>—</td><td colspan="2">全部检查，混凝土无离析现象发生</td><td>√</td></tr>
<tr><td>3</td><td>混凝土中氯离子含量和碱总含量</td><td>第7.3.3条</td><td>—</td><td colspan="2">氯离子含量和碱总含量符合要求，计算书编号：××××</td><td>√</td></tr>
<tr><td>4</td><td>混凝土开盘鉴定</td><td>第7.3.4条</td><td>—</td><td colspan="2">开盘鉴定合格，报告编号：××××</td><td>√</td></tr>
<tr><td rowspan="3">一般项目</td><td>1</td><td>混凝土拌合物的稠度</td><td>第7.3.5条</td><td>1/1</td><td colspan="2">抽查1次，合格</td><td>100%</td></tr>
<tr><td>2</td><td>混凝土耐久性</td><td>第7.3.6条</td><td>—</td><td colspan="2">—</td><td>—</td></tr>
<tr><td>3</td><td>混凝土含气量</td><td>第7.3.7条</td><td>—</td><td colspan="2">—</td><td>—</td></tr>
<tr><td>施工单位检查结果</td><td colspan="7">符合要求
专业工长：×××
项目专业质量检查员：×××
××年×月×日</td></tr>
<tr><td>监理单位验收结论</td><td colspan="7">合格
专业监理工程师：×××
××年×月×日</td></tr>
</table>

八、《混凝土施工检验批质量验收记录》填写范例

混凝土施工检验批质量验收记录

02010303　001

单位(子单位)工程名称	××工程	分部(子分部)工程名称	主体结构(混凝土结构)	分项工程名称	现浇结构
施工单位	××建筑有限公司	项目负责人	×××	检验批容量	$26.12m^3$
分包单位	—	分包单位项目负责人	—	检验批部位	二层柱 A～E/1～6+2.5m 轴
施工依据	《混凝土结构工程施工规范》GB 50666—2011		验收依据	《混凝土结构工程施工质量验收规范》GB 50204—2015	

验收项目			设计要求及规范规定	最小/实际抽样数量	检查记录	检查结果
主控项目	1	混凝土的强度等级与试件取样	第7.4.1条	—	混凝土强度等级C40，抗压强度试验报告编号：××××；留置混凝土试件2组(含同条件1组)	√
一般项目	1	后浇带的留设位置、后浇带和施工缝的留设与处理方法	第7.4.2条	—	—	—
	2	混凝土养护	第7.4.3条	全/34	共34处，全部检查，34处合格	100%
施工单位检查结果	符合要求 专业工长：××× 项目专业质量检查员：××× ××年×月×日					
监理单位验收结论	合格 专业监理工程师：××× ××年×月×日					

九、《预应力原材料检验批质量验收记录》填写范例

预应力原材料检验批质量验收记录

02010401 001

单位(子单位)工程名称	××工程	分部(子分部)工程名称	主体结构(混凝土结构)	分项工程名称	预应力
施工单位	××建筑有限公司	项目负责人	×××	检验批容量	24片
分包单位	—	分包单位项目负责人	—	检验批部位	二层A～E/1～6轴
施工依据	《混凝土结构工程施工规范》GB 50666—2011		验收依据	《混凝土结构工程施工质量验收规范》GB 50204—2015	

验收项目			设计要求及规范规定	最小/实际抽样数量	检查记录	检查结果
主控项目	1	预应力筋的力学性能检验	第6.2.1条	—	预应力筋复检合格，质量证明文件编号：××××试验报告编号：××××	√
	2	无黏结预应力钢绞线防腐润滑脂量和护套厚度	第6.2.2条	—	—	—
	3	预应力用锚具、夹具、连接器性能	第6.2.3条	—	材料质量合格，材料质量证明文件编号：××××；复验报告编号：××××；锚固区传力性能试验报告编号：××××	√
	4	锚具系统防水性能	第6.2.4条	—	—	—
	5	水泥种类、水泥与外加剂质量	第6.2.5条	—	PO42.5水泥，质量证明文件编号：××××；复验报告编号：××××。	√
一般项目	1	预应力筋外观质量	第6.2.6条	—	预应力筋表面无裂纹、小刺、机械损伤等缺陷	√
	2	预应力筋用锚具、夹具、连接器外观质量	第6.2.7条	—	表面无污物、锈蚀、机械损伤和裂纹	√
	3	预应力成孔管道的外观、径向刚度和抗渗漏性能	第6.2.8条	—	金属波纹管内外表面无锈蚀、油污等缺陷。质量证明文件编号：××××，复试报告编号：××××	√
施工单位检查结果			符合要求 专业工长：××× 项目专业质量检查员：××× ××年×月×日			
监理单位验收结论			合格 专业监理工程师：××× ××年×月×日			

十、《预应力制作与安装检验批质量验收记录》填写范例

预应力制作与安装检验批质量验收记录

02010402 001

<table>
<tr><td>单位(子单位)工程名称</td><td colspan="3">××工程</td><td colspan="2">分部(子分部)工程名称</td><td>主体结构(混凝土结构)</td><td>分项工程名称</td><td>预应力</td></tr>
<tr><td>施工单位</td><td colspan="3">××建筑有限公司</td><td colspan="2">项目负责人</td><td>×××</td><td>检验批容量</td><td>8根</td></tr>
<tr><td>分包单位</td><td colspan="3">—</td><td colspan="2">分包单位项目负责人</td><td>—</td><td>检验批部位</td><td>二层A~E/1~6轴01号梁</td></tr>
<tr><td>施工依据</td><td colspan="5">《混凝土结构工程施工规范》GB 50666—2011</td><td>验收依据</td><td colspan="2">《混凝土结构工程施工质量验收规范》GB 50204—2015</td></tr>
<tr><td colspan="4">验收项目</td><td>设计要求及规范规定</td><td>最小/实际抽样数量</td><td colspan="2">检查记录</td><td>检查结果</td></tr>
<tr><td rowspan="2">主控项目</td><td>1</td><td colspan="2">预应力筋的品种、规格、级别、数量</td><td>第6.3.1条</td><td>全/8</td><td colspan="2">共8处，全部合格</td><td>√</td></tr>
<tr><td>2</td><td colspan="2">预应力筋的安装位置</td><td>第6.3.2条</td><td>全/8</td><td colspan="2">共8处，全部合格</td><td>√</td></tr>
<tr><td rowspan="6">一般项目</td><td>1</td><td colspan="2">预应力筋端部锚具制作质量</td><td>第6.3.3条</td><td>2/2</td><td colspan="2">抽查2处、全部合格</td><td>100%</td></tr>
<tr><td>2</td><td colspan="2">预应力筋或成孔管道的安装质量</td><td>第6.3.4条</td><td>全/8</td><td colspan="2">共8处，全部合格</td><td>100%</td></tr>
<tr><td rowspan="4">3</td><td rowspan="4">预应力筋或成孔管道定位控制点的竖向位置偏差</td><td>构件截面高(厚)度</td><td>允许偏差(mm)</td><td>最小/实际抽样数量</td><td colspan="2">检查记录</td><td>检查结果</td></tr>
<tr><td>$h \leqslant 300$</td><td>±5</td><td>—</td><td colspan="2">—</td><td>—</td></tr>
<tr><td>$300 < h \leqslant 1500$</td><td>±10</td><td>3/3</td><td colspan="2">抽查3处，全部合格</td><td>100%</td></tr>
<tr><td>$h > 1500$</td><td>±15</td><td>—</td><td colspan="2">—</td><td>—</td></tr>
<tr><td>施工单位检查结果</td><td colspan="8">符合要求
专业工长：×××
项目专业质量检查员：×××
××年×月×日</td></tr>
<tr><td>监理单位验收结论</td><td colspan="8">合格
专业监理工程师：×××
××年×月×日</td></tr>
</table>

十一、《预应力张拉与放张检验批质量验收记录》填写范例

预应力张拉与放张检验批质量验收记录

02010403 001

<table>
<tr><td colspan="3">单位(子单位)工程名称</td><td colspan="2">××工程</td><td>分部(子分部)工程名称</td><td>主体结构(混凝土结构)</td><td>分项工程名称</td><td colspan="2">预应力</td></tr>
<tr><td colspan="3">施工单位</td><td colspan="2">××建筑有限公司</td><td>项目负责人</td><td>×××</td><td>检验批容量</td><td colspan="2">8根</td></tr>
<tr><td colspan="3">分包单位</td><td colspan="2">—</td><td>分包单位项目负责人</td><td>—</td><td>检验批部位</td><td colspan="2">二层A～E/1～6轴01号梁</td></tr>
<tr><td colspan="3">施工依据</td><td colspan="3">《混凝土结构工程施工规范》GB 50666—2011</td><td>验收依据</td><td colspan="3">《混凝土结构工程施工质量验收规范》GB 50204—2015</td></tr>
<tr><td colspan="5">验收项目</td><td>设计要求及规范规定</td><td>最小/实际抽样数量</td><td colspan="2">检查记录</td><td>检查结果</td></tr>
<tr><td rowspan="3">主控项目</td><td>1</td><td colspan="3">张拉或放张时的混凝土强度</td><td>第6.4.1条</td><td>—</td><td colspan="2">混凝土强度C38.8，抗压强度试验报告编号：××××</td><td>√</td></tr>
<tr><td>2</td><td colspan="3">钢绞线出现断裂或滑脱的情况</td><td>第6.4.2条</td><td>全/8</td><td colspan="2">共8处，全部合格</td><td>√</td></tr>
<tr><td>3</td><td colspan="3">实际预应力值控制</td><td>第6.4.3条</td><td>3/3</td><td colspan="2">抽查3处，全部合格</td><td>√</td></tr>
<tr><td rowspan="7">一般项目</td><td>1</td><td colspan="3">预应力筋张拉质量</td><td>第6.4.4条</td><td>全/8</td><td colspan="2">共8处，全部合格</td><td>100%</td></tr>
<tr><td>2</td><td colspan="3">预应力筋张拉后的位置偏差</td><td>第6.4.5条</td><td>3/3</td><td colspan="2">抽查3处，全部合格</td><td>100%</td></tr>
<tr><td rowspan="5">3</td><td rowspan="5">预应力筋的内缩量</td><td rowspan="2">支承式锚具</td><td>螺帽缝隙</td><td>1</td><td>—</td><td colspan="2">—</td><td>—</td></tr>
<tr><td>每块后加垫板的缝隙</td><td>1</td><td>—</td><td colspan="2">—</td><td>—</td></tr>
<tr><td colspan="2">锥塞式锚具</td><td>5</td><td>3/3</td><td colspan="2">抽查3处，全部合格</td><td>100%</td></tr>
<tr><td rowspan="2">夹片式锚具</td><td>有预压</td><td>5</td><td>—</td><td colspan="2">—</td><td>—</td></tr>
<tr><td>无预压</td><td>6～8</td><td>—</td><td colspan="2">—</td><td>—</td></tr>
<tr><td colspan="3">施工单位检查结果</td><td colspan="7">符合要求
专业工长：×××
项目专业质量检查员：×××
××年×月×日</td></tr>
<tr><td colspan="3">监理单位验收结论</td><td colspan="7">合格
专业监理工程师：×××
××年×月×日</td></tr>
</table>

十二、《预应力灌浆及封锚检验批质量验收记录》填写范例

预应力灌浆及封锚检验批质量验收记录

02010404 001

<table>
<tr><td>单位(子单位)工程名称</td><td colspan="3">××工程</td><td>分部(子分部)工程名称</td><td>主体结构(混凝土结构)</td><td>分项工程名称</td><td>预应力</td></tr>
<tr><td>施工单位</td><td colspan="3">××建筑有限公司</td><td>项目负责人</td><td>×××</td><td>检验批容量</td><td>8根</td></tr>
<tr><td>分包单位</td><td colspan="3">—</td><td>分包单位项目负责人</td><td>—</td><td>检验批部位</td><td>二层A~E/1~6轴01号梁</td></tr>
<tr><td>施工依据</td><td colspan="4">《混凝土结构工程施工规范》GB 50666—2011</td><td>验收依据</td><td colspan="2">《混凝土结构工程施工质量验收规范》GB 50204—2015</td></tr>
<tr><td colspan="3">验收项目</td><td>设计要求及规范规定</td><td>最小/实际抽样数量</td><td colspan="2">检查记录</td><td>检查结果</td></tr>
<tr><td rowspan="4">主控项目</td><td>1</td><td>孔道灌浆的一般要求</td><td>第6.5.1条</td><td>全/8</td><td colspan="2">共8处,全部合格</td><td>√</td></tr>
<tr><td>2</td><td>灌浆用水泥性能</td><td>第6.5.2条</td><td>—</td><td colspan="2">水泥性能符合要求,水泥浆性能试验报告编号:××××</td><td>√</td></tr>
<tr><td>3</td><td>水泥浆试件的抗压强度</td><td>第6.5.3条</td><td>—</td><td colspan="2">水泥浆强度38.2MPa,抗压强度试验报告编号:××××</td><td>√</td></tr>
<tr><td>4</td><td>锚具的封闭保护措施</td><td>第6.5.4条</td><td>5/5</td><td colspan="2">抽查5处,全部合格</td><td>√</td></tr>
<tr><td>一般项目</td><td>1</td><td>预应力筋的外露长度</td><td>第6.5.5条</td><td>5/5</td><td colspan="2">抽查5处,全部合格</td><td>100%</td></tr>
<tr><td>施工单位检查结果</td><td colspan="7">符合要求
专业工长:×××
项目专业质量检查员:×××
××年×月×日</td></tr>
<tr><td>监理单位验收结论</td><td colspan="7">合格
专业监理工程师:×××
××年×月×日</td></tr>
</table>

十三、《现浇结构外观及尺寸偏差检验批质量验收记录》填写范例

现浇结构外观及尺寸偏差检验批质量验收记录

02010501 001

单位(子单位)工程名称	××工程	分部(子分部)工程名称	主体结构(混凝土结构)	分项工程名称	现浇结构
施工单位	××建筑有限公司	项目负责人	×××	检验批容量	26.12m³
分包单位	—	分包单位项目负责人	—	检验批部位	二层柱 A～E/1～6+2.5m 轴
施工依据	《混凝土结构工程施工规范》GB 50666—2011		验收依据	《混凝土结构工程施工质量验收规范》GB 50204—2015	

		验收项目			设计要求及规范规定	最小/实际抽样数量	检查记录	检查结果
主控项目	1	外观质量严重缺陷			第 8.2.1 条	—	外观无严重缺陷	√
	2	影响结构性能或使用功能的尺寸偏差			第 8.3.1 条	—	无影响结构性能或使用功能的尺寸偏差	√
一般项目	1	外观质量一般缺陷			第 8.2.2 条	全/34	共 34 处,全部合格	100%
	2	轴线位置	整体基础		15	—	—	—
			独立基础		10	—	—	—
			柱、墙、梁		8	4/4	抽查 4 处,合格 4 处	100%
		垂直度	层高	≤6m	10	4/4	抽查 4 处,合格 4 处	100%
				>6m	12	—	—	—
			全高(*H*)≤300m		H/30000+20	—	—	—
			全高(*H*)>300m		H/10000 且≤80	—	—	—
		标高	层高		±10	4/4	抽查 4 处,合格 4 处	100%
			全高		±30	4/4	抽查 4 处,合格 4 处	100%
		截面尺寸	基础		+15,−10	—	—	—
			柱、梁、板、墙		+10,−5	4/4	抽查 4 处,合格 4 处	100%
			楼梯相邻踏步高差		6	—	—	—
		电梯井	中心位置		10	—	—	—
			长、宽尺寸		+25,0	—	—	—
		表面平整度			8	4/4	抽查 4 处,合格 4 处	100%
		预埋件中心位置	预埋板		10	—	—	—
			预埋螺栓		5	—	—	—
			预埋管		5	—	—	—
			其他		10	—	—	—
		预留洞、孔中心线位置			15	—	—	—

施工单位检查结果	符合要求 专业工长:××× 项目专业质量检查员:××× ××年×月×日
监理单位验收结论	合格 专业监理工程师:××× ××年×月×日

十四、《混凝土设备基础外观及尺寸偏差检验批质量验收记录》填写范例

混凝土设备基础外观及尺寸偏差检验批质量验收记录

02010502 001

<table>
<tr><td colspan="3">单位(子单位)工程名称</td><td colspan="2">××工程</td><td>分部(子分部)工程名称</td><td>主体结构（混凝土结构）</td><td>分项工程名称</td><td>现浇结构</td></tr>
<tr><td colspan="3">施工单位</td><td colspan="2">××建筑有限公司</td><td>项目负责人</td><td>×××</td><td>检验批容量</td><td>3</td></tr>
<tr><td colspan="3">分包单位</td><td colspan="2">—</td><td>分包单位项目负责人</td><td>—</td><td>检验批部位</td><td>F11 层风机基础</td></tr>
<tr><td colspan="3">施工依据</td><td colspan="3">《混凝土结构工程施工规范》GB 50666—2011</td><td>验收依据</td><td colspan="2">《混凝土结构工程施工质量验收规范》GB 50204—2015</td></tr>
<tr><td colspan="5">验收项目</td><td>设计要求及规范规定</td><td>最小/实际抽样数量</td><td>检查记录</td><td>检查结果</td></tr>
<tr><td rowspan="2">主控项目</td><td>1</td><td colspan="3">外观质量严重缺陷</td><td>第 8.2.1 条</td><td>—</td><td>外观无严重缺陷</td><td>√</td></tr>
<tr><td>2</td><td colspan="3">影响结构性能或使用功能的尺寸偏差</td><td>第 8.3.1 条</td><td>—</td><td>无影响结构性能或使用功能的尺寸偏差</td><td>√</td></tr>
<tr><td rowspan="24">一般项目</td><td>1</td><td colspan="3">外观质量一般缺陷</td><td>第 8.2.2 条</td><td>全/3</td><td>共 3 处，全部合格</td><td>100%</td></tr>
<tr><td rowspan="23">2</td><td colspan="3">坐标位置</td><td>20</td><td>全/3</td><td>共 3 处，全部合格</td><td>100%</td></tr>
<tr><td colspan="3">不同平面标高</td><td>0，−20</td><td>全/3</td><td>共 3 处，全部合格</td><td>100%</td></tr>
<tr><td colspan="3">平面外形尺寸</td><td>±20</td><td>全/3</td><td>共 3 处，全部合格</td><td>100%</td></tr>
<tr><td colspan="3">凸台上平面外形尺寸</td><td>0，−20</td><td>—</td><td>—</td><td>—</td></tr>
<tr><td colspan="3">凹槽尺寸</td><td>+20，0</td><td>—</td><td>—</td><td>—</td></tr>
<tr><td rowspan="2">平面水平度</td><td colspan="2">每米</td><td>5</td><td>全/3</td><td>共 3 处，全部合格</td><td>100%</td></tr>
<tr><td colspan="2">全长</td><td>10</td><td>全/3</td><td>共 3 处，全部合格</td><td>100%</td></tr>
<tr><td rowspan="2">垂直度</td><td colspan="2">每米</td><td>5</td><td>全/3</td><td>共 3 处，全部合格</td><td>100%</td></tr>
<tr><td colspan="2">全高</td><td>10</td><td>全/3</td><td>共 3 处，全部合格</td><td>100%</td></tr>
<tr><td rowspan="4">预埋地脚螺栓</td><td colspan="2">中心位置</td><td>2</td><td>全/24</td><td>共 24 处，全部合格</td><td>100%</td></tr>
<tr><td colspan="2">顶标高</td><td>+20，0</td><td>全/24</td><td>共 24 处，全部合格</td><td>100%</td></tr>
<tr><td colspan="2">中心距</td><td>±2</td><td>全/24</td><td>共 24 处，全部合格</td><td>100%</td></tr>
<tr><td colspan="2">垂直度</td><td>5</td><td>全/24</td><td>共 24 处，全部合格</td><td>100%</td></tr>
<tr><td rowspan="4">预埋地脚螺栓孔</td><td colspan="2">中心线位置</td><td>10</td><td>—</td><td>—</td><td>—</td></tr>
<tr><td colspan="2">截面尺寸</td><td>+20，0</td><td>—</td><td>—</td><td>—</td></tr>
<tr><td colspan="2">深度</td><td>+20，0</td><td>—</td><td>—</td><td>—</td></tr>
<tr><td colspan="2">垂直度</td><td>h/100，且≤10</td><td>—</td><td>—</td><td>—</td></tr>
<tr><td rowspan="4">预埋活动地脚螺栓锚板</td><td colspan="2">中心线位置</td><td>5</td><td>—</td><td>—</td><td>—</td></tr>
<tr><td colspan="2">标高</td><td>+20，0</td><td>—</td><td>—</td><td>—</td></tr>
<tr><td colspan="2">带槽锚板平整度</td><td>5</td><td>—</td><td>—</td><td>—</td></tr>
<tr><td colspan="2">带螺纹孔锚板平整度</td><td>2</td><td>—</td><td>—</td><td>—</td></tr>
<tr><td colspan="3">施工单位检查结果</td><td colspan="6">符合要求
专业工长：×××
项目专业质量检查员：×××
××年×月×日</td></tr>
<tr><td colspan="3">监理单位验收结论</td><td colspan="6">合格
专业监理工程师：×××
××年×月×日</td></tr>
</table>

十五、《装配式结构预制构件检验批质量验收记录》填写范例

装配式结构预制构件检验批质量验收记录

02010601 001

单位(子单位)工程名称	××工程	分部(子分部)工程名称	主体结构(混凝土结构)	分项工程名称	装配式结构
施工单位	××建筑有限公司	项目负责人	×××	检验批容量	24件
分包单位	—	分包单位项目负责人	—	检验批部位	二层A～D/1～5轴墙板
施工依据	《混凝土结构工程施工规范》GB 50666—2011		验收依据	《混凝土结构工程施工质量验收规范》GB 50204—2015	

验收项目					设计要求及规范规定	最小/实际抽样数量	检查记录	检查结果
主控项目	1	预制构件质量			第9.2.1条	—	合格,质量证明文件编号:×××	√
主控项目	2	预制构件结构性能			第9.2.2条	1/1	合格,结构性能报告编号:×××	√
主控项目	3	预制构件的外观质量			第9.2.3条	全/24	共24处,全部合格	√
主控项目	4	预埋件、预留插筋、预埋管线等			第9.2.4条	—	—	—
一般项目	1	预制构件标识			第9.2.5条	全/24	共24处,全部合格	100%
一般项目	2	预制构件的外观质量			第9.2.6条	全/24	共24处,23处合格	96%
一般项目	3	长度	楼板、梁、柱、桁架	＜12m	±5	—	—	—
				≥12m,且＜18m	±10	—	—	—
				＞18m	±20	—	—	—
			墙板		±4	5/5	抽查5处,全部合格	100%
		宽度、高(厚)度	楼板、梁、柱、桁架		±5	—	—	—
			墙板		±4	5/5	抽查5处,全部合格	100%
		表面平整度	楼板、梁、柱、墙板内表面		5	5/5	抽查5处,全部合格	100%
			墙板外表面		3	5/5	抽查5处,全部合格	100%
		侧向弯曲	楼板、梁、柱		$L/750$,且≤20	—	—	—
			墙板、桁架		$L/1000$,且≤20	5/5	抽查5处,全部合格	100%
		翘曲	楼板		$L/750$	—	—	—
			墙板		$L/1000$	5/5	抽查5处,全部合格	100%
		对角线	楼板		10	—	—	—
			墙板		5	5/5	抽查5处,全部合格	100%
		预留孔	中心线位置		5	—	—	—
			孔尺寸		±5	—	—	—
		预留洞	中心线位置		10	—	—	—
			洞口尺寸、深度		±10	—	—	—
		预埋件	预埋板中心线位置		5	—	—	—
			预埋板与混凝土面高差		0,−5	—	—	—
			预埋螺栓		2	—	—	—
			预埋螺栓外露长度		+10,−5	—	—	—
			预埋套筒、螺母中心线		2	—	—	—
			预埋套筒、螺母高差		±5	—	—	—
		预留插筋	中心线位置		5	5/5	抽查5处,全部合格	100%
			外露长度		+10,−5	5/5	抽查5处,全部合格	100%
		键槽	中心线位置		5	—	—	—
			长度、宽度		±5	—	—	—
			深度		±10	—	—	—
	4	粗糙面的质量及键槽数量			第9.2.8条	—	—	—
施工单位检查结果	符合要求 专业工长:××× 项目专业质量检查员:××× ××年×月×日							
监理单位验收结论	合格 专业监理工程师:××× ××年×月×日							

十六、《装配式结构施工检验批质量验收记录》填写范例

装配式结构施工检验批质量验收记录

02010602 001

单位(子单位)工程名称	××工程	分部(子分部)工程名称	主体结构（混凝土结构）	分项工程名称	预应力
施工单位	××建筑有限公司	项目负责人	×××	检验批容量	24 件
分包单位	—	分包单位项目负责人	—	检验批部位	二层 A～D/1～5 轴墙板
施工依据	《混凝土结构工程施工规范》GB 50666—2011		验收依据	《混凝土结构工程施工质量验收规范》GB 50204—2015	

验收项目					设计要求及规范规定	最小/实际抽样数量	检查记录	检查结果
主控项目	1	预制构件临时固定措施			第 9.3.1 条	全/24	共 24 处，全部合格	√
	2	套筒灌浆连接材料及质量			第 9.3.2 条	—	—	—
	3	焊接接头质量			第 9.3.3 条	全/24	共 24 处，全部合格	√
	4	机械连接接头质量			第 9.3.4 条	—	—	—
	5	焊接、螺栓连接材料性能与施工质量			第 9.3.5 条	—	—	—
	6	后浇混凝土强度			第 9.3.6 条	—	合格，试验报告编号：××××	√
	7	外观质量严重缺陷与影响结构性能和安装使用功能的尺寸偏差			第 9.3.7 条	全/24	共 24 处，全部合格	√
一般项目	1	外观质量一般缺陷			第 9.3.8 条	全/24	共 24 处，全部合格	100%
	2	构件轴线位置	竖向构件(柱、墙板、桁架)		8	3/3	抽查 3 处，全部合格	100%
			水平构件(梁、楼板)		5	—	—	—
		标高	梁、柱、墙板楼板底面或顶面		±5	3/3	抽查 3 处，全部合格	100%
		构件垂直度	柱、墙板安装后的高度	≤6m	5	3/3	抽查 3 处，全部合格	100%
				＞6m	10	—	—	—
		构件倾斜度	梁、桁架		5	—	—	—
		相邻构件平整度	梁、楼板底面	外露	3	—	—	—
				不外露	5	—	—	—
			柱、墙板	外露	5	—	—	—
				不外露	8	3/3	抽查 3 处，全部合格	100%
		构件搁置长度	梁、板		±10	—	—	—
		支座、支垫中心位置	板、梁、柱、墙板、桁架		10	3/3	抽查 3 处，全部合格	100%
		墙板接缝宽度			±5	3/3	抽查 3 处，全部合格	100%
施工单位检查结果	符合要求 专业工长：××× 项目专业质量检查员：××× ××年×月×日							
监理单位验收结论	合格 专业监理工程师：××× ××年×月×日							

第三节　砌体工程检验批质量验收记录

一、《砖砌体检验批质量验收记录》填写范例

砖砌体检验批质量验收记录

02020101　001

单位(子单位)工程名称	××大厦	分部(子分部)工程名称	主体结构/砌体结构	分项工程名称	砖砌体
施工单位	××建筑有限公司	项目负责人	×××	检验批容量	50m³
分包单位	—	分包单位项目负责人	—	检验批部位	三层墙 A～G/1～9 轴
施工依据	《砌体结构工程施工规范》GB 50924—2014		验收依据	《砌体结构工程施工质量验收规范》GB 50203—2011	

验收项目				设计要求及规范规定	最小/实际抽样数量	检查记录	检查结果
主控项目	1	砖强度等级必须符合设计要求		设计要求 MU 10	—	见证复验合格，报告编号×××	√
主控项目	2	砂浆强度等级必须符合设计要求		设计要求 M 10	—	见证复验合格，报告编号×××	√
主控项目	3	砂浆饱满度	墙水平灰缝	≥80%	5/5	抽查 5 处，合格 5 处	√
主控项目	3	砂浆饱满度	柱水平及竖向灰缝	≥90%	—	—	—
主控项目	4	转角、交接处		第 5.2.3 条	5/5	抽查 5 处，合格 5 处	√
主控项目	5	斜槎留置		第 5.2.3 条	—	—	—
主控项目	6	直槎拉结钢筋及接槎处理		第 5.2.4 条	5/5	抽查 5 处，合格 5 处	√
一般项目	1	组砌方法		第 5.3.1 条	5/5	抽查 5 处，合格 5 处	100%
一般项目	2	水平灰缝厚度		8～12mm	5/5	抽查 5 处，合格 5 处	100%
一般项目	3	竖向灰缝宽度		8～12mm	5/5	抽查 5 处，合格 5 处	100%
一般项目	4	轴线位移		≤10mm	全/16	共 16 处，全部检查，合格 16 处	100%
一般项目	5	基础、墙、柱顶面标高		±15mm 以内	5/5	抽查 5 处，合格 5 处	100%
一般项目	6	每层墙面垂直度		≤5mm	5/5	抽查 5 处，合格 5 处	100%
一般项目	7	表面平整度	清水墙柱	≤5mm	5/5	抽查 5 处，合格 5 处	100%
一般项目	7	表面平整度	混水墙柱	≤8mm	—	—	—
一般项目	8	水平灰缝平直度	清水墙	≤7mm	5/5	抽查 5 处，合格 5 处	100%
一般项目	8	水平灰缝平直度	混水墙	≤10mm	—	—	—
一般项目	9	门窗洞口高、宽(后塞口)		±10mm 以内	5/5	抽查 5 处，合格 5 处	100%
一般项目	10	外墙上下窗口偏移		≤20mm	5/5	抽查 5 处，合格 5 处	100%
一般项目	11	清水墙游丁走缝		≤20mm	5/5	抽查 5 处，合格 5 处	100%

施工单位检查结果	符合要求 专业工长：××× 项目专业质量检查员：××× ××年×月×日
监理单位验收结论	合格 专业监理工程师：××× ××年×月×日

二、《混凝土小型空心砌块砌体检验批质量验收记录》填写范例

混凝土小型空心砌块砌体检验批质量验收记录

02020201 001

单位(子单位)工程名称	××大厦			分部(子分部)工程名称	主体结构/砌体结构	分项工程名称	混凝土小型空心砌块砌体
施工单位	××建筑有限公司			项目负责人	×××	检验批容量	50m^3
分包单位	—			分包单位项目负责人	—	检验批部位	三层墙 A～G/1～9 轴
施工依据	《砌体结构工程施工规范》GB 50924—2014				验收依据	《砌体结构工程施工质量验收规范》GB 50203—2011	
验收项目				设计要求及规范规定	最小/实际抽样数量	检查记录	检查结果
主控项目	1	小砌块强度等级		设计要求 MU 10	—	见证复验合格，报告编号×××	√
	2	芯柱混凝土强度等级		设计要求 C 30	—	见证试件试验合格，报告编号×××	√
	3	砂浆强度等级		设计要求 M 10	—	见证试件试验合格，报告编号×××	√
	4	水平灰缝砂浆饱满度		≥90%	5/5	抽查 5 处，合格 5 处	√
		竖向灰缝砂浆饱满度		≥90%	5/5	抽查 5 处，合格 5 处	√
	5	墙体转角处、纵横交接处		同时砌筑	5/5	抽查 5 处，合格 5 处	√
		斜槎留置		第 6.2.3 条	—	—	—
		施工洞孔直槎留置及砌筑		第 6.2.3 条	5/5	抽查 5 处，合格 5 处	√
	6	芯柱贯通楼盖		第 6.2.4 条	—	—	—
		芯柱混凝土灌实		第 6.2.4 条	5/5	抽查 5 处，合格 5 处	√
一般项目	1	水平灰缝厚度		8～12mm	5/5	抽查 5 处，合格 5 处	100%
		竖向灰缝宽度		8～12mm	5/5	抽查 5 处，合格 5 处	100%
	2	轴线位移		≤10mm	全/16	共 16 处，全部检查，合格 16 处	100%
	3	基础、墙、柱顶面标高		±15mm 以内	5/5	抽查 5 处，合格 5 处	100%
	4	每层墙面垂直度		≤5mm	5/5	抽查 5 处，合格 5 处	100%
	5	表面平整度	清水墙柱	≤5mm	—	—	—
			混水墙柱	≤8mm	55	抽查 5 处，合格 5 处	100%
	6	水平灰缝平直度	清水墙	≤7mm	—	—	—
			混水墙	≤10mm	5/5	抽查 5 处，合格 5 处	100%
	7	门窗洞口高、宽(后塞口)		±10mm 以内	5/5	抽查 5 处，合格 5 处	100%
	8	外墙上下窗口偏移		≤20mm	5/5	抽查 5 处，合格 5 处	100%
	9	清水墙游丁走缝		≤20mm	—	—	—
施工单位检查结果	符合要求 专业工长：××× 项目专业质量检查员：××× ××年×月×日						
监理单位验收结论	合格 专业监理工程师：××× ××年×月×日						

三、《石砌体检验批质量验收记录》填写范例

石砌体检验批质量验收记录

02020301 001

单位(子单位)工程名称	××大厦	分部(子分部)工程名称	主体结构/砌体结构	分项工程名称	石砌体
施工单位	××建筑有限公司	项目负责人	×××	检验批容量	220m³
分包单位	—	分包单位项目负责人	—	检验批部位	基础 A~G/1~9 轴
施工依据	《砌体结构工程施工规范》GB 50924—2014		验收依据	《砌体结构工程施工质量验收规范》GB 50203—2011	

验收项目			设计要求及规范规定	最小/实际抽样数量	检查记录	检查结果
主控项目	1	石材强度等级	设计要求 MU 30	—	见证复验合格,报告编号××××	√
	2	砂浆强度等级	设计要求 M 10	—	见证试验合格,报告编号××××	√
	3	灰缝砂浆饱满度	≥80%	5/5	抽查5处,合格5处	√

一般项目		项目	毛石砌体		料石砌体							
					毛料石		粗料石		细料石			
			基础 □	墙 □	基础 □	墙 □	基础 ☑	墙 □	墙、柱 □			
	1	轴线位移	≤20	≤15	≤20	≤15	≤15	≤10	≤10	5/5	抽查5处,合格5处	100%
	2	砌体顶面标高	±25	±15	±25	±15	±15	±15	±10	5/5	抽查5处,合格5处	100%
	3	砌体厚度	+30	+20 −10	+30	+20 −10	+15	+10 −5	+10 −5	5/5	抽查5处,合格5处	100%
	4	每层墙面垂直度	—	≤20	—	≤20	—	≤10	≤7	—	—	—
	5	清水墙、柱表面平整度	—	—	—	≤20	—	≤10	≤5	—	—	—
		混水墙、柱表面平整度	—	—	—	≤20	—	≤15	—	—	—	—
	6	清水墙水平灰缝平直度	—	—	—	—	—	≤10	≤5	—	—	—
	7	组砌形式	第7.3.2条							—	—	—

施工单位检查结果	符合要求 专业工长:××× 项目专业质量检查员:××× ××年×月×日
监理单位验收结论	合格 专业监理工程师:××× ××年×月×日

四、《配筋砌体检验批质量验收记录》填写范例

配筋砌体检验批质量验收记录

02020401 001

单位（子单位）工程名称	××大厦	分部（子分部）工程名称	主体结构/砌体结构	分项工程名称	配筋砌体
施工单位	××建筑有限公司	项目负责人	×××	检验批容量	35m³
分包单位	—	分包单位项目负责人	—	检验批部位	三层墙 A～G/1～9 轴
施工依据	《砌体结构工程施工规范》GB 50924—2014		验收依据	《砌体结构工程施工质量验收规范》GB 50203—2011	

验收项目			设计要求及规范规定	最小/实际抽样数量	检查记录	检查结果
主控项目	1	钢筋品种、规格、数量和设置部位	设计要求	—	质量证明文件齐全，复验报告编号×××	√
主控项目	2	混凝土强度等级	设计要求 C 30	—	见证试件试验合格，报告编号×××	√
主控项目	3	砂浆强度等级	设计要求 M 10	—	见证试件试验合格，报告编号×××	√
主控项目	4	马牙槎尺寸	第 8.2.3 条	5/5	抽查 5 处，合格 5 处	√
主控项目	4	预留拉结钢筋设置	第 8.2.3 条	5/5	抽查 5 处，合格 5 处	√
主控项目	4	不得任意弯折拉结钢筋	第 8.2.3 条	5/5	抽查 5 处，合格 5 处	√
主控项目	5	钢筋连接方式	第 8.2.4 条	5/5	抽查 5 处，合格 5 处	√
主控项目	5	钢筋锚固长度	第 8.2.4 条	5/5	抽查 5 处，合格 5 处	√
主控项目	5	钢筋搭接长度	第 8.2.4 条	5/5	抽查 5 处，合格 5 处	√
一般项目	1	构造柱中心线位置	≤10mm	5/5	抽查 5 处，合格 5 处	100%
一般项目	2	构造柱层间错位	≤8mm	5/5	抽查 5 处，合格 5 处	100%
一般项目	3	每层构造柱垂直度	≤5mm	5/5	抽查 5 处，合格 5 处	100%
一般项目	4	灰缝钢筋防腐保护	第 8.3.2 条	5/5	抽查 5 处，合格 5 处	100%
一般项目	4	灰缝钢筋保护层	第 8.3.2 条	5/5	抽查 5 处，合格 5 处	100%
一般项目	5	网状配筋规格、间距	第 8.3.3 条	5/5	抽查 5 处，合格 5 处	100%
一般项目	5	网状配筋位置	第 8.3.3 条	5/5	抽查 5 处，合格 5 处	100%
一般项目	6	受力钢筋保护层厚度：网状配筋砌体	±10mm 以内	5/	—	—
一般项目	6	受力钢筋保护层厚度：组合砖砌体	±5mm 以内	5/		—
一般项目	6	受力钢筋保护层厚度：配筋小砌块砌体	±10mm 以内	5/5	抽查 5 处，合格 5 处	100%
一般项目	7	配筋小砌块砌体墙凹槽中水平钢筋间距	±10mm 以内	5/5	抽查 5 处，合格 5 处	100%
施工单位检查结果	符合要求 专业工长：××× 项目专业质量检查员：××× ××年×月×日					
监理单位验收结论	合格 专业监理工程师：××× ××年×月×日					

五、《填充墙砌体检验批质量验收记录》填写范例

填充墙砌体检验批质量验收记录

02020501 001

单位(子单位)工程名称	××大厦	分部(子分部)工程名称	主体结构/砌体结构	分项工程名称	填充墙砌体
施工单位	××建筑有限公司	项目负责人	×××	检验批容量	220m³
分包单位	—	分包单位项目负责人	—	检验批部位	三层墙 A~G/1~9 轴
施工依据	《砌体结构工程施工规范》GB 50924—2014		验收依据	《砌体结构工程施工质量验收规范》GB 50203—2011	

验收项目				设计要求及规范规定	最小/实际抽样数量	检查记录	检查结果
主控项目	1	块体强度等级		设计要求 MU 7.5	—	质量证明文件齐全，复试报告编号×××	√
	2	砂浆强度等级		设计要求 M 5	—	见证试件试验合格，报告编号×××	√
	3	与主体结构连接		第 9.2.2 条	5/5	抽查 5 处，合格 5 处	√
	4	植筋实体检测		第 9.2.3 条	5/5	检测 5 组，合格 5 组，试验报告编号××××	√
一般项目	1	轴线位移		≤10mm	5/5	抽查 5 处，合格 5 处	100%
	2	墙面垂直度(每层)	≤3m	≤5mm	5/5	抽查 5 处，合格 5 处	100%
			>3m	≤10mm	—		—
	3	表面平整度		≤8mm	5/5	抽查 5 处，合格 5 处	100%
	4	门窗洞口高、宽(后塞口)		±10m 以内	5/5	抽查 5 处，合格 5 处	100%
	5	外墙上、下窗口偏移		≤20mm	5/5	抽查 5 处，合格 5 处	100%
	6	空心砖砌体砂浆饱满度	水平	≥80%	5/5	抽查 5 处，合格 5 处	100%
			垂直	第 9.3.2 条	5/5	抽查 5 处，合格 5 处	100%
	7	蒸压加气混凝土砌块、轻骨料混凝土小型空心砌块砌体砂浆饱满度	水平	≥80%	—	—	—
			垂直	≥80%	—	—	—
	8	拉结筋、网片位置		9.3.3 条	5/5	抽查 5 处，合格 5 处	100%
	9	拉结筋、网片埋置长度		9.3.3 条	5/5	抽查 5 处，合格 5 处	100%
	10	搭砌长度		9.3.4 条	5/5	抽查 5 处，合格 5 处	100%
	11	水平灰缝厚度		9.3.5 条	5/5	抽查 5 处，合格 5 处	100%
	12	竖向灰缝宽度		9.3.5 条	5/5	抽查 5 处，合格 5 处	100%

施工单位检查结果	符合要求 专业工长：××× 项目专业质量检查员：××× ××年×月×日
监理单位验收结论	合格 专业监理工程师：××× ××年×月×日

第四节 钢管混凝土结构工程检验批质量验收记录

一、《钢管构件进场验收检验批质量验收记录》填写范例

钢管构件进场验收检验批质量验收记录

02040101 001

单位(子单位)工程名称	××大厦	分部(子分部)工程名称	主体结构/钢管混凝土结构	分项工程名称	构件现场拼装
施工单位	××建筑有限公司	项目负责人	×××	检验批容量	300件
分包单位	—	分包单位项目负责人	—	检验批部位	首层1～8轴钢管混凝土墩柱
施工依据	《钢结构工程施工规范》GB 50755—2012		验收依据	《钢管混凝土工程施工质量验收规范》GB 50628—2010	

验收项目					设计要求及规范规定	最小/实际抽样数量	检查记录	检查结果
主控项目	1	钢管构件加工质量			第4.1.1条	—	检验合格，资料齐全	√
	2	按安装工序配套核查构配件数量			第4.1.2条	—	检验合格，资料齐全	√
	3	钢管构件上翅片、肋板、栓钉及开孔规格、数量			第4.1.3条	30/30	抽查30处，合格30处	√
一般项目	1	不应有运输、堆放造成的变形脱漆			第4.1.4条	30/30	抽查30处，合格30处	100%
	2	允许偏差(mm)	直径(*D*)		±*D*/500，且不应大于±5.0	30/30	抽查30处，合格30处	100%
			构件长度(*L*)		±3.0	30/30	抽查30处，合格30处	100%
			管口圆度		*D*/500，且不应大于5.0mm	30/30	抽查30处，合格30处	100%
			弯曲矢高		*L*/1500，且不应大于5.0mm	30/30	抽查30处，合格30处	100%
			钢筋孔径偏差	中间	1.2～1.5d	30/30	抽查30处，合格30处	100%
				外侧	1.2～1.5d	30/30	抽查30处，合格30处	100%
				长圆孔宽	1.2～1.5d	30/30	抽查30处，合格30处	100%
			钢筋孔距	任意	±1.5	30/30	抽查30处，合格30处	100%
				两端	±2.0	30/30	抽查30处，合格30处	100%
			钢筋轴线偏差		1.5mm	30/30	抽查30处，合格30处	100%
施工单位检查结果	符合要求 专业工长：××× 项目专业质量检查员：××× ××年×月×日							
监理单位验收结论	合格 专业监理工程师：××× ××年×月×日							

二、《钢管混凝土构件现场拼装检验批质量验收记录》填写范例

钢管混凝土构件现场拼装检验批质量验收记录

02040102 001

单位(子单位)工程名称	××大厦	分部(子分部)工程名称	主体结构/钢管混凝土结构	分项工程名称	构件现场拼装
施工单位	××建筑有限公司	项目负责人	×××	检验批容量	100 件
分包单位	—	分包单位项目负责人	—	检验批部位	首层 1～8 轴钢管混凝土墩柱
施工依据	《钢结构工程施工规范》GB 50755—2012		验收依据	《钢管混凝土工程施工质量验收规范》GB 50628—2010	

验收项目				设计要求及规范规定		最小/实际抽样数量	检查记录	检查结果
主控项目	1	构件上缀件数量、位置		第 4.2.1 条		全/42	共 42 处，全部检查，合格 42 处	√
	2	拼装的方式、程序、方法		第 4.2.2 条		全/100	共 100 处，全部检查，合格 100 处	√
	3	焊接材料		第 4.2.3 条		全/全	焊接材料符合设计要求，试验报告编号××××	√
	4	焊缝质量(一、二级)		第 4.2.4 条		全/70	共 70 处，全部检查，合格 70 处	√
一般项目	1	拼装场地条件		第 4.2.5 条		全/全	拼装条件符合规范要求	√
	2	缺陷类型允许偏差		☑二级	□三级			
			未焊满(指不足设计要求)	≤0.2+0.02t，且≤2.0	≤0.2+0.04t，且≤2.0	10/30	抽查 30 处，合格 30 处	100%
			未焊满(每 100.0)	≤25.0	≤25.0	10/30	抽查 30 处，合格 30 处	100%
			根部收缩	≤0.2+0.02t，且≤1.0	≤0.2+0.04t，且≤2.0	10/30	抽查 30 处，合格 30 处	100%
				≤0.05t，且≤0.5	≤0.1t，且≤1.0	10/30	抽查 30 处，合格 30 处	100%
			咬边	连续长度≤100.0，且焊缝两侧咬边总长不应大于 10%焊缝全长	—	10/30	抽查 30 处，合格 30 处	100%
			弧坑裂纹	—	允许存在个别长度≤5.0 的弧坑裂纹	10/30	抽查 30 处，合格 30 处	100%
			电弧擦伤	—	允许存在个别电弧擦伤	10/30	抽查 30 处，合格 30 处	100%
			接头不良	缺口深度 0.05t，且≤0.5	缺口深度 0.01t，且≤1.0	10/30	抽查 30 处，合格 30 处	100%
			每 1000 焊缝接头不良	≤1	≤1	10/30	抽查 30 处，合格 30 处	100%
			表面夹渣	—	深≤0.2t，长≤0.5t，且≤2.0	10/30	抽查 30 处，合格 30 处	100%
			表面气孔	—	每 50.0 焊缝长度内允许直径≤0.4t，且不应大于 3.0 的气孔 2 个，孔距≥6 倍孔距	10/30	抽查 30 处，合格 30 处	100%

续表

验收项目					允许偏差(mm)		最小/实际抽样数量	检查记录	检查结果
					☑一、二级	□三级			
一般项目	3	焊缝余高及错边允许偏差	对焊接缝余高 C	$B<20$	0~3.0	0~4.0	10/30	抽查30处,合格30处	100%
				$B\geqslant 20$	0~4.0	0~5.0	—	—	—
			对接焊缝错边 d	$d<0.15t$	≤2.0	≤3.0	10/30	抽查30处,合格30处	100%
			角焊缝余高 C	$h_f\leqslant 6$	0~1.5		10/30	抽查30处,合格30处	100%
				$h_f>6$	0~3.0		—	—	—
	验收项目				允许偏差(mm)		最小/实际抽样数量	检查记录	检查结果
					□单层柱	☑多层柱			
	4		一节柱高度		±5.0	±3.0	10/10	抽查10处,合格10处	100%
			对口错边		$t/10$,≤3.0	2.0	10/10	抽查10处,合格10处	100%
			柱身弯曲矢高		$H/1500$,≤10	$H/1500$,≤5	10/10	抽查10处,合格10处	100%
			牛腿处的柱身扭曲		3.0	$d/250$,≤5	10/10	抽查10处,合格10处	100%
			牛腿处的翘曲 Δ		2.0	$L_3\leqslant 1000$,2.0 $L_3>1000$,3.0	10/10	抽查10处,合格10处	100%
			柱底面到柱端与梁连接的最上一个安装孔距离 L		$\pm L/1500$,且≤±15	—	10/10	抽查10处,合格10处	100%
			柱两端最外侧安装孔、穿钢筋孔距离 L_1		—	±2.0	10/10	抽查10处,合格10处	100%
			柱底面到到牛腿支承面距离 L_2		$\pm L_2 1500$,且≤±8	—	10/10	抽查10处,合格10处	100%
			牛腿端孔到柱轴线距离 L_3		±3.0	±3.0	10/10	抽查10处,合格10处	100%
			管肢组合尺寸偏差		$a\leqslant 1/1000$	$b\leqslant 1/1000$	10/10	抽查10处,合格10处	100%
			缀件尺寸偏差		$c\leqslant 1/1000$	$d\leqslant 1/1000$	10/10	抽查10处,合格10处	100%
			缀件节点偏差		d_1 不宜小于50	d_1 不宜小于50	10/10	抽查10处,合格10处	100%
					δ 不应大于 $d/4$(宜交于中心)	δ 不应大于 $d/4$(宜交于中心)	10/10	抽查10处,合格10处	100%

施工单位检查结果	符合要求 专业工长:××× 项目专业质量检查员:××× ××年×月×日
监理单位验收结论	合格 专业监理工程师:××× ××年×月×日

三、《钢管混凝土柱柱脚锚固检验批质量验收记录》填写范例

钢管混凝土柱柱脚锚固检验批质量验收记录

02040201 001

单位(子单位)工程名称	××大厦	分部(子分部)工程名称	主体结构/钢管混凝土结构	分项工程名称	构件安装
施工单位	××建筑有限公司	项目负责人	×××	检验批容量	200m²
分包单位	—	分包单位项目负责人	—	检验批部位	首层1～8轴钢管混凝土墩柱
施工依据	《钢结构工程施工规范》GB 50755—2012		验收依据	《钢管混凝土工程施工质量验收规范》GB 50628—2010	

验收项目					设计要求及规范规定	最小/实际抽样数量	检查记录	检查结果
主控项目	1	埋入式柱脚构造			第4.3.1条	—	检验合格，报告编号×××××	√
主控项目	2	端承式柱脚构造			第4.3.2条	—	—	—
一般项目	1	埋入式柱脚锚固			第4.3.3条	全/64	共64处，全部检查，合格64处	100%
一般项目	2	端承式柱脚板下灌浆			第4.3.4条	全/64	共64处，全部检查，合格64处	100%
一般项目	3	允许偏差(mm)	埋入式	柱轴线位移	5	3/3	抽查3处，合格3处	100%
			埋入式	柱标高	±5.0	3/3	抽查3处，合格3处	100%
			端承式	支承面标高	±3.0	—	—	—
			端承式	支承面水平度	$L/1000$，且≤5.0	—	—	—
			端承式	螺栓中心线偏移	4.0	—	—	—
			端承式	螺栓之间中心距	±2.0	—	—	—
			端承式	螺栓露出长度	0～+30	—	—	—
			端承式	螺纹露出长度	0～+30	—	—	—

施工单位检查结果	符合要求 专业工长：××× 项目专业质量检查员：××× ××年×月×日
监理单位验收结论	合格 专业监理工程师：××× ××年×月×日

四、《钢管混凝土构件安装检验批质量验收记录》填写范例

钢管混凝土构件安装检验批质量验收记录

02040202 001

单位(子单位)工程名称	××大厦	分部(子分部)工程名称	主体结构/钢管混凝土结构	分项工程名称	构件安装
施工单位	××建筑有限公司	项目负责人	×××	检验批容量	300件
分包单位	—	分包单位项目负责人	—	检验批部位	首层1~8轴混凝土墩柱
施工依据	钢管混凝土专项方案		验收依据	《钢管混凝土工程施工质量验收规范》GB 50628—2010	

验收项目				设计要求及规范规定	最小/实际抽样数量	检查记录	检查结果
主控项目	1	构件吊装与混凝土浇筑顺序		第4.4.1条	—	检验合格，记录编号××××	√
	2	基座及下层管内混凝土强度		第4.4.2条	—	见证试验合格，报告编号××××	√
	3	构件标点线、吊点、支撑点		第4.4.3条	全/300	共300处，全部检查，合格300处	√
	4	构件就位后校正固定		第4.4.4条	全/300	共300处，全部检查，合格300处	√
	5	焊接材料		第4.4.5条	全/300	共300处，全部检查，合格300处	√
	6	垂直度	单层钢管垂直度	$h/1000$，且≤10.0	30/30	抽查30处，合格30处	√
			多层钢管整体垂直度	$H/2500$，且≤30.0	—	—	—
一般项目	1	构件管内清理封口		第4.4.7条	全/300	共300处，全部检查，合格300处	100%
	2	安装允许偏差(mm) 单层	轴线偏移	5.0	30/30	抽查30处，合格30处	100%
			单层构件弯曲矢高	$h/1500$，且≤10.0	30/30	抽查30处，合格30处	100%
		安装允许偏差(mm) 双层及高层	上下连接错口	3.0	—	—	—
			同一层构件顶高度差	5.0	—	—	—
			主体结构钢管混凝土构件总高度差	$\pm H/2500$，且≤30.0	—	—	—
施工单位检查结果	符合要求 专业工长：××× 项目专业质量检查员：××× ××年×月×日						
监理单位验收结论	合格 专业监理工程师：××× ××年×月×日						

五、《钢管混凝土柱与钢筋混凝土梁连接检验批质量验收记录》填写范例

钢管混凝土柱与钢筋混凝土梁连接检验批质量验收记录

02040301 001

<table>
<tr><td colspan="3">单位(子单位)工程名称</td><td>××大厦</td><td>分部(子分部)工程名称</td><td>主体结构/钢管混凝土结构</td><td>分项工程名称</td><td colspan="2">钢管焊接</td></tr>
<tr><td colspan="3">施工单位</td><td>××建筑有限公司</td><td>项目负责人</td><td>×××</td><td>检验批容量</td><td colspan="2">100 件</td></tr>
<tr><td colspan="3">分包单位</td><td>—</td><td>分包单位项目负责人</td><td>—</td><td>检验批部位</td><td colspan="2">首层 1～8 轴钢管混凝土墩柱</td></tr>
<tr><td colspan="3">施工依据</td><td colspan="2">钢管混凝土专项方案</td><td>验收依据</td><td colspan="3">《钢管混凝土工程施工质量验收规范》GB 50628—2010</td></tr>
<tr><td colspan="4">验收项目</td><td>设计要求及规范规定</td><td>最小/实际抽样数量</td><td colspan="2">检查记录</td><td>检查结果</td></tr>
<tr><td rowspan="3">主控项目</td><td>1</td><td colspan="2">柱梁连接点核心区构造</td><td>第 4.5.1 条</td><td>全/100</td><td colspan="2">共 100 处，全部检查，合格 100 处</td><td>√</td></tr>
<tr><td>2</td><td colspan="2">柱梁连接贯通型节点</td><td>第 4.5.2 条</td><td>全/30</td><td colspan="2">共 30 处，全部检查，合格 30 处</td><td>√</td></tr>
<tr><td>3</td><td colspan="2">柱梁连接非贯通型节点</td><td>第 4.5.3 条</td><td>全/70</td><td colspan="2">共 70 处，全部检查，合格 70 处</td><td>√</td></tr>
<tr><td rowspan="4">一般项目</td><td>1</td><td colspan="2">梁纵筋通过核心区要求</td><td>第 4.5.4 条</td><td>全/100</td><td colspan="2">共 100 处，全部检查，合格 100 处</td><td>100%</td></tr>
<tr><td>2</td><td colspan="2">梁纵筋间距</td><td>第 4.5.5 条</td><td>全/100</td><td colspan="2">共 100 处，全部检查，合格 100 处</td><td>100%</td></tr>
<tr><td rowspan="2">3</td><td rowspan="2">允许偏差(mm)</td><td>梁柱中心线偏移</td><td>5.0</td><td>全/100</td><td colspan="2">共 100 处，全部检查，合格 100 处</td><td>100%</td></tr>
<tr><td>梁标高</td><td>±10.0</td><td>全/100</td><td colspan="2">共 100 处，全部检查，合格 100 处</td><td>100%</td></tr>
<tr><td colspan="3">施工单位检查结果</td><td colspan="6">符合要求
专业工长：×××
项目专业质量检查员：×××
××年×月×日</td></tr>
<tr><td colspan="3">监理单位验收结论</td><td colspan="6">合格
专业监理工程师：×××
××年×月×日</td></tr>
</table>

六、《钢管内钢筋骨架安装检验批质量验收记录》填写范例

钢管内钢筋骨架安装检验批质量验收记录

02040501 001

单位(子单位)工程名称	××大厦		分部(子分部)工程名称	主体结构/钢管混凝土结构	分项工程名称	钢管内钢筋骨架
施工单位	××建筑有限公司		项目负责人	×××	检验批容量	30件
分包单位	—		分包单位项目负责人	—	检验批部位	首层1~8轴钢管混凝土墩柱
施工依据	钢管混凝土专项方案			验收依据	《钢管混凝土工程施工质量验收规范》GB 50628—2010	
验收项目			设计要求及规范规定	最小/实际抽样数量	检查记录	检查结果
主控项目	1	钢筋质量	第4.6.1条	—	质量证明文件齐全,见证复验合格,报告编号×××	√
	2	钢筋加工、成型、安装	第4.6.2条	12/12	抽查12件,合格12件	√
	3	受力筋位置、锚固与管壁距离	第4.6.3条	全/30	共30处,全部检查,合格30处	√
一般项目 1 允许偏差(mm)		骨架长度	±10.0	3/3	抽查3处,合格3处	100%
		骨架截面圆形直径	±5.0	3/3	抽查3处,合格3处	100%
		骨架截面矩形边长	±5.0	3/3	抽查3处,合格3处	100%
		骨架安装中心位置	5	3/3	抽查3处,合格3处	100%
		受力钢筋间距	±10.0	3/3	抽查3处,合格3处	100%
		受力钢筋保护层厚度	±5.0	3/3	抽查3处,合格3处	100%
		箍筋、横筋间距	±20.0	3/3	抽查3处,合格3处	100%
		钢筋骨架与钢管间距	+5.0 −10.0	3/3	抽查3处,合格3处	100%
施工单位检查结果	符合要求 专业工长:××× 项目专业质量检查员:××× ××年×月×日					
监理单位验收结论	合格 专业监理工程师:××× ××年×月×日					

七、《钢管内混凝土浇筑检验批质量验收记录》填写范例

钢管内混凝土浇筑检验批质量验收记录

02040601 001

<table>
<tr><td>单位(子单位)工程名称</td><td colspan="2">××大厦</td><td>分部(子分部)工程名称</td><td>主体结构/钢管混凝土结构</td><td>分项工程名称</td><td colspan="2">混凝土</td></tr>
<tr><td>施工单位</td><td colspan="2">××建筑有限公司</td><td>项目负责人</td><td>×××</td><td>检验批容量</td><td colspan="2">$300m^3$</td></tr>
<tr><td>分包单位</td><td colspan="2">—</td><td>分包单位项目负责人</td><td>—</td><td>检验批部位</td><td colspan="2">首层1～8轴钢管混凝土墩柱</td></tr>
<tr><td>施工依据</td><td colspan="3">钢管混凝土专项方案</td><td>验收依据</td><td colspan="3">《钢管混凝土工程施工质量验收规范》GB 50628—2010</td></tr>
<tr><td colspan="3">验 收 项 目</td><td>设计要求及规范规定</td><td>最小/实际抽样数量</td><td colspan="2">检 查 记 录</td><td>检查结果</td></tr>
<tr><td rowspan="4">主控项目</td><td>1</td><td>管内混凝土强度</td><td>第4.7.1条</td><td>全/全</td><td colspan="2">见证试件试验合格，报告编号××××</td><td>√</td></tr>
<tr><td>2</td><td>管内混凝土工作性能</td><td>第4.7.2条</td><td>全/全</td><td colspan="2">检查施工记录合格，施工记录编号××××</td><td>√</td></tr>
<tr><td>3</td><td>混凝土浇筑初凝时间控制</td><td>第4.7.3条</td><td>全/全</td><td colspan="2">检查施工记录合格，施工记录编号××××</td><td>√</td></tr>
<tr><td>4</td><td>浇筑密实度</td><td>第4.7.4条</td><td>全/全</td><td colspan="2">检验合格，记录编号××××</td><td>√</td></tr>
<tr><td rowspan="5">一般项目</td><td>1</td><td>管内施工缝留置</td><td>第4.7.5条</td><td>—</td><td colspan="2">—</td><td>—</td></tr>
<tr><td>2</td><td>浇筑方法及开孔</td><td>第4.7.6条</td><td>全/全</td><td colspan="2">检查施工记录合格，施工记录编号××××</td><td>√</td></tr>
<tr><td>3</td><td>管内清理</td><td>第4.7.7条</td><td>全/全</td><td colspan="2">检查施工记录合格，施工记录编号××××</td><td>√</td></tr>
<tr><td>4</td><td>管内混凝土养护</td><td>第4.7.8条</td><td>全/全</td><td colspan="2">检验合格，记录编号×××</td><td>√</td></tr>
<tr><td>5</td><td>孔的封堵及表面处理</td><td>第4.7.9条</td><td>全/30</td><td colspan="2">共30处，全部检查，合格30处</td><td>100%</td></tr>
<tr><td>施工单位检查结果</td><td colspan="7">符合要求
专业工长：×××
项目专业质量检查员：×××
××年×月×日</td></tr>
<tr><td>监理单位验收结论</td><td colspan="7">合格
专业监理工程师：×××
××年×月×日</td></tr>
</table>

第五节 铝合金结构工程检验批质量验收记录

一、《铝合金材料检验批质量验收记录》填写范例

铝合金材料检验批质量验收记录

02060301 001

单位(子单位)工程名称	××大厦	分部(子分部)工程名称	主体结构/铝合金结构	分项工程名称	铝合金零部件加工
施工单位	××建筑有限公司	项目负责人	×××	检验批容量	50件
分包单位	—	分包单位项目负责人	—	检验批部位	1层1～8轴/A～F轴幕墙
施工依据	××大厦铝合金结构施工方案		验收依据	《铝合金结构工程施工质量验收规范》GB 50576—2010	

验收项目			设计要求及规范规定	最小/实际抽样数量	检查记录	检查结果
主控项目	1	材料的品种、规格、性能	第4.2.1条	—	质量证明文件齐全，通过进场验收	√
	2	材料抽样复验	第4.2.2条	—	检验合格，报告编号×××	√
一般项目	1	铝合金板厚度及允许偏差应符合其产品标准的要求	第4.2.3条	—	—	—
	2	铝合金型材的规格尺寸及许偏差应符合其产品标准的要求	第4.2.4条	5/5	抽查5处，合格5处	100%
	3	铝合金材料的表面外观质量	第4.2.5条	全/全	全部检查，外观质量良好，无污染和划伤现象	√
施工单位检查结果	符合要求 专业工长：××× 项目专业质量检查员：××× ××年×月×日					
监理单位验收结论	合格 专业监理工程师：××× ××年×月×日					

二、《焊接材料检验批质量验收记录》填写范例

焊接材料检验批质量验收记录

02060101 001

<table>
<tr><td colspan="3">单位(子单位)工程名称</td><td>××大厦</td><td>分部(子分部)工程名称</td><td>主体结构/铝合金结构</td><td>分项工程名称</td><td colspan="2">铝合金焊接</td></tr>
<tr><td colspan="3">施工单位</td><td>××建筑有限公司</td><td>项目负责人</td><td>×××</td><td>检验批容量</td><td colspan="2">30件</td></tr>
<tr><td colspan="3">分包单位</td><td>—</td><td>分包单位项目负责人</td><td>—</td><td>检验批部位</td><td colspan="2">1层1~8轴/A~F轴幕墙支架</td></tr>
<tr><td colspan="3">施工依据</td><td colspan="2">××大厦铝合金结构施工方案</td><td>验收依据</td><td colspan="3">《铝合金结构工程施工质量验收规范》GB 50576—2010</td></tr>
<tr><td colspan="3">验收项目</td><td>设计要求及规范规定</td><td>最小/实际抽样数量</td><td colspan="3">检查记录</td><td>检查结果</td></tr>
<tr><td rowspan="2">主控项目</td><td>1</td><td>焊接材料的品种、规格、性能</td><td>第4.3.1条</td><td>—</td><td colspan="3">质量证明文件齐全,通过进场验收</td><td>√</td></tr>
<tr><td>2</td><td>重要铝合金结构采用焊接材料进行抽样复验</td><td>第4.3.2条</td><td>—</td><td colspan="3">试验合格,报告编号××××</td><td>√</td></tr>
<tr><td>一般项目</td><td>1</td><td>焊条外观不应有药皮脱落、焊芯生锈等缺陷,焊剂不应受潮结块</td><td>第4.3.3条</td><td>10/10</td><td colspan="3">抽查10包,合格10包</td><td>100%</td></tr>
<tr><td colspan="2">施工单位检查结果</td><td colspan="7">符合要求
专业工长:×××
项目专业质量检查员:×××
××年×月×日</td></tr>
<tr><td colspan="2">监理单位验收结论</td><td colspan="7">合格
专业监理工程师:×××
××年×月×日</td></tr>
</table>

三、《标准紧固件检验批质量验收记录》填写范例

标准紧固件检验批质量验收记录

02060201 001

<table>
<tr><td colspan="2">单位(子单位)工程名称</td><td>××大厦</td><td>分部(子分部)工程名称</td><td>主体结构/铝合金结构</td><td>分项工程名称</td><td>紧固件连接</td></tr>
<tr><td colspan="2">施工单位</td><td>××建筑有限公司</td><td>项目负责人</td><td>×××</td><td>检验批容量</td><td>30 件</td></tr>
<tr><td colspan="2">分包单位</td><td>—</td><td>分包单位项目负责人</td><td>—</td><td>检验批部位</td><td>1 层 1～8 轴/A～F 轴幕墙支架</td></tr>
<tr><td colspan="2">施工依据</td><td colspan="2">××大厦铝合金结构施工方案</td><td>验收依据</td><td colspan="2">《铝合金结构工程施工质量验收规范》GB 50576—2010</td></tr>
<tr><td colspan="3">验收项目</td><td>设计要求及规范规定</td><td>最小/实际抽样数量</td><td>检查记录</td><td>检查结果</td></tr>
<tr><td rowspan="3">主控项目</td><td>1</td><td>标准紧固件品种、规格、性能</td><td>第 4.4.1 条</td><td>—</td><td>质量证明文件齐全，通过进场验收</td><td>√</td></tr>
<tr><td>2</td><td>高强度大六角头螺栓连接副应检验扭矩系数</td><td>第 4.4.2 条</td><td>—</td><td>试验合格，报告编号××××</td><td>√</td></tr>
<tr><td>3</td><td>扭剪型高强度螺栓连接副检验预拉力</td><td>第 4.4.3 条</td><td>—</td><td>试验合格，报告编号××××</td><td>√</td></tr>
<tr><td rowspan="2">一般项目</td><td>1</td><td>高强度螺栓连接副包装和外观质量</td><td>第 4.4.4 条</td><td>3/3</td><td>抽查 3 箱，合格 3 箱</td><td>100%</td></tr>
<tr><td>2</td><td>螺栓球节点铝合金网架结构，其连接高强度螺栓外观质量和表面硬度试验</td><td>第 4.4.5 条</td><td>—</td><td>—</td><td>—</td></tr>
<tr><td colspan="2">施工单位检查结果</td><td colspan="5">符合要求
专业工长：×××
项目专业质量检查员：×××
××年×月×日</td></tr>
<tr><td colspan="2">监理单位验收结论</td><td colspan="5">合格
专业监理工程师：×××
××年×月×日</td></tr>
</table>

四、《螺栓球检验批质量验收记录》填写范例

螺栓球检验批质量验收记录

02060401 001

单位(子单位)工程名称	××大厦		分部(子分部)工程名称	主体结构/铝合金结构	分项工程名称	铝合金构件组装
施工单位	××建筑有限公司		项目负责人	×××	检验批容量	30个
分包单位	—		分包单位项目负责人	—	检验批部位	1层1~8轴/A~F轴幕墙支架
施工依据	××大厦铝合金结构施工方案		验收依据	《铝合金结构工程施工质量验收规范》GB 50576—2010		
验收项目			设计要求及规范规定	最小/实际抽样数量	检查记录	检查结果
主控项目	1	螺栓球及制造螺栓球节点所采用的原材料的品种、规格、性能	第4.5.1条	—	质量证明文件齐全，通过进场验收	√
	2	螺栓球质量	不得有裂纹、褶皱、过烧等缺陷	5/5	抽查5处，合格5处	√
一般项目	1	螺栓球螺纹尺寸和螺纹公差	第4.5.3条	5/5	抽查5处，合格5处	100%
	2	螺栓球直径、圆度、相邻两螺栓孔中心线夹角等尺寸及允许偏差	第4.5.4条	3/5	抽查5处，合格5处	100%
施工单位检查结果	符合要求 专业工长：××× 项目专业质量检查员：××× ××年×月×日					
监理单位验收结论	合格 专业监理工程师：××× ××年×月×日					

五、《铝合金面板检验批质量验收记录》填写范例

铝合金面板检验批质量验收记录

02060801 001

<table>
<tr><td>单位(子单位)工程名称</td><td colspan="2">××大厦</td><td>分部(子分部)工程名称</td><td>主体结构/铝合金结构</td><td colspan="2">分项工程名称</td><td>铝合金面板</td></tr>
<tr><td>施工单位</td><td colspan="2">××建筑有限公司</td><td>项目负责人</td><td>×××</td><td colspan="2">检验批容量</td><td>30 批</td></tr>
<tr><td>分包单位</td><td colspan="2">—</td><td>分包单位项目负责人</td><td>—</td><td colspan="2">检验批部位</td><td>1 层 1～8 轴/A～F 轴幕墙</td></tr>
<tr><td>施工依据</td><td colspan="3">铝合金结构施工方案</td><td>验收依据</td><td colspan="3">《铝合金结构工程施工质量验收规范》GB 50576—2010</td></tr>
<tr><td colspan="3">验收项目</td><td>设计要求及规范规定</td><td>最小/实际抽样数量</td><td colspan="2">检查记录</td><td>检查结果</td></tr>
<tr><td rowspan="2">主控项目</td><td>1</td><td>铝合金面板及制造铝合金面板所采用的原材料，其品种、规格、性能</td><td>第 4.6.1 条</td><td>—</td><td colspan="2">质量证明文件齐全，通过进场验收</td><td>√</td></tr>
<tr><td>2</td><td>铝合金泛水板、包角板和零配件的品种、规格、性能</td><td>第 4.6.2 条</td><td>—</td><td colspan="2">检验合格，资料齐全</td><td>√</td></tr>
<tr><td>一般项目</td><td>1</td><td>铝合金面板的规格尺寸及允许偏差、表面质量、涂层质量</td><td>第 4.6.3 条</td><td>2/2</td><td colspan="2">抽查 2 处，合格 2 处</td><td>100%</td></tr>
<tr><td>施工单位检查结果</td><td colspan="7">符合要求
专业工长：×××
项目专业质量检查员：×××
××年×月×日</td></tr>
<tr><td>监理单位验收结论</td><td colspan="7">合格
专业监理工程师：×××
××年×月×日</td></tr>
</table>

六、《其他材料检验批质量验收记录》填写范例

其他材料检验批质量验收记录

02061001 001

<table>
<tr><td>单位(子单位)工程名称</td><td colspan="2">××大厦</td><td>分部(子分部)工程名称</td><td>主体结构/铝合金结构</td><td>分项工程名称</td><td>防腐处理</td></tr>
<tr><td>施工单位</td><td colspan="2">××建筑有限公司</td><td>项目负责人</td><td>×××</td><td>检验批容量</td><td>20批</td></tr>
<tr><td>分包单位</td><td colspan="2">—</td><td>分包单位项目负责人</td><td>—</td><td>检验批部位</td><td>1层1～8轴/A～F轴幕墙支架</td></tr>
<tr><td>施工依据</td><td colspan="3">铝合金结构施工方案</td><td>验收依据</td><td colspan="2">《铝合金结构工程施工质量验收规范》GB 50576—2010</td></tr>
<tr><td colspan="3">验收项目</td><td>设计要求及规范规定</td><td>最小/实际抽样数量</td><td>检查记录</td><td>检查结果</td></tr>
<tr><td rowspan="3">主控项目</td><td>1</td><td>防腐涂料的品种、规格、性能</td><td>第4.7.1条</td><td>—</td><td>质量证明文件齐全，通过进场验收</td><td>√</td></tr>
<tr><td>2</td><td>铝合金结构用橡胶垫、胶条、密封胶等的品种、规格、性能</td><td>第4.7.2条</td><td>—</td><td>质量证明文件齐全，通过进场验收</td><td>√</td></tr>
<tr><td>3</td><td>防水密封材料的性能</td><td>第4.7.3条</td><td>—</td><td>质量证明文件齐全，通过进场验收</td><td>√</td></tr>
<tr><td>施工单位检查结果</td><td colspan="6">符合要求
专业工长：×××
项目专业质量检查员：×××
××年×月×日</td></tr>
<tr><td>监理单位验收结论</td><td colspan="6">合格
专业监理工程师：×××
××年×月×日</td></tr>
</table>

七、《铝合金构件焊接检验批质量验收记录》填写范例

铝合金构件焊接检验批质量验收记录

02060102 002

单位(子单位)工程名称		××大厦		分部(子分部)工程名称	主体结构/铝合金结构	分项工程名称	铝合金焊接
施工单位		××建筑有限公司		项目负责人	×××	检验批容量	30件
分包单位		—		分包单位项目负责人	—	检验批部位	1层1~8轴/A~F轴幕墙支架
施工依据		《钢结构工程施工规范》GB 50755—2012		验收依据		《铝合金结构工程施工质量验收规范》GB 50576—2010	
验收项目				设计要求及规范规定	最小/实际抽样数量	检查记录	检查结果
主控项目	1	焊条、焊丝、焊剂等焊接材料与母材的匹配		第5.2.1条	—	焊条、焊丝、焊剂等焊接材料与母材相匹配	√
主控项目	2	焊条、焊剂、药芯焊丝等在使用前烘焙和存放		第5.2.1条	—	焊条、焊剂、药芯焊丝等在使用前进行了烘焙，见施工记录	√
主控项目	3	焊工必须经考试合格并取得合格证书		第5.2.2条	—	焊工具备符合要求的焊工资格证	√
主控项目	4	施工单位对首次采用的铝合金材料、焊接材料、焊接方法等进行焊接工艺评定		第5.2.3条	—	—	—
主控项目	5	设计要求全焊透的对接焊缝，其内部缺陷检验		第5.2.4条	—	经检验，焊缝内无缺陷	√
主控项目	6	角焊缝焊脚高度		第5.2.5条	3/3	抽查3处，合格3处	√
主控项目	7	T形接头、十字接头、角接接头焊脚尺寸		第5.2.5条	3/3	抽查3处，合格3处	√
主控项目	8	焊缝表面质量		第5.2.6条	3/3	抽查3处，合格3处	√
一般项目	1	对于需要进行焊前预热或焊后热处理的焊缝，其预热温度或后热温度		第5.2.7条	—	—	—
一般项目	2	焊缝外观质量	未焊满(指不足设计要求)	≤0.2+0.02t，且≤1.0mm	3/3	抽查3处，合格3处	100%
				每100mm焊缝内缺陷总长≤25mm	—	—	—
			根部收缩	≤0.2+0.02t，且≤1.0mm	3/3	抽查3处，合格3处	100%
			咬边深度	母材t≤10mm时，≤0.5mm	3/3	抽查3处，合格3处	100%
				母材t>10mm时，≤0.8mm	—	—	—
				连续长度≤100mm	3/3	抽查3处，合格3处	100%

续表

验收项目					设计要求及规范规定	最小/实际抽样数量	检查记录	检查结果
一般项目	2	焊缝外观质量	焊缝两侧咬边总长度(L为焊缝总长度)	板材	10%L(L=150mm)	3/3	抽查3处,合格3处	100%
一般项目	2	焊缝外观质量	焊缝两侧咬边总长度(L为焊缝总长度)	管材	20%L(L= mm)	—	—	—
一般项目	2	焊缝外观质量	裂纹、弧坑裂纹、电弧擦伤、焊瘤、表面夹渣、表面气孔		不允许	3/3	抽查3处,合格3处	100%
一般项目	2	焊缝外观质量	焊缝接头不良		缺口深度≤0.05t,≤0.5mm	3/3	抽查3处,合格3处	100%
一般项目	2	焊缝外观质量	焊缝接头不良		每1000mm焊缝不应超过1处	3/3	抽查3处,合格3处	100%
一般项目	2	焊缝外观质量	未焊透		不加衬垫单面焊容许值≤0.15t,且≤1.5mm	3/3	抽查3处,合格3处	100%
一般项目	2	焊缝外观质量	未焊透		每100mm焊缝内缺陷总长≤25mm	3/3	抽查3处,合格3处	100%
一般项目	3	焊缝尺寸允许偏差	对接焊缝余高C		母材t≤10mm时,≤3.0mm	3/3	抽查3处,合格3处	100%
一般项目	3	焊缝尺寸允许偏差	对接焊缝余高C		母材t>10mm时,≤t/3且≤5mm	—	—	—
一般项目	3	焊缝尺寸允许偏差	角焊缝余高C		h_f≤6时,≤1.5mm	3/3	抽查3处,合格3处	100%
一般项目	3	焊缝尺寸允许偏差	角焊缝余高C		h_f>6时,≤3.0mm	—	—	—
一般项目	3	焊缝尺寸允许偏差	表面凹陷d		仰焊位置单面焊焊缝内表面深度d≤0.2t,且≤2mm	3/3	抽查3处,合格3处	100%
一般项目	3	焊缝尺寸允许偏差	表面凹陷d		其他所有位置的焊缝表面应不低于基本金属	3/3	抽查3处,合格3处	100%
一般项目	3	焊缝尺寸允许偏差	错边量d		母材t≤5mm时,≤0.5mm	3/3	抽查3处,合格3处	100%
一般项目	3	焊缝尺寸允许偏差	错边量d		母材t>5mm时,≤0.1t且≤2mm	—	—	—
一般项目	焊成凹形的焊缝,焊缝金属与母材间应平缓过渡				第5.2.10条	3/3	抽查3处,合格3处	100%
一般项目	焊缝感观				第5.2.11条	3/3	抽查3处,合格3处	100%

施工单位检查结果	符合要求 专业工长:××× 项目专业质量检查员:××× ××年×月×日
监理单位验收结论	合格 专业监理工程师:××× ××年×月×日

八、《普通紧固件连接检验批质量验收记录》填写范例

普通紧固件连接检验批质量验收记录

02060202 002

<table>
<tr><td>单位(子单位)工程名称</td><td colspan="3">××大厦</td><td>分部(子分部)工程名称</td><td>主体结构/铝合金结构</td><td>分项工程名称</td><td>紧固件连接</td></tr>
<tr><td>施工单位</td><td colspan="3">××建筑有限公司</td><td>项目负责人</td><td>×××</td><td>检验批容量</td><td>30件</td></tr>
<tr><td>分包单位</td><td colspan="3">—</td><td>分包单位项目负责人</td><td>—</td><td>检验批部位</td><td>1层1~8轴/A~F轴幕墙</td></tr>
<tr><td>施工依据</td><td colspan="4">铝合金结构施工方案</td><td>验收依据</td><td colspan="2">《铝合金结构工程施工质量验收规范》GB 50576—2010</td></tr>
<tr><td colspan="3">验收项目</td><td colspan="2">设计要求及规范规定</td><td>最小/实际抽样数量</td><td>检查记录</td><td>检查结果</td></tr>
<tr><td rowspan="2">主控项目</td><td>1</td><td>普通螺栓实物最小拉力载荷复验</td><td colspan="2">第6.2.1条</td><td>—</td><td>检验合格，资料齐全</td><td>√</td></tr>
<tr><td>2</td><td>连接铝合金薄板采用的自攻螺钉、铆钉、拉铆钉规格尺寸及其间距、边距</td><td colspan="2">材料、配件相匹配</td><td>—</td><td>—</td><td>—</td></tr>
<tr><td rowspan="2">一般项目</td><td>1</td><td>永久性普通螺栓紧固</td><td colspan="2">应牢固、可靠，外露丝扣不应少于2扣</td><td>3/3</td><td>抽查3处，合格3处</td><td>100%</td></tr>
<tr><td>2</td><td>自攻螺钉、铆钉、拉铆钉等与连接铝合金板紧固</td><td colspan="2">应紧固密贴，外观排列应整齐</td><td>—</td><td>—</td><td>—</td></tr>
<tr><td>施工单位检查结果</td><td colspan="7">符合要求
专业工长：×××
项目专业质量检查员：×××
××年×月×日</td></tr>
<tr><td>监理单位验收结论</td><td colspan="7">合格
专业监理工程师：×××
××年×月×日</td></tr>
</table>

九、《高强度螺栓连接检验批质量验收记录》填写范例

高强度螺栓连接检验批质量验收记录

02030202 001

单位(子单位)工程名称	××大厦		分部(子分部)工程名称	主体结构/钢结构	分项工程名称	紧固件连接
施工单位	××建筑有限公司		项目负责人	×××	检验批容量	500m²
分包单位	—		分包单位项目负责人	—	检验批部位	宴会大厅
施工依据	《钢结构工程施工规范》GB 50755—2012			验收依据	《钢结构工程施工质量验收规范》GB 50205—2001	

验收项目			设计要求及规范规定	最小/实际抽样数量	检查记录	检查结果
主控项目	1	成品进场	第4.4.1条	全/	有产品的质量合格证明文件、中文标志及检验报告	√
	2	扭矩系数或预拉力复验	第4.2.2条或第4.4.3条	全/	质量证明文件齐全,检验合格,报告编号××××	√
	3	抗滑移系数试验	第6.3.1条	全/	检验合格,报告编号××××	√
	4	终拧扭矩	第6.3.2条或第6.3.3条	50/50	抽查50处,合格50处	√
一般项目	1	成品进场检验	第4.4.4条	3/3	抽查3箱,合格3箱	100%
	2	表面硬度试验	第4.4.5条	8/8	抽查8处,合格8处	100%
	3	施拧顺序和初拧、复拧扭矩	第6.3.4条	全/500	施拧顺序和扭矩符合设计要求和施工技术方案	√
	4	连接外观质量	第6.3.5条	25/25	抽查25处,合格25处	100%
	5	摩擦面外观	第6.3.6条	全/500	共500处,全部检查,合格500处	100%
	6	扩孔	第6.3.7条	全/500	共500处,全部检查,合格500处	100%
施工单位检查结果	符合要求 专业工长:××× 项目专业质量检查员:××× ××年×月×日					
监理单位验收结论	合格 专业监理工程师:××× ××年×月×日					

十、《铝合金零部件切割加工检验批质量验收记录》填写范例

铝合金零部件切割加工检验批质量验收记录

02060302 002

单位(子单位)工程名称	××大厦	分部(子分部)工程名称	主体结构/铝合金结构	分项工程名称	铝合金零部件加工
施工单位	××建筑有限公司	项目负责人	×××	检验批容量	30件
分包单位	—	分包单位项目负责人	—	检验批部位	1层1～8轴/A～F轴幕墙
施工依据	××大厦铝合金结构施工方案		验收依据	《铝合金结构工程施工质量验收规范》GB 50576—2010	

验收项目				设计要求及规范规定	最小/实际抽样数量	检查记录	检查结果
主控项目	1	铝合金零部件切割面或剪切面表观质量		应无裂纹、夹渣和大于0.5mm的缺棱	全/30	共30处，全部检查，合格30处	√
一般项目	1	铝合金零部件切割允许偏差	零部件的宽度，长度	±1.0mm	3/3	抽查3处，合格3处	100%
			切割平面度	－30′且不大于0.3mm	3/3	抽查3处，合格3处	100%
			割纹深度	0.3mm	3/3	抽查3处，合格3处	100%
			局部缺口深度	0.5mm	3/3	抽查3处，合格3处	100%

施工单位检查结果	符合要求 专业工长：××× 项目专业质量检查员：××× ××年×月×日
监理单位验收结论	合格 专业监理工程师：××× ××年×月×日

十一、《铝合金零部件边缘加工检验批质量验收记录》填写范例

铝合金零部件边缘加工检验批质量验收记录

02060303 003

单位(子单位)工程名称	××大厦	分部(子分部)工程名称	主体结构/铝合金结构	分项工程名称	铝合金零部件加工
施工单位	××建筑有限公司	项目负责人	×××	检验批容量	30件
分包单位	—	分包单位项目负责人	—	检验批部位	1层1~8轴/A~F轴幕墙
施工依据	××大厦铝合金结构施工方案		验收依据	《铝合金结构工程施工质量验收规范》GB 50576—2010	

验收项目				设计要求及规范规定	最小/实际抽样数量	检查记录	检查结果
主控项目	1	铝合金零部件,按设计要求需要进行边缘加工		刨削量不应小于1.0mm	/30	共计30个,检验合格30个	√
一般项目	1	边缘加工允许偏差	零部件的宽度、长度	±1.0mm	3/3	抽查3处,合格3处	100%
	2		加工边直线度	L/3000,且不大于2.0mm(L=1000mm)	3/3	抽查3处,合格3处	100%
	3		相邻两边夹角	±6′	3/3	抽查3处,合格3处	100%
	4		加工面表面粗糙度	12.5	3/3	抽查3处,合格3处	100%
施工单位检查结果	符合要求 专业工长:××× 项目专业质量检查员:××× ××年×月×日						
监理单位验收结论	合格 专业监理工程师:××× ××年×月×日						

十二、《球、毂加工检验批质量验收记录》填写范例

球、毂加工检验批质量验收记录

02060304 001

单位（子单位）工程名称	××大厦	分部（子分部）工程名称	主体结构/铝合金结构	分项工程名称	铝合金零部件加工
施工单位	××建筑有限公司	项目负责人	×××	检验批容量	30件
分包单位	—	分包单位项目负责人	—	检验批部位	1层1~8轴/A~F轴幕墙支架
施工依据	××大厦铝合金结构施工方案		验收依据	《铝合金结构工程施工质量验收规范》GB 50576—2010	

验收项目					设计要求及规范规定	最小/实际抽样数量	检查记录	检查结果
主控项目	1	螺栓球、毂成型后外观质量			不应有裂纹、褶皱、过烧等缺陷	5/5	抽查5处，合格5处	√
	2	铝合金板压制成半圆球后外观质量			表面不应有裂纹、褶皱等缺陷	5/5	抽查5处，合格5处	√
	3	焊接球其对应坡口应采用机械加工，对接焊缝表面外观质量			应打磨平整	5/5	抽查5处，合格5处	√
一般项目	1	螺栓球加工	圆度	*d*≤120mm	1.0mm	5/5	抽查5处，合格5处	100%
				d>120mm	1.5mm	—	—	
			同一轴线上两铣平面的平行度	*d*≤120mm	0.1mm	5/5	抽查5处，合格5处	100%
				d>120mm	0.2mm	—	—	
			铣平面距球中心距离		±0.1mm	5/5	抽查5处，合格5处	100%
			相邻螺栓孔中心线夹角		±30′	5/5	抽查5处，合格5处	100%
			两铣平面与螺栓孔轴线垂直度		0.005r（r=1000mm）	5/5	抽查5处，合格5处	100%
			球、毂毛坯直径	*d*≤120mm	+2.0mm −0.5mm	5/5	抽查5处，合格5处	100%
				d>120mm	+3.0mm −1.0mm	—	—	—
	2	管杆件加工允许偏差		长度	±0.5	5/5	抽查5处，合格5处	100%
				端面对管轴垂直度	0.005r（r=1000mm）	5/5	抽查5处，合格5处	100%
				管口曲线	0.5	5/5	抽查5处，合格5处	100%
	3	毂加工允许偏差	毂的圆度		±0.005d，±1.0mm（d=100mm）	5/5	抽查5处，合格5处	100%
			嵌入圆孔对分布圆中心线的平行度		0.3mm	5/5	抽查5处，合格5处	100%
			分布圆直径		±0.3mm	5/5	抽查5处，合格5处	100%
			直槽对圆孔平行度		0.2mm	5/5	抽查5处，合格5处	100%
			嵌入槽夹角		±0.3°	5/5	抽查5处，合格5处	100%
			端面跳动		0.3mm	5/5	抽查5处，合格5处	100%
			端面平行度		0.5mm	5/5	抽查5处，合格5处	100%

施工单位检查结果	符合要求 专业工长：××× 项目专业质量检查员：××× ××年×月×日
监理单位验收结论	合格 专业监理工程师：××× ××年×月×日

十三、《铝合金零部件制孔检验批质量验收记录》填写范例

铝合金零部件制孔检验批质量验收记录

02060305　001

单位(子单位)工程名称	××大厦	分部(子分部)工程名称	主体结构/铝合金结构	分项工程名称	铝合金零部件加工
施工单位	××建筑有限公司	项目负责人	×××	检验批容量	30个
分包单位	—	分包单位项目负责人	—	检验批部位	1层1～8轴/A～F轴幕墙支架
施工依据	××大厦铝合金结构施工方案		验收依据	《铝合金结构工程施工质量验收规范》GB 50576—2010	

验收项目					设计要求及规范规定	最小/实际抽样数量	检查记录	检查结果
主控项目	1	A、B级螺栓孔(Ⅰ类孔)精度和孔壁表面粗糙度			第7.5.1条	3/3	抽查3处,合格3处	√
	2	A、B级螺栓孔径的允许偏差(mm)	螺栓公称直径	10～18	0.00,−0.18	3/3	抽查3处,合格3处	√
				18～30	0.00,−0.21	—	—	—
				30～50	0.00,−0.25	—	—	—
			螺栓孔直径	10～18	+0.18,0.00	—	—	—
				18～30	+0.21,0.00	—	—	—
				30～50	+0.25,0.00	—	—	—
	3	C级螺栓孔的允许偏差(mm)	直径		+1.0,0.00	—	—	—
			圆度		1.0	—	—	—
			垂直度		0.03t,且不大于1.5(t=　mm)	—	—	—
一般项目	1	螺栓孔位的允许偏差			±0.5mm	3/3	抽查3处,合格3处	100%
	2	孔距的允许偏差			±0.5mm	3/3	抽查3处,合格3处	100%
	3	孔距的累计偏差			±1.0mm	3/3	抽查3处,合格3处	100%
	4	铆钉通孔尺寸偏差			第7.5.3条	3/3	抽查3处,合格3处	100%
	5	沉头螺钉的沉孔尺寸偏差			第7.5.4条	—	—	—
	6	圆柱头、螺栓沉孔的尺寸偏差			第7.5.5条	—	—	—
	7	螺丝孔的尺寸偏差			第7.5.6条	3/3	抽查3处,合格3处	100%
施工单位检查结果	符合要求 专业工长:××× 项目专业质量检查员:××× ××年×月×日							
监理单位验收结论	合格 专业监理工程师:××× ××年×月×日							

十四、《铝合金零部件槽、豁、榫加工检验批质量验收记录》填写范例

铝合金零部件槽、豁、榫加工检验批质量验收记录

02060306 006

单位(子单位)工程名称	××大厦		分部(子分部)工程名称	主体结构/铝合金结构	分项工程名称	铝合金零部件加工	
施工单位	××建筑有限公司		项目负责人	×××	检验批容量	30件	
分包单位	—		分包单位项目负责人	—	检验批部位	1层1～8轴/A～F轴幕墙支架	
施工依据	××大厦铝合金结构施工方案			验收依据	《铝合金结构工程施工质量验收规范》GB 50576—2010		
验收项目			设计要求及规范规定	最小/实际抽样数量	检查记录		检查结果
主控项目	1 槽口尺寸的允许偏差(mm)	A	+0.5,0.0	3/3	抽查3处,合格3处		√
		B	+0.5,0.0	3/3	抽查3处,合格3处		√
		C	±0.5	3/3	抽查3处,合格3处		√
	2 豁口尺寸的允许偏差(mm)	A	+0.5,0.0	—	—		—
		B	+0.5,0.0	—	—		—
		C	±0.5	—	—		—
	3 榫头尺寸的允许偏差(mm)	A	0.0,−0.5	—	—		—
		B	0.0,−0.5	—	—		—
		C	±0.5	—	—		—
施工单位检查结果	符合要求 专业工长:××× 项目专业质量检查员:××× ××年×月×日						
监理单位验收结论	合格 专业监理工程师:××× ××年×月×日						

十五、《铝合金构件组装检验批质量验收记录》填写范例

铝合金构件组装检验批质量验收记录

02060402 002

<table>
<tr><td>单位(子单位)工程名称</td><td colspan="2">××大厦</td><td>分部(子分部)工程名称</td><td>主体结构/铝合金结构</td><td colspan="2">分项工程名称</td><td>铝合金构件组装</td></tr>
<tr><td>施工单位</td><td colspan="2">××建筑有限公司</td><td>项目负责人</td><td>×××</td><td colspan="2">检验批容量</td><td>30 件</td></tr>
<tr><td>分包单位</td><td colspan="2">—</td><td>分包单位项目负责人</td><td>—</td><td colspan="2">检验批部位</td><td>1 层~8 轴/A~F 轴幕墙支架</td></tr>
<tr><td>施工依据</td><td colspan="3">铝合金结构施工方案</td><td>验收依据</td><td colspan="3">《铝合金结构工程施工质量验收规范》GB 50576—2010</td></tr>
<tr><td colspan="3">验收项目</td><td>设计要求及规范规定</td><td>最小/实际抽样数量</td><td colspan="2">检查记录</td><td>检查结果</td></tr>
<tr><td rowspan="11">一般项目</td><td rowspan="2">1</td><td rowspan="2">单元构件长度(mm)</td><td>≤2000</td><td>±1.5</td><td>5/5</td><td>抽查 5 处,合格 5 处</td><td>100%</td></tr>
<tr><td>>2000</td><td>±2.0</td><td>—</td><td>—</td><td>—</td></tr>
<tr><td rowspan="2">2</td><td rowspan="2">单元构件宽度(mm)</td><td>≤2000</td><td>±1.5</td><td>5/5</td><td>抽查 5 处,合格 5 处</td><td>100%</td></tr>
<tr><td>>2000</td><td>±2.0</td><td>—</td><td>—</td><td>—</td></tr>
<tr><td rowspan="2">3</td><td rowspan="2">单元构件对角线长度(mm)</td><td>≤2000</td><td>≤2.5</td><td>5/5</td><td>抽查 5 处,合格 5 处</td><td>100%</td></tr>
<tr><td>>2000</td><td>≤3.0</td><td>—</td><td>—</td><td>—</td></tr>
<tr><td>4</td><td colspan="2">单元构件平面度</td><td>≤1.0</td><td>5/5</td><td>抽查 5 处,合格 5 处</td><td>100%</td></tr>
<tr><td>5</td><td colspan="2">接缝高低差</td><td>≤0.5</td><td>5/5</td><td>抽查 5 处,合格 5 处</td><td>100%</td></tr>
<tr><td>6</td><td colspan="2">接缝间隙</td><td>≤0.5</td><td>5/5</td><td>抽查 5 处,合格 5 处</td><td>100%</td></tr>
<tr><td>7</td><td colspan="2">顶紧接触面应有 75%以上的面积紧贴</td><td>第 8.2.2 条</td><td>10/10</td><td>抽查 10 处,合格 10 处</td><td>100%</td></tr>
<tr><td>8</td><td colspan="2">桁架结构杆件轴线交点错位允许偏差</td><td>≤3.0mm</td><td>3/5</td><td>抽查 5 处,合格 5 处</td><td>100%</td></tr>
<tr><td>施工单位检查结果</td><td colspan="7">符合要求
专业工长:×××
项目专业质量检查员:×××
××年×月×日</td></tr>
<tr><td>监理单位验收结论</td><td colspan="7">合格
专业监理工程师:×××
××年×月×日</td></tr>
</table>

十六、《铝合金构件端部铣平及安装焊缝坡口检验批质量验收记录》填写范例

铝合金构件端部铣平及安装焊缝坡口检验批质量验收记录

02060403 003

单位(子单位)工程名称	××大厦	分部(子分部)工程名称	主体结构/铝合金结构	分项工程名称	铝合金构件组装	
施工单位	××建筑有限公司	项目负责人	×××	检验批容量	30件	
分包单位	—	分包单位项目负责人	—	检验批部位	1层～8轴/A～F轴幕墙支架	
施工依据	铝合金结构施工方案		验收依据	《铝合金结构工程施工质量验收规范》GB 50576—2010		
验收项目		设计要求及规范规定	最小/实际抽样数量	检查记录	检查结果	
主控项目	1 端部铣平	两端铣平时构件长度	±1.0	3/3	抽查3处，合格3处	√
		两端铣平时零件长度	±0.5	3/3	抽查3处，合格3处	√
		铣平面的平面度	0.3	3/3	抽查3处，合格3处	√
		铣平面对轴线的垂直度	$L/1500$ (L=1000mm)	3/3	抽查3处，合格3处	√
一般项目	1 安装焊缝坡口	坡口角度	±5°	3/3	抽查3处，合格3处	100%
		钝边	±0.5mm	3/3	抽查3处，合格3处	100%
施工单位检查结果	符合要求 专业工长：××× 项目专业质量检查员：××× ××年×月×日					
监理单位验收结论	合格 专业监理工程师：××× ××年×月×日					

十七、《铝合金构件预拼装检验批质量验收记录》填写范例

铝合金构件预拼装检验批质量验收记录

02060501 001

<table>
<tr><td>单位(子单位)工程名称</td><td colspan="2">××大厦</td><td>分部(子分部)工程名称</td><td>主体结构/铝合金结构</td><td colspan="2">分项工程名称</td><td colspan="2">铝合金构件组装</td></tr>
<tr><td>施工单位</td><td colspan="2">××建筑有限公司</td><td>项目负责人</td><td>×××</td><td colspan="2">检验批容量</td><td colspan="2">30件</td></tr>
<tr><td>分包单位</td><td colspan="2">—</td><td>分包单位项目负责人</td><td>—</td><td colspan="2">检验批部位</td><td colspan="2">1层~8轴/A~F轴幕墙支架</td></tr>
<tr><td>施工依据</td><td colspan="3">铝合金结构施工方案</td><td>验收依据</td><td colspan="4">《铝合金结构工程施工质量验收规范》GB 50576—2010</td></tr>
<tr><td colspan="4">验收项目</td><td>设计要求及规范规定</td><td>最小/实际抽样数量</td><td colspan="2">检查记录</td><td>检查结果</td></tr>
<tr><td rowspan="2">主控项目</td><td rowspan="2">1</td><td rowspan="2">高强度螺栓和普通螺栓连接的多层板叠,孔的通过率</td><td>当采用比孔公称直径大1.0mm的试孔器检查</td><td>不应小于85%</td><td>全/120</td><td colspan="2">共120处,全部检查,合格120处</td><td>√</td></tr>
<tr><td>当采用比螺栓公称直径大0.3mm的试孔检查</td><td>应为100%</td><td>全/120</td><td colspan="2">抽查120处,合格120处</td><td>√</td></tr>
<tr><td rowspan="17">一般项目</td><td rowspan="5">1</td><td rowspan="5">桁架(mm)</td><td>跨度两端最外侧支撑面间距离</td><td>+5.0,−10.0</td><td>—</td><td colspan="2">—</td><td>—</td></tr>
<tr><td>接口截面错位</td><td>2.0</td><td>—</td><td colspan="2">—</td><td>—</td></tr>
<tr><td>拱度 设计要求起拱</td><td>$\pm L/5000$</td><td>—</td><td colspan="2">—</td><td>—</td></tr>
<tr><td>拱度 设计未要求起拱</td><td>$L/2000$,0</td><td>—</td><td colspan="2">—</td><td>—</td></tr>
<tr><td>节点处的杆件轴线错位</td><td>4.0</td><td>—</td><td colspan="2">—</td><td>—</td></tr>
<tr><td rowspan="4">2</td><td rowspan="4">管构件(mm)</td><td>预拼装单元总长</td><td>±5.0</td><td>—</td><td colspan="2">—</td><td>—</td></tr>
<tr><td>预拼装单元弯曲矢高</td><td>$L/1500$,且不应大于10.0</td><td>—</td><td colspan="2">—</td><td>—</td></tr>
<tr><td>对口错边</td><td>$t/10$,且不应大于3.0</td><td>—</td><td colspan="2">—</td><td>—</td></tr>
<tr><td>坡口间隙</td><td>+2.0,−1.0</td><td>—</td><td colspan="2">—</td><td>—</td></tr>
<tr><td rowspan="5">3</td><td rowspan="5">空间单元片(mm)</td><td>预拼装单元长、宽、对角线</td><td>5.0</td><td>全/4</td><td colspan="2">共4处,全部检查,合格4处</td><td>100%</td></tr>
<tr><td>预拼装单元弯曲矢高</td><td>$L/1500$,且不应大于10.0</td><td>全/4</td><td colspan="2">共4处,全部检查,合格4处</td><td>100%</td></tr>
<tr><td>接口错边</td><td>1.0</td><td>全/4</td><td colspan="2">共4处,全部检查,合格4处</td><td>100%</td></tr>
<tr><td>预拼装单元柱身扭曲</td><td>$h/200$,且不应大于5.0</td><td>全/4</td><td colspan="2">共4处,全部检查,合格4处</td><td>100%</td></tr>
<tr><td>顶紧面到任一支点距离</td><td>±2.0</td><td>全/4</td><td colspan="2">共4处,全部检查,合格4处</td><td>100%</td></tr>
<tr><td rowspan="2">4</td><td rowspan="2">零件、部件顶紧组装面</td><td>顶紧接触面紧贴</td><td>≥75%</td><td>全/4</td><td colspan="2">共4处,全部检查,合格4处</td><td>100%</td></tr>
<tr><td>边缘最大间隙</td><td>≤0.8mm</td><td>全/4</td><td colspan="2">共4处,全部检查,合格4处</td><td>100%</td></tr>
<tr><td colspan="2">施工单位检查结果</td><td colspan="7">符合要求
专业工长:×××
项目专业质量检查员:×××
××年×月×日</td></tr>
<tr><td colspan="2">监理单位验收结论</td><td colspan="7">合格
专业监理工程师:×××
××年×月×日</td></tr>
</table>

十八、《铝合金框架结构基础和支承面检验批质量验收记录》填写范例

铝合金框架结构基础和支承面检验批质量验收记录

02060601 001

单位(子单位)工程名称	××大厦	分部(子分部)工程名称	主体结构/铝合金结构	分项工程名称	铝合金框架结构安装
施工单位	××建筑有限公司	项目负责人	×××	检验批容量	20个
分包单位	—	分包单位项目负责人	—	检验批部位	1层~8轴/A~F轴幕墙支架
施工依据	铝合金结构施工方案		验收依据	《铝合金结构工程施工质量验收规范》GB 50576—2010	

验收项目				设计要求及规范规定	最小/实际抽样数量	检查记录	检查结果
主控项目	1	建筑物定位轴线(mm)	长 L_a	L_a/20000，且≤3.0	3/3	抽查3处,合格3处	√
			宽 L_b	L_b/20000，且≤3.0	3/3	抽查3处,合格3处	√
		基础上柱的定位轴线(mm)		1.0	3/3	抽查3处,合格3处	√
		基础上柱底标高(mm)		±2.0	3/3	抽查3处,合格3处	√
		地脚螺栓(锚栓)位移(mm)		2.0	3/3	抽查3处,合格3处	√
	2	支承面(mm)	标高	±2.0	3/3	抽查3处,合格3处	√
			水平度	1/1000	3/3	抽查3处,合格3处	√
		地脚螺栓(锚栓)中心偏移(mm)		5.0	3/3	抽查3处,合格3处	√
		预留孔中心偏移(mm)		10.0	3/3	抽查3处,合格3处	√
	3	座浆垫板(mm)	顶面标高	0.0,−3.0	3/3	抽查3处,合格3处	√
			水平度	1/1000	3/3	抽查3处,合格3处	√
			位置	20.0	3/3	抽查3处,合格3处	√
一般项目	1	螺栓(锚栓)露出长度(mm)		+30.0,0.0	3/3	抽查3处,合格3处	100%
	2	螺纹长度(mm)		+30.0,0.0	3/3	抽查3处,合格3处	100%
	3	地脚螺栓(锚栓)的螺纹应受到保护		第10.2.4条	3/3	抽查3处,合格3处	100%
施工单位检查结果	符合要求 专业工长:××× 项目专业质量检查员:××× ××年×月×日						
监理单位验收结论	合格 专业监理工程师:××× ××年×月×日						

十九、《铝合金框架结构总拼和安装检验批质量验收记录》填写范例

铝合金框架结构总拼和安装检验批质量验收记录

02060602 002

单位(子单位)工程名称	××大厦	分部(子分部)工程名称	主体结构/铝合金结构	分项工程名称	铝合金框架结构安装
施工单位	××建筑有限公司	项目负责人	×××	检验批容量	20件
分包单位	—	分包单位项目负责人	—	检验批部位	1层1～8轴/A～F轴幕墙支架
施工依据	铝合金结构施工方案		验收依据	《铝合金结构工程施工质量验收规范》GB 50576—2010	

类别	序号	验收项目			设计要求及规范规定	最小/实际抽样数量	检查记录	检查结果
主控项目	1	铝合金构件变形及涂层脱落			第10.3.1条	3/3	抽查3处,合格3处	√
主控项目	2	柱子安装(mm)	底层柱柱底轴线对定位轴线偏移		2.0	全/12	共12处,全部检查,合格12处	√
主控项目	2	柱子安装(mm)	柱子定位轴线		1.0	全/3	共3处,全部检查,合格3处	√
主控项目	2	柱子安装(mm)	单节柱的垂直度		h/1500,且≤8.0	全/4	共4处,全部检查,合格4处	√
主控项目	3	设计要求顶紧的节点	接触面紧贴		≥75%	3/3	抽查3处,合格3处	√
主控项目	3	设计要求顶紧的节点	边缘最大间隙		≤0.8mm	3/3	抽查3处,合格3处	√
主控项目	4	铝合金屋架、桁架、梁及受压杆件	跨中的垂直度(mm)		h/250,且不应大于15.0	—	—	—
主控项目	4	铝合金屋架、桁架、梁及受压杆件	侧向弯曲矢高(mm) l/1000,且不应大于10.0		—	—	—	—
主控项目	5	主体结构(mm)	整体垂直度	单层	H/1500,且≤8.0	全/3	共3处,全部检查,合格3处	√
主控项目	5	主体结构(mm)	整体垂直度	多层	H/1500+5.0,且≤20.0	—	—	—
主控项目	5	主体结构(mm)	整体平面弯曲		L/1500,且≤25.0	全/3	共3处,全部检查,合格3处	√
一般项目	1	铝合金柱等主要构件的中心线及标高基准点等标记应齐全			第10.3.6条	3/3	抽查3处,合格3处	√
一般项目	2	当铝合金结构安装在混凝土柱上时,其支座中心对定位轴线的偏差			≤10mm	3/3	抽查3处,合格3处	√
一般项目	3	单层铝合金结构中柱子安装(mm)	柱脚底座中心轴线对定位轴线的偏差		5.0	3/3	抽查3处,合格3处	√
一般项目	3	单层铝合金结构中柱子安装(mm)	柱基准点标高	有梁的柱	+3.0,-5.0	3/3	抽查3处,合格3处	√
一般项目	3	单层铝合金结构中柱子安装(mm)	柱基准点标高	无梁的柱	+5.0,-8.0	—	—	—
一般项目	3	单层铝合金结构中柱子安装(mm)	弯曲矢高		H/1200,且≤10.0	3/3	抽查3处,合格3处	√
一般项目	3	单层铝合金结构中柱子安装(mm)	柱轴线垂直度	单层柱	H/1500,且≤8.0	3/3	抽查3处,合格3处	√
一般项目	3	单层铝合金结构中柱子安装(mm)	柱轴线垂直度	多层柱	H/1500+5.0,且≤20.0	—	—	—

续表

验收项目					设计要求及规范规定	最小/实际抽样数量	检查记录	检查结果
一般项目	4	墙架、檩条等次要构件(mm)	墙架立柱	中心线对定位轴线的偏移	1.0	—	—	—
				垂直度	$H/1500$,且≤8.0	—	—	—
				弯曲矢高	$H/1000$,且≤15.0	—	—	—
			抗风桁架的垂直度		$H/250$,且≤15.0	—	—	—
			檩条、墙梁的间距		±5.0	—	—	—
			檩条的弯曲矢高		$L/750$,且≤12.0	—	—	—
			墙梁的弯曲矢高		$L/750$,且≤10.0	—	—	—
	5	铝合金平台、铝合金梯、防护栏杆安装(mm)	平台高度		±15.0	—	—	—
			平台梁水平度		$l/1000$,且≤20.0	—	—	—
			平台支柱垂直度		$H/1000$,且≤15.0	—	—	—
			承重平台梁侧向弯曲		$l/1000$,且≤10.0	—	—	—
			承重平台梁垂直度		$H/250$,且≤15.0	—	—	—
			直梯垂直度		$l/1000$,且≤15.0	—	—	—
			栏杆高度		±15.0	—	—	—
			栏杆立柱间距		±15.0	—	—	—
			平台高度		±15.0	—	—	—
	6	多层铝合金结构构件(mm)	上、下柱连接处的错口		3.0	—	—	—
			同一层柱的各柱顶高度差		5.0	—	—	—
			同一根梁两端顶面的高差		$l/1000$,且≤10.0	—	—	—
			主梁与次梁表面的高差		±2.0	—	—	—
			压型金属板在铝合金梁上相邻列的错位		15.0	—	—	—
	7	多层铝合金结构主体结构总高度(mm)	用相对标高控制安装		$\pm\Sigma(\Delta h+\Delta z+\Delta w)$	—	—	—
			用设计标高控制安装		$H/1000$,且≤30.0 $-H/1000$,且≤-30.0	—	—	—
	8	现场焊缝组对间隙(mm)	无垫板间隙		+3.0,0.0	3/3	抽查3处,合格3处	100%
			有垫板间隙		+3.0,−2.0	3/3	抽查3处,合格3处	100%
	9	铝合金结构表面质量			第10.3.14条	3/3	抽查3处,合格3处	100%
施工单位检查结果	符合要求 专业工长:××× 项目专业质量检查员:××× ××年×月×日							
监理单位验收结论	合格 专业监理工程师:××× ××年×月×日							

二十、《铝合金空间网格结构支承面检验批质量验收记录》填写范例

铝合金空间网格结构支承面检验批质量验收记录

02060701 001

单位(子单位)工程名称	××大厦	分部(子分部)工程名称	主体结构/铝合金结构	分项工程名称	铝合金空间网格结构安装
施工单位	××建筑有限公司	项目负责人	×××	检验批容量	50件
分包单位	—	分包单位项目负责人	—	检验批部位	1层1.8轴/A～F轴幕墙支架
施工依据	××大厦铝合金结构施工方案		验收依据	《铝合金结构工程施工质量验收规范》GB 53576—2010	

验收项目				设计要求及规范规定	最小/实际抽样数量	检查记录	检查结果
主控项目	1	铝合金空间网格结构支座定位轴线位置、支柱锚栓的规格		第11.2.1条	4/4	抽查4处,合格4处	√
	2	支承面顶板	位置	15.0	5/5	抽查5处,合格5处	√
			顶面标高	0,−3.0	5/5	抽查5处,合格5处	√
			顶面水平度	L/1000 (L=9000mm)	5/5	抽查5处,合格5处	√
		支座锚栓中心偏移		5.0	5/5	抽查5处,合格5处	√
	3	支承垫块的种类、规格、摆放位置和朝向		第11.2.3条	5/5	抽查5处,合格5处	√
		橡胶垫块与刚性垫块之间或不同类型刚性垫块之间不得互换使用		第11.2.3条	5/5	抽查5处,合格5处	√
	4	铝合金空间网格结构支座锚栓的紧固		第11.2.4条	5/5	抽查5处,合格5处	√
一般项目	1	支座锚栓	露出长度(mm)	+30.0,0.0	5/5	抽查5处,合格5处	100%
			螺纹长度(mm)	+30.0,0.0	5/5	抽查5处,合格5处	100%
	2	支座锚栓的螺纹		应受到保护	5/5	抽查5处,合格5处	100%
施工单位检查结果	符合要求 专业工长:××× 项目专业质量检查员:××× ××年×月×日						
监理单位验收结论	合格 专业监理工程师:××× ××年×月×日						

二十一、《铝合金空间网格结构总拼和安装检验批质量验收记录》填写范例

铝合金空间网格结构总拼和安装检验批质量验收记录

02060702 002

单位(子单位)工程名称	××大厦	分部(子分部)工程名称	主体结构/铝合金结构	分项工程名称	铝合金空间网格结构安装
施工单位	××建筑有限公司	项目负责人	×××	检验批容量	50件
分包单位	—	分包单位项目负责人	—	检验批部位	1层~8轴/A~F轴幕墙支架
施工依据	铝合金结构施工方案		验收依据	《铝合金结构工程施工质量验收规范》GB 50576—2010	

类别	序号	验收项目			设计要求及规范规定	最小/实际抽样数量	检查记录	检查结果
主控项目	1	小拼单元	节点中心偏移		2.0	5/5	抽查5处，合格5处	√
主控项目	1	小拼单元	杆件交汇节点与杆件中心的偏移		1.0	5/5	抽查5处，合格5处	√
主控项目	1	小拼单元	杆件轴线的弯曲矢高		L_1/1000，且≤5.0（L=1000mm）	5/5	抽查5处，合格5处	√
主控项目	1	小拼单元	锥体型小拼单元	弦杆长度	±2.0	5/5	抽查5处，合格5处	√
主控项目	1	小拼单元	锥体型小拼单元	锥体高度	±2.0	5/5	抽查5处，合格5处	√
主控项目	1	小拼单元	锥体型小拼单元	四角锥体上弦杆对角线长度	±3.0	5/5	抽查5处，合格5处	√
主控项目	1	小拼单元	平面桁架型小拼单元	跨长 ≤24m	+3.0，−7.0	5/5	抽查5处，合格5处	√
主控项目	1	小拼单元	平面桁架型小拼单元	跨长 >24m	+5.0，−10.0	5/5	抽查5处，合格5处	√
主控项目	1	小拼单元	平面桁架型小拼单元	跨中高度	±3.0	5/5	抽查5处，合格5处	√
主控项目	1	小拼单元	平面桁架型小拼单元	跨中拱度 设计起拱	±L/5000（L=6000mm）	5/5	抽查5处，合格5处	√
主控项目	1	小拼单元	平面桁架型小拼单元	跨中拱度 设计部起拱	+10.0	—	—	—
主控项目	2	中拼单元	单元长度小于等于20m，拼接长度	单跨	±10.0	—	—	—
主控项目	2	中拼单元	单元长度小于等于20m，拼接长度	多跨连续	±5.0	—	—	—
主控项目	2	中拼单元	单元长度大于20m，拼接长度	单跨	±20.0	—	—	—
主控项目	2	中拼单元	单元长度大于20m，拼接长度	多跨连续	±10.0	—	—	—
主控项目	3	节点承载力试验	按设计指定规格的连接板及其匹配的铝杆件连接成试件		第11.3.3条	—	符合设计要求	√
主控项目	3	节点承载力试验	按设计指定规格的连接板最大螺栓孔螺纹		第11.3.3条	—	符合设计要求	√
主控项目	4	测量挠度值	网格结构		≤1.5h	全/4	共4处，全部检查，合格4处	√
主控项目	4	测量挠度值	屋面工程		≤1.5h	—	—	—
一般项目	1	节点及杆件表面质量			第11.3.5条	10/10	抽查10处，合格10处	100%
一般项目	2	铝合金空间网格结构安装(mm)	纵向、横向长度		L/2000，且≤30.0 −L/2000，且≤−30.0	全/30	共30处，全部检查，合格30处	100%
一般项目	2	铝合金空间网格结构安装(mm)	支柱中心偏移		L/3000，且≤30.0	全/6	共6处，全部检查，合格6处	100%
一般项目	2	铝合金空间网格结构安装(mm)	周边支承结构相邻支座高差		L_1/400，且≤15.0	全/6	共6处，全部检查，合格6处	100%
一般项目	2	铝合金空间网格结构安装(mm)	支座最大高差		30.0	全/6	共6处，全部检查，合格6处	100%
一般项目	2	铝合金空间网格结构安装(mm)	多点支承格构相邻支座高差		L_1/800，且≤30.0	全/3	共3处，全部检查，合格3处	100%
施工单位检查结果	符合要求 专业工长：××× 项目专业质量检查员：××× ××年×月×日							
监理单位验收结论	合格 专业监理工程师：××× ××年×月×日							

二十二、《铝合金面板制作检验批质量验收记录》填写范例

铝合金面板制作检验批质量验收记录

02060802 002

单位(子单位)工程名称	××大厦	分部(子分部)工程名称	主体结构/铝合金结构	分项工程名称	铝合金面板
施工单位	××建筑有限公司	项目负责人	×××	检验批容量	30件
分包单位	—	分包单位项目负责人	—	检验批部位	1层1～8轴/A～F轴屋面
施工依据	铝合金结构施工方案		验收依据	《铝合金结构工程施工质量验收规范》GB 50576—2010	

		验收项目	设计要求及规范规定	最小/实际抽样数量	检查记录	检查结果
主控项目	1	铝合金面板成型后，其基板	不应有裂纹、裂边、腐蚀等缺陷	10/10	抽查10处，合格10处	√
	2	有涂层铝合金面板的漆膜	不应有肉眼可见的裂纹、剥落和擦痕等缺陷	10/10	抽查10处，合格10处	√
一般项目	1	铝合金面板尺寸允许偏差(mm)：波距	±2.0	10/10	抽查10处，合格10处	100%
		板高：截面高度≤70	±1.5	10/10	抽查10处，合格10处	100%
		板高：截面高度>70	±2.0	10/10	—	—
		肋高：直立锁边板	±1.0	10/10	抽查10处，合格10处	√
		卷边直径：直立锁边板	±0.5	10/10	—	—
		在测量长度 L_1 的范围内侧向弯曲	20.0	10/10	抽查10处，合格10处	100%
	2	铝合金面板成型后，表面质量	应干净，不应有明显的凹凸和皱褶等缺陷	10/10	抽查10处，合格10处	100%
	3	铝合金面板施工现场制作的允许偏差(mm)：铝合金面板(除直立锁边板)的覆盖宽度：截面高度≤70	+10.0 −2.0	10/10	抽查10处，合格10处	100%
		铝合金面板(除直立锁边板)的覆盖宽度：截面高度>70	+6.0 −2.0	—	—	—
		铝合金直立锁边板的覆盖宽度	+2.0 −5.0	10/10	抽查10处，合格10处	100%
		板长	±9.0	10/10	抽查10处，合格10处	100%
		横向剪切偏差	6.0	10/10	抽查10处，合格10处	100%
		泛水板、包角板尺寸：板长	±6.0mm	10/10	抽查10处，合格10处	100%
		泛水板、包角板尺寸：折弯曲宽度	±3.0mm	10/10	抽查10处，合格10处	100%
		泛水板、包角板尺寸：折弯曲夹角	2°	10/10	抽查10处，合格10处	100%
施工单位检查结果		符合要求 专业工长：××× 项目专业质量检查员：××× ××年×月×日				
监理单位验收结论		合格 专业监理工程师：××× ××年×月×日				

二十三、《铝合金面板安装检验批质量验收记录》填写范例

铝合金面板安装检验批质量验收记录

020608023 003

单位(子单位)工程名称	××大厦	分部(子分部)工程名称	主体结构/铝合金结构	分项工程名称	铝合金面板
施工单位	××建筑有限公司	项目负责人	×××	检验批容量	30件
分包单位	—	分包单位项目负责人	—	检验批部位	1层~8轴/A~F轴屋面
施工依据	铝合金结构施工方案		验收依据	《铝合金结构工程施工质量验收规范》GB 50576—2010	

验收项目					设计要求及规范规定	最小/实际抽样数量	检查记录	检查结果
主控项目	1	铝合金面板、泛水板和包角板	固定		应可靠、牢固	全/30	共30处，全部检查，合格30处	√
			防腐涂料涂刷和密封材料敷设		应完好	全/30	共30处，全部检查，合格30处	√
			连接件数量、间距		应符合规定	全/480	共480处，全部检查，合格480处	√
	2	固定支座安装允许偏差	相邻支座间距		+5.0，−2.0mm	10/10	抽查10处，合格10处	√
			倾斜角度		1°	10/10	抽查10处，合格10处	√
			平面角度		1°	10/10	抽查10处，合格10处	√
			相对高度	纵向	$a/200$	10/10	抽查10处，合格10处	√
				横向	5mm	10/10	抽查10处，合格10处	√
	3	铝合金面板在支承构件上的搭接长度(mm)	纵向	波高>70	350	10/10	抽查10处，合格10处	√
				波高≤70 屋面坡度<1/10	250	10/10	抽查10处，合格10处	√
				波高≤70 屋面坡度≥1/10	200	10/10	抽查10处，合格10处	√
			横向		≥1个波	10/10	抽查10处，合格10处	√
一般项目	1	面板伸入檐沟内的长度			≥150 mm	10/10	抽查10处，合格10处	100%
		面板与泛水的搭接长度			≥200 mm	10/10	抽查10处，合格10处	100%
		面板挑出墙面的长度			≥200 mm	10/10	抽查10处，合格10处	100%
	2	铝合金面板安装			应平整、顺直	10/10	抽查10处，合格10处	100%
		板面			无污染无错洞	10/10	抽查10处，合格10处	100%
		檐口线、泛水段			应顺直无起伏	10/10	抽查10处，合格10处	100%
	3	檐口与屋脊的平行度			12.0 mm	10/10	抽查10处，合格10处	100%
		铝合金面板波纹线对屋脊的垂直度			$L/800$，且≤25.0	10/10	抽查10处，合格10处	100%
		檐口相邻两块铝合金面板端部错位			6.0 mm	10/10	抽查10处，合格10处	100%
		铝合金面板卷边板件最大波浪高			4.0 mm	10/10	抽查10处，合格10处	100%
	4	铝合金面板搭接处质量			第12.3.7条	10/10	抽查10处，合格10处	100%
	5	每平米铝合金面板表面质量	0.1 mm~0.3 mm宽划伤痕		长度小于100mm不超过8条	10/10	抽查10处，合格10处	100%
			擦伤		不大于500mm²	10/10	抽查10处，合格10处	100%

施工单位检查结果	符合要求 专业工长：××× 项目专业质量检查员：××× ××年×月×日
监理单位验收结论	合格 专业监理工程师：××× ××年×月×日

二十四、《铝合金幕墙结构支承面检验批质量验收记录》填写范例

铝合金幕墙结构支承面检验批质量验收记录

02060901 001

<table>
<tr><td>单位(子单位)工程名称</td><td colspan="2">××大厦</td><td>分部(子分部)工程名称</td><td>主体结构/铝合金结构</td><td>分项工程名称</td><td colspan="2">铝合金幕墙结构安装</td></tr>
<tr><td>施工单位</td><td colspan="2">××建筑有限公司</td><td>项目负责人</td><td>×××</td><td>检验批容量</td><td colspan="2">60m²</td></tr>
<tr><td>分包单位</td><td colspan="2">—</td><td>分包单位项目负责人</td><td>—</td><td>检验批部位</td><td colspan="2">1层1～8轴/A～F轴幕墙</td></tr>
<tr><td>施工依据</td><td colspan="3">铝合金结构施工方案</td><td>验收依据</td><td colspan="3">《铝合金结构工程施工质量验收规范》GB 50576—2010</td></tr>
<tr><td colspan="3">验收项目</td><td>设计要求及规范规定</td><td>最小/实际抽样数量</td><td colspan="2">检查记录</td><td>检查结果</td></tr>
<tr><td rowspan="3">主控项目</td><td>1</td><td>铝合金幕墙结构支座定位轴线处锚栓的规格</td><td>第13.2.1条</td><td>6/6</td><td colspan="2">抽查6处,合格6处</td><td>√</td></tr>
<tr><td>2</td><td>幕墙结构预埋件和连接件的数量、埋设方法及防腐处理</td><td>第13.2.2条</td><td>6/6</td><td colspan="2">抽查6处,合格6处</td><td>√</td></tr>
<tr><td>3</td><td>预埋件的标高及位置的偏差</td><td>≤20mm</td><td>4/6</td><td colspan="2">抽查6处,合格6处</td><td>√</td></tr>
<tr><td>施工单位检查结果</td><td colspan="7">符合要求
专业工长:×××
项目专业质量检查员:×××
××年×月×日</td></tr>
<tr><td>监理单位验收结论</td><td colspan="7">合格
专业监理工程师:×××
××年×月×日</td></tr>
</table>

二十五、《铝合金幕墙结构总拼和安装检验批质量验收记录》填写范例

铝合金幕墙结构总拼和安装检验批质量验收记录

02060902 002

单位(子单位)工程名称	××大厦	分部(子分部)工程名称	主体结构/铝合金结构	分项工程名称	铝合金面板
施工单位	××建筑有限公司	项目负责人	×××	检验批容量	60 个
分包单位	—	分包单位项目负责人	—	检验批部位	1 层 1～8 轴/A～F 轴幕墙
施工依据	铝合金结构施工方案		验收依据	《铝合金结构工程施工质量验收规范》GB 50576—2010	

验收项目				设计要求及规范规定	最小/实际抽样数量	检查记录	检查结果
主控项目	1	铝合金幕墙结构所使用的各种材料、构件和组件的质量		第 13.3.1 条	—	质量证明文件齐全，通过进场验收	√
	2	铝合金幕墙结构与主体结构连接的各种预埋件、连接件、紧固件		第 13.3.2 条	—	检验合格，资料齐全	√
	3	各种连接件、紧固件	螺栓连接	第 13.3.3 条	全/150	抽查 150 处，合格 150 处	√
			焊接连接	第 13.3.3 条	全/150	抽查 150 处，合格 150 处	√
	4	构件整体垂直度	$h \leq 30m$	10mm	3/3	抽查 3 处，合格 3 处	√
			$60m \geq h > 30m$	15mm	—	—	—
			$90m \geq h > 60m$	20mm	—	—	—
			$150m \geq h > 90m$	25mm	—	—	—
			$h > 150m$	30mm	—		—
		竖向构件直线度		2.5mm	3/3	抽查 3 处，合格 3 处	√
		相邻两根竖向构件标高偏差		3mm	3/3	抽查 3 处，合格 3 处	√
		同层构件标高偏差		5mm	3/3	抽查 3 处，合格 3 处	√
		相邻两竖向构件间距偏差		2mm	3/3	抽查 3 处，合格 3 处	√
		构件外表面平面度	相邻三构件	2mm	3/3	抽查 3 处，合格 3 处	√
			$b \leq 20m$	5mm	3/3	抽查 3 处，合格 3 处	√
			$b \leq 40m$	7mm	—	—	—
			$b \leq 60m$	9mm	—	—	—
			$b \leq 60m$	10mm	—	—	—

续表

<table>
<tr><th colspan="4">验收项目</th><th>设计要求及规范规定</th><th>最小/实际抽样数量</th><th>检查记录</th><th>检查结果</th></tr>
<tr><td rowspan="14">主控项目</td><td rowspan="7">5</td><td rowspan="2">单个横向构件水平度</td><td>l≤2m</td><td>2mm</td><td>3/3</td><td>抽查3处,合格3处</td><td>√</td></tr>
<tr><td>l＞2m</td><td>3mm</td><td>—</td><td>—</td><td>—</td></tr>
<tr><td rowspan="2">相邻两横向构件间距差</td><td>s≤2m</td><td>1.5mm</td><td>3/3</td><td>抽查3处,合格3处</td><td>√</td></tr>
<tr><td>s＞2m</td><td>2mm</td><td>—</td><td>—</td><td>—</td></tr>
<tr><td colspan="2">相邻两横向构件的标高差</td><td>≤1mm</td><td>3/3</td><td>抽查3处,合格3处</td><td>√</td></tr>
<tr><td rowspan="2">横向构件高度差</td><td>b≤35m</td><td>5mm</td><td>3/3</td><td>抽查3处,合格3处</td><td>√</td></tr>
<tr><td>b＞35m</td><td>7mm</td><td>—</td><td>—</td><td>—</td></tr>
<tr><td rowspan="2">6</td><td rowspan="2">分格线对角线差</td><td>≤2m</td><td>3mm</td><td>3/3</td><td>抽查3处,合格3处</td><td>√</td></tr>
<tr><td>＞2m</td><td>3.5mm</td><td>—</td><td>—</td><td>—</td></tr>
<tr><td rowspan="3">7</td><td rowspan="3">立柱连接(mm)</td><td>芯管材质、规格</td><td>设计要求</td><td>3/3</td><td>抽查3处,合格3处</td><td>√</td></tr>
<tr><td>芯管插入上下立柱的总长度</td><td>≤250</td><td>3/3</td><td>抽查3处,合格3处</td><td>√</td></tr>
<tr><td>上下两立柱间的空隙</td><td>≤15mm</td><td>3/3</td><td>抽查3处,合格3处</td><td>√</td></tr>
<tr><td rowspan="3">一般项目</td><td rowspan="2">1</td><td rowspan="2">支座锚栓</td><td>露出长度(mm)</td><td>+30.0,0.0</td><td>全/60</td><td>共60处,全部检查,合格60处</td><td>100%</td></tr>
<tr><td>螺纹长度(mm)</td><td>+30.0,0.0</td><td>全/60</td><td>共60处,全部检查,合格60处</td><td>100%</td></tr>
<tr><td>2</td><td colspan="2">支座锚栓的螺纹</td><td>应受到保护</td><td>全/60</td><td>共60处,全部检查,合格60处</td><td>100%</td></tr>
<tr><td colspan="2">施工单位检查结果</td><td colspan="6">符合要求
专业工长:×××
项目专业质量检查员:×××
××年×月×日</td></tr>
<tr><td colspan="2">监理单位验收结论</td><td colspan="6">合格
专业监理工程师:×××
××年×月×日</td></tr>
</table>

二十六、《阳极氧化检验批质量验收记录》填写范例

阳极氧化检验批质量验收记录

02061002 002

<table>
<tr><td colspan="2">单位(子单位)工程名称</td><td>××大厦</td><td>分部(子分部)工程名称</td><td>主体结构/铝合金结构</td><td>分项工程名称</td><td>防腐处理</td></tr>
<tr><td colspan="2">施工单位</td><td>××建筑有限公司</td><td>项目负责人</td><td>×××</td><td>检验批容量</td><td>60 根</td></tr>
<tr><td colspan="2">分包单位</td><td>—</td><td>分包单位项目负责人</td><td>—</td><td>检验批部位</td><td>1 层 1～8 轴/A～F 轴幕墙支架</td></tr>
<tr><td colspan="2">施工依据</td><td colspan="2">铝合金结构施工方案</td><td>验收依据</td><td colspan="2">《铝合金结构工程施工质量验收规范》GB 50576—2010</td></tr>
<tr><td colspan="3">验收项目</td><td>设计要求及规范规定</td><td>最小/实际抽样数量</td><td>检查记录</td><td>检查结果</td></tr>
<tr><td rowspan="2">主控项目</td><td>1</td><td>阳极氧化膜的厚度</td><td>第 14.2.1 条</td><td>—</td><td>质量证明文件齐全，通过进场验收</td><td>√</td></tr>
<tr><td>2</td><td>阳极氧化产品不应有电灼伤/氧化膜脱落等影响使用的缺陷</td><td>第 14.2.2 条</td><td>全/60</td><td>全数检查，无划伤，无脱落现象</td><td>√</td></tr>
<tr><td rowspan="2">一般项目</td><td>1</td><td>阳极氧化膜的封孔质量</td><td>第 14.2.3 条</td><td>—</td><td>质量证明文件齐全，通过进场验收</td><td>√</td></tr>
<tr><td>2</td><td>阳极氧化膜颜色及色差</td><td>第 14.2.4 条</td><td>—</td><td>质量证明文件齐全，通过进场验收</td><td>√</td></tr>
<tr><td colspan="2">施工单位检查结果</td><td colspan="5">符合要求
专业工长：×××
项目专业质量检查员：×××
××年×月×日</td></tr>
<tr><td colspan="2">监理单位验收结论</td><td colspan="5">合格
专业监理工程师：×××
××年×月×日</td></tr>
</table>

二十七、《涂装检验批质量验收记录》填写范例

涂装检验批质量验收记录

02061003 003

单位(子单位)工程名称		××大厦	分部(子分部)工程名称	主体结构/铝合金结构	分项工程名称	防腐处理
施工单位		××建筑有限公司	项目负责人	×××	检验批容量	20根
分包单位		—	分包单位项目负责人	—	检验批部位	1层1～8轴/A～F轴幕墙支架
施工依据		铝合金结构施工方案	验收依据	《铝合金结构工程施工质量验收规范》GB 50576—2010		
验收项目			设计要求及规范规定	最小/实际抽样数量	检查记录	检查结果
主控项目	1	电泳涂漆复合膜的厚度	第14.3.1条	—	检验合格,报告编号××××	√
	2	装饰面上粉末喷涂的涂层的最小局部厚度和最大局部厚度	第14.3.2条	—	全数检查,喷涂均匀	√
	3	装饰面上氟碳喷涂的漆膜厚度	第14.3.3条	—	—	—
	4	电泳涂漆前型材外观质量和漆膜质量	第14.3.4条	全/20	抽查20处,合格 处	√
	5	粉末喷涂型材装饰面上的涂层质量	第14.3.5条	—	—	—
	6	氟碳喷涂型材装饰面上的涂层质量	第14.3.6条	—	—	—
一般项目	1	电泳涂漆型材的漆膜附着力、漆膜硬度	第14.3.7条	—	检验合格,报告编号××××	√
	2	电泳涂漆型材漆膜的颜色及色差	第14.3.8条	全/20	抽查20处,合格20处	100%
	3	粉末喷涂型材漆膜的耐冲击性、附着力、压痕硬度、光泽、杯突试验	第14.3.9条	—	—	—
	4	粉末喷涂型材漆膜的颜色及色差	第14.3.10条	—	—	—
	5	氟碳喷涂型材漆膜的硬度、耐冲击性、附着力、光泽	第14.3.11条	—	—	—
	6	氟碳喷涂型材漆膜的颜色及色差	第14.3.12条	—	—	—
施工单位检查结果		符合要求 专业工长:××× 项目专业质量检查员:××× ××年×月×日				
监理单位验收结论		合格 专业监理工程师:××× ××年×月×日				

二十八、《隔离检验批质量验收记录》填写范例

隔离检验批质量验收记录

02061004 005

<table>
<tr><td colspan="3">单位(子单位)工程名称</td><td>××大厦</td><td>分部(子分部)工程名称</td><td>主体结构/铝合金结构</td><td>分项工程名称</td><td colspan="2">防腐处理</td></tr>
<tr><td colspan="3">施工单位</td><td>××建筑有限公司</td><td>项目负责人</td><td>×××</td><td>检验批容量</td><td colspan="2">60 件</td></tr>
<tr><td colspan="3">分包单位</td><td>—</td><td>分包单位项目负责人</td><td>—</td><td>检验批部位</td><td colspan="2">1 层 1～8 轴/A～F 轴幕墙支架</td></tr>
<tr><td colspan="3">施工依据</td><td colspan="2">铝合金结构施工方案</td><td>验收依据</td><td colspan="3">《铝合金结构工程施工质量验收规范》GB 50576—2010</td></tr>
<tr><td colspan="4">验 收 项 目</td><td>设计要求及规范规定</td><td>最小/实际抽样数量</td><td colspan="2">检 查 记 录</td><td>检查结果</td></tr>
<tr><td rowspan="2">主控项目</td><td>1</td><td colspan="2">当铝合金材料与不锈钢以外的其他金属材料或含酸性、碱性的非金属材料接触、紧固时，应采用隔离材料</td><td>第 14.4.1 条</td><td>全/60</td><td colspan="2">抽查 60 处，合格 60 处</td><td>√</td></tr>
<tr><td>2</td><td colspan="2">隔离材料严禁与铝合金材料及相接触的其他金属材料产生电偶腐蚀</td><td>第 14.4.2 条</td><td>全/60</td><td colspan="2">抽查 60 处，合格 60 处</td><td>√</td></tr>
<tr><td colspan="3">施工单位检查结果</td><td colspan="6">符合要求
专业工长：×××
项目专业质量检查员：×××
××年×月×日</td></tr>
<tr><td colspan="3">监理单位验收结论</td><td colspan="6">合格
专业监理工程师：×××
××年×月×日</td></tr>
</table>

第六节　木结构工程检验批质量验收记录

一、《方木和原木结构检验批质量验收记录》填写范例

方木和原木结构检验批质量验收记录

02070101 001

单位(子单位)工程名称	××大厦	分部(子分部)工程名称	主体结构/木结构	分项工程名称	方木和原木结构
施工单位	××有限公司	项目负责人	×××	检验批容量	10件
分包单位	—	分包单位项目负责人	—	检验批部位	1号木房
施工依据	《木结构工程施工规范》GB/T 50772—2012		验收依据	《木结构工程施工质量验收规范》GB 50206—2012	

验收项目				设计要求及规范规定	最小/实际抽样数量	检查记录	检查结果
主控项目	1	方木、原木结构的形式、结构布置和构件尺寸		设计要求	全/10	抽查10处,合格10处	√
主控项目	2	结构用木材应符合设计文件的规定,并应具有产品质量合格证书		第4.2.2条	—	质量证明文件齐全,通过进场验收	√
主控项目	3	进场木材均应作弦向静曲强度见证检验		第4.2.3条	—	检验合格,报告编号××××	√
主控项目	4	方木、原木及板材的目测材质等级		第4.2.4条	—	检验合格,报告编号××××	√
主控项目	5	各类构件制作时及构件进场时木材的平均含水率	原木或方木	≤25%	5/5	抽查5处,合格5处	√
主控项目	5	各类构件制作时及构件进场时木材的平均含水率	板材及规格材	≤20%	5/5	抽查5处,合格5处	√
主控项目	5	各类构件制作时及构件进场时木材的平均含水率	受拉构件的连接板	≤18%	5/5	抽查5处,合格5处	√
主控项目	5	各类构件制作时及构件进场时木材的平均含水率	处于通风条件不畅环境下的木构件	≤20%	5/5	抽查5处,合格5处	√
主控项目	6	承重钢构件和连接所用钢材检验		第4.2.6条	/全	试验合格,报告编号	√
主控项目	7	焊条质量检验		第4.2.7条	/全	试验合格,报告编号	√
主控项目	8	螺栓、螺帽质量检验		第4.2.8条	/全	试验合格,报告编号	√
主控项目	9	圆钉质量检验		第4.2.9条	/全	试验合格,报告编号	√
主控项目	10	圆钢拉杆质量要求		第4.2.10条	全/10	抽查10处,合格10处	√
主控项目	11	承重钢构件中焊缝焊脚高度和焊接质量		第4.2.11条	/全	质量证明文件齐全,通过进场验收	√
主控项目	12	钉连接、螺栓连接节点的连接件(钉、螺栓)的规格、数量		第4.2.12条	全/10	抽查10处,合格10处	√

续表

验收项目					设计要求及规范规定	最小/实际抽样数量	检查记录	检查结果
主控项目	13	木桁架支座节点的齿连接和螺栓连接			第 4.2.13 条	全/ 10	抽查 10 处,合格 10 处	√
	14	抗震设防烈度为 8 度及以上时,抗震措施要求			第 4.2.14 条	全/ 10	抽查 10 处,合格 10 处	√
一般项目	1	构件截面尺寸	方木和胶合木构件截面的高度、宽度		－3mm	全/ 10	抽查 10 处,合格 10 处	√
			板材厚度、宽度		－2mm	全 / 10	抽查 10 处,合格 10 处	√
			原木构件梢径		－5mm	全/ 10	抽查 10 处,合格 10 处	√
		构件长度	长度≤15m		±10mm	全/ 10	抽查 10 处,合格 10 处	√
			长度＞15m		±15mm	—	—	—
		桁架高度	长度≤15m		±10mm	全/ 10	抽查 10 处,合格 10 处	√
			长度＞15m		±15mm	—	—	—
		受压或压弯构件纵向弯曲	方木、胶合木构件		$L/500$(L=/)	—	—	—
			原木构件		$L/200$(L=1200)	/ 10	抽查 10 处,合格 10 处	√
		弦杆节点间距			±5mm	全/ 10	抽查 10 处,合格 10 处	√
		齿连接刻槽深度			±2mm	全/ 10	抽查 10 处,合格 10 处	√
		支座节点受剪面	长度		－10mm	全/ 10	抽查 10 处,合格 10 处	√
			宽度	方木、胶合木	－3mm	全/ 10	抽查 10 处,合格 10 处	√
				方木、胶合木	－4mm	—	—	—
		螺栓中心间距	进孔处		±0.2d(d=20mm)	全/ 10	抽查 10 处,合格 10 处	√
			出孔处	垂直木纹方向	±0.5d 且不大于 4B/100(d=20mm)	全/ 10	抽查 10 处,合格 10 处	√
				顺木纹方向	±1d(d=20mm)	全/ 10	抽查 10 处,合格 10 处	√
		钉进孔处的中心间距			±1d(d=10)	/ 10	抽查 10 处,合格 10 处	√
		桁架起拱	支座下弦中心线		±20mm	全/ 10	抽查 10 处,合格 10 处	√
			跨中下弦中心线		－10mm	全/ 10	抽查 10 处,合格 10 处	√
	2	齿连接应符合规范要求			第 4.3.2 条	全/ 10	抽查 10 处,合格 10 处	100%

续表

验收项目				设计要求及规范规定	最小/实际抽样数量	检查记录	检查结果
一般项目	3	螺栓连接(含受拉接头)的螺栓数目、排列方式、间隙、边距和端距		第 4.3.3 条	全/ 10	抽查 10 处,合格 10 处	100%
	4	钉连接质量		第 4.3.4 条	全/ 10	抽查 10 处,合格 10 处	100%
	5	木构件受压接头		第 4.3.5 条	全/ 10	抽查 10 处,合格 10 处	100%
	6	木桁架、梁及柱的安装	结构中心线的间距	±20mm	全/ 10	抽查 10 处,合格 10 处	100%
			垂直度	$H/200$ 且不大于 15(H=3400)	全/ 10	抽查 10 处,合格 10 处	100%
			受压或压弯构件纵向弯曲	$L/300$(L=3000)	全/ 10	抽查 10 处,合格 10 处	100%
			支座轴线对支承面的中心位移	10mm	全/ 10	抽查 10 处,合格 10 处	100%
			支座标高	±5mm	全/ 10	抽查 10 处,合格 10 处	100%
	7	屋面木构架的安装允许偏差	檩条、椽条 方木、胶合木截面	−2mm	全/ 10	抽查 10 处,合格 10 处	100%
			檩条、椽条 原木梢径	−5mm	全/ 10	抽查 10 处,合格 10 处	100%
			檩条、椽条 间距	−10mm	全/ 10	抽查 10 处,合格 10 处	100%
			檩条、椽条 方木、胶合木上表面平直	4mm	全/ 10	抽查 10 处,合格 10 处	100%
			檩条、椽条 原木上表面平直	7mm	全/ 10	抽查 10 处,合格 10 处	100%
			油毡搭接宽度	−10mm	全/ 10	抽查 10 处,合格 10 处	100%
			挂瓦条间距	±5mm	全/ 10	抽查 10 处,合格 10 处	100%
			封山、封檐板平直 下边缘	5mm	全/ 10	抽查 10 处,合格 10 处	100%
			封山、封檐板平直 表面	8mm	全/ 10	抽查 10 处,合格 10 处	100%
	8	屋盖结构支撑系统的完整性		第 4.3.8 条	/1	抽查 1 处,合格 1 处	100%
施工单位检查结果	符合要求 专业工长:××× 项目专业质量检查员:××× ××年×月×日						
监理单位验收结论	合格 专业监理工程师:××× ××年×月×日						

二、《胶合木结构检验批质量验收记录》填写范例

胶合木结构检验批质量验收记录

02070101 001

<table>
<tr><td>单位(子单位)工程名称</td><td colspan="2">××大厦</td><td colspan="2">分部(子分部)工程名称</td><td>主体结构/木结构</td><td>分项工程名称</td><td>胶合木结构</td></tr>
<tr><td>施工单位</td><td colspan="2">××有限公司</td><td colspan="2">项目负责人</td><td>×××</td><td>检验批容量</td><td>10件</td></tr>
<tr><td>分包单位</td><td colspan="2">—</td><td colspan="2">分包单位项目负责人</td><td>—</td><td>检验批部位</td><td>1号木房</td></tr>
<tr><td>施工依据</td><td colspan="4">《木结构工程施工规范》GB/T 50772—2012</td><td>验收依据</td><td colspan="2">《木结构工程施工质量验收规范》GB 50206—2012</td></tr>
<tr><td colspan="4">验收项目</td><td>设计要求及规范规定</td><td>最小/实际抽样数量</td><td>检查记录</td><td>检查结果</td></tr>
<tr><td rowspan="9">主控项目</td><td>1</td><td colspan="2">胶合木结构的结构形式、结构布置和构件截面尺寸</td><td>第5.2.1条</td><td>全/10</td><td>抽查10处，合格10处</td><td>√</td></tr>
<tr><td>2</td><td colspan="2">结构用层板胶合木的类别、强度等级和组坯方式</td><td>第5.2.2条</td><td>—</td><td>质量证明文件齐全，通过进场验收</td><td>√</td></tr>
<tr><td>3</td><td colspan="2">胶合木受弯构件应作荷载效应标准组合作用下的抗弯性能见证检验</td><td>第5.2.3条</td><td>—</td><td>试验合格，报告编号××××</td><td>√</td></tr>
<tr><td>4</td><td colspan="2">弧形构件的曲率半径及其偏差</td><td>第5.2.4条</td><td>全/10</td><td>抽查10处，合格10处</td><td>√</td></tr>
<tr><td>5</td><td colspan="2">层板胶合木构件平均含水率</td><td>第5.2.5条</td><td>5/5</td><td>抽查5处，合格5处</td><td>√</td></tr>
<tr><td>6</td><td colspan="2">承重钢构件和连接所用钢材检验</td><td>第4.2.6条</td><td>全/10</td><td>抽查10处，合格10处</td><td>√</td></tr>
<tr><td>7</td><td colspan="2">焊条质量检验</td><td>第4.2.7条</td><td>/10</td><td>质量证明文件齐全，通过进场验收</td><td>√</td></tr>
<tr><td>8</td><td colspan="2">螺栓、螺帽质量检验</td><td>第4.2.8条</td><td>全/10</td><td>抽查10处，合格10处</td><td>√</td></tr>
<tr><td>9</td><td colspan="2">各连接节点的连接件类别、规格和数量</td><td>第5.2.9条</td><td>全/10</td><td>抽查10处，合格10处</td><td>√</td></tr>
<tr><td rowspan="4">一般项目</td><td rowspan="4">1</td><td colspan="2">层板胶合木构造及外观要求</td><td>第5.3.1条</td><td>全/10</td><td>抽查10处，合格10处</td><td>100%</td></tr>
<tr><td rowspan="3">构件截面尺寸</td><td>方木和胶合木构件截面的高度、宽度</td><td>−3mm</td><td>全/10</td><td>抽查10处，合格9处</td><td>90%</td></tr>
<tr><td>板材厚度、宽度</td><td>−2mm</td><td>全/10</td><td>抽查10处，合格9处</td><td>90%</td></tr>
<tr><td>原木构件梢径</td><td>−5mm</td><td>—</td><td>—</td><td>—</td></tr>
</table>

续表

<table>
<tr><th colspan="5">验 收 项 目</th><th>设计要求及规范规定</th><th>最小/实际抽样数量</th><th>检 查 记 录</th><th>检查结果</th></tr>
<tr><td rowspan="11">一般项目</td><td rowspan="11">2</td><td rowspan="2">构件长度</td><td colspan="2">长度不大于 15m</td><td>±10mm</td><td>全/ 10</td><td>抽查 10 处，合格 9 处</td><td>90%</td></tr>
<tr><td colspan="2">长度大于 15m</td><td>±15mm</td><td>—</td><td>—</td><td>—</td></tr>
<tr><td rowspan="2">桁架高度</td><td colspan="2">长度不大于 15m</td><td>±10mm</td><td>全/ 10</td><td>抽查 10 处，合格 9 处</td><td>90%</td></tr>
<tr><td colspan="2">长度大于 15m</td><td>±15mm</td><td>—</td><td>—</td><td>—</td></tr>
<tr><td rowspan="2">受压或压弯构件纵向弯曲</td><td colspan="2">方木、胶合木构件</td><td>L/500(L=3000)</td><td>全/ 10</td><td>抽查 10 处，合格 9 处</td><td>90%</td></tr>
<tr><td colspan="2">原木构件</td><td>L/200(L=/)</td><td>—</td><td>—</td><td>—</td></tr>
<tr><td colspan="3">弦杆节点间距</td><td>±5mm</td><td>全/ 10</td><td>抽查 10 处，合格 9 处</td><td>90%</td></tr>
<tr><td colspan="3">齿连接刻槽深度</td><td>±2mm</td><td>全/ 10</td><td>抽查 10 处，合格 9 处</td><td>90%</td></tr>
<tr><td rowspan="3">支座节点受剪面</td><td colspan="2">长度</td><td>−10mm</td><td>全/ 10</td><td>抽查 10 处，合格 9 处</td><td>90%</td></tr>
<tr><td rowspan="2">宽度</td><td>方木、胶合木</td><td>−3mm</td><td>全 / 10</td><td>抽查 10 处，合格 9 处</td><td>90%</td></tr>
<tr><td>原木</td><td>原木−4mm</td><td>—</td><td>—</td><td>—</td></tr>
<tr><td colspan="3">施工单位检查结果</td><td colspan="6">符合要求
专业工长：×××
项目专业质量检查员：×××
××年×月×日</td></tr>
<tr><td colspan="3">监理单位验收结论</td><td colspan="6">合格
专业监理工程师：×××
××年×月×日</td></tr>
</table>

三、《轻型木结构检验批质量验收记录》填写范例

轻型木结构检验批质量验收记录

02070301 001

<table>
<tr><td>单位(子单位)工程名称</td><td colspan="2">××大厦</td><td>分部(子分部)工程名称</td><td>主体结构/木结构</td><td>分项工程名称</td><td colspan="2">轻型木结构</td></tr>
<tr><td>施工单位</td><td colspan="2">××有限公司</td><td>项目负责人</td><td>×××</td><td>检验批容量</td><td colspan="2">10件</td></tr>
<tr><td>分包单位</td><td colspan="2">—</td><td>分包单位项目负责人</td><td>—</td><td>检验批部位</td><td colspan="2">1号木房</td></tr>
<tr><td>施工依据</td><td colspan="3">《木结构工程施工规范》GB/T 50772—2012</td><td>验收依据</td><td colspan="3">《木结构工程施工质量验收规范》GB 50206—2012</td></tr>
<tr><td colspan="3">验 收 项 目</td><td>设计要求及规范规定</td><td>最小/实际抽样数量</td><td colspan="2">检 查 记 录</td><td>检查结果</td></tr>
<tr><td rowspan="12">主控项目</td><td>1</td><td>轻型木结构的承重墙(包括剪力墙)、柱、楼盖、屋盖布置、抗倾覆措施及屋盖抗掀起措施</td><td>第6.2.1条</td><td>全/10</td><td colspan="2">抽查10处，合格10处</td><td>√</td></tr>
<tr><td>2</td><td>进场规格材应有产品质量合格证书和产品标识</td><td>第6.2.2条</td><td>—</td><td colspan="2">质量证明文件齐全，通过进场验收</td><td>√</td></tr>
<tr><td rowspan="2">3</td><td>进场目测分等规格材</td><td>第6.2.3条</td><td>—</td><td colspan="2">试验合格，报告编号</td><td>√</td></tr>
<tr><td>进场机械分等规格材</td><td>第6.2.3条</td><td>—</td><td colspan="2">试验合格，报告编号</td><td>√</td></tr>
<tr><td>4</td><td>所用规格材的树种、材质等级和规格，以及覆面板的种类和规格</td><td>第6.2.4条</td><td>—</td><td colspan="2">种类、规格与设计相符，质量证明文件齐全</td><td>√</td></tr>
<tr><td>5</td><td>规格材的平均含水率</td><td>≤20%</td><td>5/5</td><td colspan="2">抽查5处，合格5处</td><td>√</td></tr>
<tr><td>6</td><td>木基结构板材质量及检验</td><td>第6.2.6条</td><td>—</td><td colspan="2">试验合格，报告编号</td><td>√</td></tr>
<tr><td>7</td><td>进场结构复合木材和工字形木搁栅质量及检验</td><td>第6.2.7条</td><td>—</td><td colspan="2">质量证明文件齐全，通过进场验收</td><td>√</td></tr>
<tr><td>8</td><td>齿板桁架应由专业加工厂加工制作，并应有产品质量合格证书</td><td>第6.2.8条</td><td>—</td><td colspan="2">质量证明文件齐全，通过进场验收</td><td>√</td></tr>
<tr><td>9</td><td>承重钢构件和连接所用钢材检验</td><td>第4.2.6条</td><td>—</td><td colspan="2">质量证明文件齐全，通过进场验收</td><td>√</td></tr>
<tr><td>10</td><td>焊条质量检验</td><td>第4.2.7条</td><td>—</td><td colspan="2">质量证明文件齐全，通过进场验收</td><td>√</td></tr>
<tr><td>11</td><td>螺栓、螺帽质量检验</td><td>第4.2.8条</td><td>—</td><td colspan="2">质量证明文件齐全，通过进场验收</td><td>√</td></tr>
</table>

续表

<table>
<tr><th colspan="3">验收项目</th><th>设计要求及规范规定</th><th>最小/实际抽样数量</th><th>检查记录</th><th>检查结果</th></tr>
<tr><td rowspan="5">主控项目</td><td rowspan="2">12</td><td>金属连接件应冲压成型，及产品质量合格证书和材质合格保证</td><td>第6.2.10条</td><td>—</td><td>质量证明文件齐全，通过进场验收</td><td>√</td></tr>
<tr><td>镀锌防锈层厚度不应小于275g/m²</td><td>第6.2.10条</td><td>—</td><td>质量证明文件齐全，通过进场验收</td><td>√</td></tr>
<tr><td>13</td><td>金属连接件的规格、钉连接的用钉规格与数量</td><td>第6.2.11条</td><td>全/10</td><td>抽查10处，合格10处</td><td>√</td></tr>
<tr><td>14</td><td>采用构造设计时各类构件间的钉连接</td><td>第6.2.12条</td><td>全/10</td><td>抽查10处，合格10处</td><td>√</td></tr>
<tr><td rowspan="4">一般项目</td><td>1</td><td>承重墙(含剪力墙)构造规定</td><td>第6.3.1条</td><td>全/10</td><td>抽查10处，合格10处</td><td>100%</td></tr>
<tr><td>2</td><td>楼盖各项构造的规定</td><td>第6.3.2条</td><td>全/10</td><td>抽查10处，合格10处</td><td>100%</td></tr>
<tr><td>3</td><td>齿板桁架的进场验收</td><td>第6.3.3条</td><td>2/2</td><td>抽查2处,合格2处</td><td>100%</td></tr>
<tr><td>4</td><td>屋盖各项构造的规定</td><td>第6.3.4条</td><td>全/10</td><td>抽查10处，合格10处</td><td>100%</td></tr>
<tr><td colspan="2">施工单位检查结果</td><td colspan="5">符合要求
专业工长:×××
项目专业质量检查员:×××
××年×月×日</td></tr>
<tr><td colspan="2">监理单位验收结论</td><td colspan="5">合格
专业监理工程师:×××
××年×月×日</td></tr>
</table>

四、《木结构防护检验批质量验收记录》填写范例

木结构防护检验批质量验收记录

02070401 001

单位(子单位)工程名称	××大厦	分部(子分部)工程名称	主体结构/木结构	分项工程名称	木结构防护
施工单位	××有限公司	项目负责人	×××	检验批容量	10件
分包单位	—	分包单位项目负责人	—	检验批部位	1号木房
施工依据	《木结构工程施工规范》GB/T 50772—2012		验收依据	《木结构工程施工质量验收规范》GB 50206—2012	

验收项目			设计要求及规范规定	最小/实际抽样数量	检查记录	检查结果
主控项目	1	所使用的防腐、防虫及防火和阻燃药剂	第7.2.1条	—	质量证明文件齐全，通过进场验收	√
	1	经化学药剂防腐处理后的每批次木构件(包括成品防腐木材)检验	第7.2.1条	—	检验合格，报告编号	√
	2	经化学药剂防腐处理后进场的每批次木构件应进行透入度见证检验	第7.2.2条	—	检验合格，报告编号	√
	3	木结构构件的各项防腐构造措施	第7.2.3条	全/10	抽查10处，合格10处	√
	4	木构件防火阻燃	第7.2.4条	—	检验合格，资料齐全	√
	5	包覆材料的防火性能和厚度	第7.2.5条	—	检验合格，资料齐全	√
	6	炊事、采暖等所用烟道、烟囱防火构造	第7.2.6条	全/5	抽查5处，合格5处	√
	7	墙体、楼盖、屋盖空腔内现场填充的保温、隔热、吸声等材料	第7.2.7条	—	检验合格，资料齐全	√
	8	电源线敷设	第7.2.8条	全/10	抽查10处，合格10处	√
	9	埋设或穿越木结构的各类管道敷设	第7.2.9条	全/10	抽查10处，合格10处	√
	10	木结构中外露钢构件及未作镀锌处理的金属连接件	第7.2.10条	全/10	抽查10处，合格10处	√
一般项目	1	经防护处理的木构件的防护层	第7.3.1条	全/10	抽查10处，合格10处	100%
	2	墙体和顶棚采用石膏板(防火或普通石膏板)作覆面板并兼作防火材料时，紧固件(钉子或木螺钉)贯入构件的深度	第7.3.2条	全/10	抽查10处，合格10处	100%
	3	木结构外墙的防护构造措施	第7.3.4条	全/10	抽查10处，合格10处	100%
	4	防火隔断材料及构造要求	第7.3.4条	全/10	抽查10处，合格10处	100%
施工单位检查结果		符合要求 专业工长：××× 项目专业质量检查员：××× ××年×月×日				
监理单位验收结论		合格 专业监理工程师：××× ××年×月×日				

第七节　屋面工程检验批质量验收记录

一、《找坡层检验批质量验收记录》填写范例

找坡层检验批质量验收记录

04010101 001

单位(子单位)工程名称	××大厦	分部(子分部)工程名称	屋面/基层与保护	分项工程名称	找坡层
施工单位	××建筑有限公司	项目负责人	×××	检验批容量	800m²
分包单位	—	分包单位项目负责人	—	检验批部位	1～4/A～D轴屋面
施工依据	《屋面工程技术规范》GB 50345—2012		验收依据	《屋面工程质量验收规范》GB 50207—2012	

验收项目			设计要求及规范规定	最小/实际抽样数量	检查记录	检查结果
主控项目	1	材料质量及配合比	设计要求	—	检验合格，报告编号××××	√
主控项目	2	排水坡度	设计要求3%	8/8	抽检8处，合格8处	√
一般项目	1	找坡层表面平整度	7mm	8/8	抽检8处，合格8处	100%
施工单位检查结果	符合要求 专业工长：××× 项目专业质量检查员：××× ××年×月×日					
监理单位验收结论	合格 专业监理工程师：××× ××年×月×日					

二、《找平层检验批质量验收记录》填写范例

找平层检验批质量验收记录

04010201 001

<table>
<tr><td colspan="2">单位(子单位)工程名称</td><td>××大厦</td><td>分部(子分部)工程名称</td><td>屋面/基层与保护</td><td>分项工程名称</td><td>找平层</td></tr>
<tr><td colspan="2">施工单位</td><td>××建筑有限公司</td><td>项目负责人</td><td>×××</td><td>检验批容量</td><td>800m²</td></tr>
<tr><td colspan="2">分包单位</td><td>—</td><td>分包单位项目负责人</td><td>—</td><td>检验批部位</td><td>1～4/A～D轴屋面</td></tr>
<tr><td colspan="2">施工依据</td><td colspan="2">《屋面工程技术规范》GB 50345—2012</td><td>验收依据</td><td colspan="2">《屋面工程质量验收规范》GB 50207—2012</td></tr>
<tr><td colspan="3">验 收 项 目</td><td>设计要求及规范规定</td><td>最小/实际抽样数量</td><td>检 查 记 录</td><td>检查结果</td></tr>
<tr><td rowspan="2">主控项目</td><td>1</td><td>材料质量及配合比</td><td>设计要求</td><td>—</td><td>检验合格，报告编号××××</td><td>√</td></tr>
<tr><td>2</td><td>排水坡度</td><td>设计要求 3%</td><td>8/8</td><td>抽检 8 处，合格 8 处</td><td>√</td></tr>
<tr><td rowspan="4">一般项目</td><td>1</td><td>找平层表面</td><td>第 4.2.7 条</td><td>8/8</td><td>抽检 8 处，合格 8 处</td><td>100%</td></tr>
<tr><td>2</td><td>交接处和转角处</td><td>第 4.2.8 条</td><td>8/8</td><td>抽检 8 处，合格 8 处</td><td>100%</td></tr>
<tr><td>3</td><td>分格缝的位置和间距</td><td>第 4.2.9 条</td><td>8/8</td><td>抽检 8 处，合格 8 处</td><td>100%</td></tr>
<tr><td>4</td><td>找平层表面平整度</td><td>5mm</td><td>8/8</td><td>抽检 8 处，合格 8 处</td><td>100%</td></tr>
<tr><td colspan="2">施工单位检查结果</td><td colspan="5">符合要求
专业工长：×××
项目专业质量检查员：×××
××年×月×日</td></tr>
<tr><td colspan="2">监理单位验收结论</td><td colspan="5">合格
专业监理工程师：×××
××年×月×日</td></tr>
</table>

三、《隔汽层检验批质量验收记录》填写范例

隔汽层检验批质量验收记录

04010301 001

<table>
<tr><td colspan="2">单位(子单位)
工程名称</td><td>××大厦</td><td>分部(子分部)
工程名称</td><td>屋面/基层
与保护</td><td>分项工程名称</td><td colspan="2">隔汽层</td></tr>
<tr><td colspan="2">施工单位</td><td>××建筑有限公司</td><td>项目负责人</td><td>×××</td><td>检验批容量</td><td colspan="2">800m²</td></tr>
<tr><td colspan="2">分包单位</td><td>—</td><td>分包单位项目
负责人</td><td>—</td><td>检验批部位</td><td colspan="2">1～4/A～D
轴屋面</td></tr>
<tr><td colspan="2">施工依据</td><td colspan="2">《屋面工程技术规范》
GB 50345—2012</td><td>验收依据</td><td colspan="3">《屋面工程质量验收规范》
GB 50207—2012</td></tr>
<tr><td colspan="3">验 收 项 目</td><td>设计要求及
规范规定</td><td>最小/实际
抽样数量</td><td colspan="2">检 查 记 录</td><td>检查
结果</td></tr>
<tr><td rowspan="2">主控项目</td><td>1</td><td>材料质量</td><td>设计要求</td><td>—</td><td colspan="2">检验合格，报告编号××××</td><td>√</td></tr>
<tr><td>2</td><td>隔汽层</td><td>不得有破损</td><td>8/8</td><td colspan="2">抽检8处，合格8处</td><td>√</td></tr>
<tr><td rowspan="2">一般项目</td><td>1</td><td>卷材隔汽层铺设、搭接和密封</td><td>第4.3.8条</td><td>8/8</td><td colspan="2">抽检8处，合格8处</td><td>100%</td></tr>
<tr><td>2</td><td>涂膜隔汽层黏结和表面</td><td>第4.3.9条</td><td>8/8</td><td colspan="2">抽检8处，合格8处</td><td>100%</td></tr>
<tr><td colspan="2">施工单位
检查结果</td><td colspan="6">符合要求
专业工长：×××
项目专业质量检查员：×××
××年×月×日</td></tr>
<tr><td colspan="2">监理单位
验收结论</td><td colspan="6">合格
专业监理工程师：×××
××年×月×日</td></tr>
</table>

四、《隔离层检验批质量验收记录》填写范例

隔离层检验批质量验收记录

04010401 001

<table>
<tr><td>单位(子单位)工程名称</td><td colspan="2">××大厦</td><td>分部(子分部)工程名称</td><td>屋面/基层与保护</td><td>分项工程名称</td><td colspan="2">隔离层</td></tr>
<tr><td>施工单位</td><td colspan="2">××建筑有限公司</td><td>项目负责人</td><td>×××</td><td>检验批容量</td><td colspan="2">800m²</td></tr>
<tr><td>分包单位</td><td colspan="2">—</td><td>分包单位项目负责人</td><td>—</td><td>检验批部位</td><td colspan="2">1～4/A～D轴屋面</td></tr>
<tr><td>施工依据</td><td colspan="3">《屋面工程技术规范》GB 50345—2012</td><td>验收依据</td><td colspan="3">《屋面工程质量验收规范》GB 50207—2012</td></tr>
<tr><td colspan="3">验收项目</td><td>设计要求及规范规定</td><td>最小/实际抽样数量</td><td colspan="2">检查记录</td><td>检查结果</td></tr>
<tr><td rowspan="2">主控项目</td><td>1</td><td>材料质量及配合比</td><td>设计要求</td><td>—</td><td colspan="2">检验合格，报告编号××××</td><td>√</td></tr>
<tr><td>2</td><td>隔离层</td><td>不得破损和漏铺</td><td>/全</td><td colspan="2">抽检8处，合格8处</td><td>√</td></tr>
<tr><td rowspan="3">一般项目</td><td>1</td><td>塑料膜、土工布、卷材铺设</td><td>第4.4.5条</td><td>/全</td><td colspan="2">抽检8处，合格8处</td><td>100%</td></tr>
<tr><td>2</td><td>搭接宽度</td><td>≥50mm</td><td>8/8</td><td colspan="2">抽检8处，合格8处</td><td>100%</td></tr>
<tr><td>3</td><td>低强度等级砂浆表面</td><td>第4.4.6条</td><td>/全</td><td colspan="2">抽检8处，合格8处</td><td>100%</td></tr>
<tr><td>施工单位检查结果</td><td colspan="7">符合要求
专业工长：×××
项目专业质量检查员：×××
××年×月×日</td></tr>
<tr><td>监理单位验收结论</td><td colspan="7">合格
专业监理工程师：×××
××年×月×日</td></tr>
</table>

五、《保护层检验批质量验收记录》填写范例

保护层检验批质量验收记录

04010501 001

<table>
<tr><td>单位(子单位)工程名称</td><td colspan="3">××大厦</td><td>分部(子分部)工程名称</td><td>屋面/基层与保护</td><td>分项工程名称</td><td colspan="3">保护层</td></tr>
<tr><td>施工单位</td><td colspan="3">××建筑有限公司</td><td>项目负责人</td><td>×××</td><td>检验批容量</td><td colspan="3">800m²</td></tr>
<tr><td>分包单位</td><td colspan="3">—</td><td>分包单位项目负责人</td><td>—</td><td>检验批部位</td><td colspan="3">1～4/A～D轴屋面</td></tr>
<tr><td>施工依据</td><td colspan="4">《屋面工程技术规范》GB 50345—2012</td><td>验收依据</td><td colspan="4">《屋面工程质量验收规范》GB 50207—2012</td></tr>
<tr><td colspan="3">验收项目</td><td colspan="3">设计要求及规范规定</td><td>最小/实际抽样数量</td><td colspan="2">检查记录</td><td>检查结果</td></tr>
<tr><td rowspan="3">主控项目</td><td>1</td><td>材料质量及配合比</td><td colspan="3">设计要求</td><td>—</td><td colspan="2">检验合格，报告编号×××</td><td>√</td></tr>
<tr><td>2</td><td>强度等级</td><td colspan="3">设计要求 C25</td><td>—</td><td colspan="2">检验合格，报告编号×××</td><td>√</td></tr>
<tr><td>3</td><td>表面排水坡度</td><td colspan="3">设计要求3%</td><td>8/8</td><td colspan="2">抽查8处，合格8处</td><td>√</td></tr>
<tr><td rowspan="9">一般项目</td><td>1</td><td>块体材料保护层表面质量</td><td colspan="3">第4.5.9条</td><td>8/8</td><td colspan="2">抽查8处，合格8处</td><td>100%</td></tr>
<tr><td>2</td><td>细石混凝土、水泥砂浆保护层不得有裂纹等缺陷</td><td colspan="3">第4.5.10条</td><td>8/8</td><td colspan="2">抽查8处，合格8处</td><td>100%</td></tr>
<tr><td>3</td><td>浅色涂料与防水层黏结牢固，不得漏涂</td><td colspan="3">第4.5.11条</td><td>8/8</td><td colspan="2">抽查8处，合格8处</td><td>100%</td></tr>
<tr><td colspan="2" rowspan="2">检查项目</td><td colspan="3">允许偏差(mm)</td><td rowspan="2">最小/实际抽样数量</td><td colspan="2" rowspan="2">检查记录</td><td rowspan="2">检查结果</td></tr>
<tr><td>块体材料 ☑</td><td>水泥砂浆 □</td><td>细石混凝 □</td></tr>
<tr><td>4</td><td>表面平整度</td><td>4.0</td><td>4.0</td><td>4.0</td><td>8/8</td><td colspan="2">抽查8处，合格8处</td><td>100%</td></tr>
<tr><td>5</td><td>缝格平直</td><td>3.0</td><td>3.0</td><td>3.0</td><td>8/8</td><td colspan="2">抽查8处，合格8处</td><td>100%</td></tr>
<tr><td>6</td><td>接缝高低差</td><td>1.5</td><td>—</td><td>—</td><td>8/8</td><td colspan="2">抽查8处，合格8处</td><td>100%</td></tr>
<tr><td>7</td><td>板块间隙宽度</td><td>2</td><td>—</td><td>—</td><td>8/8</td><td colspan="2">抽查8处，合格8处</td><td>100%</td></tr>
<tr><td></td><td>8</td><td>保护层厚度</td><td colspan="3">设计厚度的10%，且不得大于5mm</td><td>8/8</td><td colspan="2">抽查8处，合格8处</td><td>100%</td></tr>
<tr><td>施工单位检查结果</td><td colspan="9">符合要求
专业工长：×××
项目专业质量检查员：×××
××年×月×日</td></tr>
<tr><td>监理单位验收结论</td><td colspan="9">合格
专业监理工程师：×××
××年×月×日</td></tr>
</table>

六、《板状材料保温层检验批质量验收记录》填写范例

板状材料保温层检验批质量验收记录

04020101 001

<table>
<tr><td>单位(子单位)工程名称</td><td colspan="2">××大厦</td><td>分部(子分部)工程名称</td><td>屋面/保温与隔热</td><td>分项工程名称</td><td colspan="2">板状材料保温层</td></tr>
<tr><td>施工单位</td><td colspan="2">××建筑有限公司</td><td>项目负责人</td><td>×××</td><td>检验批容量</td><td colspan="2">800m²</td></tr>
<tr><td>分包单位</td><td colspan="2">—</td><td>分包单位项目负责人</td><td>—</td><td>检验批部位</td><td colspan="2">1～4/A～D轴屋面</td></tr>
<tr><td>施工依据</td><td colspan="3">《屋面工程技术规范》GB 50345—2012</td><td>验收依据</td><td colspan="3">《屋面工程质量验收规范》GB 50207—2012</td></tr>
<tr><td colspan="3">验 收 项 目</td><td>设计要求及规范规定</td><td>最小/实际抽样数量</td><td colspan="2">检 查 记 录</td><td>检查结果</td></tr>
<tr><td rowspan="3">主控项目</td><td>1</td><td>材料质量</td><td>设计要求</td><td>—</td><td colspan="2">检验合格，报告编号××××</td><td>√</td></tr>
<tr><td>2</td><td>保温层的厚度</td><td>设计要求50mm</td><td>8/8</td><td colspan="2">抽查8处，合格8处</td><td>√</td></tr>
<tr><td>3</td><td>屋面热桥部位</td><td>设计要求</td><td>8/8</td><td colspan="2">抽查8处，合格8处</td><td>√</td></tr>
<tr><td rowspan="4">一般项目</td><td>1</td><td>保温材料铺设</td><td>第5.2.7条</td><td>8/8</td><td colspan="2">抽查8处，合格8处</td><td>100%</td></tr>
<tr><td>2</td><td>固定件设置</td><td>第5.2.8条</td><td>8/8</td><td colspan="2">抽查8处，合格8处</td><td>100%</td></tr>
<tr><td>3</td><td>表面平整度</td><td>5mm</td><td>8/8</td><td colspan="2">抽查8处，合格8处</td><td>100%</td></tr>
<tr><td>4</td><td>接缝高低差</td><td>2mm</td><td>8/8</td><td colspan="2">抽查8处，合格8处</td><td>100%</td></tr>
<tr><td>施工单位检查结果</td><td colspan="7">符合要求
专业工长：×××
项目专业质量检查员：×××
××年×月×日</td></tr>
<tr><td>监理单位验收结论</td><td colspan="7">合格
专业监理工程师：×××
××年×月×日</td></tr>
</table>

七、《纤维材料保温层检验批质量验收记录》填写范例

纤维材料保温层检验批质量验收记录

04020201 001

<table>
<tr><td>单位(子单位)工程名称</td><td colspan="3">××大厦</td><td>分部(子分部)工程名称</td><td>屋面/保温与隔热</td><td>分项工程名称</td><td colspan="2">纤维材料保温层</td></tr>
<tr><td>施工单位</td><td colspan="3">××建筑有限公司</td><td>项目负责人</td><td>×××</td><td>检验批容量</td><td colspan="2">800m²</td></tr>
<tr><td>分包单位</td><td colspan="3">—</td><td>分包单位项目负责人</td><td>—</td><td>检验批部位</td><td colspan="2">1～4/A～D轴屋面</td></tr>
<tr><td>施工依据</td><td colspan="4">《屋面工程技术规范》GB 50345—2012</td><td>验收依据</td><td colspan="3">《屋面工程质量验收规范》GB 50207—2012</td></tr>
<tr><td colspan="3">验 收 项 目</td><td colspan="2">设计要求及规范规定</td><td>最小/实际抽样数量</td><td colspan="2">检 查 记 录</td><td>检查结果</td></tr>
<tr><td rowspan="3">主控项目</td><td>1</td><td>保温材料质量</td><td colspan="2">第5.3.3条</td><td>—</td><td colspan="2">检验合格，报告编号××××</td><td>√</td></tr>
<tr><td>2</td><td>保温层的厚度</td><td colspan="2">设计要求50mm</td><td>8/8</td><td colspan="2">抽查8处，合格8处</td><td>√</td></tr>
<tr><td>3</td><td>屋面热桥部位处理</td><td colspan="2">第5.3.5条</td><td>8/8</td><td colspan="2">抽查8处，合格8处</td><td>√</td></tr>
<tr><td rowspan="4">一般项目</td><td>1</td><td>保温材料铺设</td><td colspan="2">第5.3.6条</td><td>8/8</td><td colspan="2">抽查8处，合格8处</td><td>100%</td></tr>
<tr><td>2</td><td>固定件设置</td><td colspan="2">第5.3.7条</td><td>8/8</td><td colspan="2">抽查8处，合格8处</td><td>100%</td></tr>
<tr><td>3</td><td>装配式骨架和水泥纤维板铺设质量</td><td colspan="2">第5.3.8条</td><td>8/8</td><td colspan="2">抽查8处，合格8处</td><td>100%</td></tr>
<tr><td>4</td><td>具有抗水蒸气渗透外覆面的玻璃棉制品铺设质量</td><td colspan="2">第5.3.9条</td><td>8/8</td><td colspan="2">抽查8处，合格8处</td><td>100%</td></tr>
<tr><td>施工单位检查结果</td><td colspan="8">符合要求
专业工长：×××
项目专业质量检查员：×××
××年×月×日</td></tr>
<tr><td>监理单位验收结论</td><td colspan="8">合格
专业监理工程师：×××
××年×月×日</td></tr>
</table>

八、《喷涂硬泡聚氨酯保温层检验批质量验收记录》填写范例

喷涂硬泡聚氨酯保温层检验批质量验收记录

04020301 001

<table>
<tr><td>单位(子单位)工程名称</td><td colspan="2">××大厦</td><td>分部(子分部)工程名称</td><td>屋面/保温与隔热</td><td>分项工程名称</td><td colspan="2">喷涂硬泡聚氨酯保温层</td></tr>
<tr><td>施工单位</td><td colspan="2">××建筑有限公司</td><td>项目负责人</td><td>×××</td><td>检验批容量</td><td colspan="2">800m²</td></tr>
<tr><td>分包单位</td><td colspan="2">—</td><td>分包单位项目负责人</td><td>—</td><td>检验批部位</td><td colspan="2">1～4/A～D轴屋面</td></tr>
<tr><td>施工依据</td><td colspan="3">《屋面工程技术规范》GB 50345—2012</td><td>验收依据</td><td colspan="3">《屋面工程质量验收规范》GB 50207—2012</td></tr>
<tr><td colspan="3">验收项目</td><td>设计要求及规范规定</td><td>最小/实际抽样数量</td><td colspan="2">检查记录</td><td>检查结果</td></tr>
<tr><td rowspan="3">主控项目</td><td>1</td><td>原材料的质量及配合比</td><td>设计要求</td><td>—</td><td colspan="2">检验合格，报告编号××××</td><td>√</td></tr>
<tr><td>2</td><td>保温层厚度</td><td>设计要求 60mm</td><td>8/8</td><td colspan="2">抽查 8 处，合格 8 处</td><td>√</td></tr>
<tr><td>3</td><td>屋面热桥部位处理</td><td>设计要求</td><td>8/全</td><td colspan="2">抽查 8 处，合格 8 处</td><td>√</td></tr>
<tr><td rowspan="2">一般项目</td><td>1</td><td>表面质量</td><td>第 5.4.9 条</td><td>8/全</td><td colspan="2">抽查 8 处，合格 8 处</td><td>100%</td></tr>
<tr><td>2</td><td>表面平整度</td><td>5mm</td><td>8/8</td><td colspan="2">抽查 8 处，合格 8 处</td><td>100%</td></tr>
<tr><td>施工单位检查结果</td><td colspan="7">符合要求
专业工长：×××
项目专业质量检查员：×××
××年×月×日</td></tr>
<tr><td>监理单位验收结论</td><td colspan="7">合格
专业监理工程师：×××
××年×月×日</td></tr>
</table>

九、《现浇泡沫混凝土保温层检验批质量验收记录》填写范例

现浇泡沫混凝土保温层检验批质量验收记录

04020401 001

单位(子单位)工程名称		××大厦	分部(子分部)工程名称	屋面/保温与隔热	分项工程名称	现浇泡沫混凝土保温层
施工单位		××建筑有限公司	项目负责人	×××	检验批容量	$800m^2$
分包单位		—	分包单位项目负责人	—	检验批部位	1～4/A～D轴屋面
施工依据		《屋面工程技术规范》GB 50345—2012		验收依据	《屋面工程质量验收规范》GB 50207—2012	
验收项目			设计要求及规范规定	最小/实际抽样数量	检查记录	检查结果
主控项目	1	原材料的质量及配合比	设计要求	—	检验合格，报告编号××××	√
主控项目	2	保温层厚度	设计要求50mm	8/8	抽查8处，合格8处	√
主控项目	3	屋面热桥部位处理	设计要求	8/8	抽查8处，合格8处	√
一般项目	1	表面质量	第5.5.8条	8/8	抽查8处，合格8处	100%
一般项目	2	混凝土不得有贯通裂缝等缺陷	第5.5.9条	8/8	抽查8处，合格8处	100%
一般项目	3	表面平整度	5mm	8/8	抽查8处，合格8处	100%
施工单位检查结果		符合要求 专业工长：××× 项目专业质量检查员：××× ××年×月×日				
监理单位验收结论		合格 专业监理工程师：××× ××年×月×日				

十、《种植隔热层检验批质量验收记录》填写范例

种植隔热层检验批质量验收记录

04020501 001

单位(子单位)工程名称		××大厦	分部(子分部)工程名称	屋面/保温与隔热	分项工程名称	种植隔热层
施工单位		××建筑有限公司	项目负责人	×××	检验批容量	800m²
分包单位		—	分包单位项目负责人	—	检验批部位	1～4/A～D轴屋面
施工依据		《屋面工程技术规范》GB 50345—2012		验收依据	《屋面工程质量验收规范》GB 50207—2012	
验收项目			设计要求及规范规定	最小/实际抽样数量	检查记录	检查结果
主控项目	1	所用材料的质量	设计要求	—	检验合格，报告编号××××	√
	2	排水层	应与排水系统连通	8/8	抽查8处，合格8处	√
	3	泄水孔的留设	设计要求	8/8	抽查8处，合格8处	√
一般项目	1	陶粒铺设应平整均匀，厚度应符合要求	设计要求150mm	8/8	抽查8处，合格8处	100%
	2	排水板铺设	第5.6.10条	8/8	抽查8处，合格8处	100%
	3	过滤层土工布铺设	第5.6.11条	8/8	抽查8处，合格8处	100%
	4	过滤层土工布搭接宽度	－10mm	8/8	抽查8处，合格8处	100%
	5	种植土铺设	第5.6.12条	8/8	抽查8处，合格8处	100%
	6	种植土的厚度	±5%，且不大于30mm	8/8	抽查8处，合格8处	100%
施工单位检查结果	符合要求 专业工长：××× 项目专业质量检查员：××× ××年×月×日					
监理单位验收结论	合格 专业监理工程师：××× ××年×月×日					

十一、《架空隔热层检验批质量验收记录》填写范例

架空隔热层检验批质量验收记录

04020601 001

单位(子单位)工程名称	××大厦	分部(子分部)工程名称	屋面/保温与隔热	分项工程名称	架空隔热层
施工单位	××建筑有限公司	项目负责人	×××	检验批容量	800m²
分包单位	—	分包单位项目负责人	—	检验批部位	1~4/A~D轴屋面
施工依据	《屋面工程技术规范》GB 50345—2012		验收依据	《屋面工程质量验收规范》GB 50207—2012	

验收项目			设计要求及规范规定	最小/实际抽样数量	检查记录	检查结果
主控项目	1	架空隔热制品的质量	砌块 MU 10	—	检验合格,报告编号××××	√
			混凝土板 C 20	—	检验合格,报告编号××××	√
	2	架空隔热制品的铺设	应平整、稳固,缝隙勾填应密实	8/8	抽查8处,合格8处	√
一般项目	1	隔热制品距山墙或女儿墙距离	≥250mm	8/8	抽查8处,合格8处	100%
	2	隔热层的高度及变形缝做法	设计要求	8/全	抽查8处,合格8处	100%
	3	接缝高低差	3mm	8/8	抽查8处,合格8处	100%
施工单位检查结果	符合要求 专业工长:××× 项目专业质量检查员:××× ××年×月×日					
监理单位验收结论	合格 专业监理工程师:××× ××年×月×日					

十二、《蓄水隔热层检验批质量验收记录》填写范例

蓄水隔热层检验批质量验收记录

04020701 001

<table>
<tr><td>单位(子单位)工程名称</td><td colspan="3">××大厦</td><td>分部(子分部)工程名称</td><td>屋面/保温与隔热</td><td>分项工程名称</td><td colspan="2">蓄水隔热层</td></tr>
<tr><td>施工单位</td><td colspan="3">××建筑有限公司</td><td>项目负责人</td><td>×××</td><td>检验批容量</td><td colspan="2">800m²</td></tr>
<tr><td>分包单位</td><td colspan="3">—</td><td>分包单位项目负责人</td><td>—</td><td>检验批部位</td><td colspan="2">1～4/A～D轴屋面</td></tr>
<tr><td>施工依据</td><td colspan="4">《屋面工程技术规范》GB 50345—2012</td><td>验收依据</td><td colspan="3">《屋面工程质量验收规范》GB 50207—2012</td></tr>
<tr><td colspan="4">验收项目</td><td>设计要求及规范规定</td><td>最小/实际抽样数量</td><td colspan="2">检查记录</td><td>检查结果</td></tr>
<tr><td rowspan="3">主控项目</td><td>1</td><td colspan="2">防水混凝土原材料质量及配合比</td><td>设计要求</td><td>—</td><td colspan="2">质量证明文件齐全，试验合格，报告编号××××</td><td>√</td></tr>
<tr><td>2</td><td colspan="2">抗压强度和抗渗性能</td><td>设计要求 C 25，P 6</td><td>—</td><td colspan="2">检验合格，报告编号××××</td><td>√</td></tr>
<tr><td>3</td><td colspan="2">蓄水池</td><td>不得有渗漏现象</td><td>/8</td><td colspan="2">共 8 处，全部检查，合格 8 处</td><td>√</td></tr>
<tr><td rowspan="7">一般项目</td><td>1</td><td colspan="2">表面密实和平整度</td><td>第 5.8.8 条</td><td>8/8</td><td colspan="2">抽查 8 处，合格 8 处</td><td>100%</td></tr>
<tr><td>2</td><td colspan="2">防水混凝土表面的裂缝宽度</td><td>≤0.2mm</td><td>8/8</td><td colspan="2">抽查 8 处，合格 8 处</td><td>100%</td></tr>
<tr><td>3</td><td colspan="2">留设的溢水口等，位置、标高和尺寸</td><td>第 5.8.10 条</td><td>8/8</td><td colspan="2">抽查 8 处，合格 8 处</td><td>100%</td></tr>
<tr><td rowspan="4">4</td><td rowspan="4">蓄水池结构的允许偏差(mm)</td><td>长度、宽度</td><td>+15，−10</td><td>8/8</td><td colspan="2">抽查 8 处，合格 8 处</td><td>100%</td></tr>
<tr><td>厚度</td><td>±5</td><td>8/8</td><td colspan="2">抽查 8 处，合格 8 处</td><td>100%</td></tr>
<tr><td>表面平整度</td><td>5</td><td>8/8</td><td colspan="2">抽查 8 处，合格 8 处</td><td>100%</td></tr>
<tr><td>排水坡度</td><td>设计要求</td><td>8/8</td><td colspan="2">抽查 8 处，合格 8 处</td><td>100%</td></tr>
<tr><td>施工单位检查结果</td><td colspan="8">符合要求
专业工长：×××
项目专业质量检查员：×××
××年×月×日</td></tr>
<tr><td>监理单位验收结论</td><td colspan="8">合格
专业监理工程师：×××
××年×月×日</td></tr>
</table>

十三、《卷材防水层检验批质量验收记录》填写范例

卷材防水层检验批质量验收记录

04030101 001

<table>
<tr><td>单位(子单位)工程名称</td><td colspan="2">××大厦</td><td>分部(子分部)工程名称</td><td>屋面/防水与密封</td><td>分项工程名称</td><td colspan="2">卷材防水层</td></tr>
<tr><td>施工单位</td><td colspan="2">××建筑有限公司</td><td>项目负责人</td><td>×××</td><td>检验批容量</td><td colspan="2">800m²</td></tr>
<tr><td>分包单位</td><td colspan="2">—</td><td>分包单位项目负责人</td><td>—</td><td>检验批部位</td><td colspan="2">1～4/A～D轴屋面</td></tr>
<tr><td>施工依据</td><td colspan="3">《屋面工程技术规范》GB 50345—2012</td><td>验收依据</td><td colspan="3">《屋面工程质量验收规范》GB 50207—2012</td></tr>
<tr><td colspan="3">验 收 项 目</td><td>设计要求及规范规定</td><td>最小/实际抽样数量</td><td colspan="2">检 查 记 录</td><td>检查结果</td></tr>
<tr><td rowspan="3">主控项目</td><td>1</td><td>防水卷材及其配套材料的质量</td><td>设计要求</td><td>—</td><td colspan="2">质量证明文件齐全，试验合格，报告编号××××</td><td>√</td></tr>
<tr><td>2</td><td>防水层</td><td>不得有渗漏或积水现象</td><td>—</td><td colspan="2">经淋水、蓄水试验，卷材防水层无渗漏和积水现象</td><td>√</td></tr>
<tr><td>3</td><td>卷材防水层的防水构造</td><td>设计要求</td><td>8/8</td><td colspan="2">抽查8处，合格8处</td><td>√</td></tr>
<tr><td rowspan="4">一般项目</td><td>1</td><td>搭接缝牢固，密封严密，不得扭曲等</td><td>第6.2.13条</td><td>8/8</td><td colspan="2">抽查8处，合格8处</td><td>100%</td></tr>
<tr><td>2</td><td>卷材防水层的收头</td><td>第6.2.14条</td><td>8/8</td><td colspan="2">抽查8处，合格8处</td><td>100%</td></tr>
<tr><td>3</td><td>卷材搭接宽度</td><td>−10mm</td><td>8/8</td><td colspan="2">抽查8处，合格8处</td><td>100%</td></tr>
<tr><td>4</td><td>屋面排汽构造</td><td>第6.2.16条</td><td>8/8</td><td colspan="2">抽查8处，合格8处</td><td>100%</td></tr>
<tr><td>施工单位检查结果</td><td colspan="7">符合要求
专业工长：×××
项目专业质量检查员：×××
××年×月×日</td></tr>
<tr><td>监理单位验收结论</td><td colspan="7">合格
专业监理工程师：×××
××年×月×日</td></tr>
</table>

十四、《涂膜防水层检验批质量验收记录》填写范例

涂膜防水层检验批质量验收记录

04030201 001

<table>
<tr><td colspan="2">单位(子单位)工程名称</td><td>××大厦</td><td>分部(子分部)工程名称</td><td>屋面/防水与密封</td><td>分项工程名称</td><td colspan="2">涂膜防水层</td></tr>
<tr><td colspan="2">施工单位</td><td>××建筑有限公司</td><td>项目负责人</td><td>×××</td><td>检验批容量</td><td colspan="2">800m²</td></tr>
<tr><td colspan="2">分包单位</td><td>—</td><td>分包单位项目负责人</td><td>—</td><td>检验批部位</td><td colspan="2">1～4/A～D轴屋面</td></tr>
<tr><td colspan="2">施工依据</td><td colspan="2">《屋面工程技术规范》GB 50345—2012</td><td>验收依据</td><td colspan="3">《屋面工程质量验收规范》GB 50207—2012</td></tr>
<tr><td colspan="3">验 收 项 目</td><td>设计要求及规范规定</td><td>最小/实际抽样数量</td><td colspan="2">检 查 记 录</td><td>检查结果</td></tr>
<tr><td rowspan="4">主控项目</td><td>1</td><td>材料质量</td><td>设计要求</td><td>—</td><td colspan="2">质量证明文件齐全，试验合格，报告编号××××</td><td>√</td></tr>
<tr><td>2</td><td>防水层</td><td>不得有渗漏和积水现象</td><td>—</td><td colspan="2">经淋水、蓄水试验，涂膜防水层无渗漏和积水现象</td><td>√</td></tr>
<tr><td>3</td><td>涂膜防水层的防水构造</td><td>设计要求</td><td>8/8</td><td colspan="2">抽查8处，合格8处</td><td>√</td></tr>
<tr><td>4</td><td>涂膜防水层的平均厚度</td><td>设计要求1.5mm</td><td>8/8</td><td colspan="2">抽查8处，合格8处</td><td>√</td></tr>
<tr><td rowspan="3">一般项目</td><td>1</td><td>防水层与基层应黏结牢固，表面无缺陷</td><td>第6.3.8条</td><td>8/8</td><td colspan="2">抽查8处，合格8处</td><td>100%</td></tr>
<tr><td>2</td><td>涂膜防水层的收头</td><td>第6.3.9条</td><td>8/8</td><td colspan="2">抽查8处，合格8处</td><td>100%</td></tr>
<tr><td>3</td><td>胎体增强材料搭接宽度</td><td>－10mm</td><td>8/8</td><td colspan="2">抽查8处，合格8处</td><td>100%</td></tr>
<tr><td colspan="2">施工单位检查结果</td><td colspan="6">符合要求
专业工长：×××
项目专业质量检查员：×××
××年×月×日</td></tr>
<tr><td colspan="2">监理单位验收结论</td><td colspan="6">合格
专业监理工程师：×××
××年×月×日</td></tr>
</table>

十五、《复合防水层检验批质量验收记录》填写范例

复合防水层检验批质量验收记录

04030301 001

<table>
<tr><td colspan="2">单位(子单位)工程名称</td><td>××大厦</td><td>分部(子分部)工程名称</td><td>屋面/防水与密封</td><td>分项工程名称</td><td colspan="2">复合防水层</td></tr>
<tr><td colspan="2">施工单位</td><td>××建筑有限公司</td><td>项目负责人</td><td>×××</td><td>检验批容量</td><td colspan="2">800m²</td></tr>
<tr><td colspan="2">分包单位</td><td>—</td><td>分包单位项目负责人</td><td>—</td><td>检验批部位</td><td colspan="2">1～4/A～D轴屋面</td></tr>
<tr><td colspan="2">施工依据</td><td colspan="2">《屋面工程技术规范》GB 50345—2012</td><td>验收依据</td><td colspan="3">《屋面工程质量验收规范》GB 50207—2012</td></tr>
<tr><td colspan="3">验收项目</td><td>设计要求及规范规定</td><td>最小/实际抽样数量</td><td colspan="2">检查记录</td><td>检查结果</td></tr>
<tr><td rowspan="3">主控项目</td><td>1</td><td>防水材料及其配套材料质量</td><td>设计要求</td><td>—</td><td colspan="2">质量证明文件齐全，试验合格，报告编号××××</td><td>√</td></tr>
<tr><td>2</td><td>防水层</td><td>不得有渗漏或积水现象</td><td>/全</td><td colspan="2">经淋水、蓄水试验，复合防水层无渗漏和积水现象</td><td>√</td></tr>
<tr><td>3</td><td>复合防水层的防水构造</td><td>设计要求</td><td>8/8</td><td colspan="2">抽查8处，合格8处</td><td>√</td></tr>
<tr><td rowspan="2">一般项目</td><td>1</td><td>卷材和涂膜应粘贴牢固，不得有空鼓等现象</td><td>第6.4.7条</td><td>8/8</td><td colspan="2">抽查8处，合格8处</td><td>100%</td></tr>
<tr><td>2</td><td>复合防水层的总厚度</td><td>设计要求4.5mm</td><td>8/8</td><td colspan="2">抽查8处，合格8处</td><td>100%</td></tr>
<tr><td colspan="2">施工单位检查结果</td><td colspan="6">符合要求
专业工长：×××
项目专业质量检查员：×××
××年×月×日</td></tr>
<tr><td colspan="2">监理单位验收结论</td><td colspan="6">合格
专业监理工程师：×××
××年×月×日</td></tr>
</table>

十六、《接缝密封防水检验批质量验收记录》填写范例

接缝密封防水检验批质量验收记录

04030401 001

<table>
<tr><td>单位(子单位)工程名称</td><td colspan="2">××大厦</td><td>分部(子分部)工程名称</td><td>屋面/防水与密封</td><td>分项工程名称</td><td colspan="2">接缝密封防水层</td></tr>
<tr><td>施工单位</td><td colspan="2">××建筑有限公司</td><td>项目负责人</td><td>×××</td><td>检验批容量</td><td colspan="2">500m²</td></tr>
<tr><td>分包单位</td><td colspan="2">—</td><td>分包单位项目负责人</td><td>—</td><td>检验批部位</td><td colspan="2">1～4/A～D轴屋面</td></tr>
<tr><td>施工依据</td><td colspan="3">《屋面工程技术规范》GB 50345—2012</td><td>验收依据</td><td colspan="3">《屋面工程质量验收规范》GB 50207—2012</td></tr>
<tr><td colspan="3">验收项目</td><td>设计要求及规范规定</td><td>最小/实际抽样数量</td><td colspan="2">检查记录</td><td>检查结果</td></tr>
<tr><td rowspan="2">主控项目</td><td>1</td><td>密封材料及其配套材料质量</td><td>设计要求</td><td>—</td><td colspan="2">质量证明文件齐全，试验合格，报告编号×××</td><td>√</td></tr>
<tr><td>2</td><td>密封材料嵌填质量</td><td>第6.5.5条</td><td>5/5</td><td colspan="2">抽查5处，合格5处</td><td>√</td></tr>
<tr><td rowspan="4">一般项目</td><td>1</td><td>密封防水部位的基层</td><td>第6.5.6条</td><td>5/5</td><td colspan="2">抽查5处，合格5处</td><td>100%</td></tr>
<tr><td>2</td><td>接缝宽度和密封材料的嵌填深度</td><td>第6.5.7条</td><td>5/5</td><td colspan="2">抽查5处，合格5处</td><td>100%</td></tr>
<tr><td>3</td><td>接缝宽度的允许偏差</td><td>±10%</td><td>5/5</td><td colspan="2">抽查5处，合格5处</td><td>100%</td></tr>
<tr><td>4</td><td>嵌填的密封材料表面质量</td><td>第6.5.8条</td><td>5/5</td><td colspan="2">抽查5处，合格5处</td><td>100%</td></tr>
<tr><td>施工单位检查结果</td><td colspan="7">符合要求
专业工长：×××
项目专业质量检查员：×××
××年×月×日</td></tr>
<tr><td>监理单位验收结论</td><td colspan="7">合格
专业监理工程师：×××
××年×月×日</td></tr>
</table>

十七、《烧结瓦和混凝土瓦铺装检验批质量验收记录》填写范例

烧结瓦和混凝土瓦铺装检验批质量验收记录

04040101 001

<table>
<tr><td>单位(子单位)工程名称</td><td colspan="2">××大厦</td><td>分部(子分部)工程名称</td><td>屋面/瓦面与板面</td><td>分项工程名称</td><td colspan="2">烧结瓦和混凝土瓦铺装</td></tr>
<tr><td>施工单位</td><td colspan="2">××建筑有限公司</td><td>项目负责人</td><td>×××</td><td>检验批容量</td><td colspan="2">800m²</td></tr>
<tr><td>分包单位</td><td colspan="2">—</td><td>分包单位项目负责人</td><td>—</td><td>检验批部位</td><td colspan="2">1～4/A～D轴屋面</td></tr>
<tr><td>施工依据</td><td colspan="3">《屋面工程技术规范》GB 50345—2012</td><td>验收依据</td><td colspan="3">《屋面工程质量验收规范》GB 50207—2012</td></tr>
<tr><td colspan="3">验收项目</td><td>设计要求及规范规定</td><td>最小/实际抽样数量</td><td colspan="2">检查记录</td><td>检查结果</td></tr>
<tr><td rowspan="3">主控项目</td><td>1</td><td>瓦材及防水垫层的质量</td><td>设计要求</td><td>—</td><td colspan="2">质量证明文件齐全，通过进场验收</td><td>√</td></tr>
<tr><td>2</td><td>层面不得有渗漏现象</td><td>第7.2.6条</td><td>—</td><td colspan="2">经淋水试验，烧结瓦、混凝土瓦屋面无渗漏现象</td><td>√</td></tr>
<tr><td>3</td><td>瓦片必须铺置牢固</td><td>第7.2.7条</td><td>8/8</td><td colspan="2">抽查8处，合格8处</td><td>√</td></tr>
<tr><td rowspan="4">一般项目</td><td>1</td><td>挂瓦条应分档均匀，铺钉，瓦面应平整</td><td>第7.2.8条</td><td>8/8</td><td colspan="2">抽查8处，合格8处</td><td>100%</td></tr>
<tr><td>2</td><td>脊瓦应搭盖正确</td><td>第7.2.9条</td><td>8/8</td><td colspan="2">抽查8处，合格8处</td><td>100%</td></tr>
<tr><td>3</td><td>泛水做法</td><td>设计要求</td><td>8/8</td><td colspan="2">抽查8处，合格8处</td><td>100%</td></tr>
<tr><td>4</td><td>烧结瓦和混凝土瓦铺装的有关尺寸</td><td>设计要求</td><td>8/8</td><td colspan="2">抽查8处，合格8处</td><td>100%</td></tr>
<tr><td>施工单位检查结果</td><td colspan="7">符合要求
专业工长：×××
项目专业质量检查员：×××
××年×月×日</td></tr>
<tr><td>监理单位验收结论</td><td colspan="7">合格
专业监理工程师：×××
××年×月×日</td></tr>
</table>

十八、《沥青瓦铺装检验批质量验收记录》填写范例

沥青瓦铺装检验批质量验收记录

04040201 001

<table>
<tr><td colspan="2">单位(子单位)工程名称</td><td>××大厦</td><td>分部(子分部)工程名称</td><td>屋面/瓦面与板面</td><td>分项工程名称</td><td colspan="2">沥青瓦铺装</td></tr>
<tr><td colspan="2">施工单位</td><td>××建筑有限公司</td><td>项目负责人</td><td>×××</td><td>检验批容量</td><td colspan="2">800m²</td></tr>
<tr><td colspan="2">分包单位</td><td>—</td><td>分包单位项目负责人</td><td>—</td><td>检验批部位</td><td colspan="2">1～4/A～D轴屋面</td></tr>
<tr><td colspan="2">施工依据</td><td colspan="2">《屋面工程技术规范》GB 50345—2012</td><td>验收依据</td><td colspan="3">《屋面工程质量验收规范》GB 50207—2012</td></tr>
<tr><td colspan="3">验收项目</td><td>设计要求及规范规定</td><td>最小/实际抽样数量</td><td colspan="2">检查记录</td><td>检查结果</td></tr>
<tr><td rowspan="3">主控项目</td><td>1</td><td>沥青瓦及防水垫层的质量</td><td>设计要求</td><td>—</td><td colspan="2">质量证明文件齐全，通过进场验收</td><td>√</td></tr>
<tr><td>2</td><td>沥青瓦屋面</td><td>不得有渗漏现象</td><td>—</td><td colspan="2">经淋水试验，沥青瓦屋面无渗漏现象</td><td>√</td></tr>
<tr><td>3</td><td>沥青瓦铺设搭接</td><td>第7.3.8条</td><td>8/8</td><td colspan="2">抽查8处，合格8处</td><td>√</td></tr>
<tr><td rowspan="4">一般项目</td><td>1</td><td>沥青瓦所用的固定钉</td><td>第7.3.9条</td><td>8/8</td><td colspan="2">抽查8处，合格8处</td><td>100%</td></tr>
<tr><td>2</td><td>沥青瓦与基层粘钉牢固</td><td>第7.3.10条</td><td>8/8</td><td colspan="2">抽查8处，合格8处</td><td>100%</td></tr>
<tr><td>3</td><td>泛水做法应符合设计要求</td><td>设计要求</td><td>8/8</td><td colspan="2">抽查8处，合格8处</td><td>100%</td></tr>
<tr><td>4</td><td>沥青瓦铺装有关尺寸</td><td>设计要求</td><td>8/8</td><td colspan="2">抽查8处，合格8处</td><td>100%</td></tr>
<tr><td colspan="2">施工单位检查结果</td><td colspan="6">符合要求
专业工长：×××
项目专业质量检查员：×××
××年×月×日</td></tr>
<tr><td colspan="2">监理单位验收结论</td><td colspan="6">合格
专业监理工程师：×××
××年×月×日</td></tr>
</table>

十九、《金属板铺装检验批质量验收记录》填写范例

金属板铺装检验批质量验收记录

04040301 003

单位(子单位)工程名称	××大厦	分部(子分部)工程名称	屋面/瓦面与板面	分项工程名称	金属板铺装
施工单位	××建筑有限公司	项目负责人	×××	检验批容量	800m²
分包单位	—	分包单位项目负责人	—	检验批部位	1~4/A~D轴屋面
施工依据	《屋面工程技术规范》GB 50345—2012		验收依据	《屋面工程质量验收规范》GB 50207—2012	

验收项目			设计要求及规范规定	最小/实际抽样数量	检查记录	检查结果
主控项目	1	金属板材及辅助材料的质量	设计要求	—	质量证明文件齐全，通过进场验收	√
	2	金属板屋面	不得有渗漏现象	—	通过淋水试验，金属板屋面无渗漏现象	√
一般项目	1	金属板材铺装平整，排水坡度	设计要求	8/8	抽查8处，合格8处	100%
	2	金属板的咬口锁边连接严密不得扭曲	第7.4.9条	8/8	抽查8处，合格8处	100%
	3	紧固件连接采用带防水垫圈的自攻螺钉，所有螺钉外露部位均密封	第7.4.10条	8/8	抽查8处，合格8处	100%
	4	绝热夹芯板的纵向和横向搭接	设计要求	8/8	抽查8处，合格8处	100%
	5	金属板的屋脊等直线段顺直，曲线段顺畅	第7.4.12条	8/8	抽查8处，合格8处	100%
	6	檐口及屋脊的平行度	15mm	8/8	抽查8处，合格8处	100%
	7	金属板对屋脊的垂直度	单坡长度的1/800，且不大于25mm	8/8	抽查8处，合格8处	100%
	8	金属板咬缝的平整度	10mm	8/8	抽查8处，合格8处	100%
	9	檐口相邻两板的端部错位	6mm	8/8	抽查8处，合格8处	100%
	10	金属板铺装的有关尺寸	符合设计要求	8/8	抽查8处，合格8处	100%
施工单位检查结果	符合要求 专业工长：××× 项目专业质量检查员：××× ××年×月×日					
监理单位验收结论	合格 专业监理工程师：××× ××年×月×日					

二十、《玻璃采光顶铺装检验批质量验收记录》填写范例

玻璃采光顶铺装检验批质量验收记录

04040401 001

<table>
<tr><td>单位（子单位）工程名称</td><td>××大厦</td><td>分部（子分部）工程名称</td><td>屋面/瓦面与板面</td><td>分项工程名称</td><td>玻璃采光顶铺装分项</td></tr>
<tr><td>施工单位</td><td>××建筑有限公司</td><td>项目负责人</td><td>×××</td><td>检验批容量</td><td>300m²</td></tr>
<tr><td>分包单位</td><td>—</td><td>分包单位项目负责人</td><td>—</td><td>检验批部位</td><td>1～4/A～D轴屋面</td></tr>
<tr><td>施工依据</td><td colspan="2">《屋面工程技术规范》GB 50345—2012</td><td>验收依据</td><td colspan="2">《屋面工程质量验收规范》GB 50207—2012</td></tr>
</table>

<table>
<tr><td colspan="5">验收项目</td><td colspan="2">设计要求及规范规定</td><td>最小/实际抽样数量</td><td>检查记录</td><td>检查结果</td></tr>
<tr><td rowspan="3">主控项目</td><td>1</td><td colspan="3">采光顶玻璃及配套材料质量</td><td colspan="2">设计要求</td><td>—</td><td>质量证明文件齐全，试验合格，报告编号××××</td><td>√</td></tr>
<tr><td>2</td><td colspan="3">采光顶</td><td colspan="2">不得有渗漏现象</td><td>/全</td><td>经淋水试验，玻璃采光顶无渗漏现象</td><td>√</td></tr>
<tr><td>3</td><td colspan="3">硅硐耐候密封胶的打注质量</td><td colspan="2">第7.5.7条</td><td>/全</td><td>硅酮耐候密封胶的打注密实、连续、饱满，黏结牢固，无气泡、开裂、脱落等缺陷</td><td>√</td></tr>
<tr><td rowspan="20">一般项目</td><td>1</td><td colspan="3">采光顶铺装平整，排水坡度</td><td colspan="2">设计要求</td><td>3/3</td><td>抽查3处，合格3处</td><td>100%</td></tr>
<tr><td>2</td><td colspan="3">冷凝水收集和排除构造</td><td colspan="2">设计要求</td><td>3/3</td><td>抽查3处，合格3处</td><td>100%</td></tr>
<tr><td>3</td><td colspan="3">明框玻璃采光顶的金属框和隐框玻璃采光顶的分格缝应横平竖直</td><td colspan="2">第7.5.10条</td><td>3/3</td><td>抽查3处，合格3处</td><td>100%</td></tr>
<tr><td>4</td><td colspan="3">点支撑玻璃采光顶支撑装置</td><td colspan="2">第7.5.11条</td><td>3/3</td><td>抽查3处，合格3处</td><td>100%</td></tr>
<tr><td>5</td><td colspan="3">密封胶缝</td><td colspan="2">横平竖直，深浅一致，宽窄均匀</td><td>3/3</td><td>抽查3处，合格3处</td><td>100%</td></tr>
<tr><td rowspan="2"></td><td colspan="3" rowspan="2">检查项目</td><td colspan="2">允许偏差（mm）</td><td rowspan="2">最小/实际抽样数量</td><td rowspan="2">检查记录</td><td rowspan="2">检查结果</td></tr>
<tr><td>□铝构件</td><td>☑钢构件</td></tr>
<tr><td>6</td><td rowspan="12">明框玻璃采光顶铺装允许偏差</td><td rowspan="5">通长构件水平度（纵向或横向）</td><td>构件长度≤30m</td><td>10</td><td>15</td><td>3/3</td><td>抽查3根，合格3根</td><td>100%</td></tr>
<tr><td>7</td><td>构件长度≤60m</td><td>15</td><td>20</td><td>—</td><td>—</td><td>—</td></tr>
<tr><td>8</td><td>构件长度≤90m</td><td>20</td><td>25</td><td>—</td><td>—</td><td>—</td></tr>
<tr><td>9</td><td>构件长度≤150m</td><td>25</td><td>30</td><td>—</td><td>—</td><td>—</td></tr>
<tr><td>10</td><td>构件长度>150m</td><td>30</td><td>35</td><td>—</td><td>—</td><td>—</td></tr>
<tr><td>11</td><td rowspan="2">单一构件直线度（纵向或横向）</td><td>构件长度≤2m</td><td>2</td><td>3</td><td>—</td><td>—</td><td>—</td></tr>
<tr><td>12</td><td>构件长度>2m</td><td>3</td><td>4</td><td>3/3</td><td>抽查3根，合格3根</td><td>100%</td></tr>
<tr><td>13</td><td colspan="2">相邻平面高低差</td><td>1</td><td>2</td><td>3/3</td><td>抽查3处，合格3处</td><td>100%</td></tr>
<tr><td>14</td><td rowspan="2">通长构件直线度（纵向或横向）</td><td>构件长度≤35m</td><td>5</td><td>7</td><td>3/3</td><td>抽查3根，合格3根</td><td>100%</td></tr>
<tr><td>15</td><td>构件长度>35m</td><td>7</td><td>9</td><td>—</td><td>—</td><td>—</td></tr>
<tr><td>16</td><td rowspan="2">分格框对角线差</td><td>对角线长度≤2m</td><td>3</td><td>4</td><td>—</td><td>—</td><td>—</td></tr>
<tr><td>17</td><td>对角线长度>2m</td><td>3.5</td><td>5</td><td>3/3</td><td>抽查3处，合格3处</td><td>100%</td></tr>
</table>

续表

验收项目					允许偏差(mm)	最小/实际抽样数量	检查记录	检查结果
一般项目	18	隐框玻璃采光顶铺装允许偏差	通长接缝水平度（纵向或横向）	接缝长度≤30m	10	3/3	抽查3处,合格3处	100%
	19			接缝长度≤60m	15	—	—	—
	20			接缝长度≤90m	20	—	—	—
	21			接缝长度≤150m	25	—	—	—
	22			接缝长度>150m	30	—	—	—
	23		相邻板块的平面高低差		1	3/3	抽查3处,合格3处	100%
	24		相邻板块的接缝直线度		2.5	3/3	抽查3处,合格3处	100%
	25		通长接缝直线度（纵向或横向）	接缝长度≤35m	5	3/3	抽查3处,合格3处	100%
	26			接缝长度>35m	7	—	—	—
	27		玻璃间接缝宽度		2	3/3	抽查3处,合格3处	100%
	28	点支撑玻璃采光顶铺装允许偏差	通长接缝水平度（纵向或横向）	接缝长度≤30m	10	3/3	抽查3处,合格3处	100%
	29			接缝长度≤60m	15	—	—	—
	30			接缝长度>60m	20	—	—	—
	31		相邻板块的平面高低差		1	3/3	抽查3处,合格3处	100%
	32		相邻板块的接缝直线度		2.5	3/3	抽查3处,合格3处	100%
	33		通长接缝直线度（纵向或横向）	接缝长度≤35m	5	3/3	抽查3处,合格3处	100%
	34			接缝长度>35m	7	—	—	—
	35		玻璃间接缝宽度（与设计尺寸比）		2	3/3	抽查3处,合格3处	100%
施工单位检查结果	符合要求 专业工长：××× 项目专业质量检查员：××× ××年×月×日							
监理单位验收结论	合格 专业监理工程师：××× ××年×月×日							

二十一、《檐口检验批质量验收记录》填写范例

檐口检验批质量验收记录

04050101 001

<table>
<tr><td>单位(子单位)工程名称</td><td colspan="2">××大厦</td><td>分部(子分部)工程名称</td><td>屋面/细部构造</td><td>分项工程名称</td><td colspan="2">檐口</td></tr>
<tr><td>施工单位</td><td colspan="2">××建筑有限公司</td><td>项目负责人</td><td>×××</td><td>检验批容量</td><td colspan="2">3条</td></tr>
<tr><td>分包单位</td><td colspan="2">—</td><td>分包单位项目负责人</td><td>—</td><td>检验批部位</td><td colspan="2">1～4/A～D轴屋面</td></tr>
<tr><td>施工依据</td><td colspan="3">《屋面工程技术规范》GB 50345—2012</td><td>验收依据</td><td colspan="3">《屋面工程质量验收规范》GB 50207—2012</td></tr>
<tr><td colspan="3">验收项目</td><td>设计要求及规范规定</td><td>最小/实际抽样数量</td><td colspan="2">检查记录</td><td>检查结果</td></tr>
<tr><td rowspan="2">主控项目</td><td>1</td><td>檐口防水构造</td><td>设计要求</td><td>全/3</td><td colspan="2">共3条，全部检查，合格3条</td><td>√</td></tr>
<tr><td>2</td><td>檐口排水坡度和防水</td><td>第8.2.2条</td><td>全/3</td><td colspan="2">共3条，全部检查，合格3条</td><td>√</td></tr>
<tr><td rowspan="4">一般项目</td><td>1</td><td>檐口800mm范围内的卷材应满粘</td><td>第8.2.3条</td><td>全/3</td><td colspan="2">共3条，全部检查，合格3条</td><td>100%</td></tr>
<tr><td>2</td><td>卷材收头应用金属压条钉压固定</td><td>第8.2.4条</td><td>全/3</td><td colspan="2">共3条，全部检查，合格3条</td><td>100%</td></tr>
<tr><td>3</td><td>涂膜收头应用防水涂料多遍涂刷</td><td>第8.2.5条</td><td>全/3</td><td colspan="2">共3条，全部检查，合格3处</td><td>100%</td></tr>
<tr><td>4</td><td>檐口端部应抹聚合物水泥砂浆，下端做成鹰嘴和滴水槽</td><td>第8.2.6条</td><td>全/3</td><td colspan="2">共3条，全部检查，合格3条</td><td>100%</td></tr>
<tr><td>施工单位检查结果</td><td colspan="7">符合要求
专业工长：×××
项目专业质量检查员：×××
××年×月×日</td></tr>
<tr><td>监理单位验收结论</td><td colspan="7">合格
专业监理工程师：×××
××年×月×日</td></tr>
</table>

二十二、《檐沟和天沟检验批质量验收记录》填写范例

檐沟和天沟检验批质量验收记录

04050201 001

单位(子单位)工程名称		××大厦	分部(子分部)工程名称	屋面/细部构造	分项工程名称	檐沟和天沟	
施工单位		××建筑有限公司	项目负责人	×××	检验批容量	3处	
分包单位		—	分包单位项目负责人	—	检验批部位	1～4/A～D轴屋面	
施工依据		《屋面工程技术规范》GB 50345—2012		验收依据	《屋面工程质量验收规范》GB 50207—2012		
验收项目			设计要求及规范规定	最小/实际抽样数量	检查记录		检查结果
主控项目	1	檐沟、天沟的防水构造	设计要求	全/3	共3处，全部检查，合格3处		√
主控项目	2	檐沟、天沟的排水坡度应符合设计要求；沟内不得有渗漏和积水现象	第8.3.2条	全/3	共3处，全部检查，合格3处		√
一般项目	1	檐沟、天沟附加层铺设	设计要求	全/3	共3处，全部检查，合格3处		100%
一般项目	2	檐沟防水层，卷材收头，涂膜收头	第8.3.4条	全/3	共3处，全部检查，合格3处		100%
一般项目	3	檐沟外侧顶部及侧面应抹聚合物水泥砂浆，其下端应做成鹰嘴或滴水槽	第8.3.5条	全/3	共3处，全部检查，合格3处		100%
施工单位检查结果		符合要求 专业工长：××× 项目专业质量检查员：××× ××年×月×日					
监理单位验收结论		合格 专业监理工程师：××× ××年×月×日					

二十三、《女儿墙和山墙检验批质量验收记录》填写范例

女儿墙和山墙检验批质量验收记录

04050301 001

<table>
<tr><td>单位(子单位)工程名称</td><td colspan="2">××大厦</td><td>分部(子分部)工程名称</td><td>屋面/细部结构</td><td>分项工程名称</td><td colspan="2">女儿墙和山墙</td></tr>
<tr><td>施工单位</td><td colspan="2">××建筑有限公司</td><td>项目负责人</td><td>×××</td><td>检验批容量</td><td colspan="2">3处</td></tr>
<tr><td>分包单位</td><td colspan="2">—</td><td>分包单位项目负责人</td><td>—</td><td>检验批部位</td><td colspan="2">1～4/A～D轴屋面</td></tr>
<tr><td>施工依据</td><td colspan="3">《屋面工程技术规范》GB 50345—2012</td><td>验收依据</td><td colspan="3">《屋面工程质量验收规范》GB 50207—2012</td></tr>
<tr><td colspan="3">验 收 项 目</td><td>设计要求及规范规定</td><td>最小/实际抽样数量</td><td colspan="2">检 查 记 录</td><td>检查结果</td></tr>
<tr><td rowspan="3">主控项目</td><td>1</td><td>女儿墙和山墙的防水构造</td><td>设计要求</td><td>全/3</td><td colspan="2">共3处，全部检查，合格3处</td><td>√</td></tr>
<tr><td>2</td><td>压顶向内排水坡度</td><td>第8.4.2条</td><td>全/3</td><td colspan="2">共3处，全部检查，合格3处</td><td>√</td></tr>
<tr><td>3</td><td>根部不得有渗漏和积水现象</td><td>第8.4.3条</td><td>全/3</td><td colspan="2">共3处，全部检查，合格3处</td><td>√</td></tr>
<tr><td rowspan="3">一般项目</td><td>1</td><td>泛水高度及附加层铺设</td><td>设计要求300mm</td><td>全/3</td><td colspan="2">共3处，全部检查，合格3处</td><td>100%</td></tr>
<tr><td>2</td><td>卷材粘贴、收头及封缝</td><td>第8.4.5条</td><td>全/3</td><td colspan="2">共3处，全部检查，合格3处</td><td>100%</td></tr>
<tr><td>3</td><td>涂膜涂刷</td><td>第8.4.6条</td><td>全/3</td><td colspan="2">共3处，全部检查，合格3处</td><td>100%</td></tr>
<tr><td>施工单位检查结果</td><td colspan="7">符合要求
专业工长：×××
项目专业质量检查员：×××
××年×月×日</td></tr>
<tr><td>监理单位验收结论</td><td colspan="7">合格
专业监理工程师：×××
××年×月×日</td></tr>
</table>

二十四、《水落口检验批质量验收记录》填写范例

水落口检验批质量验收记录

04050401 001

<table>
<tr><td colspan="3">单位(子单位)工程名称</td><td>××大厦</td><td>分部(子分部)工程名称</td><td>屋面/细部构造</td><td>分项工程名称</td><td colspan="2">水落口</td></tr>
<tr><td colspan="3">施工单位</td><td>××建筑有限公司</td><td>项目负责人</td><td>×××</td><td>检验批容量</td><td colspan="2">3处</td></tr>
<tr><td colspan="3">分包单位</td><td>—</td><td>分包单位项目负责人</td><td>—</td><td>检验批部位</td><td colspan="2">1～4/A～D轴屋面</td></tr>
<tr><td colspan="3">施工依据</td><td colspan="2">《屋面工程技术规范》GB 50345—2012</td><td>验收依据</td><td colspan="3">《屋面工程质量验收规范》GB 50207—2012</td></tr>
<tr><td colspan="3">验收项目</td><td>设计要求及规范规定</td><td>最小/实际抽样数量</td><td colspan="3">检查记录</td><td>检查结果</td></tr>
<tr><td rowspan="2">主控项目</td><td>1</td><td>水落口的防水构造</td><td>设计要求</td><td>全/3</td><td colspan="3">共3处,全部检查,合格3处</td><td>√</td></tr>
<tr><td>2</td><td>水落口杯上口应设置在沟底的最低处,水落口处不得有渗漏等现象</td><td>第8.5.2条</td><td>全/3</td><td colspan="3">共3处,全部检查,合格3处</td><td>√</td></tr>
<tr><td rowspan="3">一般项目</td><td>1</td><td>水落口的数量和位置要求,水落口杯安装牢固</td><td>设计要求</td><td>全/3</td><td colspan="3">共3处,全部检查,合格3处</td><td>100%</td></tr>
<tr><td>2</td><td>周围直径500mm范围内坡度;周围附加层铺设</td><td>设计要求</td><td>全/3</td><td colspan="3">共3处,全部检查,合格3处</td><td>100%</td></tr>
<tr><td>3</td><td>防水层及附加层伸入水落口杯内不应小于50mm,黏结牢固</td><td>第8.5.5条</td><td>全/3</td><td colspan="3">共3处,全部检查,合格3处</td><td>100%</td></tr>
<tr><td colspan="3">施工单位检查结果</td><td colspan="6">符合要求
专业工长:×××
项目专业质量检查员:×××
××年×月×日</td></tr>
<tr><td colspan="3">监理单位验收结论</td><td colspan="6">合格
专业监理工程师:×××
××年×月×日</td></tr>
</table>

二十五、《变形缝检验批质量验收记录》填写范例

变形缝检验批质量验收记录

04050501 001

单位(子单位)工程名称	××大厦	分部(子分部)工程名称	屋面/细部构造	分项工程名称	变形缝
施工单位	××建筑有限公司	项目负责人	×××	检验批容量	10处
分包单位	—	分包单位项目负责人	—	检验批部位	1~4/A~D轴屋面
施工依据	《屋面工程技术规范》GB 50345—2012		验收依据	《屋面工程质量验收规范》GB 50207—2012	

验收项目			设计要求及规范规定	最小/实际抽样数量	检查记录	检查结果
主控项目	1	变形缝的防水构造	设计要求	全/10	共10处，全部检查，合格10处	√
	2	不得有渗漏和积水现象	第8.6.2条	全/10	共10处，全部检查，合格10处	√
一般项目	1	泛水高度及附加层铺设	设计要求	全/10	共10处，全部检查，合格10处	100%
	2	防水层应铺贴或涂刷至泛水墙的顶部	第8.6.4条	全/10	共10处，全部检查，合格10处	100%
	3	变形缝顶部应加扣混凝土或金属盖板	第8.6.5条	全/10	共10处，全部检查，合格10处	100%
	4	金属压条钉压固定，并用密封材料封严	第8.6.6条	全/10	共10处，全部检查，合格10处	100%
施工单位检查结果	符合要求 专业工长：××× 项目专业质量检查员：××× ××年×月×日					
监理单位验收结论	合格 专业监理工程师：××× ××年×月×日					

二十六、《伸出屋面管道检验批质量验收记录》填写范例

伸出屋面管道检验批质量验收记录

04050601 001

<table>
<tr><td>单位(子单位)工程名称</td><td colspan="3">××大厦</td><td>分部(子分部)工程名称</td><td>屋面/细部构造</td><td>分项工程名称</td><td colspan="2">伸出屋面管道</td></tr>
<tr><td>施工单位</td><td colspan="3">××建筑有限公司</td><td>项目负责人</td><td>×××</td><td>检验批容量</td><td colspan="2">12处</td></tr>
<tr><td>分包单位</td><td colspan="3">—</td><td>分包单位项目负责人</td><td>—</td><td>检验批部位</td><td colspan="2">1～4/A～D轴屋面</td></tr>
<tr><td>施工依据</td><td colspan="4">《屋面工程技术规范》GB 50345—2012</td><td>验收依据</td><td colspan="3">《屋面工程质量验收规范》GB 50207—2012</td></tr>
<tr><td colspan="3">验收项目</td><td>设计要求及规范规定</td><td colspan="2">最小/实际抽样数量</td><td colspan="2">检查记录</td><td>检查结果</td></tr>
<tr><td rowspan="2">主控项目</td><td>1</td><td>伸出屋面管道的防水构造</td><td>设计要求</td><td colspan="2">全/12</td><td colspan="2">共12处，全部检查，合格12处</td><td>√</td></tr>
<tr><td>2</td><td>根部不得有渗漏和积水现象</td><td>第8.7.2条</td><td colspan="2">全/12</td><td colspan="2">共12处，全部检查，合格12处</td><td>√</td></tr>
<tr><td rowspan="3">一般项目</td><td>1</td><td>泛水高度及附加层铺设</td><td>第8.7.3条</td><td colspan="2">全/12</td><td colspan="2">抽查12处，合格12处</td><td>100%</td></tr>
<tr><td>2</td><td>伸出屋面管道周围的找平层应抹出高度不小于30mm的排水坡</td><td>≥30mm</td><td colspan="2">全/12</td><td colspan="2">抽查12处，合格12处</td><td>100%</td></tr>
<tr><td>3</td><td>收头及封缝</td><td>第8.7.5条</td><td colspan="2">全/12</td><td colspan="2">抽查12处，合格12处</td><td>100%</td></tr>
<tr><td>施工单位检查结果</td><td colspan="8">符合要求
专业工长：×××
项目专业质量检查员：×××
××年×月×日</td></tr>
<tr><td>监理单位验收结论</td><td colspan="8">合格
专业监理工程师：×××
××年×月×日</td></tr>
</table>

二十七、《屋面出入口检验批质量验收记录》填写范例

屋面出入口检验批质量验收记录

04050701 001

<table>
<tr><td>单位(子单位)
工程名称</td><td colspan="2">××大厦</td><td>分部(子分部)
工程名称</td><td>屋面/细部
构造</td><td>分项工程名称</td><td>屋面出入口</td></tr>
<tr><td>施工单位</td><td colspan="2">××建筑有限公司</td><td>项目负责人</td><td>×××</td><td>检验批容量</td><td>4处</td></tr>
<tr><td>分包单位</td><td colspan="2">—</td><td>分包单位项目
负责人</td><td>—</td><td>检验批部位</td><td>1～4/A～D
轴屋面</td></tr>
<tr><td>施工依据</td><td colspan="3">《屋面工程技术规范》
GB 50345—2012</td><td>验收依据</td><td colspan="2">《屋面工程质量验收规范》
GB 50207—2012</td></tr>
<tr><td colspan="3">验收项目</td><td>设计要求及
规范规定</td><td>最小/实际
抽样数量</td><td>检查记录</td><td>检查
结果</td></tr>
<tr><td rowspan="2">主控项目</td><td>1</td><td>屋面出入口的防水构造</td><td>设计要求</td><td>全/4</td><td>共4处，全部检查，合格4处</td><td>√</td></tr>
<tr><td>2</td><td>屋面出入口处不得有渗漏和积水现象</td><td>第8.8.2条</td><td>全/4</td><td>共4处，全部检查，合格4处</td><td>√</td></tr>
<tr><td rowspan="3">一般项目</td><td>1</td><td>屋面垂直出入口设置</td><td>设计要求</td><td>全/4</td><td>共4处，全部检查，合格4处</td><td>100%</td></tr>
<tr><td>2</td><td>屋面水平出入口设置</td><td>设计要求</td><td>全/4</td><td>共4处，全部检查，合格4处</td><td>100%</td></tr>
<tr><td>3</td><td>屋面出入口泛水距屋面高度</td><td>≥250mm</td><td>全/4</td><td>共4处，全部检查，合格4处</td><td>100%</td></tr>
<tr><td>施工单位
检查结果</td><td colspan="6">符合要求
专业工长：×××
项目专业质量检查员：×××
××年×月×日</td></tr>
<tr><td>监理单位
验收结论</td><td colspan="6">合格
专业监理工程师：×××
××年×月×日</td></tr>
</table>

二十八、《反梁过水孔检验批质量验收记录》填写范例

反梁过水孔检验批质量验收记录

04050801 001

<table>
<tr><td>单位(子单位)工程名称</td><td colspan="2">××大厦</td><td>分部(子分部)工程名称</td><td>屋面/细部构造</td><td>分项工程名称</td><td colspan="2">反梁过水孔</td></tr>
<tr><td>施工单位</td><td colspan="2">××建筑有限公司</td><td>项目负责人</td><td>×××</td><td>检验批容量</td><td colspan="2">8处</td></tr>
<tr><td>分包单位</td><td colspan="2">—</td><td>分包单位项目负责人</td><td>—</td><td>检验批部位</td><td colspan="2">A～D/1～8轴屋面</td></tr>
<tr><td>施工依据</td><td colspan="3">《屋面工程技术规范》GB 50345—2012</td><td>验收依据</td><td colspan="3">《屋面工程质量验收规范》GB 50207—2012</td></tr>
<tr><td colspan="3">验收项目</td><td>设计要求及规范规定</td><td>最小/实际抽样数量</td><td colspan="2">检查记录</td><td>检查结果</td></tr>
<tr><td rowspan="2">主控项目</td><td>1</td><td>反梁过水孔的防水构造</td><td>设计要求</td><td>全/8</td><td colspan="2">共8处，全部检查，合格8处</td><td>√</td></tr>
<tr><td>2</td><td>不得有渗漏和积水现象</td><td>第8.9.2条</td><td>全/8</td><td colspan="2">共8处，全部检查，合格8处</td><td>√</td></tr>
<tr><td rowspan="2">一般项目</td><td>1</td><td>孔底标高、孔洞尺寸或预埋管管径，均符合要求</td><td>设计要求</td><td>全/8</td><td colspan="2">共8处，全部检查，合格8处</td><td>100%</td></tr>
<tr><td>2</td><td>孔洞四周应涂刷防水涂料，与混凝土接触处应留凹槽，并密封</td><td>第8.9.4条</td><td>全/8</td><td colspan="2">共8处，全部检查，合格8处</td><td>100%</td></tr>
<tr><td>施工单位检查结果</td><td colspan="7">符合要求
专业工长：×××
项目专业质量检查员：×××
××年×月×日</td></tr>
<tr><td>监理单位验收结论</td><td colspan="7">合格
专业监理工程师：×××
××年×月×日</td></tr>
</table>

二十九、《设施基座检验批质量验收记录》填写范例

设施基座检验批质量验收记录

04050901 001

单位(子单位)工程名称	××大厦		分部(子分部)工程名称	屋面/细部构造	分项工程名称	设施基座
施工单位	××建筑有限公司		项目负责人	×××	检验批容量	4处
分包单位	—		分包单位项目负责人	—	检验批部位	1～4/A～D轴屋面
施工依据	《屋面工程技术规范》GB 50345—2012			验收依据	《屋面工程质量验收规范》GB 50207—2012	

验收项目			设计要求及规范规定	最小/实际抽样数量	检查记录	检查结果
主控项目	1	设施基座的防水构造	设计要求	全/4	共4处，全部检查，合格4处	√
	2	设施基座处	不得有渗漏和积水现象	全/4	共4处，全部检查，合格4处	√
一般项目	1	设施基座与结构层相连时，防水层设置	第8.10.3条	全/4	共4处，全部检查，合格4处	100%
	2	设施基座直接放置在防水层上时，增设附加层	第8.10.4条	全/4	共4处，全部检查，合格4处	100%
	3	设施基座周围和屋面出入口至设施之间的人行道	第8.10.5条	全/4	共4处，全部检查，合格4处	100%
施工单位检查结果	符合要求 专业工长：××× 项目专业质量检查员：××× ××年×月×日					
监理单位验收结论	合格 专业监理工程师：××× ××年×月×日					

三十、《屋脊检验批质量验收记录》填写范例

屋脊检验批质量验收记录

04051001 001

单位(子单位)工程名称	××大厦	分部(子分部)工程名称	屋面/细部构造	分项工程名称	屋脊
施工单位	××建筑有限公司	项目负责人	×××	检验批容量	5处
分包单位	—	分包单位项目负责人	—	检验批部位	1~4/A~D轴屋面
施工依据	《屋面工程技术规范》GB 50345—2012		验收依据	《屋面工程质量验收规范》GB 50207—2012	

验收项目			设计要求及规范规定	最小/实际抽样数量	检查记录	检查结果
主控项目	1	屋脊的防水构造	设计要求	全/5	共5处,全部检查,合格5处	√
	2	屋脊处	不得有渗漏现象	全/5	共5处,全部检查,合格5处	√
一般项目	1	平脊和斜脊铺设应顺直,无起伏现象	第8.11.3条	全/5	共5处,全部检查,合格5处	100%
	2	脊瓦应搭接盖正确,间距均匀,封固严密	第8.11.4条	全/5	共5处,全部检查,合格5处	100%
施工单位检查结果	符合要求 专业工长:××× 项目专业质量检查员:××× ××年×月×日					
监理单位验收结论	合格 专业监理工程师:××× ××年×月×日					

三十一、《屋顶窗检验批质量验收记录》填写范例

屋顶窗检验批质量验收记录

04051101 001

单位(子单位)工程名称		××大厦	分部(子分部)工程名称	屋面/细部构造	分项工程名称	屋顶窗	
施工单位		××建筑有限公司	项目负责人	×××	检验批容量	4个	
分包单位		—	分包单位项目负责人	—	检验批部位	1~4/A~D轴屋面	
施工依据		《屋面工程技术规范》GB 50345—2012		验收依据	《屋面工程质量验收规范》GB 50207—2012		
验收项目			设计要求及规范规定	最小/实际抽样数量	检查记录		检查结果
主控项目	1	屋顶窗的防水构造	设计要求	全/4	共4个，全部检查，合格4个		√
	2	屋顶窗及周围	不得有渗漏现象	全/4	共4个，全部检查，合格4个		√
一般项目	1	用金属排水板、窗框固定铁脚应与屋面连接牢固	第8.12.3条	全/4	共4个，全部检查，合格4个		100%
	2	窗口防水卷材应铺贴平整，黏结牢固	第8.12.4条	全/4	共4个，全部检查，合格4个		100%
施工单位检查结果		符合要求 专业工长：××× 项目专业质量检查员：××× ××年×月×日					
监理单位验收结论		合格 专业监理工程师：××× ××年×月×日					

第九章

建筑结构工程竣工验收资料（C8）

本章内容包括下列资料：

- 单位工程质量竣工验收记录
- 单位工程质量控制资料核查记录
- 单位工程安全和功能检查资料核查及主要功能抽查记录
- 单位工程观感质量检查记录
- 单位工程竣工预验收报验表
- 工程竣工质量报告

第一节　单位工程质量竣工验收记录

一、《单位工程质量竣工验收记录》填写范例

单位工程质量竣工验收记录

工程名称	××工程	结构类型	框架剪力墙	层数/建筑面积	11层/10733m^2
施工单位	××建设集团有限公司	技术负责人	×××	开工日期	××年×月×日
项目负责人	×××	项目技术负责人	×××	完工日期	××年×月×日

序号	项　目	验收记录	验收结论
1	分部工程验收	共　9　分部，经查符合设计及标准规定　9　分部	经各专业分部工程验收，工程质量符合验收标准
2	质量控制资料核查	共　40　项，经核查符合规定　40　项	质量控制资料经核查共40项符合有关规范要求
3	安全和使用功能核查及抽查结果	共核查　26　项，符合规定　26　项，共抽查　10　项，符合规定　10　项，经返工处理符合规定　0　项	安全和主要使用功能共核查26项符合要求，抽查其中10项使用功能均满足
4	观感质量验收	共抽查　24　项，达到“好”和“一般”的　24　项，经返修处理符合要求的　0　项	观感质量验收为好
5	综合验收结论	经对本工程综合验收，各分项分部工程符合设计要求，施工质量均满足有关质量验收规范和标准要求，单位工程竣工验收合格	

参加验收单位	建设单位	监理单位	施工单位	设计单位	勘察单位
	（公章） 项目负责人： ××× ××年×月×日	（公章） 总监理工程师： ××× ××年×月×日	（公章） 项目负责人： ××× ××年×月×日	（公章） 项目负责人： ××× ××年×月×日	（公章） 项目负责人： ××× ××年×月×日

注：单位工程验收时，验收签字人员应由相应单位的法人代表书面授权。

二、《单位工程质量竣工验收记录》填写说明

1. 相关规定及要求

《单位(子单位)工程质量综合验收》是由分部工程质量、质量控制资料、安全和主要使用功能、观感四方面综合评定的。

单位工程完工，施工单位组织自检合格后，应报请监理单位进行工程预验收，通过后向建设单位提交工程竣工报告并填报《单位(子单位)工程质量竣工验收记录》。建设单位应组织设计单位、监理单位、施工单位等进行工程质量竣工验收并记录，验收记录上各单位必须签字并加盖公章。

(1)分部工程质量。分部工程质量验收，其目的是突出施工过程的质量控制。把分项工程质量的验收作为保证分部工程和单位工程质量的基础，哪个分项工程质量达不到验收标准，必须进行返工或修理等处理达到合格后才能进行交工。这样分部工程质量才有保障，各分部工程的质量保证了，单位工程的质量才有保证。

(2)质量控制资料。质量控制资料核查的目的是强调建筑结构设备性能、使用功能方面主要技术性能的检验。每个验收批都规定了“主控项目”、“一般项目”，并提出了主要技术性能的要求。但是由于分项工程的局限性，对一些主要性能的表现不够明确和全面。如混凝土分项工程的混凝土强度、砌砖分项工程的砂浆强度，一个分项工程，一般只有一组或几组混凝土或砂浆试块，这样在分项工程中就无法执行混凝土、砂浆强度评定中的平均值和最小值的规定，检查单位工程的质量保证资料，才能对主要技术性能进行系统的检验评定。又如一个空调系统也只有单位工程才能综合调试，才能取得需要的数据。

同时，对一个单位工程全面进行质量控制资料核验，还可以防止局部错漏，从而进一步加强工程质量的控制。对建筑设备进行系统的核验，以便于同设计要求对照检查，达到设计效果。

(3)安全和功能检验资料核查。安全和使用功能是单位工程最为重要的环节，是用户最为关心的内容。涉及安全和使用功能的地基基础、主体结构、有关安装分部工程应进行有关见证取样或抽样检测，在核查资料时，要特别关注。到工程最后竣工验收时，还要对分部工程验收时的见证抽样报告进行复核，抽查检验，用这种强化验收的手段来体现对安全和主要使用功能的重视。

如现场预应力混凝土试验，应有预应力锚夹具出厂合格证及硬度、锚固能力抽检试验报告，预应力钢筋的各项试验资料及预应力钢丝镦头强度抽检记录。

(4)工程观感质量检查。是在工程全部竣工后进行的一项重要验收工作，这是全面评价一个单位工程的外观及使用功能质量，促进施工过程的管理、成品保护，以提高社会效益和环境效益。观感质量检查绝不是单纯的外观检查，而是实地对工程的一个全面检查，核实质量控制资料，核查验收批分项、分部工程验收的正确性，对在分项工程中不能检查的项目进行检查等。如工程完工绝大部分荷载已经上去，工程有没有不均匀下沉、有没有出现裂缝等，直观地从宏观上核实工程的安全可靠性能和使用功能，若出现不应出现的裂缝和严重影响使用功能的情况应首先弄清原因，然后再综合评价。地面严重空鼓、起砂、墙面空鼓粗糙、门窗开关不灵、关闭不严等项目的质量缺陷很多，就说明在该分项、分部工

程验收时，掌握标准不严。分项分部无法测定和不便测定的项目，在单位工程观感检查中，给予核查。

2.责任部门

项目质量部、技术部。

3.填写与主要签认责任

施工单位负责人。

4.填写要点

(1)“分部工程”栏根据各《分部(子分部)工程质量验收记录》填写。应对所含各分部工程，由竣工验收组成员共同逐项核查。对表中内容如有异议，应对工程实体进行检查或测试。

核查并确认合格后，由监理单位在“验收记录”栏注明共验收了几个分部，符合标准及设计要求的有几个分部，并在右侧的“验收结论”栏内，填入具体的验收结论。

(2)“质量控制资料核查”栏根据《单位(子单位)工程质量控制资料核查记录》的核查结论填写。建设单位组织由各方代表组成的验收组成员，或委托总监理工程师，按照《单位(子单位)工程质量控制资料核查记录》的内容，对资料进行逐项核查。确认符合要求后，在《单位(子单位)工程质量竣工验收记录》右侧的“验收结论”栏内，填写具体验收结论。

(3)“安全和主要使用功能核查及抽查结果”栏根据《单位(子单位)工程安全和功能检验资料核查及主要功能抽查记录》的核查结论填写。对于分部工程验收时已经进行了安全和功能检测的项目，单位工程验收时不再重复检测。

但要核查以下内容：

1)单位工程验收时按规定、约定或设计要求，需要进行的安全功能抽测项目是否都进行了检测；具体检测项目有无遗漏。

2)抽测的程序、方法是否符合规定。

3)抽测结论是否达到设计及规范规定。

经核查认为符合要求的，在《单位(子单位)工程质量竣工验收记录》中的“验收结论”栏填入符合要求的结论。如果发现某些抽测项目不全，或抽测结果达不到设计要求，可进行返工处理，使之达到要求。

(4)“观感质量验收”栏根据《单位(子单位)工程观感质量检查记录》的检查结论填写。参加验收的各方代表，在建设单位主持下，对观感质量抽查，共同做出评价。如确认没有影响结构安全和使用功能的项目，符合或基本符合规范要求，应评价为“好”或“一般”。如果某项观感质量被评价为“差”，应进行修理。如果确难修理时，只要不影响结构安全和使用功能的，可采用协商解决的方法进行验收，并在验收表上注明。

(5)“综合验收结论”栏应由参加验收各方共同商定，并由建设单位填写，主要对工程质量是否符合设计和规范要求及总体质量水平做出评价。

5.提交时限

业主组织单位竣工验收前完成提交。

6.检查要点

(1)返工重做包括全部或局部推倒重来及更换设备、器具等的处理，处理或更换后，应重新按程序进行验收。如某住宅楼一层砌砖，验收时，发现砖的强度等级为 MU5，达不到设计要求的 MU10，推倒后重新使用 MU10 砖砌筑，其砖砌体工程的质量，应重新按程序进行验收。

重新验收质量时，要对该项目工程按规定，重新抽样、选点、检查和验收，重新填检验批质量验收记录表。

(2)经法定检测单位检测鉴定能够达到设计要求的检验批，应予验收。这种情况多是某项质量指标不够，多数是指留置的试块失去代表性，或因故缺少试块的情况，以及试块试验报告缺少某项有关主要内容，也包括对试块或试验结果报告有怀疑时，经有资质的检测机构，对工程进行检验测试。其测试结果证明，该检验批的工程质量能够达到原设计要求的。这种情况应按正常情况给予验收。

(3)经有资质的检测单位检测鉴定达不到设计要求，但经过原设计单位核算，认可能够满足结构安全和使用功能的检验批，可予以验收。

这种情况与第二种情况一样，多是某项质量指标达不到规范的要求，多数也是指留置的试块失去代表性或是因故缺少试块的情况，以及试块试验报告有缺陷，不能有效证明该项工程的质量情况，或是对该试验报告有怀疑时，要求对工程实体质量进行检测。经有资质的检测单位检测鉴定达不到设计要求，但这种数据距达到设计要求的差距有限，不是差距太大。经过原设计单位进行验算，认为仍可满足结构安全和使用功能，可不进行加固补强。如原设计计算混凝土强度为 27MPa，而选用了 C30 混凝土，经检测的结果是 29MPa，虽未达到 C30 的要求，但仍能大于 27MPa 是安全的。又如某五层砖混结构，一、二、三层用 M10 砂浆砌筑，四、五层为 M5 砂浆砌筑。在施工过程中，由于管理不善等，其三层砂浆强度仅达到 7.4MPa，没达到设计要求，按规定应不能验收，但经过原设计单位验算，砌体强度尚可满足结构安全和使用功能，可不返工和加固。由设计单位出具正式的认可证明，有注册结构工程师签字，并加盖单位公章。由设计单位承担质量责任。因为设计责任就是设计单位负责，出具认可证明，也在其质量责任范围内，可进行验收。以上三种情况都应视为是符合规范规定质量合格的工程。只是管理上出现了一些不正常的情况，使资料证明不了工程实体质量，经过补办一定的检测手续，证明质量是达到了设计要求，给予通过验收是符合规范规定的。

(4)经过返修或加固处理的分项、分部工程，虽改变外形尺寸，但仍能满足安全使用要求，可按技术处理方案和协商文件进行验收。

这种情况多数是某项质量指标达不到验收规范的要求，如同第二、三种情况，经过有资质的检测单位检测鉴定达不到设计要求，由其设计单位经过验算，也认为达不到设计要求，经过验算分析，找出了事故原因，分清了质量责任，同时经过建设单位、施工单位、监理单位、设计单位等协商，同意进行加固补强，并协商好加固费用的来源、加固后的验收等事宜，由原设计单位出具加固技术方案，通常由原施工单位进行加固，虽然改变了个别建筑构件的外形尺寸，或留下永久性缺陷，包括改变工程的用途在内，应按协商文件验收，也是有条件的验收，由责任方承担经济损失或赔偿等。这种情况实际是工程质量达不到验收规范规定，应算在不合格工程的范围。但在《建设工程质量管理条例》第 24 条、第 32 条等条都对不合格工程的处理做出了规定，根据这些条款，提出技术处理方案（包括加固补强)，最后能达到保证安全和使用功能，也是可以通过验收的。为了维护国家利益，不能出了质量事故的工程都推倒报废。只要能保证结构安全和使用功能的，仍作为特殊情况进行验收。这是一个给出路的做法，不能列入违反《建设工程质量管理条例》的范围内。但加固后必须达到保证结构安全和使用功能。例如，有一些工程达不到设计要求，经过验算满足不了结构安全和使用功能要求，需要进行加固补强，但加固补强后，改变了外形尺寸或造成永久性缺陷。这是指经过补强加大了截面，增大了体积，设置了支撑，加设了牛腿等，使原设计的外形尺寸有了变化。如墙体强度严重不足，采用双面加钢筋网灌喷豆石混凝土补强，加厚了墙体，缩小了房间的使用面积等。

造成永久性缺陷是指通过加固补强后，只是解决了结构性能问题，而其本质并未达到原设计要求的，均属造成永久性缺陷。如某工程地下室发生渗漏水，采用从内部增加防水层堵漏，满足了使用要求，但却使那部分墙体长期处于潮湿甚至水饱和状态；又如某工程的空心楼板的型号用错，以小代大，虽采取在板缝中加筋和在上边加铺钢筋网等措施，使承载力达到设计要求，但总是留下永久性缺陷。

以上两种情况，其工程质量不能正常验收，因上述情况，该工程的质量虽不能正常验收，但由于其尚可满足结构安全和使用功能要求，对这样的工程质量，可按协商验收。

(5)通过返修加固处理仍不能满足安全使用要求的分部(子分部)工程、单位(子单位)工程，严禁验收这种情况是非常少的，但确实是有的。这种情况通常是在制订加固技术方案之前，就知道加固补强措施效果不会太好，或是不值得加固处理，或是加固后仍达不到保证安全、功能的情况，严禁验收。这种情况就应该坚决拆掉，不要再花大的代价来加固补强。

第二节　单位工程质量控制资料核查记录

一、《单位工程质量控制资料核查记录》填写范例

单位工程质量控制资料核查记录

工程名称		××住宅楼工程		施工单位	××建设集团有限公司		
序号	项目	资料名称	份数	施工单位		监理单位	
				核查意见	核查人	核查意见	核查人
1	建筑与结构	图纸会审记录、设计变更通知单、工程洽商记录	24	齐全有效	×××	合格	×××
2		工程定位测量、放线记录	54	齐全有效		合格	
3		原材料出厂合格证书及进场检验、试验报告	226	齐全有效		合格	
4		施工试验报告及见证检测报告	126	齐全有效		合格	
5		隐蔽工程验收记录	136	齐全有效		合格	
6		施工记录	118	齐全有效		合格	
7		地基、基础、主体结构检验及抽样检测资料	56	齐全有效		合格	
8		分项、分部工程质量验收记录	12	齐全有效		合格	
9		工程质量事故调查处理资料	—	—		—	
10		新技术论证、备案及施工记录	2	齐全有效		合格	
1	给水排水与供暖	图纸会审记录、设计变更通知单、工程洽商记录	9	齐全有效	×××	合格	×××
2		原材料出厂合格证书及进场检验、试验报告	32	齐全有效		合格	
3		管道、设备强度试验、严密性试验记录	6	齐全有效		合格	
4		隐蔽工程验收记录	25	齐全有效		合格	
5		系统清洗、灌水、通水、通球试验记录	28	齐全有效		合格	
6		施工记录	22	齐全有效		合格	
7		分项、分部工程质量验收记录	10	齐全有效		合格	
8		新技术论证、备案及施工记录	1	齐全有效		合格	
1	通风与空调	图纸会审记录、设计变更通知单、工程洽商记录	5	齐全有效	×××	合格	×××
2		原材料出厂合格证书及进场检验、试验报告	4	齐全有效		合格	
3		制冷、空调、水管道强度试验、严密性试验记录	7	齐全有效		合格	
4		隐蔽工程验收记录	8	齐全有效		合格	
5		制冷设备运行调试记录	10	齐全有效		合格	
6		通风、空调系统调试记录	5	齐全有效		合格	
7		施工记录	25	齐全有效		合格	
8		分项、分部工程质量验收记录	5	齐全有效		合格	
9		新技术论证、备案及施工记录	1	齐全有效		合格	

续表

工程名称		××住宅楼工程		施工单位	××建设集团有限公司		
序号	项目	资料名称	份数	施工单位		监理单位	
				核查意见	核查人	核查意见	核查人
1	建筑电气	图纸会审记录、设计变更通知单、工程洽商记录	9	齐全有效	×××	合格	×××
2		原材料出厂合格证书及进场检验、试验报告	25	齐全有效		合格	
3		设备调试记录	8	齐全有效		合格	
4		接地、绝缘电阻测试记录	30	齐全有效		合格	
5		隐蔽工程验收记录	25	齐全有效		合格	
6		施工记录	20	齐全有效		合格	
7		分项、分部工程质量验收记录	10	齐全有效		合格	
8		新技术论证、备案及施工记录	1	齐全有效		合格	
1	智能建筑	图纸会审记录、设计变更通知单、工程洽商记录	9	齐全有效	×××	合格	×××
2		原材料出厂合格证书及进场检验、试验报告	25	齐全有效		合格	
3		隐蔽工程验收记录	30	齐全有效		合格	
4		施工记录	30	齐全有效		合格	
5		系统功能测定及设备调试记录	25	齐全有效		合格	
6		系统技术、操作和维护手册	20	齐全有效		合格	
7		系统管理、操作人员培训记录	10	齐全有效		合格	
8		系统检测报告	1	齐全有效		合格	
9		分项、分部工程质量验收记录	9	齐全有效		合格	
10		新技术论证、备案及施工记录	2	齐全有效		合格	
1	建筑节能	图纸会审记录、设计变更通知单、工程洽商记录	9	齐全有效	×××	合格	×××
2		原材料出厂合格证书及进场检验、试验报告	32	齐全有效		合格	
3		隐蔽工程验收记录	6	齐全有效		合格	
4		施工记录	25	齐全有效		合格	
5		外墙、外窗节能检验报告	28	齐全有效		合格	
6		设备系统节能检验报告	22	齐全有效		合格	
7		分项、分部工程质量验收记录	10	齐全有效		合格	
8		新技术论证、备案及施工记录	1	齐全有效		合格	

续表

<table>
<tr><td>工程名称</td><td colspan="3">××住宅楼工程</td><td>施工单位</td><td colspan="3">××建设集团有限公司</td></tr>
<tr><td rowspan="2">序号</td><td rowspan="2">项目</td><td rowspan="2">资 料 名 称</td><td rowspan="2">份数</td><td colspan="2">施工单位</td><td colspan="2">监理单位</td></tr>
<tr><td>核查意见</td><td>核查人</td><td>核查意见</td><td>核查人</td></tr>
<tr><td>1</td><td rowspan="8">电梯</td><td>图纸会审记录、设计变更通知单、工程洽商记录</td><td>4</td><td>齐全有效</td><td rowspan="8">×××</td><td>合格</td><td rowspan="8">×××</td></tr>
<tr><td>2</td><td>设备出厂合格证书及开箱检验记录</td><td>25</td><td>齐全有效</td><td>合格</td></tr>
<tr><td>3</td><td>隐蔽工程验收记录</td><td>8</td><td>齐全有效</td><td>合格</td></tr>
<tr><td>4</td><td>施工记录</td><td>30</td><td>齐全有效</td><td>合格</td></tr>
<tr><td>5</td><td>接地、绝缘电阻测试记录</td><td>5</td><td>齐全有效</td><td>合格</td></tr>
<tr><td>6</td><td>负荷试验、安全装置检查记录</td><td>20</td><td>齐全有效</td><td>合格</td></tr>
<tr><td>7</td><td>分项、分部工程质量验收记录</td><td>10</td><td>齐全有效</td><td>合格</td></tr>
<tr><td>8</td><td>新技术论证、备案及施工记录</td><td>1</td><td>齐全有效</td><td>合格</td></tr>
<tr><td colspan="8">结论：
通过工程质量控制资料核查，各项记录符合规定。

施工单位项目负责人：××× 总监理工程师：×××

××年×月×日 ××年×月×日</td></tr>
</table>

注：本表所有项目均已填写，使用时请参考相应部分。

二、《单位工程质量控制资料核查记录》填写说明

1. 相关规定及要求

单位(子单位)工程质量控制资料是单位工程综合验收的一项重要内容，《建筑工程施工质量验收统一标准》GB 50300—2013 中规定了按专业分共计 61 项内容。其中建筑与结构 10 项，给水排水与供暖 8 项，通风与空调 9 项，建筑电气 8 项，智能建筑 10 项，建筑节能 8 项，电梯 8 项。

这些资料记录汇总了各分项工程有关保证单位工程结构安全、使用功能和使用安全的主要内容。其每一项资料包含的内容，就是单位工程包含的有关分项工程中检验批主控项目、一般项目要求内容的汇总。在验收标准各分项工程检验批中都有要求。所评定的单位工程中，包括哪些分项，就检查哪些分项工程的内容。

所用原材料，要有出厂合格证、试验单或记录单，其内容应齐全，数据准确、真实；抄件应注明原件存放单位，并有抄件人的签字，抄件单位的公章。

2. 责任部门

项目技术部、资料员。

3. 填写与主要签认责任

各专业负责人、项目经理。

4. 提交时限

施工企业内部竣工预验收前完成。

第三节　单位工程安全和功能检查资料核查及主要功能抽查记录

一、《单位工程安全和功能检查资料核查及主要功能抽查记录》填写范例

单位工程安全和功能检验资料核查及主要功能抽查记录

工程名称		××住宅楼工程	施工单位	××建设集团有限公司		
序号	项目	安全和功能检查项目	份数	核查意见	抽查结果	核查(抽查)人
1	建筑与结构	地基承载力检验报告	2	完整、有效		××× ×××
2		桩基承载力检验报告	3	完整、有效		
3		混凝土强度试验报告	12	完整、有效	抽查5处合格	
4		砂浆强度试验报告	2	完整、有效		
5		主体结构尺寸、位置抽查记录	5	完整、有效		
6		建筑物垂直度、标高、全高测量记录	2	完整、有效	抽查5处合格	
7		屋面淋水或蓄水试验记录	10	完整、有效	抽查4处合格	
8		地下室渗漏水检测记录	10	完整、有效		
9		有防水要求的地面蓄水试验记录	16	完整、有效	抽查5处合格	
10		抽气(风)道检查记录	18	完整、有效	抽查2处合格	
11		外窗气密性、水密性、耐风压检测报告	2	完整、有效		
12		幕墙气密性、水密性、耐风压检测报告	3	完整、有效		
13		建筑物沉降观测测量记录	12	完整、有效		
14		节能、保温测试记录	5	完整、有效		
15		室内环境检测报告	10	完整、有效		
16		土壤氡气浓度检测报告	1	完整、有效		
1	给水排水与供暖	给水管道通水试验记录	12	完整、有效		××× ×××
2		暖气管道、散热器压力试验记录	2	完整、有效	抽查5处合格	
3		卫生器具满水试验记录	12	完整、有效		
4		消防管道、燃气管道压力试验记录	15	完整、有效		
5		排水干管通球试验记录	16	完整、有效		
6		锅炉试运行、安全阀及报警联动测试记录	2	完整、有效		

续表

工程名称		××住宅楼工程	施工单位	××建设集团有限公司		
序号	项目	安全和功能检查项目	份数	核查意见	抽查结果	核查(抽查)人
1	通风与空调	通风、空调系统试运行记录	12	完整、有效		××× ×××
2		风量、温度测试记录	2	完整、有效		
3		空气能量回收装置测试记录	8	完整、有效	抽查5处合格	
4		洁净室洁净度测试记录	9	完整、有效		
5		制冷机组试运行调试记录	16	完整、有效		
1	建筑电气	建筑照明通电试运行记录	2	完整、有效		××× ×××
2		灯具固定装置及悬吊装置的载荷强度试验记录	10	完整、有效		
3		绝缘电阻测试记录	36	完整、有效	抽查8处合格	
4		剩余电流动作保护器测试记录	23	完整、有效		
5		应急电源装置应急持续供电时间记录	5	完整、有效		
6		接地电阻测试记录	6	完整、有效	抽查3处合格	
7		接地故障回路阻抗测试记录	6	完整、有效		
1	智能建筑	系统试运行记录	16	完整、有效		××× ×××
2		系统电源及接地检测报告	5	完整、有效	抽查2处合格	
3		系统接地检测报告	5	完整、有效		
1	建筑节能	外墙节能构造检查记录或热工性能检验报告	12	完整、有效		××× ×××
2		设备系统节能性能检查记录	2	完整、有效		
1	电梯	运行记录	5	完整、有效		××× ×××
2		安全装置检测报告	5	完整、有效		

结论：

资料齐全有效、抽查结果全部合格

施工单位项目负责人：×××　　　　总监理工程师：×××

××年×月×日　　　　××年×月×日

注：1.抽查项目由验收组协商确定。

2.本表所有项目均已填写，使用时请参考相应部分。

二、《单位工程安全和功能检查资料核查及主要功能抽查记录》填写说明

1. 相关规定及要求

(1)建筑工程投入使用,最为重要的是要确保安全和满足功能性要求。涉及安全和使用功能的分部工程应有检验资料,施工验收对能否满足安全和使用功能的项目进行强化验收,对主要项目进行抽查记录,填写《单位(子单位)工程安全和功能检验资料核查及主要功能抽查记录》。

(2)抽查项目是在核查资料文件的基础上,由参加验收的各方人员确定,然后按有关专业工程施工质量验收标准进行检查。

(3)安全和功能的各项主要检测项目,表中已经列明。如果设计或合同有其他要求,经监理认可后可以补充。

安全和功能的检测,如果条件具备,应在分部工程验收时进行。分部工程验收时凡已经做过的安全和功能检测项目,单位工程竣工验收时不再重复检测。只核查检测报告是否符合有关规定。如:核查检测项目是否有遗漏;抽测的程序、方法是否符合规定;检测结论是否达到设计及规范规定;如果某个项目抽测结果达不到设计要求,应允许进行返工处理,使之达到要求再填表。

2. 责任部门

项目技术部、资料员。

3. 填写与主要签认责任

各专业负责人、项目经理。

4. 填写要点

(1)本表由施工单位按所列内容检查并填写份数后,提交给监理单位。

(2)本表其他栏目由总监理工程师或建设单位项目负责人组织核查、抽查并由监理单位填写。

(3)监理单位经核查和抽查,如果认为符合要求,由总监理工程师在表中的“结论”栏填入综合性验收结论,并由施工单位项目经理签字确认。

5. 提交时限

施工企业内部竣工预验收前完成。

第四节 单位工程观感质量检查记录

一、《单位工程观感质量检查记录》填写范例

单位工程观感质量检查记录表

工程名称		××办公楼工程	施工单位	××建设集团有限公司
序号		项　目	抽查质量状况	质量评价
1	建筑与结构	主体结构外观	共检查10点，好10点，一般0点，差0点	好
2		室外墙面	共检查10点，好10点，一般0点，差0点	好
3		变形缝、雨水管	共检查10点，好10点，一般0点，差0点	好
4		屋面	共检查10点，好10点，一般0点，差0点	好
5		室内墙面	共检查10点，好9点，一般1点，差0点	好
6		室内顶棚	共检查10点，好9点，一般1点，差0点	好
7		室内地面	共检查10点，好10点，一般0点，差0点	好
8		楼梯、踏步、护栏	共检查10点，好9点，一般1点，差0点	好
9		门窗	共检查10点，好9点，一般1点，差0点	好
10		雨罩、台阶、坡道、散水	共检查10点，好10点，一般0点，差0点	好
1	给水排水与供暖	管道接口、坡度、支架	共查10点，好8点，一般2点，差0点	好
2		卫生器具、支架、阀门	共查10点，好9点，一般1点，差0点	好
3		检查口、扫除口、地漏	共查10点，好9点，一般1点，差0点	好
4		散热器、支架	共查10点，好8点，一般2点，差0点	好
1	通风与空调	风管、支架	共查10点，好9点，一般1点，差0点	好
2		风口、风阀	共查10点，好10点，一般0点，差0点	好
3		风机、空调设备	共查10点，好9点，一般1点，差0点	好
4		管道、阀门、支架	共查10点，好8点，一般2点，差0点	好
5		水泵、冷却塔	共查10点，好8点，一般2点，差0点	好
6		绝热	共查10点，好9点，一般1点，差0点	好

续表

<table>
<tr><td>工程名称</td><td colspan="2">××办公楼工程</td><td>施工单位</td><td colspan="2">××建设集团有限公司</td></tr>
<tr><td>序号</td><td colspan="2">项　目</td><td colspan="2">抽查质量状况</td><td>质量评价</td></tr>
<tr><td>1</td><td rowspan="4">建筑电气</td><td>配电箱、盘、板、接线盒</td><td colspan="2">共查10点，好8点，一般2点，差0点</td><td>好</td></tr>
<tr><td>2</td><td>设备器具、开关、插座</td><td colspan="2">共查10点，好9点，一般1点，差0点</td><td>好</td></tr>
<tr><td>3</td><td>防雷、接地、防火</td><td colspan="2">共查10点，好9点，一般1点，差0点</td><td>好</td></tr>
<tr><td></td><td></td><td colspan="2"></td><td></td></tr>
<tr><td>1</td><td rowspan="3">智能建筑</td><td>机房设备安装及布局</td><td colspan="2">共查10点，好9点，一般1点，差0点</td><td>好</td></tr>
<tr><td>2</td><td>现场设备安装</td><td colspan="2">共查10点，好10点，一般0点，差0点</td><td>好</td></tr>
<tr><td></td><td></td><td colspan="2"></td><td></td></tr>
<tr><td>1</td><td rowspan="4">电梯</td><td>运行、平层、开关门</td><td colspan="2">共查10点，好9点，一般1点，差0点</td><td>好</td></tr>
<tr><td>2</td><td>层门、信号系统</td><td colspan="2">共查10点，好9点，一般1点，差0点</td><td>好</td></tr>
<tr><td>3</td><td>机房</td><td colspan="2">共查10点，好10点，一般0点，差0点</td><td>好</td></tr>
<tr><td></td><td></td><td colspan="2"></td><td></td></tr>
<tr><td colspan="3">观感质量综合评价</td><td colspan="3">好</td></tr>
<tr><td colspan="6">结论：
评价为好，观感质量验收合格。
施工单位项目负责人：×××　　　　总监理工程师：×××
××年×月×日　　　　××年×月×日</td></tr>
</table>

注：1. 质量评价为差的项目，应进行返修。

2. 本表所有项目均已填写，使用时请参考相应部分。

二、《单位工程观感质量检查记录》填写说明

1. 相关规定及要求

观感质量评价，是工程的一项重要评价工作，是全面评价一个分部、子分部、单位工程的外观及使用功能质量，促进施工过程的管理、成品保护，提高社会效益和环境效益的一项活动。观感质量检查绝不是单纯的外观检查，而是实地对工程的一个全面检查，核实质量控制资料，核查分项、分部工程验收的正确性，及对在分项工程中不能检查的项目进行检查等。如工程完工，绝大部分的安全可靠性能和使用功能已达到要求，但出现不应出现的裂缝和严重影响使用功能的情况，应该首先弄清原因，然后再评价。地面严重空鼓、起砂、墙面空鼓粗糙、门窗开关不灵、关闭不严等项目的质量缺陷很多，就说明在分项、分部工程验收时，掌握标准不严。分项分部无法测定和不便测定的项目，在单位工程观感评价中，给予核查。如建筑物的全高垂直度、上下窗口位置偏移及一些线角顺直等项目，只有

在单位工程质量最终检查时，才能了解的更确切。

系统地对单位工程检查，可全面地衡量单位工程质量的实际情况，突出对工程整体检验和对用户着想的观点。分项、分部工程的验收，对其本身来讲虽是产品检验，但对交付使用一幢房子来讲，又是施工过程中的质量控制。只有单位工程的验收，才是最终建筑产品的验收。所以在标准中，既加强了施工过程中的质量控制（分项、分部工程的验收），又严格进行了单位工程的最终评价，使建筑工程的质量得到有效保证。

观感质量的验收方法和内容与分部、子分部工程的观感质量评价一样，只是分部、子分部的范围小一些而已，一些分部、子分部的观感质量可能在单位工程检查时已经看不到了。所以单位工程的观感质量更宏观一些。

其内容按各有关检验批的主控项目、一般项目有关内容综合掌握，给出好、一般、差的评价。

检查时应将建筑工程外檐全部看到，对建筑的重要部位、项目及有代表性的房间、部位、设备、项目都应检查到。对其评价时，可逐点评价再综合评价；也可逐项给予评价；也可按大的方面综合评价。评价时，要在现场由参加检查验收的监理工程师共同确定，确定时，可多听取被验收单位及参加验收的其他人员的意见。并由总监理工程师签认，总监理工程师的意见应有主导性。

2. 责任部门

项目质量部。

3. 填写要点

单位（子单位）工程观感质量检查由总监理工程师组织有关监理工程师会同建设单位、施工单位等有关专业人员共同进行，通过现场全面检查，在听取有关人员的意见后，由总监理工程师为主与监理工程师共同确定质量评价，并对表格所列项目进行好、一般、差的质量评价，将结果填在质量评价栏中。最后根据各个专业的质量评价，对单位工程做出观感质量综合评价，将检查结论填写在检查结论栏中。施工单位项目经理和总监理工程师双方签字。

4. 填写与主要签认责任

项目经理。

5. 提交时限

工程档案预验收前完成。

第五节　单位工程竣工预验收报验表

一、《单位工程竣工预验收报验表》填写范例

单位工程竣工预验收报验表		资料编号	×××
工程名称	××商住楼工程	日　期	××年×月×日
致：××建设监理公司（监理单位） 我方已按合同要求完成了××商住楼工程，经自检合格，请予以检查和验收。 附件： 单位工程竣工资料 施工单位名称：××建设集团有限公司　　项目经理(签字)：×××			
审查意见： 经预验收，该工程： 1.☑符合□不符合　我国现行法律、法规要求； 2.☑符合□不符合　我国现行工程建设标准； 3.☑符合□不符合　设计文件要求； 4.☑符合□不符合　施工合同要求。 综上所述，该工程预验收结论：　☑合格　□不合格 可否组织正式验收：　☑可　□否 监理单位名称：××建设监理公司（盖章）　总监理工程师(签字)：×××　日期：××年×月×日			

注：本表由施工单位填写。

二、《单位工程竣工预验收报验表》填写说明

1. 相关规定及要求

(1)施工单位在单位工程完工，经自检合格并达到竣工验收条件后，填写《单位工程竣工预验收报验表》，并附相应的竣工资料(包括分包单位的竣工资料)报项目监理部，申请工程竣工预验收。

(2)总监理工程师应组织专业监理工程师，依据有关法律、法规、工程建设强制性标准、设计文件及施工合同，对承包单位报送的竣工资料进行审查，并对工程质量进行竣工预验收。对存在的问题，应及时要求承包单位整改。整改完毕由总监理工程师签署工程竣工报验单，并应在此基础上提出工程质量评估报告。工程质量评估报告应经总监理工程师和监理单位技术负责人审核签字。

(3)项目监理机构应参加由建设单位组织的竣工验收，并提供相关监理资料。对验收中提出的整改问题，项目监理机构应要求承包单位进行整改。工程质量符合要求，由总监理工程师会同参加验收的各方签署竣工验收报告。

2. 审核资料

单位工程竣工资料应包括《分部(子分部)工程质量验收记录》、《单位(子单位)工程质量控制资料核查记录》、《单位(子单位)工程安全和功能检验资料核查及主要功能抽查记录》、《单位(子单位)工程观感质量检查记录》等。

3. 填写要点

(1)承包单位申报栏，由项目经理签字。

(2)监理单位审查意见栏由总监理工程师签字。

第六节 工程竣工质量报告

工程竣工质量报告

一、工程概况

××大厦工程位于北京市××区××路××号，所处地理位置优越繁华，交通四通八达，工程四周为草坪、绿树成荫，环境优美。该大厦由××集团开发有限公司投资开发，××地质工程勘察院勘察，××建筑设计院设计，××建设集团有限公司施工，××建设监理公司监理。

本大厦为商业、办公、公寓一体化建筑，地上19层，地下2层其中包括人防工程，首层为商业用房，2～4层可兼作办公使用，5层以上为住宅公寓。总建筑面积为41264mm^2。

二、施工主要依据

1.合同范围内的全部工程及所有设计图纸及符合设计的(变更)文件；

2.分项、分部、单位工程质量满足合同要求，执行国家《建筑安装工程质量检验评定标准》及《建筑安装分项工程施工工艺规程》；

3.设备安装、调试符合现行有关规范、标准、并满足合同要求；

4.管理体系以ISO 9001：2000标准和公司的质量文件为依据，严格执行施工图纸文件，合同要求及国家的有关法律法规；

5.工程建设监理规程及市建委××号文件；

6.建筑安装工程资料管理规程等有关文件。

三、工程技术措施及质量情况

自工程开始，我单位始终坚持精心组织，精心指挥、精心管理的方针，充分发挥工程技术人员的积极作用，开动脑筋采用新施工技术和新的施工方法，应用新材料新产品共计38项：

1.结构工程18项；

2.钢结构施工技术2项；

3.装修阶段的施工技术12项；

4.其他项目6项。

由于可行的技术措施及新技术应用，使工程技术质量有所保证，并保证工程的工期，提高了经济效益，有步骤有计划地实现质量目标。

基础及主体结构工程仅用了近10个月就全部完成，其质量等级达到优良。至2007年5月止完成规定全部设计图纸及洽商的内容。在施工过程中我单位始终坚持把工程质量放在各项工作的首位，牢记企业质量方针：保合同重管理，塑造顾客期望的艺术品，统一协调管理，重点把关控制，积极与工程监理及建设等单位的配合，加强对分包单位的统一调度，统一协调，统一管理，严把质量关，最终达到和实现质量目标，并深受大厦各用户的一致好评，该工程由于参建各单位的共同努力，土建分部优良率均达70%以上，设备机电安装分部优良率均达80%以上，该工程竣工观感质量评定91分。详见工程质量综合评定有关资料。

技术、质量资料及施工管理资料，严格按《建筑安装分项工程施工工艺规程》施工，按《建筑工程施工质量验收统一标准》及《建筑工程资料管理规程》规定的内容评定和收集整理。该工程经自检评定符合设计文件及合同要求，工程质量符合有关法律、法规及工程建设强制性标准，对在施过程中质检机构提出的质量问题都做了处理。现已整改完毕，经复查符合要求。

该工程现已完成施工合同的全部内容，工程质量达到了国家验评标准的等级，特向××集团开发有限公司提出申请，要求对××大厦工程进行工程竣工验收。

总监：×××

施工负责人：×××
××集团有限责任公司
××年×月×日

附录 工程资料类别、来源及保存

工程资料类别	工程资料名称		工程资料来源	工程资料保存			
				施工单位	监理单位	建设单位	城建档案馆
A类	工程准备阶段文件						
A1类	决策立项文件	项目建议书	建设单位			●	●
		项目建议书的批复文件	建设行政管理部门			●	●
		可行性研究报告及附件	建设单位			●	●
		可行性研究报告的批复文件	建设行政管理部门			●	●
		关于立项的会议纪要、领导批示	建设单位			●	●
		工程立项的专家建议资料	建设单位			●	●
		项目评估研究资料	建设单位			●	●
A2类	建设用地文件	选址申请及选址规划意见通知书	建设单位 规划部门			●	●
		建设用地批准文件	土地行政管理部门			●	●
		拆迁安置意见、协议、方案等	建设单位			●	●
		建设用地规划许可证及其附件	规划行政管理部门			●	●
		国有土地使用证	土地行政管理部门			●	●
		划拨建设用地文件	土地行政管理部门			●	●
A3类	勘察设计文件	岩土工程勘察报告	勘察单位	●	●	●	●
		建设用地钉桩通知单(书)	规划行政管理部门	●	●	●	●
		地形测量和拨地测量成果报告	测绘单位			●	●
		审定设计方案通知书及审查意见	规划行政管理部门			●	●
		审定设计方案通知书要求征求有关部门的审查意见和要求取得的有关协议	有关部门			●	●
		初步设计图及设计说明	设计单位			●	
		消防设计审核意见	公安机关消防机构	○	○	●	●
		施工图设计文件审查通知书及审查报告	施工图审查机构	○	○	●	●
		施工图及设计说明	设计单位	○	○	●	

续表

工程资料类别		工程资料名称	工程资料来源	工程资料保存			
				施工单位	监理单位	建设单位	城建档案馆
A4类	招投标及合同文件	勘察招投标文件	建设单位 勘察单位			●	
		勘察合同*	建设单位 勘察单位			●	●
		设计招投标文件	建设单位 设计单位			●	
		设计合同*	建设单位 设计单位			●	●
		监理招投标文件	建设单位 监理单位		●	●	
		委托监理合同*	建设单位 监理单位		●	●	●
		施工招投标文件	建设单位 施工单位	●	○	●	
		施工合同*	建设单位 施工单位	●	○	●	●
A5类	开工文件	建设项目列入年度计划的申报文件	建设单位			●	●
		建设项目列入年度计划的批复文件或年度计划项目表	建设行政管理部门			●	●
		规划审批申报表及报送的文件和图纸	建设单位 设计单位			●	
		建设工程规划许可证及其附件	规划部门			●	●
		建设工程施工许可证及其附件	建设行政管理部门	●	●	●	●
		工程质量安全监督注册登记	质量监督机构	○	○	●	●
		工程开工前的原貌影像资料	建设单位	●	●	●	●
		施工现场移交单	建设单位	○	○	○	
A6类	商务文件	工程投资估算资料	建设单位			●	
		工程设计概算资料	建设单位			●	
		工程施工图预算资料	建设单位			●	
A类其他资料							
B类	监理资料						
B1类	监理管理资料	监理规划	监理单位		●	●	●
		监理实施细则	监理单位	○	●	●	●
		监理月报	监理单位		●	●	
		监理会议纪要	监理单位	○	●	●	
		监理工作日志	监理单位		●		

续表

工程资料类别	工程资料名称		工程资料来源	工程资料保存			
				施工单位	监理单位	建设单位	城建档案馆
B1类	监理管理资料	监理工作总结	监理单位		●	●	●
		工作联系单	监理单位 施工单位	○	○		
		监理工程师通知	监理单位	○	○		
		监理工程师通知回复单*	施工单位	○	○		
		工程暂停令	监理单位	○	○	○	●
		工程复工报审表*	施工单位	●	●	●	●
B2类	进度控制资料	工程开工报审表*	施工单位	●	●	●	●
		施工进度计划报审表*	施工单位	○	○		
B3类	质量控制资料	质量事故报告及处理资料	施工单位	●	●	●	●
		旁站监理记录*	监理单位	○	●	●	
		见证取样和送检见证人员备案表	监理单位 或建设单位	●	●	●	
		见证记录*	监理单位	●	●	●	
		工程技术文件报审表*	施工单位	○	○		
B4类	造价控制资料	工程款支付申请表	施工单位	○	○	●	
		工程款支付证书	监理单位	○	○	●	
		工程变更费用报审表*	施工单位	○	○	●	
		费用索赔申请表	施工单位	○	○	●	
		费用索赔审批表	监理单位	○	○	●	
B5类	合同管理资料	委托监理合同*	监理单位		●	●	●
		工程延期申请表	施工单位	●	●	●	●
		工程延期审批表	监理单位	●	●	●	●
		分包单位资质报审表*	施工单位	●	●	●	
B6类	竣工验收资料	单位(子单位)工程竣工预验收报验表*	施工单位	●	●	●	
		单位(子单位)工程质量竣工验收记录**	施工单位	●	●	●	●
		单位(子单位)工程质量控制资料核查记录*	施工单位	●	●	●	●
		单位(子单位)工程安全和功能检验资料核查及主要功能抽查记录*	施工单位	●	●	●	●
		单位(子单位)工程观感质量检查记录*	施工单位	●	●	●	●
		工程质量评估报告	监理单位	●	●	●	●
		监理费用决算资料	监理单位		○	●	
		监理资料移交书	监理单位		●	●	
	B类其他资料						

续表

工程资料类别	工程资料名称		工程资料来源	工程资料保存			
				施工单位	监理单位	建设单位	城建档案馆
C类	施工资料						
C1类	施工管理资料	工程概况表	施工单位	●	●	●	●
		施工现场质量管理检查记录*	施工单位	○	○		
		企业资质证书及相关专业人员岗位证书	施工单位	○	○		
		分包单位资质报审表*	施工单位	●	●	●	
		建设工程质量事故调查、勘查记录	调查单位	●	●	●	●
		建设工程质量事故报告书	调查单位	●	●	●	●
		施工检测计划	施工单位	○	○		
		见证记录*	监理单位	●	●	●	
		见证试验检测汇总表	施工单位	●	●		
		施工日志	施工单位	●			
		监理工程师通知回复单*	施工单位	○	○		
C2类	施工技术资料	工程技术文件报审表*	施工单位	○	○		
		施工组织设计及施工方案	施工单位	○	○		
		危险性较大分部分项工程施工方案专家论证表	施工单位	○	○		
		技术交底记录	施工单位	○			
		图纸会审记录**	施工单位	●	●	●	●
		设计变更通知单*	设计单位	●	●	●	●
		工程洽商记录(技术核定单)**	施工单位	●	●	●	●
C3类	进度造价资料	工程开工报审表*	施工单位	●	●	●	●
		工程复工报审表*	施工单位	●	●	●	●
		施工进度计划报审表*	施工单位	○	○		
		施工进度计划	施工单位	○	○		
		人、机、料动态表	施工单位	○	○		
		工程延期申请表	施工单位	●	●	●	●
		工程款支付申请表	施工单位	○	○	●	
		工程变更费用报审表*	施工单位	○	○	●	
		费用索赔申请表*	施工单位	○	○	●	

续表

工程资料类别		工程资料名称	工程资料来源	工程资料保存			
				施工单位	监理单位	建设单位	城建档案馆
C4类	施工物资资料	出厂质量证明文件及检测报告					
		砂、石、砖、水泥、钢筋、隔热保温、防腐材料、轻集料出厂质量证明文件	施工单位	●	●	●	●
		其他物资出厂合格证、质量保证书、检测报告和报关单或商检证等	施工单位	●	○	○	
		材料、设备的相关检验报告、型式检测报告、3C强制认证合格证书或3C标志	采购单位	●	○	○	
		主要设备、器具的安装使用说明书	采购单位	●	○	○	
		进口的主要材料设备的商检证明文件	采购单位	●	○	●	●
		涉及消防、安全、卫生、环保、节能的材料、设备的检测报告或法定机构出具的有效证明文件	采购单位	●	●	●	
		进场检验通用表格					
		材料、构配件进场检验记录*	施工单位	○	○		
		设备开箱检验记录*	施工单位	○	○		
		设备及管道附件试验记录*	施工单位	●	○	●	
		进场复试报告					
		钢材试验报告	检测单位	●	●	●	●
		水泥试验报告	检测单位	●	●	●	●
		砂试验报告	检测单位	●	●	●	●
		碎(卵)石试验报告	检测单位	●	●	●	●
		外加剂试验报告	检测单位	●	●	○	●
		防水涂料试验报告	检测单位	●	○	●	
		防水卷材试验报告	检测单位	●	○	●	
		砖(砌块)试验报告	检测单位	●	●	●	●
		预应力筋复试报告	检测单位	●	●	●	●
		预应力锚具、夹具和连接器复试报告	检测单位	●	●	●	●
		装饰装修用门窗复试报告	检测单位	●	○	●	
		装饰装修用人造木板复试报告	检测单位	●	○	●	
		装饰装修用花岗石复试报告	检测单位	●	○	●	
		装饰装修用安全玻璃复试报告	检测单位	●	○	●	
		装饰装修用外墙面砖复试报告	检测单位	●	○	●	

续表

工程资料类别		工程资料名称	工程资料来源	工程资料保存			
				施工单位	监理单位	建设单位	城建档案馆
C4类	施工物资资料	钢结构用钢材复试报告	检测单位	●	●	●	●
		钢结构用防火涂料复试报告	检测单位	●	●	●	●
		钢结构用焊接材料复试报告	检测单位	●	●	●	●
		钢结构用高强度大六角头螺栓连接副复试报告	检测单位	●	●	●	●
		钢结构用扭剪型高强螺栓连接副复试报告	检测单位	●	●	●	●
		幕墙用铝塑板、石材、玻璃、结构胶复试报告	检测单位	●	●	●	●
		散热器、采暖系统保温材料、通风与空调工程绝热材料、风机盘管机组、低压配电系统电缆的见证取样复试报告	检测单位	●	○	●	
		节能工程材料复试报告	检测单位	●	●	●	
C5类	施工记录	通用表格					
		隐蔽工程验收记录*	施工单位	●	●	●	●
		施工检查记录	施工单位	○			
		交接检查记录	施工单位	○			
		专用表格					
		工程定位测量记录*	施工单位	●	●	●	●
		基槽验线记录	施工单位	●	●	●	●
		楼层平面放线记录	施工单位	○	○		
		楼层标高抄测记录	施工单位	○	○		
		建筑物垂直度、标高观测记录*	施工单位	●	○	●	
		沉降观测记录	建设单位委托测量单位提供	●	○	●	●
		基坑支护水平位移监测记录	施工单位	○	○		
		桩基、支护测量放线记录	施工单位	○	○		
		地基验槽记录**	施工单位	●	●	●	●
		地基钎探记录	施工单位	○	○	●	●
		混凝土浇灌申请书	施工单位	○	○		
		预拌混凝土运输单	施工单位	○			
		混凝土开盘鉴定	施工单位	○	○		
		混凝土拆模申请单	施工单位	○	○		

续表

工程资料类别		工程资料名称	工程资料来源	工程资料保存			
				施工单位	监理单位	建设单位	城建档案馆
C5类	施工记录	混凝土预拌测温记录	施工单位	○			
		混凝土养护测温记录	施工单位	○			
		大体积混凝土养护测温记录	施工单位	○			
		大型构件吊装记录	施工单位	○	○	●	●
		焊接材料烘焙记录	施工单位	○			
		地下工程防水效果检查记录*	施工单位	○	○	●	
		防水工程试水检查记录*	施工单位	○	○	●	
		通风(烟)道、垃圾道检查记录*	施工单位	○	○	●	
		预应力筋张拉记录	施工单位	●	○	●	●
		有黏结预应力结构灌浆记录	施工单位	●	○	●	●
		钢结构施工记录	施工单位	●	○	●	
		网架(索膜)施工记录	施工单位	●	○	●	●
		木结构施工记录	施工单位	●	○	●	
		幕墙注胶检查记录	施工单位	●	○	●	
		自动扶梯、自动人行道的相邻区域检查记录	施工单位	●	○	●	
		电梯电气装置安装检查记录	施工单位	●	○	●	
		自动扶梯、自动人行道电气装置检查记录	施工单位	●	○	●	
		自动扶梯、自动人行道整机安装质量检查记录	施工单位	●	○	●	
C6类	施工试验记录及检测报告	通用表格					
		设备单机试运转记录*	施工单位	●	○	●	●
		系统试运转调试记录*	施工单位	●	○	●	●
		接地电阻测试记录*	施工单位	●	○	●	●
		绝缘电阻测试记录*	施工单位	●	○	●	
		专用表格					
		建筑与结构工程					
		锚杆试验报告	检测单位	●	○	●	●
		地基承载力检验报告	检测单位	●	○	●	●
		桩基检测报告	检测单位	●	○	●	●
		土工击实试验报告	检测单位	●	○	●	●
		回填土试验报告(应附图)	检测单位	●	○	●	●

续表

工程资料类别		工程资料名称	工程资料来源	工程资料保存			
				施工单位	监理单位	建设单位	城建档案馆
C6类	施工试验记录及检测报告	钢筋机械连接试验报告	检测单位	●	○	●	●
		钢筋焊接连接试验报告	检测单位	●	○	●	●
		砂浆配合比申请单、通知单	施工单位	○	○		
		砂浆抗压强度试验报告	检测单位	●	○	●	●
		砌筑砂浆试块强度统计、评定记录	施工单位	●		●	●
		混凝土配合比申请单、通知单	施工单位	○	○		
		混凝土抗压强度试验报告	检测单位	●	○	●	●
		混凝土试块强度统计、评定记录	施工单位	●		●	●
		混凝土抗渗试验报告	检测单位	●	○	●	●
		砂、石、水泥放射性指标报告	施工单位	●	○	●	●
		混凝土碱总量计算书	施工单位	●	○	●	●
		外墙饰面砖样板黏结强度试验报告	检测单位	●	○	●	●
		后置埋件抗拔试验报告	检测单位	●	○	●	●
		超声波探伤报告、探伤记录	检测单位	●	○	●	●
		钢构件射线探伤报告	检测单位	●	○	●	●
		磁粉探伤报告	检测单位	●	○	●	●
		高强度螺栓抗滑移系数检测报告	检测单位	●	○	●	●
		钢结构焊接工艺评定	检测单位	○	○		
		网架节点承载力试验报告	检测单位	●	○	●	●
		钢结构防腐、防火涂料厚度检测报告	检测单位	●	○	●	●
		木结构胶缝试验报告	检测单位	●	○	●	
		木结构构件力学性能试验报告	检测单位	●	○	●	●
		木结构防护剂试验报告	检测单位	●	○	●	●
		幕墙双组分硅酮结构密封胶混匀性及拉断试验报告	检测单位	●	○	●	●
		幕墙的抗风压性能、空气渗透性能、雨水渗透性能及平面内变形性能检测报告	检测单位	●	○	●	●
		外门窗的抗风压性能、空气渗透性能和雨水渗透性能检测报告	检测单位	●	○	●	●
		墙体节能工程保温板材与基层黏结强度现场拉拔试验	检测单位	●	○	●	●

续表

工程资料类别		工程资料名称	工程资料来源	工程资料保存			
				施工单位	监理单位	建设单位	城建档案馆
C6类	施工试验记录及检测报告	外墙保温浆料同条件养护试件试验报告	检测单位	●	○	●	●
		结构实体混凝土强度检验记录*	施工单位	●	○	●	●
		结构实体钢筋保护层厚度检验记录*	施工单位	●	○	●	●
		围护结构现场实体检验	检测单位	●	○	●	
		室内环境检测报告	检测单位	●	○	●	
		节能性能检测报告	检测单位	●	○	●	●
		给排水及采暖工程					
		灌(满)水试验记录*	施工单位	○	○	●	
		强度严密性试验记录*	施工单位	●	○	●	●
		通水试验记录*	施工单位	○	○	●	
		冲(吹)洗试验记录*	施工单位	●	○	●	
		通球试验记录	施工单位	○	○	●	
		补偿器安装记录	施工单位	○	○		
		消火栓试射记录	施工单位	●	○	●	
		安全附件安装检查记录	施工单位	●	○		
		锅炉烘炉试验记录	施工单位	●	○		
		锅炉煮炉试验记录	施工单位	●	○		
		锅炉试运行记录	施工单位	●	○	●	
		安全阀定压合格证书	检测单位	●	○	●	
		自动喷水灭火系统联动试验记录	施工单位	●	○	●	●
		建筑电气工程					
		电气接地装置平面示意图表	施工单位	●	○	●	●
		电气器具通电安全检查记录	施工单位	○	○	●	
		电气设备空载试运行记录*	施工单位	●	○	●	●
		建筑物照明通电试运行记录	施工单位	●	○	●	●
		大型照明灯具承载试验记录*	施工单位	●	○	●	
		漏电开关模拟试验记录	施工单位	●	○	●	
		大容量电气线路结点测温记录	施工单位	●	○	●	
		低压配电电源质量测试记录	施工单位	●	○	●	
		建筑物照明系统照度测试记录	施工单位	○	○	●	

续表

工程资料类别	工程资料名称		工程资料来源	工程资料保存			
				施工单位	监理单位	建设单位	城建档案馆
C6类	施工试验记录及检测报告	智能建筑工程					
		综合布线测试记录*	施工单位	●	○	●	●
		光纤损耗测试记录*	施工单位	●	○	●	●
		视频系统末端测试记录*	施工单位	●	○	●	●
		子系统检测记录*	施工单位	●	○	●	●
		系统试运行记录*	施工单位	●	○	●	●
		通风与空调工程					
		风管漏光检测记录*	施工单位	○	○	●	
		风管漏风检测记录*	施工单位	●	○	●	
		现场组装除尘器、空调机漏风检测记录	施工单位	○	○		
		各房间室内风量测量记录	施工单位	●	○	●	
		管网风量平衡记录	施工单位	●	○	●	
		空调系统试运转调试记录	施工单位	●	○	●	●
		空调水系统试运转调试记录	施工单位	●	○	●	●
		制冷系统气密性试验记录	施工单位	●	○	●	●
		净化空调系统检测记录	施工单位	●	○	●	●
		防排烟系统联合试运行记录	施工单位	●	○	●	●
		电梯工程					
		轿厢平层准确度测量记录	施工单位	○	○	●	
		电梯层门安全装置检测记录	施工单位	●	○	●	
		电梯电气安全装置检测记录	施工单位	●	○	●	
		电梯整机功能检测记录	施工单位	●	○	●	
		电梯主要功能检测记录	施工单位	●	○	●	
		电梯负荷运行试验记录	施工单位	●	○	●	●
		电梯负荷运行试验曲线图表	施工单位	●	○	●	
		电梯噪声测试记录	施工单位	○	○	○	
		自动扶梯、自动人行道安全装置检测记录	施工单位	●	○	●	
		自动扶梯、自动人行道整机性能、运行试验记录	施工单位	●	○	●	●

续表

工程资料类别	工程资料名称		工程资料来源	工程资料保存			
				施工单位	监理单位	建设单位	城建档案馆
C7类	施工质量验收记录	检验批质量验收记录*	施工单位	○	○	●	
		分项工程质量验收记录*	施工单位	●	●	●	
		分部(子分部)工程质量验收记录**	施工单位	●	●	●	●
		建筑节能分部工程质量验收记录**	施工单位	●	●	●	●
		自动喷水系统验收缺陷项目划分记录	施工单位	●	○	○	
		程控电话交换系统分项工程质量验收记录	施工单位	●	○	●	
		会议电视系统分项工程质量验收记录	施工单位	●	○	●	
		卫星数字电视系统分项工程质量验收记录	施工单位	●	○	●	
		有线电视系统分项工程质量验收记录	施工单位	●	○	●	
		公共广播与紧急广播系统分项工程质量验收记录	施工单位	●	○	●	
		计算机网络系统分项工程质量验收记录	施工单位	●	○	●	
		应用软件系统分项工程质量验收记录	施工单位	●	○	●	
		网络安全系统分项工程质量验收记录	施工单位	●	○	●	
		空调与通风系统分项工程质量验收记录	施工单位	●	○	●	
		变配电系统分项工程质量验收记录	施工单位	●	○	●	
		公共照明系统分项工程质量验收记录	施工单位	●	○	●	
		给排水系统分项工程质量验收记录	施工单位	●	○	●	
		热源和热交换系统分项工程质量验收记录	施工单位	●	○	●	
		冷冻和冷却水系统分项工程质量验收记录	施工单位	●	○	●	
		电梯和自动扶梯系统分项工程质量验收记录	施工单位	●	○	●	
		数据通信接口分项工程质量验收记录	施工单位	●	○	●	
		中央管理工作站及操作分站分项工程质量验收记录	施工单位	●	○	●	
		系统实时性、可维护性、可靠性分项工程质量验收记录	施工单位	●	○	●	
		现场设备安装及检测分项工程质量验收记录	施工单位	●	○	●	
		火灾自动报警及消防联动系统分项工程质量验收记录	施工单位	●	○	●	
		综合防范功能分项工程质量验收记录	施工单位	●	○	●	
		视频安防监控系统分项工程质量验收记录	施工单位	●	○	●	
		入侵报警系统分项工程质量验收记录	施工单位	●	○	●	
		出入口控制(门禁)系统分项工程质量验收记录	施工单位	●	○	●	
		巡更管理系统分项工程质量验收记录	施工单位	●	○	●	

续表

工程资料类别	工程资料名称			工程资料来源	工程资料保存			
					施工单位	监理单位	建设单位	城建档案馆
C7类	施工质量验收记录		停车场(库)管理系统分项工程质量验收记录	施工单位	●	○	●	
			安全防范综合管理系统分项工程质量验收记录	施工单位	●	○	●	
			综合布线系统安装分项工程质量验收记录	施工单位	●	○	●	
			综合布线系统性能检测分项工程质量验收记录	施工单位	●	○	●	
			系统集成网络连接分项工程质量验收记录	施工单位	●	○	●	
			系统数据集成分项工程质量验收记录	施工单位	●	○	●	
			系统集成整体协调分项工程质量验收记录	施工单位	●	○	●	
			系统集成综合管理及冗余功能分项工程质量验收记录	施工单位	●	○	●	
			系统集成可维护性和安全性分项工程质量验收记录	施工单位	●	○	●	
			电源系统分项工程质量验收记录	施工单位	●	○	●	
C8类	竣工验收资料		工程竣工报告	施工单位	●	●	●	●
			单位(子单位)工程竣工预验收报验表*	施工单位	●	●	●	
			单位(子单位)工程质量竣工验收记录**	施工单位	●	●	●	●
			单位(子单位)工程质量控制资料核查记录*	施工单位	●	●	●	●
			单位(子单位)工程安全和功能检验资料核查及主要功能抽查记录*	施工单位	●	●	●	●
			单位(子单位)工程观感质量检查记录**	施工单位	●	●	●	●
			施工决算资料	施工单位	○	○	●	
			施工资料移交书	施工单位	●		●	
			房屋建筑工程质量保修书	施工单位	●	●	●	
	C类其他资料							
D类	竣工图							
D类	竣工图	建筑与结构竣工图	建筑竣工图	编制单位	●		●	●
			结构竣工图	编制单位	●		●	●
			钢结构竣工图	编制单位	●		●	●
		建筑装饰与装修竣工图	幕墙竣工图	编制单位	●		●	●
			室内装饰竣工图	编制单位	●		●	
			建筑给水、排水与采暖竣工图	编制单位	●		●	●
			建筑电气竣工图	编制单位	●		●	●
		智能建筑竣工图		编制单位	●		●	●

续表

工程资料类别	工程资料名称			工程资料来源	工程资料保存			
					施工单位	监理单位	建设单位	城建档案馆
D类	竣工图		通风与空调竣工图	编制单位	●		●	●
D类	竣工图	室外工程竣工图	室外给水、排水、供热、供电、照明管线等竣工图	编制单位	●		●	●
D类	竣工图	室外工程竣工图	室外道路、园林绿化、花坛、喷泉等竣工图	编制单位	●		●	●
	D类其他资料							
E类	工程竣工文件							
E1类	竣工验收文件		单位(子单位)工程质量竣工验收记录**	施工单位	●	●	●	●
E1类	竣工验收文件		勘察单位工程质量检查报告	勘察单位	○	○	●	●
E1类	竣工验收文件		设计单位工程质量检查报告	设计单位	○	○	●	●
E1类	竣工验收文件		工程竣工验收报告	建设单位	●	●	●	●
E1类	竣工验收文件		规划、消防、环保等部门出具的认可文件或准许使用文件	政府主管部门	●	●	●	●
E1类	竣工验收文件		房屋建筑工程质量保修书	施工单位	●	●	●	
E1类	竣工验收文件		住宅质量保证书、住宅使用说明书	建设单位			●	
E1类	竣工验收文件		建设工程竣工验收备案表	建设单位	●	●	●	●
E2类	竣工决算文件		施工决算资料*	施工单位	○	○	●	
E2类	竣工决算文件		监理费用决算资料*	监理单位		○	●	
E3类	竣工交档文件		工程竣工档案预验收意见	城建档案管理部门			●	●
E3类	竣工交档文件		施工资料移交书*	施工单位	●		●	
E3类	竣工交档文件		监理资料移交书*	监理单位		●	●	
E3类	竣工交档文件		城市建设档案移交书	建设单位			●	
E4类	竣工总结文件		工程竣工总结	建设单位			●	●
E4类	竣工总结文件		竣工新貌影像资料	建设单位	●		●	●
	E类其他资料							

注：1. 表中工程资料名称与资料保存单位所对应的栏中“●”表示“归档保存”；“○”表示“过程保存”，是否归档保存可自行确定。

2. 表中注明“*”的，宜由施工单位和监理或建设单位共同形成；表中注明“**”的表，宜由建设、设计、监理、施工等多方共同形成。

3. 勘察单位保存资料内容应包括工程地质勘查报告、勘察招投标文件、勘察合同、勘察单位工程质量检查报告以及勘察单位签署的有关质量验收记录等。

4. 设计单位保存资料内容应包括审定设计方案通知书及审查意见、审定设计方案通知书要求征求有关部门的审查意见和要求取得的有关协议、初步设计图及设计说明、施工图及设计说明、消防设计审核意见、施工图设计文件审查通知书及审查报告、设计招投标文件、设计合同、图纸会审记录、设计变更通知单、设计单位签署意见的工程洽商记录(包括技术核定单)、设计单位工程质量检查报告以及设计单位签署的有关质量验收记录。

参 考 文 献

[1] 中华人民共和国住房和城乡建设部. 建筑工程资料管理规程:JGJ/T 185—2009[S]. 北京:中国建筑工业出版社,2010.
[2] 中华人民共和国住房和城乡建设部. 建筑工程文件归档规范:GB/T 50328—2014[S]. 北京:中国建筑工业出版社,2014.
[3]《建筑工程施工质量验收统一标准》GB 50300—2013 编写组. 建筑工程施工质量验收统一标准解读与资料编写指南. 北京:中国建筑工业出版社,2014.
[4] 中华人民共和国住房和城乡建设部. 混凝土结构工程施工质量验收规范:GB 50204—2015[S]. 北京:中国建筑工业出版社,2015.
[5] 中华人民共和国住房和城乡建设部. 混凝土结构工程施工规范:GB 50666—2011[S]. 北京:中国建筑工业出版社,2012.
[6] 中华人民共和国住房和城乡建设部. 砌体结构工程施工质量验收规范:GB 50203—2011[S]. 北京:中国建筑工业出版社,2012.
[7] 中华人民共和国住房和城乡建设部. 砌筑砂浆配合比设计规程:JGJ/T 98—2010[S]. 北京:中国建筑工业出版社,2011.
[8] 中华人民共和国住房和城乡建设部. 屋面工程质量验收规范:GB 50207—2012[S]. 北京:中国建筑工业出版社,2012.
[9] 中华人民共和国住房和城乡建设部. 屋面工程技术规范:GB 50345—2012[S]. 北京:中国建筑工业出版社,2012.
[10] 中华人民共和国住房和城乡建设部. 建设工程施工现场供用电安全规范:GB 50194—2014[S]. 北京:中国计划出版社,2015.